Steck-Vaughn

GED

LENGUAJE, REDACCIÓN

ASESORES DEL PROGRAMA

Liz Anderson, Director of Adult Education/Skills Training
Northwest Shoals
Community College
Muscle Shoals, Alabama

Mary Ann Corley, Ph.D., Director
Lindy Boggs National Center
for Community Literacy
Loyola University New
Orleans
New Orleans, Louisiana

Nancy Dunlap, Adult Education Coordinator
Northside Independent
School District
San Antonio, Texas

Roger M. Hansard, Director of Adult Education
CCARE Learning Center
Tazewell, Tennessee

Nancy Lawrence, M.A.
Education and Curriculum
Consultant
Butler, Pennsylvania

Pat L. Taylor, STARS Consultant for GEDTS
Adult Education/GED
Programs
Mesa, Arizona

Harcourt Achieve
Rigby • Saxon • Steck-Vaughn

www.HarcourtAchieve.com
1.800.531.5015

Agradecimientos

Desarrollo editorial: Learning Unlimited, Oak Park, Illinois

Traducción: The GTS Companies, Boston, Massachusetts

Desarrollo de producción: The GTS Companies, Los Angeles, California

Fotografía: Carátula: ©Digital Studios; p.32 ©Bob Daemmrich Photo, Inc.; p.92 ©Superstock; p.134 ©Stockbyte/Getty Images; p.186 ©Jim Erickson/The Stock Market.

Revisor

Carlos Vásquez Cruz, Profesor de español
American University of Puerto Rico
Bayamón, Puerto Rico

ISBN 0-7398-6915-9

5 6 7 8 9 0   0982 16 15 14 13

4500399042   DEFG

Contenidos

¿Qué son las Pruebas de GED?

Al decidir presentar las Pruebas de GED, ha dado un paso muy importante en su vida. Al momento de abrir este libro, habrá tomado ya la segunda decisión más importante: dedicar su tiempo y esfuerzo a prepararse para las pruebas. Es posible que se sienta nervioso por lo que está por venir, lo cual es totalmente normal. Relájese y lea las siguientes páginas que le darán más información acerca de las Pruebas de GED en general y de la Prueba de Lenguaje y Redacción, en particular.

Las Pruebas de GED son las cinco pruebas que conforman el programa de Desarrollo Educativo General, GED (*General Educational Development*). El Servicio de Pruebas de GED del *American Council on Education* pone estas pruebas al alcance de todos aquellos adultos que no terminaron la escuela superior. Si pasa las Pruebas de GED, recibirá un certificado que se considera como el equivalente a un diploma de escuela superior. Los patronos de la industria privada y del gobierno, así como el personal de admisiones de instituciones de estudios superiores y universidades, aceptan el certificado de GED como si fuera un diploma de escuela superior.

Las Pruebas de GED abarcan cinco asignaturas que se estudian en la escuela superior. Estas cinco asignaturas son: Lenguaje y Redacción, Lenguaje y Lectura (estas dos asignaturas, en conjunto, equivalen al Español de escuela superior), Estudios Sociales, Ciencias y Matemáticas. No es necesario que usted sepa toda la información que normalmente se enseña en escuela superior; sin embargo, en las cinco pruebas se evaluará su capacidad para leer y procesar información, resolver problemas y comunicarse eficazmente.

Cada año, más de 800,000 personas presentan las Pruebas de GED. De las personas que terminan todas las pruebas, el 70 por ciento recibe su certificado de GED. La *Serie GED de Steck-Vaughn* le ayudará a pasar las Pruebas de GED, ya que le proporciona instrucción y práctica de las destrezas que necesita aprobar, práctica en preguntas de evaluación parecidas a las que encontrará en la Prueba de GED, sugerencias para tomar las pruebas, práctica para cronometrar las pruebas, así como tablas de evaluación que le ayudarán a llevar un control de su progreso.

Hay cinco Pruebas distintas de GED. La tabla que aparece en la página 2 le da información sobre las áreas temáticas, el número de preguntas y el límite de tiempo para cada prueba. Debido a que cada estado tiene requisitos distintos en cuanto al número de pruebas que se pueden tomar en un mismo día o período, consulte con su centro local de educación para adultos para averiguar los requisitos de su estado, provincia o territorio.

Pruebas de Desarrollo Educativo General, GED

Prueba	Áreas temáticas	Preguntas	Límite de tiempo
Lenguaje, Redacción, parte I	Organización 15% Estructura de las oraciones 30% Uso 30% Mecánica 25%	50 preguntas	80 minutos
Lenguaje, Redacción, parte II	Composición		45 minutos
Estudios sociales	Historia de Estados Unidos 25% Historia del mundo 15% Educación cívica y gobierno 25% Geografía 15% Economía 20%	50 preguntas	75 minutos
Ciencias	Ciencias biológicas 45% Ciencias de la Tierra y del espacio 20% Ciencias físicas 35%	50 preguntas	85 minutos
Lenguaje, Lectura	Textos de no ficción 25% Textos literarios 75% • Ficción en prosa • Poesía • Obra dramática	40 preguntas	70 minutos

Matemáticas	Operaciones numéricas
	  y sentido numérico 25%
	Medidas y geometría 25%
	Análisis de datos, estadística
	  y probabilidad 25%
	Álgebra 25%
		Parte I: 25 preguntas con uso optativo de una calculadora	50 minutos

		Parte II: 25 preguntas sin uso de calculadora	50 minutos

Además de estas áreas temáticas, en las cinco pruebas se le pedirá que responda a preguntas extraídas de textos relacionados con el medio laboral o de consumo. Estas preguntas no requieren poseer conocimientos especializados, pero sí exigen que recurra a sus propias observaciones y experiencias personales.

En las Pruebas de Lenguaje y Lectura, Estudios sociales y Ciencias se le pedirá que responda a preguntas mediante la interpretación de textos de lectura, diagramas, tablas, gráficas, mapas, caricaturas y documentos prácticos e históricos.

En la Prueba de Lenguaje y Redacción se le pedirá detectar y corregir errores comunes dentro de un texto publicado en idioma español y decidir cuál es la mejor manera de organizar un texto. En la sección de Composición de la Prueba de Redacción, deberá redactar una composición en la que dé su opinión o una explicación acerca de un solo tema de cultura general.

En la Prueba de Matemáticas, tendrá que resolver una serie de problemas (muchos de ellos con gráficas) mediante el uso de destrezas básicas de cálculo, análisis y razonamiento.

Calificación en las Pruebas de GED

Después de completar cada una las Pruebas de GED, recibirá la calificación correspondiente a esa prueba. Una vez que presente las cinco pruebas, se le dará su calificación total, la cual se obtendrá promediando todas las demás calificaciones. La calificación máxima que puede obtenerse en una prueba es de 800. La calificación que debe obtener para aprobar la Prueba de GED varía dependiendo del lugar donde viva. Consulte con su centro local de educación para adultos para averiguar la calificación mínima para aprobar la Prueba de GED en su estado, provincia o territorio.

¿Adónde puede acudir para tomar las Pruebas de GED?

Las Pruebas de GED se ofrecen durante todo el año en Estados Unidos, en sus territorios asociados, en bases militares estadounidenses del mundo entero y en Canadá. Si desea obtener mayor información sobre las fechas y los lugares en que puede tomar estas pruebas cerca de su domicilio, comuníquese a la línea de ayuda de GED al 1-800-626-9433 o diríjase a una de las siguientes instituciones en su área:

- Centro de educación para adultos
- Centro de educación continua
- Institución de estudios superiores de su comunidad
- Biblioteca pública
- Escuela privada comercial o técnica
- Consejo de educación pública de su localidad

Además, tanto en la línea de ayuda de GED como en las instituciones antes mencionadas, pueden darle información acerca de la identificación que deberá presentar, las cuotas que deberá pagar para presentar la prueba, los útiles que necesitará para escribir y la calculadora científica que usará en la Prueba de GED de Matemáticas. Asimismo, revise el calendario de evaluación de cada una de estas instituciones ya que, aunque hay algunos centros de evaluación que abren varios días a la semana, hay otros que solo abren los fines de semana.

Otros recursos de GED

- www.acenet.edu Éste es el sitio oficial del Servicio de Evaluación GED. Para obtener información sobre las Pruebas de GED, simplemente seleccione los enlaces que hagan referencia a "GED" en este sitio.

- www.steckvaughn.com Seleccione el enlace "Adult Learners" (Estudiantes en la edad adulta) con el fin de aprender más sobre los materiales que están disponibles para prepararse para las Pruebas de GED. Este sitio también proporciona otros recursos relacionados con la educación para adultos.

- www.nifl.gov/nifl/ Éste es el sitio del Instituto Nacional de Alfabetismo de Estados Unidos, NIL (*National Institute for Literacy*) y en él se proporciona información acerca de la enseñanza, las políticas federales y las iniciativas nacionales que afectan la educación para adultos.

- www.doleta.gov El sitio de la Administración para el Empleo y la Capacitación del Departamento del Trabajo de Estados Unidos (*Department of Labor's Employment and Training Administration*) ofrece información sobre programas de capacitación para adultos.

¿Por qué debe tomar las Pruebas de GED?

Un certificado de GED es ampliamente reconocido como equivalente de un certificado de escuela superior y puede ayudarle de las siguientes maneras:

Empleo

Las personas que han obtenido un certificado de GED han demostrado que están decididas a triunfar al seguir adelante con su educación. Generalmente, estas personas tienen menos dificultades para conseguir un mejor trabajo o para ascender dentro de la compañía donde trabajan. En muchos casos, los empleadores no contratan a personas que no cuenten con un certificado de estudios medios o su equivalente.

Educación

Es posible que en muchas escuelas técnicas, vocacionales o en otros programas educativos le pidan un certificado de escuela superior o su equivalente para poder inscribirse. Sin embargo, si desea ingresar a una institución de estudios superiores o a una universidad, indudablemente necesitará contar con dicho certificado de escuela superior o su equivalente.

Superación personal

Lo más importante es cómo se siente consigo mismo. Ahora tiene la oportunidad única de lograr una meta importante. Con un poco de esfuerzo, puede obtener un certificado de GED que le servirá en el futuro y que le hará sentirse orgulloso de sí mismo en el presente.

Cómo prepararse para las Pruebas de GED

Cualquier persona que desee prepararse para tomar las Pruebas de GED puede asistir a las clases que se imparten con este fin. La mayoría de los programas de preparación ofrecen instrucción individualizada y asesores que pueden ayudarle a identificar las áreas en las que puede necesitar apoyo. También hay muchos centros de educación para adultos que ofrecen clases gratuitas en horarios matutino o vespertino. Estas clases por lo general son informales y le permiten trabajar a su propio ritmo y en compañía de otros adultos que también están estudiando para tomar las Pruebas de GED.

Si prefiere estudiar por su cuenta, la *Serie GED de Steck-Vaughn* ha sido diseñada para guiar sus estudios a través de la enseñanza de destrezas y de ejercicios de práctica. Además de trabajar en destrezas específicas, podrá hacer las Pruebas de GED de práctica (como las que aparecen en este libro) para verificar su progreso. Si desea obtener mayor información sobre clases que se impartan cerca de su domicilio, consulte con alguno de los recursos mencionados en la lista de la página 3.

Lo que necesita saber para aprobar la Parte I de la Prueba de Lenguage, Redacción

La Prueba de Lenguage y Redacción de GED se divide en dos partes. La Parte I es una prueba de corrección y revisión en formato de opción múltiple y la Parte II es un ensayo basado en un solo tema dado.

En la Parte I, leerá varios documentos de 12 a 22 oraciones de largo, que, una vez corregidos, serán ejemplos de buena redacción. Los textos incluyen documentos instructivos o de instrucciones (cómo vestirse para tener éxito, cómo alquilar un carro, etc.), comunicaciones de trabajo (cartas, memorándums, solicitudes, etc.) y documentos informativos.

Lea siempre el pasaje antes de empezar a contestar las preguntas. Primero, debe prever cuáles serán las preguntas mientras lee el texto y ve los errores. Segundo, algunas preguntas (por ejemplo, las de tiempos verbales) requieren que entienda el sentido del texto en su totalidad. Finalmente, la comprensión de todo el texto es esencial para responder a las preguntas que se enfocan en mejorar la organización del pasaje.

Áreas temáticas

Organización

El quince por ciento de las preguntas de la prueba tienen que ver con mejorar la organización de los materiales escritos. Estas preguntas incluyen temas como dividir el texto en párrafos, crear divisiones en párrafos, efectivas en los documentos, seleccionar y colocar una oración temática efectiva, unificar un documento y eliminar ideas irrelevantes.

Estructura de las oraciones

El treinta por ciento de las preguntas de la prueba reflejan la estructura efectiva y correcta de las oraciones. Entre estas tendrá que corregir errores de construcción de las oraciones: fragmentos de oraciones, oraciones seguidas y el uso de la coma. Esta área temática incluye también la corrección de errores en la estructura de las oraciones, como la subordinación incorrecta de ideas, los modificadores sin sujeto o mal colocados y la falta de estructura paralela.

Uso

El treinta por ciento de las preguntas de la prueba le piden que corrija errores de uso. En el uso se incluye la utilización de verbos y pronombres que concuerden con el sujeto de la oración. El uso correcto incluye también la determinación del tiempo o la forma verbal correcta para la situación. Las formas y las referencias de los pronombres también se evalúan en las preguntas de uso.

Mecánica

El veinticinco por ciento de las preguntas de la prueba se refieren al deletreo, a la puntuación y al uso de las mayúsculas. En las preguntas sobre puntuación se incluye el uso correcto de la coma en oraciones y también su uso excesivo. Las preguntas sobre ortografía se centran en las palabras parónimas, en las homófonas y en la acentuación y en otras palabras que generalmente provocan confusión.

Tipos de preguntas

Las preguntas de la Parte I de la Prueba de Lenguage y Redacción de GED son, básicamente, de tres tipos. Aproximadamente en la mitad de ellas se le pedirá que haga alguna corrección. En una tercera parte, se le pedirá que revise la parte subrayada de una oración y en las preguntas restantes, se le pedirá que determine otra manera de presentar alguna idea.

Corrección

Las preguntas sobre corrección pueden referirse a una o más oraciones del documento. En ellas se le pedirá que escoja la corrección adecuada para un error, o que escoja la opción "(5) no es necesario hacer ninguna corrección".

Revisión

Este tipo de preguntas le presentan un texto con una parte subrayada que puede tener un error. Le piden que escoja entre cuatro opciones de corrección, o que escoja la opción (1), que coincide con la parte subrayada. Si escoge la opción (1), quiere decir que, en su opinión, la selección del original es correcta tal como está.

Cambios de estructura

Más que evaluar errores, este tipo de preguntas pone a prueba su habilidad para crear oraciones de otra manera o para combinar ideas de dos oraciones en una nueva oración. Usted decide cuál de las opciones expresa una oración sin errores, que mantiene el sentido de la oración o las oraciones originales.

Además de enseñar las destrezas indispensables para aprobar la Parte I de la Prueba de Lenguage y Redacción, el libro *GED de Lenguaje, Redacción de Steck-Vaughn* introduce las destrezas básicas de redacción mediante las actividades de *Enlace con la redacción* incluidas en cada unidad. Adquirir las destrezas de redacción y de corrección es esencial para redactar un buen ensayo en la Parte II del examen.

Texto y preguntas de muestra

Lo siguiente es un texto y preguntas de muestra. Aunque el texto es mucho más corto que los que aparecen en la Prueba de GED, las opciones que siguen son semejantes a aquellas que aparecen en la prueba. Después de cada opción aparece una explicación de las destrezas que esta opción trata de comprobar, así como una explicación de la respuesta correcta.

Las preguntas 1 a 5 se refieren al párrafo siguiente.

(1) Algunos padres desean que sus hijos se vayan finalmente de su caza. (2) Este grupo de padres quieren paz y tranquilidad. (3) Algunos hijos adultos, sin embargo, vuelven a casa a vivir. (4) Los padres continúan manteniéndolos. (5) A veces, los padres cobran alquiler a sus hijos. (6) Las personas suelen pagar un alquiler a menos que compren apartamentos o casas.

1. Oración 1: **Algunos padres desean que sus hijos se vayan finalmente de su caza.**

    ¿Qué corrección se debe hacer en la oración 1?

    (1) cambiar padres a pádres
    (2) cambiar desean a desea
    (3) sustituir vayan con vallan
    (4) sustituir caza con casa
    (5) no se requiere hacer ninguna corrección

Respuesta: (4) sustituir caza con casa

Explicación: Éste es un ejemplo de una pregunta de corrección. La pregunta evalúa la forma de escribir las palabras, que es un tema del área de Ortografía. La opción (4) es correcta porque sustituye *caza* con *casa*, que es la palabra sinónima de *hogar: Algunos padres desean que sus hijos se vayan finalmente de su casa.* La opción (1) es incorrecta porque acentúa ortográficamente *padres*, que es una palabra llana terminada en *s*. La opción (2) es incorrecta porque asigna un verbo en singular al sujeto plural *padres*. La opción (3) sustituye incorrectamente la palabra *vayan*, del verbo *ir*, por su homófona *vallan*, del verbo *vallar*, que significa "poner una cerca".

2. Oración 2: **Este grupo de padres quieren paz y tranquilidad.**

    ¿Cuál es la mejor manera de escribir la parte subrayada del texto? Si la redacción original es la mejor manera, escoja la opción (1).

    (1) grupo de padres quieren
    (2) grupo de padres, quieren
    (3) grupo de padres queriendo
    (4) grupo de padres quiere
    (5) grupo de padres querer

Respuesta: (4) grupo de padres quiere

Explicación: Éste es un ejemplo de una pregunta que requiere que se corrija una oración. Ésta es una pregunta de Uso que trata un problema de concordancia entre sujeto y verbo. La opción (4) es correcta porque asigna al sujeto singular, *grupo*, un verbo en forma singular, *quiere*. Las preguntas que se enuncian como la anterior indican que, si la oración es correcta como está, debe escoger la opción (1). Sin embargo, la opción (1) no resuelve el problema de la concordancia del sujeto. En la opción (2), la coma separa incorrectamente el sujeto del verbo. La opción (3) cambia el verbo a una forma que convierte la oración en un fragmento de oración. La opción (5) también cambia el verbo a una forma incorrecta.

3. Oraciones 3 y 4: **Algunos hijos adultos, sin embargo, vuelven a casa a vivir. Los padres continúan manteniéndolos.**

¿Cuál de los siguientes grupos de palabras incluiría la mejor combinación de las oraciones 3 y 4?

(1) vivir, donde los padres
(2) vivir incluso si los padres
(3) vivir, pero los padres
(4) vivir; por el contrario, los padres
(5) vivir, los padres

Respuesta: (1) vivir, donde los padres

Explicación: Éste es un ejemplo de pregunta de "Cambio de estructura". En la pregunta se le pide que combine dos oraciones en una nueva, lo que corresponde al área de Estructura de las oraciones. Debe escoger las palabras que relacionen mejor ambas oraciones, conservando a la vez el sentido. La nueva oración podría ser: *Algunos hijos adultos, sin embargo, vuelven a casa a vivir, donde los padres continúan manteniéndolos.* La opción (1) es correcta porque emplea la palabra *donde* (precedida por coma) para unir las ideas de ambas oraciones. La opción (2) implica que los hijos vuelven al hogar independientemente de lo que hagan los padres o a pesar de éstos, concepto que no se expresa en las oraciones. Las opciones (3) y (4) expresan un contraste no deliberado entre las ideas. La opción (5) une incorrectamente las oraciones con una coma solamente.

4. Oración 6: **Las personas suelen pagar un alquiler a menos que compren apartamentos o casas.**

¿Qué corrección se debe hacer en la oración 6?

(1) poner la oración 6 después de la oración 1
(2) poner la oración 6 después de la oración 2
(3) poner la oración 6 después de la oración 3
(4) eliminar la oración 6
(5) no es necesario hacer ninguna corrección

Respuesta: (4) eliminar la oración 6

Explicación: Éste es un ejemplo de una pregunta que pone a prueba la organización del texto. La respuesta correcta es eliminar la oración, porque, aunque guarda relación con el asunto general de "pagar alquiler", no se asocia con el tema del párrafo: hijos que vuelven a vivir a casa con sus padres. Las opciones (1), (2) y (3) no resuelven el problema de la oración que no tiene que ver, y la opción (5) es incorrecta porque sí se requiere hacer correcciones al texto.

El libro *GED de Lenguage, Redacción de Steck-Vaughn* lo ayudará a desarrollar las destrezas necesarias de revisión y corrección, brindándole detalladas explicaciones para cada respuesta. En la clave de respuestas a cada pregunta, se explica por qué la respuesta acertada es correcta y las otras son incorrectas. Al estudiar estas explicaciones, aprenderá estrategias para comprender estos temas y reflexionar sobre ellos.

Destrezas para tomar la prueba

La Prueba de Lenguaje, Redacción de GED evaluará su capacidad de aplicar sus destrezas de lectura y de razonamiento crítico en un texto. Este libro le servirá de ayuda para preparase para la prueba. Además, hay algunas maneras específicas en las que puede mejorar su desempeño en ella.

Cómo responder a las preguntas de la prueba

- Nunca vea superficialmente las instrucciones. Léalas con detenimiento para que sepa exactamente qué es lo que tiene que hacer. Si no está seguro, pregúntele al examinador si le puede explicar las instrucciones.

- Lea todas las preguntas detenidamente para asegurarse de que entiende lo que se le está preguntando.

- Lea todas las opciones de respuesta con mucha atención, aun cuando piense que ya sabe cuál es la respuesta correcta. Es posible que algunas de las respuestas no parezcan incorrectas a primera vista, pero sólo una será la correcta.

- Antes de responder a una pregunta, asegúrese de que el problema planteado contenga la información necesaria para sustentar la respuesta que elija. No se base en conocimientos que no estén relacionados con el contexto del problema.

- Conteste todas las preguntas. Si no puede encontrar la respuesta correcta, reduzca el número de respuestas posibles eliminando todas las que sepa que son incorrectas. Luego, vuelva a leer la pregunta para deducir cuál es la respuesta correcta. Si aun así no puede decidir cuál es, escoja la que le parezca más acertada.

- Llene la hoja de respuestas con cuidado. Para registrar sus respuestas, rellene uno de los círculos numerados que se encuentran a la derecha del número que corresponde a la pregunta. Marque solamente un círculo como respuesta a cada pregunta. Si marca más de una respuesta, ésta se considerará incorrecta.

- Recuerde que la Prueba de GED tiene un límite de tiempo. Cuando empiece la prueba, anote el tiempo que tiene para terminarla. Después, vea la hora de vez en cuando y no se detenga demasiado en una sola pregunta. Responda cada una lo mejor que pueda y continúe. Si se está tardando demasiado en una pregunta, pase a la siguiente y ponga una marca muy discreta junto al número que corresponda a esa pregunta en la hoja de respuestas. Si termina antes de que acabe el tiempo, regrese a las preguntas que se saltó o de cuya respuesta no estaba seguro y piense un poco más en la respuesta. No olvide borrar cualquier marca extra que haya hecho.

- No cambie ninguna respuesta a menos que esté completamente seguro de que la que había marcado está mal. Generalmente, la primera respuesta que se elige es la correcta.

- Si siente que se está poniendo nervioso, deje de trabajar por un momento. Respire profundamente unas cuantas veces y relájese. Luego, empiece a trabajar otra vez.

Destrezas de estudio

Estudie con regularidad

- Si puede, dedique una hora diaria a estudiar. Si no tiene tiempo de estudiar todos los días, haga un horario en el que incluya los días en que sí pueda estudiar. Asegúrese de escoger horas en las que sepa que estará más relajado y que será menos probable que lo molesten distracciones externas.

- Comunique a los demás cuáles serán sus horas de estudio. Pídales que no lo interrumpan a esas horas. Es conveniente explicarles el motivo por el cual esto es importante para usted.

- Cuando estudie debe sentirse relajado, por lo que deberá hacerlo en un lugar donde se sienta cómodo. Si no puede estudiar en su casa, vaya a una biblioteca. Casi todas las bibliotecas públicas cuentan con áreas de lectura y de estudio. Si hay alguna institución de educación superior o universidad cerca de su domicilio, averigüe si puede usar la biblioteca. Todas las bibliotecas tienen diccionarios, enciclopedias y otros recursos que puede utilizar en caso de que necesite más información cuando esté estudiando.

Organice sus materiales de estudio

- Asegúrese de tener bolígrafos, lápices con punta y papel por si desea tomar notas.

- Guarde todos sus libros juntos. Si está tomando una clase de educación para adultos, es probable que pueda pedir prestados algunos libros u otros materiales de estudio.

- Asigne una libreta o carpeta para cada asignatura que esté estudiando. Las carpetas con funda son muy útiles para guardar hojas sueltas.

- Guarde todos sus materiales en un solo lugar para que no pierda tiempo buscándolos cada vez que vaya a estudiar.

Lea con regularidad

- Lea el periódico, lea revistas, lea libros. Lea cualquier cosa que le interese, ¡pero lea! Leer con regularidad, diariamente, es la mejor manera de mejorar sus destrezas de lectura.

- Busque material que le interese leer en la biblioteca. Consulte la sección de revistas para buscar publicaciones de su interés. La mayoría de las bibliotecas se suscriben a cientos de revistas cuyos intereses cubren noticias, autos, música, costura, deportes y muchos otros más. Si usted no está familiarizado con la biblioteca, pídale ayuda al bibliotecario. Consiga una tarjeta para la biblioteca de modo que pueda sacar material y usarlo en casa.

Tome notas

- Tome notas de las cosas que le interesen o de las que crea que pueden resultarle útiles.

- Cuando tome notas, no copie el texto directamente del libro; vuelva a plantear la misma información, pero con sus propias palabras.

- Tome notas del modo que usted desee. No es necesario que use oraciones completas, siempre y cuando pueda entender sus notas después.

- Use cuadros sinópticos (resumidos), tablas o diagramas que le ayuden a organizar la información y a facilitar su aprendizaje.

- Si lo desea, puede tomar notas en forma de preguntas y respuestas, como por ejemplo: *¿Cuál es la idea principal? La idea principal es...*

Enriquezca su vocabulario

- Al leer, no se salte ninguna palabra desconocida. Mejor, trate de deducir el significado de esa palabra aislándola primero del resto de la oración. Lea la oración sin la palabra y trate de colocar otra palabra en su lugar. ¿El significado de la oración es el mismo?

- Haga una lista de palabras desconocidas, búsquelas en un diccionario y escriba su significado.

- Como una misma palabra puede tener varios significados, es mejor que busque la palabra mientras tenga el texto frente a usted. De esta manera, podrá probar los distintos significados de una misma palabra dentro del contexto.

- Cuando lee la definición de una palabra, vuelva a expresarla en sus propias palabras y haga una o dos oraciones con ella.

- Utilice el glosario que aparece al final de este libro para repasar el significado de algunos términos clave. Todas las palabras que vea en **negritas** aparecen definidas en el glosario, el cual también incluye las definiciones de otras palabras importantes. Utilice el glosario para repasar el vocabulario importante relativo al área temática que esté estudiando.

Haga una lista de sus áreas problemáticas

A medida que avance en este libro, tome nota cada vez que no entienda algo. Pida a su maestro o a otra persona que se lo explique y luego, vuelva al tema y repáselo.

Presentación de la prueba

Antes de la prueba

- Si nunca ha estado en el centro de evaluación, vaya un día antes de presentar la prueba. Si se va a ir manejando, busque dónde puede estacionar su auto.

- Prepare todo lo que necesite para la prueba: su pase de admisión (en caso necesario), identificación válida, lápices del No. 2 con punta y goma de borrar, reloj, anteojos, chaqueta o suéter (por si hace frío) y algunos refrigerios para comer durante los recesos.

- Duerma bien. Si la prueba va a empezar temprano en la mañana, ponga el despertador.

El día de la prueba

- Desayune bien, vístase con ropa cómoda y asegúrese de tener todos los materiales que necesita.

- Trate de llegar al centro de evaluación 20 minutos antes de la prueba. De esta manera, tendrá tiempo adicional en caso de que, por ejemplo, haya un cambio de salón de último minuto.

- Si sabe que va a estar en el centro de evaluación todo el día, puede llevarse algo para comer. Si se ve en la necesidad de buscar un restaurante o esperar mucho tiempo a que lo atiendan, podría llegar tarde a la parte restante de la prueba.

Cómo usar este libro

- Empiece por hacer la Prueba preliminar. Esta prueba es idéntica a la prueba verdadera tanto en formato como en longitud y le dará una idea de cómo es la Prueba de Lenguaje, Redacción de GED. Luego, con la ayuda de la Tabla de análisis del desempeño en la Prueba preliminar que se encuentra al final de la prueba, identifique las áreas en las que salió bien y las que necesita repasar. La tabla le dirá a qué unidades y números de página dirigirse para estudiar. Asimismo, puede usar el Plan de estudio de la página 31 para planear su trabajo después de hacer la Prueba preliminar y también después de hacer la Prueba final.

- Al estudiar, use el Repaso acumulativo y su respectiva Tabla de análisis del desempeño que aparecen al final de cada unidad para determinar si necesita repasar alguna de las lecciones antes de seguir adelante.

- Una vez que haya terminado el repaso, use la Prueba final para decidir si ya está listo para presentar la verdadera Prueba de GED. La Tabla de análisis del desempeño le dirá si necesita un repaso adicional. Finalmente, utilice la Prueba simulada y su respectiva Tabla de análisis del desempeño como una última evaluación para saber si está listo para hacer la prueba real.

LENGUAJE, REDACCIÓN, PARTE I

Instrucciones

La Prueba preliminar de Lenguaje y Redacción pretende medir su capacidad para usar un español claro y efectivo. La prueba no se refiere a la forma en que el idioma se puede hablar, sino a la forma en que se debe escribir.

Esta prueba consta de párrafos con oraciones enumeradas. Algunas oraciones contienen errores; ya sea de estructura, uso o mecánica (ortografía, puntuación y uso de mayúsculas). Después de leer las oraciones numeradas, conteste las preguntas de selección múltiple que siguen. Algunas preguntas se refieren a oraciones que están escritas de manera correcta. La mejor respuesta para estas preguntas es la que no cambia la oración original. La mejor respuesta para otras preguntas es la que produce una oración que concuerda con el tiempo verbal y el punto de vista empleado en todo el texto.

Se le darán 75 minutos para contestar las 50 preguntas de esta prueba. Trabaje con cuidado, pero no dedique demasiado tiempo a una sola pregunta. Conteste todas las preguntas. Si no está seguro de una respuesta, responda de manera razonable por eliminación. No se descontarán puntos por respuestas incorrectas.

Cuando se agote el tiempo, ponga una marca en la última pregunta que haya contestado. Esto le servirá de guía para calcular si podrá terminar la verdadera Prueba de GED dentro del tiempo permitido. A continuación termine la prueba.

Registre sus respuestas en una copia de la hoja de respuestas de la página 331. Asegúrese de incluir toda la información requerida en la hoja de respuestas.

Para marcar sus respuestas, en la hoja de respuestas rellene el círculo con el número de la respuesta que considere correcta para cada una de las preguntas de la prueba.

Ejemplo:

Oración 1: **Fue un honor para todos nosotros ser recibidos por el Gobernador Phillips.**

¿Qué corrección se debe hacer en la oración 1?

(1) cambiar Fue por Siendo
(2) añadir una coma después de Fue
(3) cambiar ser recibidos a recibirnos
(4) cambiar Gobernador a gobernador
(5) no se requiere hacer ninguna corrección

En este ejemplo, la palabra gobernador debe ir en minúscula; por lo tanto, en la hoja de respuestas debería haber rellenado el círculo con el número 4 adentro.

No apoye la punta del lápiz en la hoja de respuestas mientras piensa en la respuesta. No haga marcas innecesarias en la hoja. Si decide cambiar una respuesta, borre completamente la primera marca. Rellene un solo círculo por cada respuesta: si señala más de un círculo, la respuesta se considerará incorrecta. No doble ni arrugue la hoja de respuestas.

Una vez terminada esta prueba, utilice la Tabla de análisis del desempeño en la página 30 para determinar si está listo para tomar la verdadera Prueba de GED. Si no lo está, use la tabla para identificar las destrezas que debe repasar de nuevo.

Adaptado con el permiso del *American Council on Education*.

Instrucciones: Elija la respuesta que mejor responda a cada pregunta.

Las preguntas 1 a 6 se refieren a los siguientes párrafos.

Soñar despierto

(A)

(1) Soñar despierto es uno de los pasatiempos favoritos de mucha gente. (2) Las canciones, leyendas y películas a menudo contiene referencias a este tipo de actividad. (3) Soñar despierto está bien siempre y cuando usted esté siendo el que controla y no permita que los sueños lo controlen a usted.

(B)

(4) El soñar despierto tiene varios aspectos psicológicos positivos. (5) Por ejemplo, puede ayudarlo a relajarse a desconectarse y a levantarle el ánimo si tiene un mal día. (6) A veces es posible soñar despierto mientras se hace un trabajo aburrido y repetitivo. (7) Un ejemplo de este tipo de labor es cortar la grama del patio con una máquina cortadora. (8) Soñar despierto es una buena manera de mantener la mente ocupada mientras el cuerpo hace otras cosas.

(C)

(9) Pero, puede ser peligroso soñar despierto mientras se cuida a niños, se usan máquinas o se operan equipos eléctricos. (10) Se puede soñar despierto mientras maneja el carro. (11) Especialmente al manejar solo por una carretera recta durante mucho tiempo. (12) Pero, sobre todo, debe tener cuidado de no llegar al punto de confundir los sueños con la realidad. (13) Soñar despierto, como muchas otras cosas, por lo general está bien si se hace con moderación.

1. Oración 2: **Las canciones, leyendas y películas a menudo contiene referencias a este tipo de actividad.**

   ¿Qué corrección se debe hacer en la oración 2?

   (1) eliminar la coma después de canciones
   (2) añadir una coma después de películas
   (3) cambiar contiene a contienen
   (4) cambiar contiene a contendrá
   (5) no se requiere hacer ninguna corrección

2. Oración 3: **Soñar despierto está bien siempre y cuándo usted esté siendo el que controla y no permita que los sueños lo controlen a usted.**

   ¿Cuál es la mejor manera de escribir la parte subrayada de la oración? Si la redacción original es la mejor, escoja la opción (1).

   (1) esté siendo el que controla
   (2) haya sido el que controla
   (3) será el que controla
   (4) esté el que tiene el control
   (5) lo controle

3. Oración 5: **Por ejemplo, puede ayudarlo a relajarse a desconectarse y a levantarle el ánimo si tiene un mal día.**

   ¿Qué corrección se debe hacer en la oración 5?

   (1) eliminar la coma después de ejemplo
   (2) añadir coma después de relajarse
   (3) cambiar a a ha
   (4) añadir coma después de ánimo
   (5) cambiar si a sí

4. Oraciones 6 y 7: **A veces es posible soñar despierto mientras se hace un trabajo aburrido y repetitivo. Un ejemplo de este tipo de labor es cortar la grama del patio con una máquina cortadora.**

   ¿Qué palabras incluiría la forma más efectiva de combinar las oraciones 6 y 7?

   (1) repetitivo, como, cortar
   (2) repetitivo como por ejemplo cortar
   (3) repetitivo, como por ejemplo cortar
   (4) repetitivo o usted podría estar cortando
   (5) repetitivo y usted puede cortar

5. ¿Cuál de estas oraciones sería más efectiva al comienzo del párrafo C?

   (1) Sin embargo, como casi todas las cosas, soñar despierto también tiene aspectos negativos.
   (2) A veces se sueña despierto en otros momentos también.
   (3) Mucha gente sueña despierta durante una clase o un sermón aburrido.
   (4) Podría soñar despierto durante un largo viaje en carro.
   (5) Si sueña despierto intensamente, a veces se perderá conversaciones o llamadas telefónicas importantes.

6. Oraciones 10 y 11: **Se puede soñar despierto mientras maneja el carro. Especialmente al manejar solo por una carretera recta durante mucho tiempo.**

   ¿Cuál es la mejor manera de escribir la parte subrayada de la oración? Si la redacción original es la mejor, escoja la opción (1).

   (1) carro. Especialmente
   (2) carro, especialmente
   (3) carro especialmente
   (4) carro, hasta especialmente
   (5) carro. Y especialmente

Las preguntas 7 a 12 se refieren al siguiente aviso.

ADVERTENCIA: AVISO A LOS EXCAVADORES

de los Servicios Públicos de la Ciudad de Ponce

(A)

(1) Cada Primavera, los caseros y propietarios de todo el estado inician las obras de construcción, remodelación y paisajismo. (2) No obstante, se advierte a toda persona que utilice maquinaria pesada para excavar hoyos, que debe seguir estas normas. (3) La única excepción son la persona que excave con herramientas manuales.

(B)

(4) Las leyes del estado estipulan que todo excavador debe presentar el plan de la obra al departamento local de construcción, al menos con cinco días de antelación a la fecha de su inicio. (5) Éste expedirá el permiso y notificará a las empresas de servicios públicos. (6) A su vez, las empresas de servicios públicos localizarán y señalizarán todos los sistemas subterráneos. (7) Una vez señalizado, el excavador puede continuar con sus planes sin peligro.

(C)

(8) Este método sirve para evitar que se dañen casas u otras estructuras. (9) Las leyes del estado ordenan también que el contratista u otro cavador "preseñalicen" los límites de cualquier hoyo previsto. (10) La pintura blanca, las estacas con cinta adhesiva u otras señales claramente visibles, son aceptables. (11) Estas señales servirán para impedir que, al excavar, se dañen cables o tuberías subterráneas.

7. Oración 1: **Cada Primavera, los caseros y propietarios de todo el estado inician las obras de construcción, remodelación y paisajismo.**

¿Qué corrección se debe hacer en la oración 1?

(1) cambiar Primavera a primavera
(2) eliminar la coma después de Primavera
(3) cambiar estado a Estado
(4) cambiar inician a iniciarán
(5) eliminar la coma después de construcción

8. Oración 3: **La única excepción son la persona que excave con herramientas manuales.**

¿Qué corrección se debe hacer en la oración 3?

(1) añadir está después de persona
(2) añadir coma después de excave
(3) añadir coma después de excepción
(4) cambiar manuales a manual
(5) cambiar son a es

9. Oración 5: **Éste expedirá el permiso y notificará a las empresas de servicios públicos.**

¿Cuál es la mejor manera de escribir la parte subrayada de la oración? Si la redacción original es la mejor, escoja la opción (1).

(1) Éste
(2) Eso
(3) Uno
(4) El departamento de construcción
(5) Los excavadores

10. Oración 7: **Una vez señalizado, el excavador puede continuar con sus planes sin peligro.**

¿Cuál es la mejor manera de escribir la parte subrayada de la oración? Si la redacción original es la mejor, escoja la opción (1).

(1) Una vez señalizado,
(2) Al señalizarse,
(3) Señalizando los sistemas,
(4) Una vez que los sistemas estén señalizados,
(5) Una vez, habiendo señalizado los sistemas,

11. ¿Qué cambio se debe hacer en el párrafo C?

(1) poner la oración 8 al final del párrafo B
(2) eliminar la oración 8
(3) poner la oración 8 después de la oración 9
(4) eliminar la oración 9
(5) No es necesario hacer ningún cambio.

12. Oración 10: **La pintura blanca, las estacas con cinta adhesiva u otras señales claramente visibles, son aceptables.**

¿Qué corrección se debe hacer en la oración 10?

(1) eliminar la coma después de blanca
(2) eliminar la coma después de visibles
(3) cambiar son a siendo
(4) cambiar son a es
(5) no se requiere hacer ninguna corrección

Hábil en el hogar

(A)

(1) Todos pueden aprender a ser hábiles en el hogar. (2) Empiece con cosas sencillas, como cambiar una bombilla, engrasar una cerradura y pueden apretarse los tornillos en la puerta. (3) Hay muchos manuales repletos de trucos útiles hasta para hacer trabajitos tan simples como ésos. (4) Hoy día, es probable incluso que los libros puedan encargarse por Internet.

(B)

(5) Si prueba con tareas más difíciles, primero tendrá que analizar los distintos pasos. (6) A menudo conviene pensar en los preparativos necesarios y hacer una lista antes de empezar. (7) Por ejemplo, si decide pintar las paredes del cuarto, piense en las tareas que hay que hacer y en que orden. (8) Tendrá que elegir el color y el tipo de pintura que usará. (9) Están pintura de aceite y pintura látex. (10) Una brocha adecuada para las esquinas y un buen rodillo para superficies grandes y planas. (11) A veces, además, se mancha mucho al pintar, y tendrá que cubrir el suelo.

(C)

(12) Si desea probar con trabajos más técnicos, consulte antes a alguien con experiencia. (13) Nadie nace hábil, la práctica es la mejor manera de aprender.

13. Oración 2: **Empiece con cosas sencillas, como cambiar una bombilla, engrasar una cerradura y pueden apretarse los tornillos en la puerta.**

¿Qué palabras incluiría el mejor cambio a la oración 2?

(1) usted puede apretar los tornillos
(2) pueden apretarse los tornillos de puertas
(3) apretar tornillos de puertas
(4) el apretar los tornillos
(5) ajustando los tornillos más

14. ¿Qué revisión se debe hacer en el párrafo A?

(1) eliminar la oración 1
(2) poner la oración 2 al final del párrafo
(3) eliminar la oración 2
(4) eliminar la oración 4
(5) No es necesario hacer ningún cambio.

15. Oración 7: **Por ejemplo, si decide pintar las paredes del cuarto, piense en las tareas que hay que hacer y en que orden.**

¿Qué corrección se debe hacer en la oración 7?

(1) cambiar si a sí
(2) eliminar la coma después de cuarto
(3) cambiar que hay que hacer a que hubo que haber hecho
(4) añadir coma después de hacer
(5) cambiar que orden a qué orden

16. Oración 9: **Están pintura de aceite y pintura látex.**

¿Cuál es la mejor manera de escribir la parte subrayada de la oración? Si la redacción original es la mejor, escoja la opción (1).

(1) Están
(2) Hay
(3) Estando
(4) Han estado
(5) Habrán

17. Oración 10: **Una brocha adecuada para las esquinas y un buen rodillo para superficies grandes y planas.**

¿Qué palabras incluiría el mejor cambio a la oración 10?

(1) Una brocha adecuada y un buen rodillo
(2) Asegurándose de tener una brocha adecuada
(3) También necesitará una brocha adecuada
(4) Con una brocha adecuada
(5) Necesitándose una brocha adecuada

18. Oración 13: **Nadie nace hábil, la práctica es la mejor manera de aprender.**

¿Cuál es la mejor manera de escribir la parte subrayada de la oración? Si la redacción original es la mejor, escoja la opción (1).

(1) hábil, la
(2) hábil la
(3) hábil. La
(4) hábil y la
(5) hábil mientras que la

Las preguntas 19 a 25 se refieren a los siguientes párrafos.

Inventos transformadores

(A)

(1) Hemos avanzado mucho desde el siglo XV, cuando johannes gutenberg inventó la imprenta. (2) Actualmente, con Internet, se envían textos de libros enteros alrededor del mundo en unos segundos. (3) Y sin embargo, la imprenta tuvo sus propios efectos transformadores en la cultura y la transmisión de ideas.

(B)

(4) Todo el material escrito se hacía a mano. (5) Había pocos libros y la información escrita era muy escasa. (6) Se tardaba una o más horas en imprimir manualmente una página. (7) Meses o incluso años en hacer un libro entero, como la Biblia. (8) Con la imprenta, se pudieron hacer muchas copias rápida y fácilmente de una página, una vez compuestos los tipos o carácteres para esa página. (9) Ello significó que fue posible difundir información más amplia y rápidamente, lo que mejoró la educación de la gente y permitió el avance del saber. (10) La imprenta tal vez sea el invento singular más importante de la historia y sin embargo tal vez la excepción sería la computadora personal.

(C)

(11) Hoy en día, las computadoras nos proporcionan Internet y el acceso instantáneo a millones de libros y a toneladas de información. (12) En realidad, según algunos, se nos da demasiada información. (13) Tal vez la gente se habría sentido abrumada por la imprenta. (14) Todo el mundo necesita tiempo para acostumbrarse a los inventos que cambian la vida.

19. Oración 1: **Hemos avanzado mucho desde el siglo XV, cuando johannes gutenberg inventó la imprenta.**

    ¿Qué corrección se debe hacer en la oración 1?

    (1) añadir coma después de mucho
    (2) cambiar siglo a Siglo
    (3) cambiar johannes gutenberg a Johannes Gutenberg
    (4) cambiar inventó a inventaba
    (5) no se requiere hacer ninguna corrección

20. Oración 4: **Todo el material escrito se hacía a mano.**

    ¿Qué cambio se debe hacer en la oración 4?

    (1) poner la oración 4 al final del párrafo A
    (2) sustituir Todo con Por ejemplo, todo
    (3) sustituir Todo con Antes de la invención de la imprenta, todo
    (4) eliminar la oración 4
    (5) no se requiere hacer ninguna corrección

21. Oraciones 6 y 7: **Se tardaba una o más horas en imprimir manualmente una página. Meses o incluso años en hacer un libro entero, como la Biblia.**

¿Cuál es la mejor manera de escribir la parte subrayada de la oración? Si la redacción original es la mejor, escoja la opción (1).

(1) página. Meses
(2) página meses
(3) página. Por lo tanto, meses
(4) página, como meses
(5) página y meses

22. Oración 8: **Con la imprenta, se pudieron hacer muchas copias rápida y fácilmente de una página, una vez compuestos los tipos o carácteres para esa página.**

¿Cuál es la mejor manera de escribir la parte subrayada de la oración? Si la redacción original es la mejor, escoja la opción (1).

(1) se pudieron hacer muchas copias rápida y fácilmente de una página,
(2) se pudieron hacer muchas copias de una página rápida y fácilmente,
(3) muchas copias se pudieron hacer rápida y fácilmente de una página,
(4) rápida y fácilmente, se pudieron hacer muchas copias de una página,
(5) se pudieron hacer rápida y fácilmente muchas copias de una página,

23. Oración 9: **Ello significó que fue posible difundir información más amplia y rápidamente, lo que mejoró la educación de la gente y permitió el avance del saber.**

¿Cuál es la mejor manera de escribir la parte subrayada de la oración? Si la redacción original es la mejor, escoja la opción (1).

(1) Ello significó que
(2) Significando que
(3) Gracias a este proceso,
(4) Con ello,
(5) Entonces

24. Oración 10: **La imprenta tal vez sea el invento singular más importante de la historia y sin embargo tal vez sea la excepción sería la computadora personal.**

¿Qué palabras incluiría el mejor cambio a la oración 10?

(1) historia, y sin embargo tal vez pueda ser la excepción
(2) O la imprenta o la computadora personal es el invento individual más importante
(3) Con la excepción de la imprenta que es
(4) historia a excepción, tal vez, de la computadora personal
(5) historia, y sin embargo teniendo en cuenta la computadora personal

25. Oración 13: **Tal vez la gente se habría sentido abrumada por la imprenta.**

¿Cuál es la mejor manera de escribir la parte subrayada de la oración? Si la redacción original es la mejor, escoja la opción (1).

(1) se habría sentido
(2) se ha sentido
(3) se sintió
(4) se había sentido
(5) se siente

Departamento de Servicio al Cliente
Galerías Buenavista
Avenida de los Reyes 56
San Juan, Puerto Rico

A quien pueda interesar:

(A)

(1) Ayer por la mañana, había ido a las Galerías Buenavista de Santa Marta a comprar la radio digital que se anunciaba en el periódico dominical. (2) Según el anuncio, la radio modelo X12 estaría a la venta en todos los locales de la tienda por el precio de $47.95.

(B)

(3) Por desgracia, tuve varios problemas en el departamento de televisión y sonido de Santa Marta. (4) Primero, tuve que esperar diez minutos para solamente poder hablar con un empleado de ventas. (5) Cuando por fin hablé con una empleada, dijeron que la tienda no vendía ese modelo en absoluto. (6) Luego, un segundo empleado afirmó que el modelo se había agotado. (7) En ese momento, encontré a Rafael Martínez, que era el supervisor. (8) Rafael Martínez dijo que la tienda sí vendía esa radio, pero que no estaba en especial. (9) Como no había llevado el anuncio conmigo no pude mostrárselo. (10) Antes de que pudiera pedirle que lo comprobara, desapareció. (11) Estaba a punto de irme cuando vi la radio, en especial al precio anunciado. (12) La compré inmediatamente y salí. (13) Mi experiencia en la tienda fue tan frustrante, no obstante, que no volveré ha comprar allí. (14) Si quieren conservar los clientes, sugiero que mejoren la capacitación de los empleados cuanto antes.

Atentamente,

Alma Benítez

26. Oración 1: **Ayer por la mañana, había ido a las Galerías Buenavista de Santa Marta de Lakeville a comprar la radio digital que se anunciaba en el periódico dominical.**

¿Cuál es la mejor manera de escribir la parte subrayada de la oración? Si la redacción original es la mejor, escoja la opción (1).

(1) había ido
(2) he fui
(3) ha ido
(4) iba
(5) fui

27. Oración 5: **Cuando por fin hablé con una empleada, dijeron que la tienda no vendía ese modelo en absoluto.**

¿Qué corrección se debe hacer en la oración 5?

(1) cambiar hablé a hablí
(2) eliminar la coma después de empleada
(3) sustituir dijeron con dijo
(4) añadir coma después de modelo
(5) no se requiere hacer ninguna corrección

28. Oraciones 7 y 8: **En ese momento, encontré a Rafael Martínez, que era el supervisor. Rafael Martínez dijo que la tienda sí vendía la radio, pero que no estaba en especial.**

¿Qué palabras incluiría la forma más efectiva de combinar las oraciones 7 y 8?

(1) Rafael Martínez, el supervisor, que dijo
(2) Rafael Martínez, que era el supervisor y que dijo
(3) Rafael Martínez, siendo el supervisor, que dijo
(4) supervisor, y Rafael Martínez dijo
(5) supervisor, así que dijo

29. ¿Qué cambio haría más efectiva la carta?

Comenzar un párrafo nuevo

(1) con la oración 9.
(2) con la oración 10.
(3) con la oración 11.
(4) con la oración 12.
(5) con la oración 13.

30. Oración 9: **Como no había llevado el anuncio conmigo no pude mostrárselo.**

¿Qué corrección se debe hacer en la oración 9?

(1) eliminar Como
(2) cambiar no a ni
(3) añadir coma después de conmigo
(4) cambiar mostrárselo a mostrándoselo
(5) sustituir mostrárselo con mostrarle el anuncio

31. Oración 11: **Estaba a punto de irme cuando vi la radio, en especial al precio anunciado.**

¿Qué corrección se debe hacer en la oración 11?

(1) cambiar irme a yéndome
(2) añadir coma después de irme
(3) cambiar vi a hube visto
(4) eliminar la coma después de radio
(5) sustituir la con él

32. Oración 13: **Mi experiencia en la tienda fue tan frustrante, no obstante, que no volveré ha comprar allí.**

¿Qué corrección se debe hacer en la oración 13?

(1) añadir coma después de tienda
(2) cambiar fue a sido
(3) eliminar la coma después de frustrante
(4) eliminar la coma después de no obstante
(5) cambiar ha a a

Las preguntas 33 a 38 se refieren a los siguientes párrafos.

¡ALERTA A LOS CONSUMIDORES!

Cortesía de su Oficina del Consumidor

Cómo comprar con seguridad por Internet

(A)

(1) Comprar por Internet se haciendo muy popular, ahora que cada vez se conecta más gente a la red. (2) Se puede comprar de todo por Internet con una tarjeta de crédito. (3) Esto incluye todo desde ropa en especial hasta pasajes de tren o de autobús. (4) A mucha gente le parece rápido y cómodo comprar por Internet.

(B)

(5) No obstante, existen algunos riesgos. (6) La entrega de los pedidos no siempre es fiable los costos de envío a veces suponen un recargo del 15 por ciento por encima del costo.

(C)

(7) Las leyes que regulan la devolución de compras no siempre se aplican al comercio electrónico. (8) Al revelar los números de tarjetas de crédito en un sitio no protegido, se corre el riesgo de que alguien robe sus datos personales.

(D)

(9) Los defensores de los consumidores explican que se pueden tomar varias medidas de protección. (10) Por ejemplo, uno debería recurrir únicamente a empresas muy conocidas al comprar por Internet. (11) A veces, los comercios electrónicos que no facilitan un número de teléfono son estafadores. (12) Asegúrese de consultar el método de devolución y los cargos de envío antes de realizar una compra. (13) Siempre que se tenga cuidado comprar por Internet puede ser una nueva y cómoda manera de ir de compras.

33. Oración 1: **Comprar por Internet se haciendo muy popular, ahora que cada vez se conecta más gente a la red.**

¿Cuál es la mejor manera de escribir la parte subrayada de la oración? Si la redacción original es la mejor, escoja la opción (1).

(1) se haciendo
(2) haciéndose
(3) se hizo
(4) se está haciendo
(5) se había hecho

34. Oraciones 2 y 3: **Se puede comprar de todo por Internet con una tarjeta de crédito. Esto incluye todo desde ropa en especial hasta pasajes de tren o de autobús.**

¿Qué palabras incluiría la forma más efectiva de combinar las oraciones 2 y 3?

(1) tarjeta de crédito, y esto incluye
(2) Incluidas ropa en especial y pasajes de tren o de autobús,
(3) Uno puede comprar con una tarjeta de crédito de todo
(4) Desde ropa en especial hasta pasajes de tren o de autobús, todo se
(5) Todo lo que se puede cobrar con una tarjeta de crédito

35. Oración 6: **La entrega de los pedidos no siempre es fiable los costos de envío a veces suponen un recargo del 15 por ciento por encima del costo.**

¿Qué corrección se debe hacer en la oración 6?

(1) añadir coma después de pedidos
(2) cambiar es a son
(3) añadir y después de fiable
(4) añadir coma después de envío
(5) no se requiere hacer ninguna corrección

36. ¿Qué cambio mejoraría el texto?

(1) poner la oración 6 al principio del párrafo B
(2) combinar los párrafos B y C
(3) poner la oración 7 al final del párrafo C
(4) poner la oración 8 al principio del párrafo D
(5) eliminar la oración 8

37. Oración 10: **Por ejemplo, uno debería recurrir únicamente a empresas muy conocidas al comprar por Internet.**

¿Qué corrección se debe hacer en la oración 10?

(1) eliminar la coma después de ejemplo
(2) cambiar uno a se
(3) sustituir debería recurrir con está recurriendo
(4) cambiar empresas a de empresas
(5) añadir coma después de empresas

38. Oración 13: **Siempre que se tenga cuidado comprar por Internet puede ser una nueva y cómoda manera de ir de compras.**

¿Qué corrección se debe hacer en la oración 13?

(1) sustituir se tenga con uno tenga
(2) añadir coma después de cuidado
(3) cambiar puede ser a habrá sido
(4) sustituir de con dé
(5) no se requiere hacer ninguna corrección

Las preguntas 39 a 44 se refieren a los siguientes párrafos.

Cómo cuidar a un niño con fiebre

(A)

(1) A menos que se traten de un niño, es correcto decir que la temperatura normal de una persona es de 37° C. (2) Según los pediatras, la temperatura normal de un niño oscila entre los 36° C y los 38° C. (3) ¿Qué deben hacer los padres si su hijo tiene fiebre? (4) A continuación se describen algunas sugerencias útiles.

(B)

(5) En el caso de bebés menores de tres meses, todas las temperaturas superiores a los 100°F necesitan atención médica. (6) Sea consciente de que a veces las enfermedades no presentan fiebre como uno de los síntomas. (7) Es posible que la temperatura de su bebé corresponda a los valores normales. (8) Es posible que aún así el bebé vomite o le cueste respirar. (9) En estos casos, llame al médico inmediatamente.

(C)

(10) En el caso de niños mayores con fiebre es buena idea bañarlos con una esponja empapada en agua fresca. (11) Los analgésicos que no sean aspirina también pueden ser útiles. (12) Asegúrese de no administrar al niño una dosis superior a la recomendada. (13) Si no está seguro de la cantidad de medicamento que debe darle a su hijo, consulte a su médico. (14) La dosis de un niño suele estar determinada por el peso de uno.

39. Oración 1: **A menos que se traten de un niño, es correcto decir que la temperatura normal de una persona es 37º C.**

¿Cuál es la mejor manera de escribir la parte subrayada de la oración? Si la redacción original es la mejor, escoja la opción (1).

(1) A menos que se traten de un niño
(2) A menos que se trate de un niño
(3) A menos que un niño sea tratado
(4) A menos que uno trate a un niño
(5) A menos que se esté tratando a un niño

40. Oración 3: **¿Qué deben hacer los padres si su hijo tiene fiebre?**

¿Qué corrección se debe hacer en la oración 3?

(1) cambiar hacer a estar haciendo
(2) añadir coma después de hacer
(3) sustituir si con sí
(4) cambiar tiene a está teniendo
(5) no se requiere hacer ninguna corrección

41. Oraciones 7 y 8: **Es posible que la temperatura de su bebé corresponda a los valores normales. Es posible que aún así el bebé vomite o le cueste respirar.**

¿Cuál es la mejor manera de escribir la parte subrayada de la oración? Si la redacción original es la mejor, escoja la opción (1).

(1) normales. Es posible que aún así el bebé
(2) normales. Así que es posible que el bebé
(3) normales y que, aún así, el bebé
(4) normales, es posible que aún así el bebé
(5) normales es posible que aún así el bebé

42. Oración 10: **En el caso de niños mayores con fiebre es buena idea lavarlos con una esponja empapada en agua fresca.**

¿Cuál es la mejor manera de escribir la parte subrayada de la oración? Si la redacción original es la mejor, escoja la opción (1).

(1) fiebre es
(2) fiebre. Es
(3) fiebre, así que es
(4) fiebre, es
(5) fiebre, entonces es

43. ¿Qué cambio se debe hacer en el párrafo C?

(1) poner la oración 10 al final del párrafo B
(2) eliminar la oración 12
(3) poner la oración 13 después de la oración 11
(4) poner la oración 13 al final del párrafo C
(5) eliminar la oración 13

44. Oración 14: **La dosis de un niño suele estar determinada por el peso de uno.**

¿Qué corrección se debe hacer en la oración 14?

(1) cambiar de un niño a de niño
(2) cambiar suele estar a estar
(3) cambiar de uno a de unos
(4) sustituir el peso de uno con su peso
(5) no se requiere hacer ninguna corrección

Las preguntas 45 a 50 se refieren al siguiente memorándum.

MEMORÁNDUM

A: Todos los empleados
DE: A. Suárez, Especialista en Recursos Humanos
RE: Oportunidad de trabajo

(A)

(1) El Departamento de Recursos Humanos se complace en anunciar una nueva oportunidad de trabajo. (2) El departamento buscando un ayudante a tiempo completo para el supervisor de archivos del personal.

(B)

(3) Los candidatos al puesto deberán tener destrezas demostradas y ser capaces de desempeñar ciertas tareas. (4) El ayudante debe tener buenas destrezas de mecanografía, ser organizado y atención a los detalles. (5) Será responsable de distribuir, recoger y archivar las hojas de horarios, los formularios de autorización de ausencia por enfermedad y los cupones de vacaciones en todas las sucursales. (6) Todas las semanas, el ayudante verificará la corrección de las hojas de horario de los empleados. (7) Además, trabajará distribuyendo información a las sucursales, por último, el candidato seleccionado se reportará al supervisor.

(C)

(8) Las cualificaciones mínimas requeridas para el puesto son: diploma de educación secundaria o equivalencia y conocimiento dé computadoras. (9) Se espera que la persona contratada aprenda programas de bases de datos y se lleve bien con diversos empleados. (10) El sueldo para este puesto de trabajo, como para todos los ayudantes administrativos, comienzan en el Nivel 3.

(D)

(11) De acuerdo con nuestra política de contratar empleados internos de la empresa siempre que sea posible, se entrevistará a todos los actuales empleados que presenten su solicitud. (12) Si desea hacer alguna pregunta o presentar su solicitud para este puesto, consulte a mi ayudante, Ricardo Fernández.

45. Oración 2: **El departamento buscando un ayudante a tiempo completo para el supervisor de archivos del personal.**

¿Cuál es la mejor manera de escribir la parte subrayada de la oración? Si la redacción original es la mejor, escoja la opción (1).

(1) buscando
(2) buscó
(3) buscado
(4) está buscando
(5) buscaba

46. Oración 3: **Los candidatos al puesto deberán tener destrezas demostradas y ser capaces de desempeñar ciertas tareas.**

¿Qué cambio se debe hacer en la oración 3?

(1) poner la oración 3 al final del párrafo A
(2) eliminar la oración 3
(3) poner la oración 3 después de la oración 4
(4) poner la oración 3 al final del párrafo B
(5) No es necesario hacer ningún cambio.

47. Oración 4: **El ayudante debe tener buenas destrezas de mecanografía, ser organizado y atención a los detalles.**

¿Qué palabras incluiría el mejor cambio a la oración 4?

(1) debiendo tener buenas destrezas de mecanografía
(2) teniendo buenas destrezas de mecanografía
(3) mecanografiar bien
(4) tener una buena organización
(5) prestar atención a los detalles

48. Oración 7: **Además, trabajará distribuyendo información a las sucursales, por último, el candidato seleccionado informará al supervisor.**

¿Cuál es la mejor manera de escribir la parte subrayada de la oración? Si la redacción original es la mejor, escoja la opción (1).

(1) sucursales, por último, el
(2) sucursales, por último el
(3) sucursales. Por último, el
(4) sucursales por último, el
(5) sucursales, así que por último, el

49. Oración 8: **Las cualificaciones mínimas requeridas para el puesto son: diploma de educación secundaria o equivalencia y conocimiento dé computadoras.**

¿Qué corrección se debe hacer a la oración 8?

(1) añadir coma después de puesto
(2) sustituir educación secundaria con Educación Secundaria
(3) añadir coma después de diploma
(4) cambiar dé computadoras a de computadoras
(5) no se requiere hacer ninguna corrección

50. Oración 10: **El sueldo para este puesto de trabajo, como para todos los ayudantes administrativos, comienzan en el Nivel 3.**

¿Cuál es la mejor manera de escribir la parte subrayada de la oración? Si la redacción original es la mejor, escoja la opción (1).

(1) comienzan
(2) comenzó
(3) comienza
(4) están comenzando
(5) habrá comenzado

Las respuestas comienzan en la página 263.

Tabla de análisis del desempeño en la Prueba preliminar Lenguaje, Redacción

La siguiente tabla le servirá para determinar cuáles son sus puntos fuertes y débiles en las áreas temáticas y destrezas necesarias para aprobar la Prueba de Lenguaje y Redacción de GED. Consulte la sección Respuestas y explicaciones en las páginas 263 a 266 para verificar las respuestas que haya dado en la Prueba preliminar. Luego, en la tabla, encierre en un círculo los números correspondientes a las preguntas de la prueba que haya contestado correctamente. Anote el número total de aciertos por área temática y por destreza al final de cada hilera y columna. Vea el número total de aciertos de cada columna e hilera para determinar cuáles son las áreas y destrezas que más se le dificultan. Use como referencia las páginas señaladas en la tabla para estudiar esas áreas y destrezas. Utilice una copia del Plan de estudio de la página 31 como guía de estudio.

Tipo de pregunta / Área temática	Corrección	Revisión	Construcción	Número de aciertos	Números de página
Estructura de las oraciones *(Páginas 32 a 91)*					
Oraciones/ Fragmentos de oraciones		6, 21	17	____/3	34 a 41
Oraciones compuestas/ Combinar ideas		41		____/1	42 a 49
Ideas subordinantes			28, 34	____/2	54 a 61
Oraciones seguidas/ Omisión de conjunciones coordinantes	35	18, 48	24	____/4	62 a 69
Modificadores		10, 22, 39		____/3	72 a 77
Estructura paralela			13, 47	____/2	78 a 83
Organización *(Páginas 92 a 133)*					
Estructura de los párrafos/ Unidad y coherencia	11, 14, 43, 46			____/4	94 a 101
Oraciones temáticas			5	____/1	104 a 109
División en párrafos			29, 36	____/2	112 a 117
Transiciones	20			____/1	120 a 125
Uso *(Páginas 134 a 185)*					
Concordancia entre el sujeto y el verbo	1, 8	16, 50		____/4	136 a 145
Participio y gerundio	40	33		____/2	148 a 155
Tiempos verbales		2, 25, 26, 45		____/4	158 a 165
Pronombres	27, 37, 44	9, 23		____/5	168 a 177
Mecánica *(Páginas 186 a 226)*					
Uso de mayúsculas	7, 19			____/2	188 a 195
Comas	3, 12, 30, 31, 38	42	4	____/7	196 a 203
Ortografía	15, 32, 49			____/3	208 a 217

1 a 40 → Use el *Plan de estudio* de la página 31 para organizar su trabajo en este libro.
41 a 50 → Use las pruebas de este libro para practicar para la Prueba de GED.

© Steck-Vaughn Company. *GED Lenguage, Redacción.* Permiso concedido para reproducir con fines de uso en el salón de clases.

Plan de estudio de Lenguaje, Redacción

Las siguientes tablas le ayudarán a organizarse para estudiar después de haber hecho la Prueba preliminar y la Prueba final de Lenguaje y Redacción. Al terminar cada una de estas pruebas, use los resultados que obtuvo en la columna Número de aciertos de su respectiva Tabla de análisis del desempeño para llenar el Plan de estudio. Ponga una marca en la casilla que corresponda al área en la que necesite más práctica. Analice sus hábitos de estudio llevando un control de las fechas en que empiece y termine cada práctica. Estas tablas le ayudarán a visualizar su progreso a medida que practica para mejorar sus destrezas y a prepararse para la Prueba de GED.

Prueba preliminar (págs. 13 a 29): Use los resultados de la **Tabla de análisis del desempeño** (pág. 30).

Área temática	Número de aciertos	✓	Números de página	Fecha en que inició	Fecha en que terminó
Estructura de las oraciones	——/15				
Organización	——/8				
Uso	——/15				
Mecánica	——/12				

Prueba final (págs. 227 a 243): Use los resultados de la **Tabla de análisis del desempeño** (pág. 244).

Área temática	Número de aciertos	✓	Números de página	Fecha en que inició	Fecha en que terminó
Estructura de las oraciones	——/15				
Organización	——/8				
Uso	——/15				
Mecánica	——/12				

UNIDAD 1

Estructura de las oraciones

Cuando escribe mensajes, informes en el trabajo, postales o cartas a un amigo, usted utiliza oraciones. Para expresar sus ideas de forma efectiva, debe escribir oraciones completas y correctas. Las oraciones completas son los elementos fundamentales de un texto escrito.

En la parte I de la Prueba de Lenguaje y Redacción de GED, se evaluarán sus destrezas para reconocer y corregir problemas que haya en oraciones o párrafos. El treinta por ciento de las preguntas de la prueba evalúa la estructura de las oraciones, o la manera en que se forman las oraciones. Esta unidad se enfoca en temas clave de la estructura de las oraciones. Le enseñará maneras de expresar sus ideas en oraciones claras, correctas y lógicas.

Las oraciones claras y correctas lo ayudan a expresar sus ideas de forma eficaz.

Las lecciones de esta unidad son:

Lección 1: **Oraciones completas y fragmentos de oraciones**

Las oraciones completas son el elemento fundamental de los textos escritos. Un fragmento es sólo una parte de una oración. Puede corregir un fragmento añadiendo un sujeto o un verbo o uniéndolo con otra oración.

Lección 2: **Oraciones compuestas**

Para que sus textos sean más variados e interesantes, los buenos escritores suelen combinar las oraciones cortas, entrecortadas o repetitivas. Puede aprender a darles variedad a sus textos formando oraciones compuestas que contengan la puntuación y las palabras de enlace correctas.

Lección 3: **Ideas subordinantes**

Además de la idea principal, algunas oraciones contienen ideas de apoyo. Usted puede aclarar la relación entre la idea principal y sus partes subordinantes mediante el uso de conjunciones especiales y de la puntuación correcta.

Lección 4: **Oraciones seguidas y omisión de conjunciones coordinantes**

Una oración seguida consiste en dos o más oraciones juntas sin palabras de enlace ni puntuación correctas. Puede corregir las oraciones seguidas utilizando la puntuación y las palabras de enlace adecuadas.

Lección 5: **Modificadores mal colocados y modificadores sin sujeto**

Los modificadores son palabras o frases que describen otras palabras o frases. Cuando se colocan los modificadores incorrectamente, puede parecer que describen la palabra o frase equivocada. Por lo general, podrá corregir este problema cambiando el modificador de lugar.

Lección 6: **Estructura paralela**

Los problemas de la estructura paralela se producen cuando se escribe una serie de palabras, frases u oraciones de distintas formas. Puede mejorar sus textos escritos escribiendo todos los objetos de una serie de la misma forma.

ENLACES CON LA REDACCIÓN

En esta unidad, practicará estos tres tipos de destrezas de redacción:

- Escribir sus ideas en oraciones completas

- Escribir con detalles

- Usar modificadores

Para aplicar en sus propios escritos las destrezas que se enseñan en esta unidad, consulte la Lista del escritor en la página 314.

DESTREZA DE GED **Oraciones completas y fragmentos de oraciones**

Oraciones completas

Para escribir con claridad, debe usar oraciones completas. Una oración es completa si cumple con los siguientes requisitos.

REGLA 1 Una oración completa tiene un sujeto y un verbo. El **sujeto** nombra de quién o de qué trata la oración. El **verbo** dice lo que el sujeto es o lo que hace.

sujeto
dice de qué o de quién trata una oración

verbo
dice lo que el sujeto es o lo que hace

Sin sujeto: Enseñar al hijo a manejar un carro de cambios.
Completa: Gloria enseña al hijo a manejar un carro de cambios.

Sin verbo: Los carros de transmisión automática.
Completa: Los carros de transmisión automática son fáciles de manejar.

A veces, el sujeto de una oración es implícito, o sea, que no se expresa directamente. Sin embargo, se sobreentiende por la terminación del verbo.

Completa: Estudié la guía para aprender a manejar. (sujeto implícito: Yo)

REGLA 2 Las oraciones completas expresan ideas completas.

Incompleta: Porque obtiene mejor millaje.
Completa: Ramón piensa comprar un carro con transmisión estándar porque obtiene mejor millaje.

REGLA 3 Las oraciones completas comienzan y terminan con signos de puntuación. La mayor parte de los enunciados terminan con un punto. Las preguntas empiezan y terminan con signos de interrogación. Los enunciados fuertes o mandatos empiezan y terminan con signos de exclamación.

Enunciado: Gloria prefiere manejar un carro de cambios.
Pregunta: ¿Maneja bien Ramón?
Exclamación: ¡Sálvese quien pueda!

SUGERENCIA

Identifique las oraciones completas preguntándose: *¿Tiene sujeto la oración? ¿Tiene un verbo completo? ¿Expresa una idea completa?* Si la respuesta a todas estas preguntas es afirmativa, la oración es completa.

Marque con una "X" la oración completa.

_____ a. El equipo a Dallas por Transportes Rápidos.

_____ b. ¡Esperando que el paquete llegara a tiempo para la reunión!

_____ c. Porque llegó sin demora.

_____ d. Transportes Rápidos rastrea los paquetes por Internet.

Usted acertó si escogió la *opción d*. En la *opción a* falta el verbo, en la *opción b* falta un sujeto, y la *opción c* tiene un sujeto implícito y un verbo, pero no expresa una idea completa.

A. Escriba *C* si la oración es completa. Escriba *I* si es incompleta y explique la respuesta.

_I_ 1. La aerolínea encargada de las maletas de David.

   A esta oración incompleta le falta un verbo.

_____ 2. Cuando no bajaron sus maletas del avión.

_____

_____ 3. La aerolínea apuntó el nombre y el teléfono de David.

_____

_____ 4. Entregar las maletas en su casa tres horas después.

_____

_____ 5. David se sintió mejor.

_____

B. Corrija este artículo, añadiendo la puntuación necesaria al principio o al final de las oraciones. Subraye las oraciones incompletas. Hay seis enunciados, tres preguntas y una exclamación.

P: Vivo en Los Ángeles Qué puedo hacer para renovar el pasaporte

R: Tiene varias opciones Le importa esperar su pasaporte unos siete a diez días Si no le importa,

buscando un formulario de renovación la oficina del correo Llénelo y envíelo por correo urgente Con la

documentación necesaria También puede solicitarlo en persona en la oficina de pasaportes Sin embargo,

probablemente tenga que esperar en fila

   Que necesita el pasaporte inmediatamente Entonces el servicio de renovación del mismo día

Mientras esté en la oficina de pasaportes Finalmente, permítame desearle un buen viaje Que se divierta

muchísimo

C. Escriba acerca del siguiente tema.

   El artículo que corrigió en el ejercicio B trata acerca de obtener un pasaporte. Piense en una ocasión
en que tuvo que obtener un documento oficial, como el pasaporte o la licencia de conducir. Escriba un
párrafo sobre lo que hizo. Utilice oraciones completas y la puntuación correcta al principio y al final.

Las respuestas comienzan en la página 266.

Fragmentos de oraciones

fragmento de oración
una oración incompleta

Ha estado trabajando con oraciones completas. Si escribe por error una oración incompleta, habrá escrito un **fragmento de oración.** Cuando corrija un escrito y vea un fragmento de oración, puede usar uno de los siguientes métodos. El método que escoja dependerá de la situación y de lo que usted crea que mejorará el trabajo escrito.

MÉTODO 1 Si el verbo del fragmento no indica cuál es el sujeto implícito, cambie el verbo a la persona correcta. Puede añadir un sujeto para que quede más claro.

Fragmento: Ir a la entrevista con su resumé.
Correcta: Fue a la entrevista con su resumé. (sujeto implícito: usted, él o ella)
Correcta: Lía fue a la entrevista con su resumé.

SUGERENCIA

Un fragmento se puede corregir de varias maneras. Sin embargo, en la Prueba de GED sólo habrá una respuesta correcta.

MÉTODO 2 Si al fragmento le falta un verbo, añádalo.

Fragmento: La Dra. Pastrana preguntándole por su último trabajo.
Correcta: La Dra. Pastrana está preguntándole por su último trabajo.

MÉTODO 3 Añada o cambie palabras para completar una idea incompleta.

Fragmento: Un trabajo normal, pero muy aburrido.
Correcta: Su último trabajo era normal, pero muy aburrido.

MÉTODO 4 Una el fragmento a una oración completa. Este método es bueno cuando el fragmento no exprese una idea completa aunque tenga sujeto y verbo.

Fragmento: Lía aceptó el trabajo. Porque necesitaba un cambio estimulante.
Correcta: Lía aceptó el trabajo porque necesitaba un cambio estimulante.
Correcta: Porque necesitaba un cambio estimulante, Lía aceptó el trabajo.

El siguiente enunciado subrayado es un fragmento. Marque con una "X" la mejor manera de corregirlo.

Jaime adelgazó. Una vez que empezó a hacer ejercicio.

_____ a. cambiar la persona del verbo

_____ b. añadir un verbo

_____ c. añadir palabras para completar la idea

_____ d. unirlo a la oración anterior

Usted acertó si escogió la *opción d.* El fragmento ya tiene el sujeto implícito *él (opción a)* y el verbo *empezó (opción b),* pero no expresa una idea completa. Puede añadirle palabras para que exprese una idea completa *(opción c).* Sin embargo, la mejor manera de corregirlo es uniéndolo a la oración anterior, porque la primera oración es corta y abrupta, y el significado del fragmento tiene mucho que ver con ella.

A. Corrija los fragmentos, añadiendo palabras o uniendo los fragmentos para completar las oraciones.

1. Cocinar para la familia entera.

   Las madres solían cocinar para la familia entera.

2. Hoy en día, muchos adolescentes preparan la cena para la familia. Porque sus padres trabajan y llegan tarde a casa.

   _____

   _____

3. Las comidas preparadas en microondas, las comidas para llevar y los macarrones con queso de cajita fáciles y sabrosos.

   _____

   _____

4. Los adolescentes sienten que están haciendo una labor importante. Sentir adultos y responsables.

   _____

   _____

5. Importante para su autoestima.

   _____

B. Corrija este párrafo, corrigiendo los fragmentos de oraciones. Hay ocho fragmentos.

El llevar la ropa a la tintorería ~~costando~~ *cuesta* mucho dinero. Conozco varios buenos métodos para quitar las manchas de ~~la ropa. Sin~~ *la ropa sin* tener que llevarla a la tintorería. No me molesté, por ejemplo. Cuando mi hija llegó a casa con su nuevo suéter manchado de tinta. Primero, rocié la tinta con un poco de spray para el cabello. Que guardo sólo para las manchas. Cuando la mancha quedó completamente empapada, la limpiar con una esponja. También desaparecen las manchas de fruta. Si la empapa antes con agua fría. Luego agua caliente con unas gotas de amoníaco. La mancha debe desaparecer antes de que la lave. Porque el jabón fija las manchas de fruta. Si conoce otros métodos prácticos para quitar las manchas, dígamelos.

C. Escriba acerca del siguiente tema.

El párrafo que corrigió en el Ejercicio B enseñaba a quitar manchas de la ropa. ¿Sabe usted limpiar o arreglar algo en particular? Escriba un corto párrafo, explicando cómo se hace. A continuación, corrija el párrafo, buscando los fragmentos de oraciones y usando la puntuación correcta al principio y al final.

Las respuestas comienzan en la página 267.

Práctica de GED • Lección 1

Instrucciones: Elija la respuesta que mejor responda a cada pregunta.

Las preguntas 1 a 5 se refieren a la siguiente carta de negocios.

A quien corresponda:

(1) El 15 de junio, pedí por catálogo un par de pantalones azules de niños de la talla 8. (2) Me enviaron un par de pantalones verdes en su lugar. (3) Que devolví enseguida. (4) Luego recibí el color correcto, pero de la talla 4, y no 8. (5) Me pasaron al buzón de voz cuando llamé a la línea de servicio al cliente para quejarme. (6) 15 días desde que dejé el mensaje. (7) Éste un comportamiento inaceptable hacia el cliente. (8) Voy a cancelar mi tarjeta de la tienda. (9) Disculpa y la devolución del dinero antes de que pase una semana.

1. Oraciones 2 y 3: **Me enviaron un par de pantalones verdes en su lugar. Que devolví enseguida.**

   ¿Cuál es la mejor manera de escribir la parte subrayada del texto? Si el original representa la mejor manera, escoja la opción (1).

   (1) lugar. Que
   (2) lugar! Que
   (3) lugar, que
   (4) lugar y
   (5) lugar. Y que

2. Oración 5: **Me pasaron al buzón de voz cuando llamé a la línea de servicio al cliente para quejarme.**

   ¿Qué corrección debe hacerse a la oración 5?

   (1) añadir Aunque antes de Me pasaron
   (2) cambiar voz cuando a voz! Cuando
   (3) cambiar voz cuando a voz. Cuando
   (4) eliminar cuando
   (5) no se requiere hacer ninguna corrección

3. Oración 6: **15 días desde que dejé el mensaje.**

   ¿Qué corrección debe hacerse a la oración 6?

   (1) añadir Han pasado antes de 15
   (2) cambiar 15 a Quince
   (3) añadir atrás después de días
   (4) añadir en su buzón de voz después de mensaje
   (5) no se requiere hacer ninguna corrección

4. Oración 7: **Éste un comportamiento inaceptable hacia el cliente.**

   ¿Qué corrección debe hacerse a la oración 7?

   (1) sustituir Éste con Convirtiéndolo
   (2) añadir es después de Éste
   (3) sustituir comportamiento hacia con comportamiento. Hacia
   (4) sustituir hacia el con dado al
   (5) añadir de la tienda después de cliente

5. Oraciones 8 y 9: **Voy a cancelar mi tarjeta de la tienda. Disculpa y la devolución del dinero antes de que pase una semana.**

   ¿Qué grupo de palabras incluiría la mejor combinación de las oraciones 8 y 9?

   (1) tarjeta de la tienda déme una
   (2) tarjeta de la tienda exigiendo una
   (3) tarjeta de la tienda a menos que reciba una
   (4) tarjeta de la tienda y una
   (5) tarjeta de la tienda con una

SUGERENCIA

Lea cada selección de GED atentamente. Piense en cómo la corregiría o la mejoraría. Luego, cuando lea las preguntas, ya tendrá ideas sobre cuáles son las respuestas correctas.

Las preguntas 6 a 9 se refieren al párrafo siguiente.

Hornos de microondas

(1) Los hornos de microondas han transformado la cocina debido a sus ventajas en la sociedad actual de rápido ritmo de vida. (2) Hace años, la mayoría de la gente cocinaba con gas o electricidad. (3) Hoy en día, muchos prefieren los hornos de microondas por su velocidad para cocinar. (4) Que es una de sus mejores cualidades. (5) Más baratos, además, que las estufas de gas o electricidad. (6) En los casos en que hay que considerar el espacio disponible, los hornos de microondas son relativamente pequeños. (7) De hecho, la mayoría de la gente usa el microondas además del horno grande de gas o electricidad, y no en su lugar. (8) Los fabricantes de hornos no preocuparse.

6. Oración 1: **Los hornos de microondas han transformado la cocina debido a sus ventajas en la sociedad actual de rápido ritmo de vida.**

   ¿Qué corrección debe hacerse a la oración 1?

   (1) añadir ellos después de microondas
   (2) cambiar han a habiendo
   (3) cambiar cocina por a cocina. Debido
   (4) cambiar ventajas a ventajas. En
   (5) no se requiere hacer ninguna corrección

7. Oraciones 3 y 4: **Hoy en día, muchos prefieren los hornos de microondas por su velocidad para cocinar. Que es una de sus mejores cualidades.**

   ¿Cuál es la mejor manera de escribir la parte subrayada del texto? Si el original representa la mejor manera, escoja la opción (1).

   (1) cocinar. Que es una
   (2) cocinar, que es una
   (3) cocinar. Una
   (4) cocinar y una
   (5) cocinar. Siendo una

8. Oración 5: **Más baratos, además, que las estufas de gas o electricidad.**

   ¿Qué corrección debe hacerse a la oración 5?

   (1) sustituir Más con Los microondas son más
   (2) añadir de usar después de baratos
   (3) añadir o después de que
   (4) cambiar gas o a gas. O
   (5) añadir son después de que

9. Oraciones 7 y 8: **De hecho, la mayoría de la gente usa el microondas además del horno grande de gas o electricidad, y no en su lugar. Los fabricantes de hornos no preocuparse.**

   Si volviera a escribir las oraciones 7 y 8, empezando con

   Los fabricantes de hornos, sin embargo,

   las siguientes palabras deberían ser

   (1) no preocuparse porque la mayoría
   (2) no preocupándose porque, de hecho
   (3) ellos no están preocupados porque la mayoría
   (4) no están preocupados porque la mayoría
   (5) no preocupados porque de hecho

Algunas preguntas del GED dan la opción: "no se requiere hacer ninguna corrección". Si usted cree que ésa es la respuesta correcta, vuelva a leer la oración atentamente para verificar que realmente no haya ningún error.

Las respuestas comienzan en la página 267.

Prueba corta de GED • Lección 1

Instrucciones: Ésta es una prueba de práctica que dura diez minutos. Después de que transcurran los diez minutos, ponga una marca en la última pregunta que haya respondido. A continuación, termine la prueba y revise sus respuestas. Si la mayoría de sus respuestas fueron correctas, pero no terminó la prueba, trate de responder las preguntas más rápidamente la próxima vez. Elija la respuesta que mejor responda a cada pregunta.

Las preguntas 1 a 4 se refieren a los párrafos siguientes.

Lo que comemos

(A)

(1) Los padres se quejan de que sus hijos comen con los ojos. (2) Cuando los niños calculan los dulces o golosinas que son capaces de comer. (3) A decir verdad, también los adultos dependen demasiado de sus percepciones al calcular las cantidades de alimentos.

(B)

(4) Sin duda, las personas establecen una relación entre lo que ven y cuánto comen. (5) Desafortunadamente, subestimando su consumo diario de alimentos por casi un 25 por ciento. (6) Un nutricionista demostró hace poco una manera práctica para no tener que adivinar la cantidad que es una porción. (7) Primero medir la cantidad de alimento según el tamaño de la porción mencionado en la etiqueta. (8) A continuación puso la porción medida en medio de un plato grande y vacío. (9) Cómo se ve realmente una porción.

1. Oraciones 1 y 2: **Los padres se quejan de que sus hijos comen con los ojos. Cuando los niños calculan los dulces o golosinas que son capaces de comer.**

   ¿Cuál es la mejor manera de escribir la parte subrayada del texto? Si el original representa la mejor manera, escoja la opción (1).

   (1) ojos. Cuando
   (2) ojos cuando
   (3) ojos! Cuando
   (4) ojos. Sobre todo, cuando
   (5) ojos. Esto cuando

2. Oración 5: **Desafortunadamente, subestimando su consumo diario de alimentos por casi un 25 por ciento.**

   ¿Qué corrección debe hacerse a la oración 5?

   (1) añadir son después de Desafortunadamente,
   (2) sustituir subestimando con subestiman
   (3) añadir esto después de consumo
   (4) sustituir de con dé
   (5) cambiar consumo por a consumo. Por

3. Oración 7: **Primero medir la cantidad de alimento según el tamaño de la porción mencionado en la etiqueta.**

   ¿Cuál es la mejor manera de escribir la parte subrayada del texto? Si el original representa la mejor manera, escoja la opción (1).

   (1) Primero medir
   (2) Primero, medir
   (3) Primero midió
   (4) Primero. Midió
   (5) Primero midiendo

4. Oraciones 8 y 9: **A continuación puso la porción medida en medio de un plato grande y vacío. Cómo se ve realmente una porción.**

   ¿Qué grupo de palabras incluiría la mejor combinación de las oraciones 8 y 9?

   (1) vacío para demostrar cómo
   (2) la porción medida y servida
   (3) así medida, cómo se ve realmente una porción, en
   (4) se ve realmente una porción, a continuación puso
   (5) vacío y cómo

Las preguntas 5 a 8 se refieren a los párrafos siguientes.

Sistemas de Computadoras Fénix

A nuestros apreciados clientes:

(A)

(1) La empresa Sistemas de Computadoras Fénix desea facilitarle la visita a nuestras páginas de Internet. (2) Configuramos nuestros sistemas para ayudarle a guardar la información que desea compartir con nosotros. (3) Su nombre, dirección postal y de correo electrónico, y número de teléfono. (4) Después usted selecciona su contraseña exclusiva Fénix, que se le pedirá al principio de su búsqueda en Internet. (5) No tendrá que volver a escribir todos sus datos personales. (6) Para bajar un artículo de nuestros archivos o comprar un nuevo producto. (7) Simplemente, escriba su contraseña, y el sistema accederá a la información automáticamente.

(B)

(8) No compartiremos la información que le guardamos con ninguna otra entidad, y ninguna otra persona podrá acceder a sus datos personales. (9) Su información actualizada en cualquier momento, escribiendo su contraseña y cambiando los datos archivados.

5. Oraciones 2 y 3: **Configuramos nuestros sistemas para ayudarle a guardar la información que desea compartir con nosotros. Su nombre, dirección postal y de correo electrónico, y número de teléfono.**

¿Cuál es la mejor manera de escribir la parte subrayada del texto? Si el original representa la mejor manera, escoja la opción (1).

(1) nosotros. Su
(2) nosotros su
(3) nosotros, como su
(4) nosotros siendo su
(5) nosotros porque su

6. Oración 4: **Después usted selecciona su contraseña exclusiva Fénix, que se le pedirá al principio de su búsqueda en Internet.**

¿Qué corrección debe hacerse a la oración 4?

(1) añadir cuando después de Después
(2) sustituir selecciona con seleccionando
(3) cambiar exclusiva Fénix, que a exclusiva Fénix. Que
(4) sustituir se con sé
(5) no se requiere hacer ninguna corrección

7. Oraciones 5 y 6: **No tendrá que volver a escribir todos sus datos personales. Para bajar un artículo de nuestros archivos o comprar un nuevo producto.**

¿Qué grupo de palabras incluiría la mejor combinación de las oraciones 5 y 6?

(1) por razón de bajar
(2) cuando quiera bajar
(3) volver a introducir y bajar
(4) datos personales y bajar
(5) datos personales porque

8. Oración 9: **Su información actualizada en cualquier momento, escribiendo su contraseña y cambiando los datos archivados.**

¿Qué corrección debe hacerse a la oración 9?

(1) añadir puede ser antes de actualizada
(2) cambiar actualizada a actualizando
(3) cambiar momento, escribiendo a momento. Escribiendo
(4) cambiar corrigiendo a habiendo corregido
(5) añadir que tiene después de los datos

Las respuestas comienzan en la página 267.

Lección 2

DESTREZA DE GED **Oraciones compuestas**

Conjunciones coordinantes

conjunción coordinante palabra que une las oraciones independientes de una oración compuesta

Ha estado escribiendo oraciones completas, también llamadas **oraciones independientes.** Una oración independiente es una oración que puede formar una oración simple por sí misma. Dos o más oraciones independientes pueden combinarse para formar una **oración compuesta.** Escribir oraciones compuestas es una manera eficaz de expresar la relación que existe entre las ideas de las oraciones independientes.

MÉTODO Para escribir una oración compuesta, combine las oraciones independientes con una **conjunción coordinante.** La conjunción coordinante expresa la relación entre las oraciones. Cuando consisten en más de una palabra, se conocen como locuciones coordinantes y cumplen la misma función.

Conjunción coordinante	Relación
y, e	une dos ideas relacionadas
pero, aunque	contrasta dos ideas
como	indica una causa
así que	indica un efecto
o, u	da opciones
ni	da opciones negativas

Para combinar correctamente dos oraciones, lea ambas y busque la relación entre sus ideas. Después, use una coma si hace falta y una conjunción coordinante que exprese correctamente esa relación.

REGLA Cuando escriba una oración compuesta con una conjunción coordinante, debe escribir una coma delante de la conjunción. Sin embargo, no debe escribir una coma antes de las conjunciones *y, e, ni, o, u* en una enumeración.

Separadas: José se unió a un grupo de actores. Tienen mucho talento.
Combinadas: José se unió a un grupo de actores y tienen mucho talento. (La palabra *y* une dos ideas relacionadas y no lleva coma delante.)

Separadas: Su primera obra de teatro es una comedia muy graciosa. Seguramente será un éxito.
Combinadas: Su primera obra de teatro es una comedia muy graciosa, así que seguramente será un éxito. (La locución *así que* indica un efecto y lleva una coma delante.)

Marque con una "X" la oración compuesta que combine correctamente las oraciones independientes.

_____ a. Mi madre trabaja en Fino Textiles, lleva diez años trabajando allí.

_____ b. Empezó de costurera, pero quería ser diseñadora.

_____ c. Después de seis años terminó la universidad así que la ascendieron al departamento de diseño.

Usted acertó si escogió la *opción b*. Sus dos oraciones independientes están unidas por coma y la conjunción *pero*. La *opción a* tiene solamente la coma y le falta la conjunción. En la *opción c* falta la coma.

A. Combine cada par de oraciones para escribir una oración compuesta. Escoja la conjunción coordinante correcta y añada la coma cuando haga falta.

1. (así que, aunque) La gente no quiere que la grama tenga insectos. Muchos usan pesticidas químicos.

   La gente no quiere que la grama tenga insectos, así que muchos usan pesticidas químicos.

2. (ya que, o) Los pesticidas químicos en la grama presentan un riesgo. Los niños a menudo juegan en la grama.

   _____

3. (y, pero) Algunos padres que se preocupan por sus hijos todavía usan pesticidas. Siguen atentamente las instrucciones para usarlos y desecharlos.

   _____

4. (o, así que) Otros prefieren usar aerosoles biodegradables. Escogen repelentes naturales de insectos, como la flor de caléndula.

   _____

5. (y, ni) Los fumigadores profesionales deben estar autorizados. Deben aplicar los pesticidas correctamente.

   _____

B. Lea este párrafo. Se han subrayado los lugares donde pueden unirse las oraciones. Forme oraciones compuestas, cambiando la puntuación y añadiendo conjunciones coordinantes.

La fuerza de gravedad de la luna influye en las mareas de ~~la Tierra. Algunas~~ *la Tierra, pero algunas* personas creen que influye más en los seres humanos. Se ha acusado a ciertas personas de comportarse de forma extraña durante la luna llena. La cantidad de delitos violentos parece aumentar. Los accidentes son más frecuentes. Algunas personas se sienten más creativas. Otras se sienten deprimidas. ¿Deja usted para otro día el recorte de pelo? ¿No se corta las uñas durante la luna llena? Algunas personas creen en esas supersticiones. No les gusta admitirlo en público.

C. Escriba acerca del siguiente tema.

El párrafo que corrigió en el ejercicio B describe las supersticiones sobre la luna llena. Escriba un párrafo que explique sus razones para creer o no creer en una superstición. Luego, corrija su párrafo, revisando el uso correcto de las oraciones compuestas.

Las respuestas comienzan en la página 268.

Otras palabras de enlace

Hay otras dos maneras de combinar oraciones independientes para formar oraciones compuestas.

MÉTODO 1 Combine las oraciones escribiendo punto y coma si las ideas son extensas. Si no lo son, se prefiere la coma.

Separadas: Las armas nucleares amenazan nuestras vidas y sana convivencia. La falta de solución a este problema podría tener consecuencias graves.

Combinadas: Las armas nucleares amenazan nuestras vidas y sana convivencia; la falta de solución a este problema podría tener consecuencias graves.

MÉTODO 2 Combine las oraciones escribiendo punto y coma y un **adverbio conjuntivo.** El adverbio conjuntivo que escoja debe expresar la relación entre las dos ideas que se combinan.

Adverbios conjuntivos	**Relación**
también, además, por otra parte, es más	unen dos ideas
sin embargo, aún así, no obstante, en vez de, a pesar de	contrastan dos ideas
de la misma manera, del mismo modo, igualmente	comparan dos ideas
por lo tanto, por eso, en consecuencia	expresan un resultado
a continuación, luego, mientras tanto, finalmente, entonces	expresan orden cronológico
por ejemplo	expresa ejemplos

REGLA Cuando escriba un adverbio conjuntivo para unir dos oraciones, añada un punto y coma antes y una coma después.

Separadas: A la gente le interesa evitar la guerra nuclear. No siempre están de acuerdo sobre la mejor manera de hacerlo.

Combinadas: A la gente le interesa evitar la guerra nuclear; sin embargo, no siempre están de acuerdo sobre la mejor manera de hacerlo.

Marque con una "X" las oraciones compuestas que combinen correctamente las ideas.

_____ a. El Seguro Social brinda muchas clases de ayuda económica; actualmente paga el retiro, la incapacidad y otros beneficios.

_____ b. La mayoría de las personas se retiran a los 65 años; después, una nueva ley prolonga esa edad hasta los 67 años.

_____ c. Algunas personas se retiran a los 62 años; en consecuencia, reciben menos beneficios.

_____ d. Los retirados también reciben atención médica de Medicare; que paga los servicios médicos.

Usted acertó si escogió las *opciones a* y *c*. La *opción b* es incorrecta porque emplea *después*, una palabra de enlace que expresa orden cronológico, cuando la relación que existe es de contraste. La *opción d* es incorrecta porque *que paga los servicios médicos* no es una oración independiente.

A. Escoja el adverbio conjuntivo correcto. Añada los signos de puntuación que sean necesarios.

1. (sin embargo, además) El Niño es un sistema atmosférico cíclico fascinante

   ; además, _____ los científicos están descubriendo información útil al estudiarlo.

2. (del mismo modo, sin embargo) Los antiguos métodos para pronosticar el tiempo se basaban en datos

   del pasado _____ El Niño ha cambiado esto.

3. (por ejemplo, finalmente) Ahora los meteorólogos observan también las condiciones actuales

   _____ examinan los cambios recientes de la temperatura de los océanos, la humedad del suelo y las nevadas.

4. (en consecuencia, además) Los climas cercanos al ecuador cambian poco de una estación a otra

   _____ los pronósticos del tiempo sobre ellos son los más exactos.

5. (sin embargo, a continuación) Los modelos meteorológicos al norte y al sur son más imprevisibles

   _____ los datos sobre El Niño pueden ser útiles para pronosticar las temperaturas y precipitaciones estacionales.

B. Lea este párrafo sobre pintar una habitación. Se han subrayado los lugares donde pueden unirse las oraciones. Forme oraciones compuestas, con (1) coma, (2) punto y coma o (3) punto y coma, adverbio conjuntivo y coma.

habitación; a continuación, decida

Primero, debe elegir los colores más apropiados para la habitación. Decida el tipo y cantidad de pintura que va a necesitar. La mayoría de la gente usa pintura de látex. Es más fácil de aplicar. La pintura de aceite dura más. Es difícil de aplicar y de limpiar. Los muebles poco pesados pueden llevarse a otra habitación. Los pesados o voluminosos se arrastran al centro de la habitación. Cubra con sábanas viejas todo lo que haya en la habitación. Quite todo lo que haya en las puertas, ventanas y barras para cortinas. Destornille las placas de los interruptores y de los enchufes. Arregle las grietas que haya en las paredes o en el techo. Rellene los pequeños agujeros que haya. Lije las paredes con papel de lija grueso y el trabajo en madera con papel de lija fino. Su habitación está lista para pintarla.

C. Escriba acerca del siguiente tema.

El párrafo que corrigió en el ejercicio B enseña a preparar una habitación para pintarla. ¿Qué sabe hacer usted? Escriba un párrafo que explique los pasos del proceso. A continuación, corrija su párrafo, para asegurarse de que las oraciones compuestas estén escritas correctamente.

Las respuestas comienzan en la página 268.

Práctica de GED • Lección 2

Instrucciones: Elija la respuesta que mejor responda a cada pregunta.

Las preguntas 1 a 4 se refieren al párrafo siguiente.

Declaración de impuestos por Internet

(1) El Servicio de Rentas Internas IRS *(Internal Revenue Service)* ha simplificado el proceso de declaración de impuestos con el envío electrónico. (2) Usted puede llenar y presentar sus planillas de impuestos muy rápidamente por Internet, así que su reembolso podrá llegarle en tres semanas en lugar de seis. (3) Para declarar electrónicamente, necesitará una computadora personal con módem y un programa para preparar la planilla. (4) El programa registra todos sus datos personales y económicos, y el módem los transmite al IRS. (5) A continuación, el IRS comprueba la planilla y busca errores. (6) Algunas planillas pueden ser rechazadas. (7) El IRS tiene un departamento de servicio al cliente para ayudarlo en estos casos. (8) Uno de sus representantes le puede indicar lo que falta o está incompleto, para que usted lo corrija y lo vuelva a presentar. (9) Una vez que su declaración sea aceptada, usted tendrá que presentar papeles adicionales, como por ejemplo el documento especial para la firma y los formularios W-2. (10) Usted también puede pagar electrónicamente puede solicitar que el IRS ingrese el reembolso directamente en su cuenta bancaria.

1. Oración 2: **Usted puede llenar y presentar sus planillas de impuestos muy rápidamente por Internet, así que su reembolso podrá llegarle en tres semanas en lugar de seis.**

   ¿Cuál es la mejor manera de escribir la parte subrayada del texto? Si el original representa la mejor manera, escoja la opción (1).

   (1) Internet, así que su
   (2) Internet, su
   (3) Internet así, que su
   (4) Internet así que su
   (5) Internet. Así que

2. Oración 4: **El programa registra todos sus datos personales y económicos, y el módem los transmite al IRS.**

   ¿Qué corrección debe hacerse a la oración 4?

   (1) eliminar y después de económicos
   (2) añadir coma después de y
   (3) eliminar la coma después de económicos
   (4) eliminar el módem
   (5) no se requiere hacer ninguna corrección

3. Oraciones 6 y 7: **Algunas planillas pueden ser rechazadas. El IRS tiene un departamento de servicio al cliente para ayudarlo en estos casos.**

   ¿Qué grupo de palabras incluiría la mejor combinación de las oraciones 6 y 7?

   (1) rechazados, el
   (2) rechazados el,
   (3) rechazados por lo tanto el
   (4) rechazados pero el
   (5) rechazados, pero el

4. Oración 10: **Usted también puede pagar electrónicamente puede solicitar que el IRS ingrese el reembolso directamente en su cuenta bancaria.**

   ¿Qué corrección debe hacerse a la oración 10?

   (1) añadir coma después de electrónicamente
   (2) añadir o después de electrónicamente
   (3) añadir coma y o después de electrónicamente
   (4) añadir coma después de ingrese
   (5) no se requiere hacer ninguna corrección

SUGERENCIA

A veces, en la Prueba de GED se pregunta: "¿Cuál es la mejor manera de escribir la parte subrayada del texto?" En este tipo de preguntas, la opción (1) siempre es idéntica al original.

Las preguntas 5 a 9 se refieren a la carta de negocios siguiente.

Apreciado cliente nuevo de servicio celular:

(1) Las tarifas por acceso mensual se facturarán el día veinticinco de cada mes. (2) En la primera factura se incluyen las tarifas prorrateadas[1] desde el 8 de abril, fecha en que se inició el servicio, y la tarifa del acceso normal del mes de mayo. (3) En la primera factura se combinan dos meses, podrá ser mayor que las facturas posteriores. (4) Además, le regalamos una hora de conexión gratuita todos los meses. (5) Esa hora gratuita debe usarse en el mismo mes. (6) Los impuestos, llamadas de larga distancia y gastos especiales adicionales se detallarán por separado. (7) Los gastos de las llamadas empiezan a calcularse desde el momento en que el teléfono se conecta y, terminan en el momento en que se desconecta. (8) Se cobran todas las llamadas respondidas pero no se cobra por las señales de teléfono ocupado o llamadas que no sean contestadas. (9) Las llamadas se cobran por minutos enteros; por ejemplo, una llamada de 5 minutos y 15 segundos se cobrará como una llamada de 6 minutos.

_____
[1]prorratear: dividir en función de lo que le corresponde a cada uno

5. Oración 3: **En la primera factura se combinan dos meses, podrá ser mayor que las facturas posteriores.**

¿Qué corrección debe hacerse a la oración 3?

(1) añadir y después de combinan
(2) añadir igualmente después de la coma
(3) añadir así que después de la coma
(4) eliminar la coma
(5) no se requiere hacer ninguna corrección

6. Oraciones 4 y 5: **Además, le regalamos una hora de conexión gratuita todos los meses. Esa hora de conexión debe usarse en el mismo mes.**

¿Qué grupo de palabras incluiría la mejor combinación de las oraciones 4 y 5?

(1) meses por ejemplo esa
(2) meses, y hora de conexión
(3) meses sin embargo hora de conexión
(4) meses así que, la hora de conexión
(5) meses, pero esa hora

7. Oración 7: **Los gastos de las llamadas empiezan a calcularse desde el momento en que el teléfono se conecta y, terminan en el momento en que se desconecta.**

¿Qué corrección debe hacerse a la oración 7?

(1) eliminar la coma
(2) sustituir y con sin embargo
(3) eliminar y
(4) cambiar se conecta y, a se conecta, y
(5) no se requiere hacer ninguna corrección

8. Oración 8: **Se cobran todas las llamadas respondidas pero no se cobra por las señales de teléfono ocupado o llamadas que no sean contestadas.**

¿Cuál es la mejor manera de escribir la parte subrayada del texto? Si el original representa la mejor manera, escoja la opción (1).

(1) respondidas pero
(2) respondidas, pero
(3) respondidas, sin embargo,
(4) respondidas y
(5) respondidas. Pero

9. Oración 9: **Las llamadas se cobran por minutos enteros; por ejemplo, una llamada de 5 minutos y 15 segundos se facturará como una llamada de 6 minutos.**

¿Qué corrección debe hacerse a la oración 9?

(1) sustituir por ejemplo con sin embargo
(2) sustituir por ejemplo con pero
(3) eliminar la coma
(4) añadir coma después de 5 minutos
(5) no se requiere hacer ninguna corrección

SUGERENCIA

A veces, en la Prueba de GED verá una opción donde se utiliza un adverbio conjuntivo sin punto y coma para unir dos oraciones. Recuerde que ese tipo de construcción de oración nunca es correcto.

Las respuestas comienzan en la página 268.

Instrucciones: Ésta es una prueba de práctica que dura diez minutos. Después de que transcurran los diez minutos, ponga una marca en la última pregunta que haya respondido. A continuación, termine la prueba y revise sus respuestas. Si la mayoría de sus respuestas fueron correctas, pero no terminó la prueba, trate de responder las preguntas más rápidamente la próxima vez. Elija la respuesta que mejor responda a cada pregunta.

Las preguntas 1 a 4 se refieren a los párrafos siguientes.

Chaquetas de servicio

(A)

(1) Durante la guerra de Vietnam, muchos marineros y soldados llevaban unas chaquetas con adornos personales llamadas "Pleiku", o chaquetas de servicio. (2) Las chaquetas estaban cosidas a mano con diseños llenos de colorido. (3) Mapas, dragones, banderas, y cosas por el estilo. (4) Luego, los dueños añadían complicadas insignias o bordaban mensajes que decían dónde estaban destinados. (5) Las chaquetas se individualizaron completamente; cada persona tenía una diferente.

(B)

(6) Los primeros en llevar las chaquetas de servicio fueron los marineros. (7) La Marina entregaba a cada marinero un uniforme completo de trabajo pero la chaqueta era la única prenda de la Marina que podía adornarse. (8) La decoración de las chaquetas, entonces, empezó con los marineros. (9) Más corriente entre los soldados más adelante en la guerra.

1. Oraciones 2 y 3: **Las chaquetas estaban cosidas a mano con diseños llenos de colorido. Mapas, dragones, banderas, y cosas por el estilo.**

   ¿Qué grupo de palabras incluiría la mejor combinación de las oraciones 2 y 3?

   (1) llenos de colorido, y mapas
   (2) llenos de colorido tales como mapas
   (3) mapas cosidos a mano con
   (4) Los mapas estaban cosidos a mano
   (5) Sus chaquetas con mapas

2. Oración 4: **Luego, los dueños añadían complicadas insignias o bordaban mensajes que decían dónde estaban destinados.**

   ¿Cuál es la mejor manera de escribir la parte subrayada del texto? Si el original representa la mejor manera, escoja la opción (1).

   (1) insignias o
   (2) insignias, o
   (3) insignias. O
   (4) insignias o,
   (5) insignias, o,

3. Oración 7: **La Marina entregaba a cada marinero un uniforme completo de trabajo pero la chaqueta era la única prenda de la Marina que podía adornarse.**

   ¿Cuál es la mejor manera de escribir la parte subrayada del texto? Si el original representa la mejor manera, escoja la opción (1).

   (1) trabajo pero
   (2) trabajo, de esta manera
   (3) trabajo. Y
   (4) trabajo pero,
   (5) trabajo, pero

4. Oración 9: **Más corriente entre los soldados más adelante en la guerra.**

   ¿Qué corrección debe hacerse a la oración 9?

   (1) añadir Haciéndose antes de Más corriente
   (2) añadir Se hizo antes de Más corriente
   (3) añadir coma después de soldados
   (4) cambiar guerra a Guerra
   (5) no se requiere hacer ninguna corrección

Las preguntas 5 a 9 se refieren a los párrafos siguientes.

En la biblioteca

(A)

(1) Un concepto erróneo muy generalizado sobre las bibliotecas es que en ellas es difícil hallar información. (2) Las bibliotecas contienen una enorme cantidad de libros de consulta. (3) Estos libros se guardan en una sección especial. (4) Llena de libros utilizados para buscar datos. (5) Los bibliotecarios están entrenados para buscar todo tipo de información que desee. (6) Supongamos que usted quiere buscar la dirección de una organización tal vez quiere información sobre comprar una casa. (7) El bibliotecario puede ayudarlo pero usted tiene que pedirle ayuda.

(B)

(8) Las bibliotecas no sólo ofrecen libros. (9) En algunas bibliotecas hay maquinillas y computadoras para el uso de los visitantes. (10) Que no tienen otro acceso a estos aparatos. (11) Las bibliotecas deben considerarse como uno de nuestros principales recursos públicos, brindan tantos servicios.

5. Oraciones 3 y 4: **Estos libros se guardan en una sección especial. Llena de libros utilizados para buscar datos.**

   ¿Qué grupo de palabras incluiría la mejor combinación de las oraciones 3 y 4?

   (1) especial, así que está
   (2) especial y llena
   (3) especial, y sin embargo llena
   (4) especial, estando llena
   (5) especial que está llena

6. Oración 6: **Supongamos que usted quiere buscar la dirección de una organización tal vez quiere información sobre comprar una casa.**

   ¿Qué corrección debe hacerse a la oración 6?

   (1) añadir una coma después de organización
   (2) añadir o después de organización
   (3) añadir coma después de tal vez
   (4) sustituir tal vez con del mismo modo
   (5) añadir coma después de información

7. Oración 7: **El bibliotecario puede ayudarlo pero usted tiene que pedirle ayuda.**

   ¿Cuál es la mejor manera de escribir la parte subrayada del texto? Si el original representa la mejor manera, escoja la opción (1).

   (1) ayudarlo pero
   (2) ayudarlo, pero
   (3) ayudarlo. Pero
   (4) ayudarlo pero,
   (5) ayudarlo

8. Oraciones 9 y 10: **En algunas bibliotecas hay maquinillas y computadoras para el uso de los visitantes. Que no tienen otro acceso a estos aparatos.**

   ¿Cuál es la mejor manera de escribir la parte subrayada del texto? Si el original representa la mejor manera, escoja la opción (1).

   (1) visitantes. Que
   (2) visitantes, y sin embargo ellos
   (3) visitantes. Ellos
   (4) visitantes, pero
   (5) visitantes que

9. Oración 11: **Las bibliotecas deben considerarse como uno de nuestros principales recursos públicos, brindan tantos servicios.**

   ¿Qué corrección debe hacerse a la oración 11?

   (1) eliminar deben
   (2) añadir coma después de considerarse
   (3) eliminar la coma
   (4) añadir ya que después de la coma
   (5) no se requiere hacer ninguna corrección

Las respuestas comienzan en la página 269.

Escribir sus ideas en oraciones completas

Usted ya sabe distinguir si una oración expresa una idea completa. También sabe relacionar ideas en oraciones compuestas. Estas destrezas le servirán para escribir el ensayo en la Prueba de GED. De hecho, las oraciones completas y claramente redactadas son los elementos fundamentales de casi cualquier texto escrito.

Lea el siguiente párrafo. ¿Comprende usted fácilmente lo que el escritor quiere decir?

> Vida en familia. Altibajos. Hermana mayor. Nos queríamos, realmente, sin embargo. Padre que nunca estaba en casa. Orden necesario. Tuvimos a mi abuela viviendo con nosotros. Me sacaban de quicio. Tensiones. Pero ayudó, también.

Ahora, lea el párrafo mejorado. Observe que el uso de oraciones completas permite comprender con mayor facilidad lo que el escritor quiere decir. Cada oración tiene un sujeto y un verbo y expresa una idea completa. Algunas oraciones son compuestas, con dos ideas completas y relacionadas.

> Cuando me crié, había altibajos en la vida familiar. A veces era difícil convivir con mi temperamental hermana mayor, pero nos queríamos. Tampoco era fácil tener un padre que trabajaba mucho y que nunca estaba en casa. Sin embargo, todos apreciábamos el orden que había en nuestra familia, que incluía a nuestra abuela ya que vivía con nosotros. Reconozco que a veces me sacaban de quicio y que en casa había tensiones. Pienso en la ayuda que me brindó mi familia, también.

Vuelva a escribir estas frases del primer párrafo en forma de oraciones completas, usando sus propias ideas. Observe que, al escribir en oraciones completas, se expresa más claramente el contenido.

hermana mayor: _Una hermana mayor puede brindar consejos y_
ayuda

orden necesario: _____

me sacaban de quicio: _____

tensiones: _____

Asegúrese de que todas las oraciones tienen un sujeto y un verbo y que expresan una idea completa. Compare sus oraciones con éstas: *A las personas que necesitan orden les viene bien la familia. Mis hermanos me sacaban de quicio constantemente. Las tensiones son parte de la vida, pero no deberían desesperarnos.*

El enlace personal

La escritura personal puede tener muchas formas diferentes; es lo que escriben las personas en su vida diaria. Abarca los detalles e ideas personales. Aunque a veces la escritura personal es informal, lo más frecuente es utilizar oraciones completas. A continuación se presentan algunos ejemplos de escritura personal.

Nota para un porteador:

No deje mi paquete aquí, por favor. Déjeselo a mi vecina que vive enfrente, Manuela Suárez, en el apartamento 17. Ella lo firmará por mí.

Carta a una amiga:

Querida Carmen:

Como hace algún tiempo que no sé nada de ti, decidí escribirte. ¿Qué hay de nuevo? ¿Conseguiste el trabajo que ibas a solicitar? ¿Ya salió tu mamá del hospital? Salúdala de mi parte y dile que espero que pronto se encuentre mejor. Últimamente me va muy bien. Aunque mi trabajo está lleno de retos, las personas que van a la tienda son muy agradables. Saludos de parte de René. ¡Escríbeme pronto!

Un abrazo,
María

Carta a un supervisor de un edificio:

Estimado supervisor Ramírez:

Tal y como pidió, le envío la lista de las personas que viven en el número 234 de la calle Alondra. Vivo aquí con mi madre, María Vélez, mi tía, Elena Ruiz; mi hermano y su esposa, el Sr. y la Sra. Vélez, y su hijo, Juan. Como ve, somos seis, menos del límite de ocho personas que se estipula en el contrato de alquiler. Si necesita más información, no dude en solicitármela.

Atentamente,
Juana Vélez

En otra hoja de papel, escriba una nota para un amigo o amiga de por lo menos cuatro oraciones. Cuéntele a su amigo o amiga lo que pasa en su familia.

El enlace personal

El **diario** es una forma muy personal de redacción. Es un cuaderno donde puede escribir todo lo que quiera. Sólo usted lee su diario.

Escribir en un diario es una buena manera de expresar y explorar sus ideas y emociones. Además, es una gran fuente de ideas que puede incluir en otras formas de escritura, como el ensayo de GED. Si decide llevar un diario, consiga un cuaderno especial para ese fin.

En su libro o en otra hoja de papel, escriba tres cosas que le gusten de su familia y tres cosas que no le gusten. Recuerde que sólo usted leerá su diario. Sea sincero.

El enlace GED

El ensayo que escribirá en la Parte II de la Prueba de redacción de GED es diferente a la escritura personal que ha hecho hasta ahora. Primero que nada, el lector del ensayo de GED es un evaluador; alguien que usted no conoce, que leerá su ensayo y lo evaluará.

Usted se basará en sus propias ideas y experiencias para escribir el ensayo. Sin embargo, en lugar de limitarse a detalles personales, también escribirá en términos más generales acerca del tema; incluirá experiencias e ideas que no son suyas, que haya leído o escuchado en las noticias, o que haya comentado con algún amigo.

Vuelva a leer el párrafo de la página 50 acerca de la familia y compárelo con el siguiente párrafo.

> Vivir en familia a veces es más difícil que vivir solo; a veces, la familia facilita la vida. Todos hemos oído anécdotas sobre el hermanito o la hermanita que jamás nos dejan en paz. Mi hermano menor era así, y a veces hacía que me sintiera más como una madre que como una muchacha que estaba creciendo. Es indudable que tener un hermano o una hermana limita nuestra libertad personal. Sin embargo, en muchas ocasiones pueden ser nuestros aliados; nos defienden en el barrio, o si el padre o la madre nos acusan de algo.

¿Observa alguna diferencia entre el párrafo original de la página 50 y el de arriba? El párrafo de la página 50 describe la familia del escritor con detalles personales. El de arriba incluye un detalle personal pero también se refiere a las familias en general. No sólo habla de la propia vida familiar de una persona, sino de la de otras personas sobre las que ha oído o leído.

1. **Lea los siguientes párrafos. Escriba si se trata de un *escrito personal* o de un *ensayo general*.**

   a. La vida de la familia estadounidense es compleja. No existe una "vida familiar perfecta".

   ensayo general

   b. Mi madrastra es un horror. Ayer, me pidió que le lavara la ropa, ¡y luego no me dio dinero para las máquinas! Estoy harta de sus problemas.

   c. Las relaciones entre un padrastro o una madrastra y el hijo o la hija pueden ser problemáticas. Aunque mi madrastra no me cae bien, hay madrastras que aportan mucha alegría a las vidas de sus hijastros.

2. **Escriba por lo menos varias oraciones acerca del siguiente tema. Puede usar algunas de las ideas sobre las que escribió en El enlace personal, pero procure incluir algunas sobre el tema en general.**

   Formar parte de una familia es más fácil para algunas personas que para otras. ¿Son más las ventajas de ser miembro de una familia que las desventajas? Apoye su opinión con ejemplos.

Corregir

Lea las oraciones que escribió en El enlace GED. Corríjalas para asegurarse de que son completas y tienen la puntuación correcta. Escriba un signo de insertar (^) para indicar que quiere añadir algo. Tache con una sola línea las palabras e ideas que no quiera conservar.

       puede estar   *que*
Una familia compuesta de personas ~~quienes~~ no son parientes
       ^

consanguíneos.

Recordatorio de la carpeta

En este libro, se le recordará que ponga sus escritos en la **carpeta**. Guarde todo el trabajo que pueda.

Las respuestas comienzan en la página 270.

DESTREZA DE GED **Ideas subordinantes**

Ya sabe que una oración independiente tiene un sujeto y un verbo y expresa una idea completa. Una oración dependiente, u oración subordinada, tiene sujeto y verbo pero no expresa una idea completa.

Oración subordinada: Hasta que se puso el sol.

Como también sabe, una oración compuesta contiene dos oraciones independientes unidas por una conjunción coordinante. Para formar una **oración compleja,** puede unir una oración independiente y una subordinada. La oración subordinada añade información o detalles a la oración independiente principal.

Oración compleja: Los fuegos artificiales no empezaron hasta que se puso el sol.

Una **conjunción subordinante** introduce la oración subordinada. A continuación se mencionan algunas conjunciones subordinantes y las relaciones que expresan.

> **oración compleja** contiene una oración independiente y una oración subordinada, unidas por una conjunción subordinante

Tiempo: después que, antes que, una vez que, desde que, hasta que, cuando, siempre que, mientras
Resultado/efecto: para que, así que, con el fin de que
Lugar: donde, dondequiera
Condición: si, incluso si, a menos que
Elección: si
Concesión: aunque, a pesar de que, si bien
Razón/causa: como, porque, puesto que

MÉTODO Una oración subordinada es un fragmento de oración si no está unido a una oración independiente. Para corregir el fragmento, puede unirlo a una oración independiente, formando una oración compleja.

Oración independiente y fragmento:	Se canceló el partido. Porque llovía.
Oración compleja:	Se canceló el partido porque llovía.

REGLA Escriba una coma después de una oración subordinada que está al principio de una oración. Normalmente, no hay que escribir una coma antes de una oración subordinada que está al final de una oración.

Oración compleja:	Porque llovía, se canceló el partido.
Oración compleja:	El partido se canceló porque llovía.

Marque con una "X" la oración compleja correcta.

_____ a. Una vez que la grúa se llevó el camión dañado.

_____ b. Una vez que se llevaron el camión, se despejó el tapón.

Usted acertó si escogió la *opción b*. Es una oración compleja con la puntuación correcta. La *opción a* es una oración subordinada (fragmento).

A. Combine las oraciones para formar oraciones complejas, usando las conjunciones subordinantes que están entre paréntesis. Añada o cambie palabras y la puntuación como sea necesario.

1. (cuando) Beno dejó de fumar. Aumentó de peso.

   Cuando Beno dejó de fumar, aumentó de peso.

2. (aunque) Las personas pueden engordar. Deben dejar de fumar.

   _____

3. (después de que) Las personas suelen subir de peso durante varios años. Abandonan el cigarrillo.

   _____

4. (como) Fumar quita el hambre. Los grandes fumadores son los que más engordan.

   _____

5. (para que) Hay que hacer ejercicio. El aumento de peso sea limitado.

   _____

B. Corrija este párrafo. Añada comas en las oraciones que comienzan con una oración subordinada. Una cada fragmento de oración subordinada con una oración independiente.

Aunque muchos ~~lo nieguen. Los jueces~~ *lo nieguen, los jueces* y los miembros del jurado se dejan llevar por el aspecto de los testigos. Aunque se supone que la justicia es imparcial los miembros del jurado tienden a creer con más frecuencia a las personas atractivas. Por eso, los abogados contratan a asesores para que aconsejen a los testigos. Si un testigo es más creíble es más valioso para el cliente. Se aconseja a los testigos que se vistan como si fueran a ir a una entrevista de trabajo o una reunión de negocios. Si bien no se prohíbe vestir a la moda. La mejor elección es un traje de chaqueta sencillo con una blusa o una camisa blanca. Ya sean hombres o mujeres seguramente no les harán caso a las personas que lleven sandalias. Si lleva un traje de chaqueta se le considerará una persona digna de confianza. También satisface al jurado. Porque parece que comprende y sigue las normas de la sociedad.

C. Escriba acerca del siguiente tema.

¿Qué consejos sobre su aspecto personal daría usted a alguien que se prepara para ir a una entrevista de trabajo o a una presentación importante? Escriba un párrafo con sus consejos. Luego, corríjalo y asegúrese de que las oraciones complejas estén correctas.

Las respuestas comienzan en la página 270.

Combinar detalles

Una oración simple tiene un sujeto, un verbo y una idea. Las oraciones simples suelen ser cortas. El exceso de oraciones simples cortas, aunque formen parte de una oración compuesta, hará que la redacción parezca entrecortada y repetitiva.

Hay varios métodos para combinar los detalles de modo que la redacción sea más fluida. Observe que, aunque los tres métodos resuelven el problema con algunas diferencias, cada uno contiene los mismos detalles, elimina la repetición y expresa la relación entre las ideas.

MÉTODO 1 Combine los detalles para formar una oración simple más larga.

Entrecortada: Se requieren muchas agujas diferentes para coser a mano. Las agujas varían en la forma del ojo. Varían en la longitud. Varían en la punta.

Entrecortada: Las agujas varían en la forma del ojo, y varían en la longitud, y varían en la punta.

Fluida: Las agujas para coser a mano varían en la forma del ojo, en la longitud y en la punta.

MÉTODO 2 Combine los detalles para formar una sola oración compuesta.

Fluida: Para coser a mano se requieren diferentes agujas, así que varían en la forma del ojo, en la longitud y en la punta.

MÉTODO 3 Combine los detalles para formar una sola oración compleja.

Fluida: Como para coser a mano se requieren diferentes agujas, éstas varían en la forma del ojo, en la longitud y en la punta.

Marque con una "X" el texto más fluido y mejor escrito.

_____ a. En promedio, las mujeres de Estados Unidos viven más que los hombres. Viven unos siete años más que los hombres que generalmente son más fuertes que las mujeres.

_____ b. En promedio, las mujeres de Estados Unidos viven siete años más que los hombres, aunque los hombres son físicamente más fuertes.

_____ c. En promedio, las mujeres de Estados Unidos viven siete años más que los hombres. Esto significa que los hombres, por término medio, tienen una vida más corta que las mujeres. Los hombres son generalmente más fuertes que las mujeres.

Usted acertó si escogió la *opción b*, pues combina con fluidez todas las ideas y expresa su relación en una oración compleja y clara. La *opción a* combina algunas ideas, pero repite innecesariamente la información. La *opción c* no combina las ideas y repite la misma información de maneras diferentes.

SUGERENCIA

A menudo las ideas muy sencillas o los detalles individuales no se incluyen en oraciones distintas. Intente combinarlos con oraciones cercanas para que la redacción no resulte tan entrecortada.

A. A continuación aparecen instrucciones para preparar chocolate caliente. Combine los detalles de cada grupo para formar una oración. Hay más de una manera de volver a escribir las instrucciones.

1. Necesitará leche. Necesitará chocolate. También necesitará azúcar.

   Necesitará leche, chocolate y azúcar.

2. Ponga 8 onzas de leche en una cacerola. Ponga $2\frac{1}{2}$ cucharadas de chocolate en la cacerola. Ponga 2 cucharadas de azúcar en la cacerola.

3. Caliente la mezcla. Remueva la mezcla constantemente.

4. La mezcla debe estar muy caliente. La mezcla no debe hervir.

5. Sirva el chocolate solo. Póngale malvaviscos encima.

B. Lea el anuncio. En otra hoja de papel, intente combinar toda la información en sólo seis o siete oraciones. Hay más de una manera de volver a escribir la información.

La Junta de Zonificación anuncia una vista pública. La vista será el martes, 30 de noviembre, a las 8:10 p.m. Se celebrará en la alcaldía de East Lake. Se debatirá una petición hecha por la ferretería Allied.

La ferretería Allied desea hacer un cambio en su permiso de construcción. La empresa quiere construir un estacionamiento. El estacionamiento estará en un vecindario residencial. Normalmente no se permite construir estacionamientos en los vecindarios residenciales. La petición de la ferretería Allied está archivada en la Junta de Zonificación. Los planos están archivados allí, también. Están a disposición del público en la Oficina de Zonificación Urbana.

Los residentes podrán opinar sobre la solicitud del cambio en el permiso de construcción. Los residentes pueden inscribir sus nombres en el Tablón de Comentarios. Se encuentra en la Oficina de Zonificación Urbana.

C. Escriba acerca del siguiente tema.

En el ejercicio B, volvió a escribir un anuncio sobre una vista pública. Escriba un anuncio sobre una actividad sobre la que haya leído o a la que le gustaría asistir. A continuación, corrija el anuncio, buscando oraciones cortas y entrecortadas y otros errores.

Las respuestas comienzan en la página 271.

Práctica de GED • Lección 3

Elija la respuesta que mejor responda a cada pregunta.

Las preguntas 1 a 4 se refieren al párrafo siguiente.

Compras impulsivas

(1) Los supermercados están diseñados para animarnos a comprar impulsivamente. (2) Cuando entramos vamos generalmente en la dirección que la tienda ha escogido, por el pasillo "de fuerza". (3) Es raro el comprador que puede llegar a los productos lácteos de la parte trasera de la tienda sin escoger artículos imprevistos. (4) Luego nos ponemos en fila para pagar y vemos más compras impulsivas. (5) Vemos revistas. (6) Vemos dulces y otros artículos pequeños. (7) Aunque tal vez sólo queríamos un galón de leche. (8) Saldremos probablemente con varios productos. (9) Podemos evitar comprar impulsivamente. (10) Tenemos que comprender por qué lo hacemos.

1. Oración 2: **Cuando entramos vamos generalmente en la dirección que la tienda ha escogido, por el pasillo "de fuerza".**

   ¿Qué corrección debe hacerse a la oración 2?

   (1) sustituir Cuando con Porque
   (2) añadir coma después de entramos
   (3) cambiar entramos vamos a entramos. Vamos
   (4) añadir coma después de generalmente
   (5) añadir coma después de dirección

SUGERENCIA

Para saber si debe escribir una coma, fíjese si hay una conjunción subordinante y un sujeto y verbo al principio de la oración.

2. Oraciones 4, 5 y 6: **Luego nos ponemos en fila para pagar y vemos más compras impulsivas. Vemos revistas. Vemos dulces y otros artículos pequeños.**

   ¿Qué grupo de palabras incluiría la mejor combinación de las oraciones 4, 5 y 6?

   (1) Poniéndonos en fila para pagar y viendo
   (2) Luego nos ponemos y vemos
   (3) impulsivas tales como revistas, dulces y
   (4) impulsivas, vemos revistas
   (5) impulsivas, viendo revistas

3. Oraciones 7 y 8: **Aunque tal vez sólo queríamos un galón de leche. Saldremos probablemente con varios productos.**

   ¿Cuál es la mejor manera de escribir la parte subrayada del texto? Si el original representa la mejor manera, escoja la opción (1).

   (1) leche. Saldremos
   (2) leche, y saldremos
   (3) leche, así que saldremos
   (4) leche saldremos
   (5) leche, saldremos

4. Oraciones 9 y 10: **Podemos evitar comprar impulsivamente. Tenemos que comprender por qué lo hacemos.**

   ¿Qué grupo de palabras incluiría la mejor combinación de las oraciones 9 y 10?

   (1) impulsivamente, y
   (2) impulsivamente, así que
   (3) Porque podemos
   (4) si comprendemos
   (5) aunque no

Las preguntas 5 a 8 se refieren al párrafo siguiente.

Sanos y en forma

(1) Estar en forma es prácticamente una obsesión nacional. (2) Son muchos los libros para ponerse en forma. (3) También lo son los programas para hacer ejercicio. (4) Por desgracia, no hay una fórmula mágica para ponerse en forma. (5) ¿Cómo se pone uno en forma y permanece en forma? (6) Si realmente quiere ponerse en forma tiene que hacer cambios serios y permanentes en su estilo de vida. (7) El ejercicio debe ser uno de los cambios. (8) No tiene que pagar por afiliarse a un club caro. (9) Puede simplemente comprar un buen par de zapatos y dar un paseo rápido con ellos varias veces a la semana, y los zapatos deben estar hechos especialmente para andar. (10) Por último, mantenga una actitud positiva. (11) Recuérdese a menudo lo mucho mejor que se ve y se siente. (12) Desde que cambió su comportamiento.

5. Oraciones 2 y 3: **Son muchos los libros para estar en forma. También lo son los programas para hacer ejercicio.**

¿Qué grupo de palabras incluiría la mejor combinación de las oraciones 2 y 3?

(1) forma, también lo son
(2) muchos los libros para estar en forma y los programas para hacer ejercicio
(3) además, los programas para hacer ejercicio
(4) pero también lo son los programas para hacer ejercicio
(5) Muchos libros para estar en forma y programas

SUGERENCIA

Una manera de combinar detalles es combinar sujetos. Por ejemplo: *Sergio trabajó en el taller. Iván, también.* Se convierte en: *Sergio e Iván trabajaron en el taller.* También pueden combinarse verbos: *Sergio descargó los envíos. También verificó el inventario.* Se convierte en: *Sergio descargó los envíos y verificó el inventario.*

6. Oración 6: **Si realmente quiere ponerse en forma tiene que hacer cambios serios y permanentes en su estilo de vida.**

¿Qué corrección debe hacerse a la oración 6?

(1) cambiar Si realmente a Realmente
(2) añadir coma después de quiere
(3) añadir coma después de forma
(4) cambiar forma tiene a forma. Tiene
(5) no se requiere hacer ninguna corrección

7. Oración 9: **Puede simplemente comprar un buen par de zapatos y dar un paseo rápido con ellos varias veces a la semana, y los zapatos deben estar hechos especialmente para andar.**

¿Qué grupo de palabras incluiría la mejor corrección a la oración 9?

(1) asegúrese de que los zapatos
(2) Comprar un buen par de zapatos y caminar
(3) Puede simplemente comprar y dar un paseo
(4) los zapatos deben ser buenos para caminar
(5) un buen par de zapatos para andar

8. Oraciones 11 y 12: **Recuérdese a menudo lo mucho mejor que se ve y se siente. Desde que cambió su comportamiento.**

¿Cuál es la mejor manera de escribir la parte subrayada del texto? Si el original representa la mejor manera, escoja la opción (1).

(1) siente. Desde que cambió
(2) siente, y puesto que cambió
(3) siente desde que cambió
(4) siente aunque cambió
(5) siente. Cambió

Las respuestas comienzan en la página 271.

Prueba corta de GED • Lección 3

Instrucciones: Ésta es una prueba de práctica que dura diez minutos. Después de que transcurran los diez minutos, ponga una marca en la última pregunta que haya respondido. A continuación, termine la prueba y revise sus respuestas. Si la mayoría de sus respuestas fueron correctas, pero no terminó la prueba, trate de responder las preguntas más rápidamente la próxima vez. Elija la respuesta que mejor responda a cada pregunta.

Las preguntas 1 a 4 se refieren al siguiente memorando.

Memorando

A: Todos los departamentos
De: Mari, Encargada de las fotocopias
Re: Nueva fotocopiadora

(A)
(1) Si su departamento tiene algún proyecto importante de fotocopiado pendiente debe planificar para que todas las copias estén terminadas antes del viernes por la noche. (2) A partir de este fin de semana, se sacarán las fotocopiadoras. (3) Las viejas fotocopiadoras serán sustituidas con 26 fotocopiadoras Task. (4) Las nuevas fotocopiadoras funcionan al doble de velocidad y tienen funciones adicionales, como hacer copias por ambos lados y compaginar las hojas.

(B)
(5) Sacar las máquinas es un proceso lento, e instalar las máquinas es un proceso lento, así que el servicio de fotocopias probablemente se interrumpa la semana próxima. (6) La interrupción no debe durar mucho y pedimos disculpas por las posibles molestias. (7) Una vez que la instalación termine, todos estarán más contentos con el mejor equipo. (8) Mientras tanto, rogamos notifiquen a la gerencia si podemos ayudarles en algo.

1. Oración 1: **Si su departamento tiene algún proyecto importante de fotocopiado pendiente debe planificar para que todas las copias estén terminadas antes del viernes por la noche.**

   ¿Qué corrección debe hacerse a la oración 1?

   (1) sustituir Si con Cuando
   (2) sustituir de con dé
   (3) añadir coma después de pendiente
   (4) añadir entonces después de pendiente
   (5) no se requiere hacer ninguna corrección

2. Oraciones 2 y 3: **A partir de este fin de semana, se sacarán las fotocopiadoras. Las viejas fotocopiadoras serán sustituidas con 26 copiadoras Task.**

   ¿Cuál es la mejor manera de escribir la parte subrayada del texto? Si el original representa la mejor manera, escoja la opción (1).

   (1) fotocopiadoras. Las viejas fotocopiadoras serán sustituidas
   (2) fotocopiadoras, las viejas fotocopiadoras serán sustituidas
   (3) fotocopiadoras las viejas fotocopiadoras serán sustituidas
   (4) fotocopiadoras así que serán sustituidas
   (5) fotocopiadoras, que serán sustituidas

3. Oración 5: **Sacar las máquinas es un proceso lento, e instalar las máquinas es un proceso lento, así que el servicio de fotocopias probablemente se interrumpa la semana próxima.**

   ¿Qué grupo de palabras incluiría la mejor corrección a la oración 5?

   (1) Como sacar e instalar las máquinas es un proceso lento, el servicio
   (2) Tanto sacar máquinas como instalar
   (3) Siempre que se sacan o instalan máquinas
   (4) Debido a la interrupción del servicio de máquinas copiadoras
   (5) El proceso lento interrumpirá

4. Oración 6: **La interrupción no debe durar mucho, y pedimos disculpas por las posibles molestias.**

   ¿Qué corrección debe hacerse a la oración 6?

   (1) sustituir La con Mientras que la
   (2) eliminar la coma después de mucho
   (3) sustituir y con pero
   (4) eliminar pedimos
   (5) añadir coma después de disculpas

Las preguntas 5 a 9 se refieren a los párrafos siguientes.

Sugerencias para las mudanzas

(A)

(1) Ya sea que se vaya a otra parte de la ciudad o del país. (2) Mudarse de casa es una de las experiencias más estresantes de la vida. (3) Para que le resulte más fácil los expertos en mudanzas sugieren hacer una lista de "mudanza".

(B)

(4) Por ejemplo, comunique a las compañías de servicios públicos la fecha en que va a mudarse. (5) Llene un formulario de cambio de domicilio en la oficina de correos. (6) Asegúrese de saber su nueva dirección. (7) Saber la fecha en que desea trasladar su correspondencia, también. (8) Algunas personas que se mudan recomiendan llevar un equipo de supervivencia. (9) Este equipo contiene artículos tales como herramientas básicas, comida, bebidas y pañuelos de papel. (10) Probablemente necesite esas cosas en algún momento el día de la mudanza, así que asegúrese de no olvidarse su equipo.

5. Oraciones 1 y 2: **Ya sea que se vaya a otra parte de la ciudad o del país. Mudarse de casa es una de las experiencias más estresantes de la vida.**

¿Cuál es la mejor manera de escribir la parte subrayada del texto? Si el original representa la mejor manera, escoja la opción (1).

(1) país. Mudarse
(2) país mudarse
(3) país, mudarse
(4) país y mudarse
(5) país porque mudarse

6. Oración 3: **Para que le resulte más fácil los expertos en mudanzas sugieren hacer una lista de "mudanza".**

¿Qué corrección debe hacerse a la oración 3?

(1) sustituir Para con Porque
(2) añadir coma después de fácil
(3) cambiar sugieren a sugirieron
(4) añadir coma después de sugieren
(5) no se requiere hacer ninguna corrección

7. Oraciones 6 y 7: **Asegúrese de saber su nueva dirección. Saber la fecha en que desea trasladar su correspondencia, también.**

¿Cuál es la mejor manera de escribir la parte subrayada del texto? Si el original representa la mejor manera, escoja la opción (1).

(1) dirección. Saber
(2) dirección, saber
(3) dirección, mientras que saber
(4) dirección. Y saber
(5) dirección y

8. Oraciones 8 y 9: **Algunas personas que se mudan recomiendan llevar un equipo de supervivencia. Este equipo contiene artículos tales como herramientas básicas, comida, bebidas y pañuelos de papel.**

¿Qué grupo de palabras incluiría la mejor combinación de las oraciones 8 y 9?

(1) equipo de supervivencia, y este
(2) equipo de supervivencia como por ejemplo
(3) equipo de supervivencia, que contiene
(4) llevar unas herramientas básicas
(5) las personas que se mudan recomendando un equipo con

9. Oración 10: **Probablemente necesitará esas cosas en algún momento el día de la mudanza, así que asegúrese de no olvidarse su equipo.**

¿Qué corrección debe hacerse a la oración 10?

(1) añadir coma después de cosas
(2) sustituir el con él
(3) eliminar la coma después de mudanza
(4) sustituir así que con y
(5) no se requiere hacer ninguna corrección

Las respuestas comienzan en la página 272.

Lección 4

DESTREZA DE GED **Oraciones seguidas y omisión de conjunciones coordinantes**

Oraciones seguidas

Una **oración seguida** consiste en dos o más oraciones independientes unidas incorrectamente. Hay varias maneras de corregir este tipo de oraciones.

MÉTODO 1 Separe las oraciones que forman la oración seguida, escribiendo dos oraciones.

Seguida: Es fácil dejarse atrapar por la emoción de una subasta es veloz y ruidosa.

Correcta: Es fácil dejarse atrapar por la emoción de una subasta. Es veloz y ruidosa.

MÉTODO 2 Separe las oraciones con un punto y coma, o con punto y coma, adverbio conjuntivo y coma.

Seguida: En una subasta, un hombre estornudó terminó siendo propietario de una cabeza de alce llena de polillas.

Correcta: En una subasta, un hombre estornudó; terminó siendo propietario de una cabeza de alce llena de polillas.

Correcta: En una subasta, un hombre estornudó; como resultado, terminó siendo propietario de una cabeza de alce llena de polillas.

SUGERENCIA

Para saber si una oración larga es una oración seguida, observe si incluye demasiadas ideas que no están unidas con signos de puntuación y palabras de enlace correctas.

MÉTODO 3 Separe las oraciones con una coma y una conjunción coordinante. Recuerde que algunas conjunciones coordinantes son: *y, pero, o, ni, pues, así, así que, sin embargo, ya que* y *no obstante*. Recuerde que no se escribe coma antes de las conjunciones coordinantes *y, e, o, u* tras una enumeración.

Seguida: Decida por adelantado cuánto quiere gastar no caerá en la tentación de ofrecer dinero de más.

Correcta: Decida por adelantado cuánto quiere gastar, así no caerá en la tentación de ofrecer dinero de más.

MÉTODO 4 Convierta una oración independiente en oración dependiente con una conjunción subordinante. Escriba una coma si es necesario.

Correcta: Si decide por adelantado cuánto quiere gastar, no caerá en la tentación de ofrecer demasiado dinero.

Marque con una "X" la oración correcta.

_____ a.   Inés no es eficiente, pero está aprendiendo con rapidez.

_____ b.   Inés no es eficiente está aprendiendo con rapidez.

Usted acertó si escogió la *opción a*. Es una manera correcta de crear una oración compuesta con una coma y la conjunción coordinante *pero*. La *opción b* es una oración seguida.

A. Escriba *S* si la oración es una oración seguida. Escriba *C* si es correcta y vuelva a escribir correctamente las oraciones seguidas.

___S___ 1. Los consumidores necesitan ayuda para comprar automóviles usados quieren evitar pagar precios exorbitantes.

Los consumidores necesitan ayuda para comprar automóviles

usados si quieren evitar pagar precios exorbitantes.

_____ 2. Algunos vendedores sin escrúpulos venden automóviles de depósitos de chatarra, y no informan a los compradores acerca de sus defectos.

_____

_____ 3. Los automóviles tienen buen aspecto les han hecho reparaciones cosméticas.

_____

_____ 4. Los consumidores deben tener cuidado, y deben seguir ciertos consejos razonables.

_____

_____ 5. Las piezas móviles del automóvil deben quedar alineadas las junturas deben ser rectas y uniformes.

_____

_____ 6. El automóvil debe tener una tablilla del estado los carros seriamente dañados suelen ser trasladados a otro estado.

_____

B. Corrija en este párrafo otras cuatro oraciones seguidas.

No es frecuente que un hijo rescate a su ~~madre ocurrió~~ *madre; sin embargo, ocurrió* hace poco. Un grupo de madres e hijos de ballenas meridionales estaba atrapado en aguas poco profundas frente a la costa de Argentina una marea menguante los había confundido. Unos voluntarios regaron con agua la piel de las ballenas, para mantenerla húmeda. Con la primera marea creciente, el ballenato nadó hacia aguas más profundas no quería dejar a su madre, que parecía adormecida. El ballenato y los voluntarios desplazaron lentamente a la madre mar adentro. Los voluntarios empujaron el ballenato golpeaba la cabeza de su madre con la cola. Al cabo del tiempo la madre salió de su estado adormecido entonces ella y el ballenato pudieron volver nadando al océano. Aparentemente, su odisea les costó solamente algunos moretones sin importancia.

C. Escriba acerca del siguiente tema.

Piense en alguna ocasión en que usted ayudó a otra persona o a un animal a salir de una situación difícil o peligrosa. Describa la situación y lo que usted hizo. A continuación, corrija el párrafo, fijándose en las oraciones seguidas y otros errores.

Las respuestas comienzan en la página 272.

Omisión de conjunciones coordinantes y oraciones seguidas unidas por *y, e, o, u*

omisión de la conjunción coordinante
omitir la conjunción coordinante en oraciones compuestas crea oraciones seguidas.

Un error común es omitir la **conjunción coordinante** en una oración compuesta y sólo separar las oraciones independientes con una coma.

MÉTODO 1 La manera más fácil de corregir este error es añadir una conjunción coordinante después de la coma. Recuerde que no se escribe coma antes de las conjunciones coordinantes *y, e, o, u* en una enumeración.

Omisión de la conjunción coordinante:	Muchos problemas de aprendizaje se pueden corregir, es mejor detectarlos a tiempo
Correcta:	Muchos problemas de aprendizaje se pueden corregir, pero es mejor detectarlos a tiempo.

También puede corregir este error mediante cualquiera de los métodos para corregir oraciones seguidas, explicados en la página 62.

Otra clase de oración seguida se forma cuando se juntan demasiadas oraciones independientes con *y, e, o* o *u*. A menudo, estas oraciones largas juntan ideas que no están lo suficientemente relacionadas como para combinarlas en una sola oración.

MÉTODO 2 Corrija una oración seguida con demasiadas oraciones independientes dividiéndola en más de una oración. Una o más oraciones pueden convertirse en oraciones compuestas.

Seguida:	Hay muchos tipos de trastornos del aprendizaje e interfieren con el habla o la redacción y estos trastornos a veces causan problemas con la lectura y pueden afectar la atención.
Correcta:	Hay muchos tipos de trastornos del aprendizaje que interfieren con el habla o la redacción. Estos trastornos a veces causan problemas con la lectura y pueden afectar la atención.

Marque con una "X" las oraciones correctas.

_____ a. A los bebés les gustan los juguetes que hacen ruido, pero asegúrese de que las piezas pequeñas no puedan desprenderse para que el bebé no se las trague.

_____ b. Los juguetes grandes y ligeros son divertidos y fáciles de sujetar.

_____ c. No deben tener bordes afilados, evite las puntas también.

_____ d. Usted puede comprar un tubo y coloque dentro los juguetes o partes de un juguete y si las partes caben en el tubo entonces son demasiado pequeñas para un bebé y usted debe deshacerse del juguete.

Usted acertó si escogió las *opciones a* y *b.* Son oraciones compuestas combinadas correctamente. La *opción c* es un ejemplo de omisión de conjunción coordinante porque combina dos oraciones independientes solamente con una coma. La *opción d* tiene demasiadas oraciones unidas con la palabra *y.*

A. Haga los cambios necesarios para corregir las oraciones seguidas.

1. Los músculos son tejidos elásticos resistentes ~~permiten~~ *. Permiten* mover otras partes del cuerpo.

2. Los estadounidenses pierden solamente un 15 por ciento de fuerza muscular antes de los 50 años y después de esa edad, pierden casi el doble de fuerza muscular y después de los 70, el ritmo de la pérdida se hace incluso más rápido.

3. Esto puede causar muchos problemas de salud, las personas se caen con frecuencia, se vuelven obesas o tienen huesos frágiles.

4. El levantamiento de pesas parece ayudar, levantar pesas ligeras o hacer ejercicios de flexión de pecho refuerza los músculos rápidamente.

5. Si tiene más de 45 años, consulte a su médico antes de empezar este tipo de entrenamiento y las personas de cualquier edad que no se han ejercitado en muchos años deben también hacerse un chequeo, y cualquiera que tenga la presión alta o esté tomando medicamentos debe consultar primero al médico.

B. Corrija este párrafo. Hay tres omisiones de conjunciones coordinantes y una oración seguida con *y*.

Tal vez le sorprenda, *pero* el pijama ajustado es la prenda de dormir más segura para los niños pequeños. Los pijamas de algodón ajustados parecen ser los más seguros, las camisetas o camisones sueltos tienen bolsas de aire que pueden avivar un incendio debajo de una prenda ajustada cabe menos oxígeno. Los materiales sintéticos o de poliéster deben ser tratados con productos químicos. Los pijamas de algodón ajustados no tienen que ser tratados y por eso cuestan menos y mucha gente cree que el algodón es más cómodo que el poliéster de todos modos. Los niños no deben dormir tampoco en batas de baño, las batas se queman más fácilmente que el pijama. También pueden causar problemas los cinturones de las batas, pueden enrollarse en torno al cuello de un niño dormido. Por último, asegúrese de lavar los pijamas resistentes al fuego de acuerdo con las instrucciones; de lo contrario, los productos químicos que los vuelven seguros podrían desaparecer con el lavado.

C. Escriba acerca del siguiente tema.

Escriba un párrafo explicando un tema de seguridad que le interese mucho. Diga por qué es importante y lo que puede hacer la gente para protegerse. A continuación, corrija el párrafo, fijándose en las oraciones seguidas, la omisión de conjunciones coordinantes y otros errores.

Las respuestas comienzan en la página 273.

Instrucciones: Elija la respuesta que mejor responda a cada pregunta.

Las preguntas 1 a 4 se refieren a la carta siguiente.

Estimado doctor Peralta:

(A)

(1) Gracias por responder a nuestra evaluación de su programa del Hospital Municipal tiene usted razón al señalar la diferencia en la evaluación este año. (2) La causa es que nuestra agencia está enfocándose en programas basados en hospitales más que en los que están basados en la comunidad. (3) También tuvimos más tiempo para realizar nuestras evaluaciones este año, así que el informe es más detallado.

(B)

(4) Su programa no cumple con los requisitos en varios campos, no hay motivo para preocuparse demasiado. (5) Evaluamos muchos programas de hospitales y casi todos dejan de cumplir algún requisito en uno o más campos y el absoluto cumplimiento no es un requisito indispensable para la financiación. (6) Le daremos una opinión objetiva de su funcionamiento y una explicación de nuestro nuevo proceso de evaluación en nuestro informe anual.

1. Oración 1: **Gracias por responder a nuestra evaluación de su programa del Hospital Municipal tiene usted razón al señalar la diferencia en la evaluación este año.**

   ¿Cuál es la mejor manera de escribir la parte subrayada del texto? Si el original representa la mejor manera, escoja la opción (1).

   (1) Hospital Municipal tiene usted razón
   (2) Hospital Municipal, Tiene usted razón
   (3) Hospital Municipal, tiene usted razón
   (4) Hospital Municipal. Tiene usted razón
   (5) Hospital Municipal y tiene usted razón

2. Oración 3: **También tuvimos más tiempo para realizar nuestras evaluaciones este año, así que el informe es más detallado.**

   ¿Qué corrección debe hacerse a la oración 3?

   (1) añadir coma después de tiempo
   (2) eliminar la coma
   (3) añadir y después de la coma
   (4) eliminar así que
   (5) no se requiere hacer ninguna corrección

3. Oración 4: **Su programa no cumple con los requisitos en varios campos, no hay motivo para preocuparse demasiado.**

   ¿Qué corrección debe hacerse a la oración 4?

   (1) sustituir Su con Porque su
   (2) eliminar la coma
   (3) sustituir la coma con y
   (4) añadir a pesar de que después de la coma
   (5) añadir pero después de la coma

4. Oración 5: **Evaluamos muchos programas de hospitales y casi todos dejan de cumplir algún requisito en uno o más campos y el absoluto cumplimiento no es un requisito indispensable para la financiación.**

   ¿Qué grupo de palabras incluiría la mejor corrección a la oración 5?

   (1) en uno o más campos. El absoluto
   (2) Mientras evaluando muchos programas de hospitales,
   (3) Muchos programas de hospitales suspenden la evaluación
   (4) el absoluto cumplimiento no siendo un requisito indispensable
   (5) programas de hospitales que no cumplen

Las preguntas 5 a 9 se refieren al párrafo siguiente.

Lesiones laborales

(1) No todas las lesiones laborales implican equipos pesados, algunas tareas de oficina también pueden implicar lesiones. (2) Los empleados que escriben a máquina constantemente, como los que entran datos, pueden padecer el síndrome del túnel carpiano los dedos se les quedan tiesos literalmente por los movimientos repetidos. (3) Tanto el cambiar frecuentemente de postura como el mantener el teclado a un nivel más bajo de los codos ayuda a evitar las lesiones. (4) Los estudios han detectado otras lesiones en trabajos aparentemente "seguros", mirar fijamente las pantallas de computadora durante períodos largos puede causar un esfuerzo ocular grave. (5) Para reducir el esfuerzo ocular, permanezca al menos a 20 pulgadas de la pantalla, y utilice una iluminación difusa desde arriba. (6) En algunas oficinas las lesiones de espalda son corrientes los empleados pueden disminuir el riesgo agachándose al levantar objetos del suelo.

5. Oración 1: **No todas las lesiones laborales implican equipos pesados, algunas tareas de oficina también pueden implicar lesiones.**

   ¿Cuál es la mejor manera de escribir la parte subrayada del texto? Si el original representa la mejor manera, escoja la opción (1).

   (1) pesados, algunas
   (2) pesados algunas
   (3) pesados, sin embargo algunas
   (4) pesados de modo que algunas
   (5) pesados. Algunas

6. Oración 2: **Los empleados que escriben a máquina constantemente, como los que entran datos, pueden padecer el síndrome del túnel carpiano los dedos se les quedan tiesos literalmente por los movimientos repetidos.**

   ¿Cuál es la mejor manera de escribir la parte subrayada del texto? Si el original representa la mejor manera, escoja la opción (1).

   (1) carpiano los
   (2) carpiano, los
   (3) carpiano. Los
   (4) carpiano porque los
   (5) carpiano pero los

7. Oración 3: **Tanto el cambiar frecuentemente de postura como el mantener el teclado a un nivel más bajo de los codos ayuda a evitar las lesiones.**

   ¿Qué corrección debe hacerse a la oración 3?

   (1) sustituir Tanto con Tanto por
   (2) añadir coma después de frecuentemente
   (3) eliminar como
   (4) añadir para después de codos
   (5) no se requiere hacer ninguna corrección

8. Oración 4: **Los estudios han detectado otras lesiones en trabajos aparentemente "seguros", mirar fijamente las pantallas de computadora durante períodos largos puede causar un esfuerzo ocular grave.**

   ¿Qué grupo de palabras incluiría la mejor corrección a la oración 4?

   (1) "seguros" y mirar fijamente
   (2) Mientras que los estudios han detectado
   (3) porque mirar fijamente
   (4) "seguros"; por ejemplo,
   (5) han detectado que mirar fijamente

9. Oración 6: **En algunas oficinas las lesiones de espalda son corrientes los empleados pueden disminuir el riesgo agachándose al levantar objetos del suelo.**

   ¿Qué corrección debe hacerse a la oración 6?

   (1) sustituir En con Porque en
   (2) añadir coma después de corrientes
   (3) añadir mientras que después de corrientes
   (4) sustituir corrientes los empleados con corrientes. Los empleados
   (5) no se requiere hacer ninguna corrección

Es importante reconocer la diferencia entre el punto y el punto y coma para separar oraciones compuestas. Como regla general, el punto y coma equivale a una pausa mayor a la de la coma y menor a la del punto.

Las respuestas comienzan en la página 273.

Prueba corta de GED • Lección 4

Instrucciones: Ésta es una prueba de práctica que dura diez minutos. Después de que transcurran los diez minutos, ponga una marca en la última pregunta que haya respondido. A continuación, termine la prueba y revise sus respuestas. Si la mayoría de sus respuestas fueron correctas, pero no terminó la prueba, trate de responder las preguntas más rápidamente la próxima vez. Elija la respuesta que mejor responda a cada pregunta.

Las preguntas 1 a 4 se refieren a la solicitud siguiente.

Condiciones de crédito

(1) He leído esta solicitud todo lo que declaro en ella es verdad. (2) Autorizo al Banco del Pacífico a comprobar mis datos de crédito, mi historial de empleo y cualquier otra información relevante. (3) Acepto ser responsable de todos los gastos que se carguen a la cuenta, tengo al menos 18 años. (4) Además entiendo que la información sobre mi persona o mi cuenta puede ser compartida por el Banco con sus empresas asociadas. (5) Sin embargo, negarme a permitir este uso de la información personal o crediticia con otras empresas. (6) Si me niego, acepto informar al Banco del Pacífico por carta y debo incluir mi nombre, dirección y número de teléfono, así como los números de cuenta del Banco del Pacífico correspondientes. (7) La información de esta solicitud es correcta hasta la fecha de la firma.

1. Oración 1: **He leído esta solicitud todo lo que declaro en ella es verdad.**

   ¿Cuál es la mejor manera de escribir la parte subrayada del texto? Si el original representa la mejor manera, escoja la opción (1).

   (1) solicitud todo
   (2) solicitud, todo
   (3) solicitud, por lo tanto todo
   (4) solicitud; y todo
   (5) solicitud y todo

2. Oración 3: **Acepto ser responsable de todos los gastos que se carguen a la cuenta, tengo al menos 18 años.**

   ¿Qué corrección debe hacerse a la oración 3?

   (1) cambiar gastos que se carguen a gastos. Que se carguen
   (2) eliminar la coma
   (3) cambiar la coma a un punto
   (4) añadir y sin embargo después de la coma
   (5) sustituir tengo con teniendo

3. Oración 5: **Sin embargo, negarme a permitir este uso de la información personal o crediticia con otras empresas.**

   ¿Qué corrección debe hacerse a la oración 5?

   (1) añadir puedo después de la coma
   (2) sustituir negarme con negando
   (3) sustituir negarme con mi negativa
   (4) añadir coma después de personal
   (5) no se requiere hacer ninguna corrección

4. Oración 6: **Si me niego, acepto informar al Banco del Pacífico por carta y debo incluir mi nombre, dirección y número de teléfono, así como los números de cuenta del Banco del Pacífico correspondientes.**

   ¿Qué grupo de palabras incluiría la mejor corrección a la oración 5?

   (1) Si me niego y sin embargo acepto
   (2) incluida una carta a Océano Pacífico
   (3) carta, teniendo que incluir
   (4) carta e incluir mi nombre,
   (5) Acepto incluir, si me niego,

Las preguntas 5 a 9 se refieren a los párrafos siguientes.

Reparación de autos

(A)

(1) Si quiere que su automóvil reciba buen servicio. (2) Prepárese antes de traerlo a reparar. (3) Primero, siga el calendario de mantenimiento que el fabricante recomienda, apunte todas las reparaciones. (4) Segundo, cuando conduzca, fíjese en cualquier sonido raro que oiga y goteos, fugas o humo que vea. (5) Anote esta información para poder recordar y describir los síntomas.

(B)

(6) Supongamos que usted trae su automóvil y quiere insistir en recibir un diagnóstico en el mismo momento pero no debe hacerlo. (7) Primero, haga preguntas sobre precios, mano de obra y garantías. (8) Por último, deje un número de teléfono el mecánico pueda llamarlo para darle un presupuesto.

5. Oraciones 1 y 2: **Si quiere que su automóvil reciba un buen servicio. Prepárese antes de traerlo a reparar.**

¿Cuál es la mejor manera de escribir la parte subrayada del texto? Si el original representa la mejor manera, escoja la opción (1).

(1) servicio. Prepárese
(2) servicio, preparándose
(3) servicio, prepárese
(4) servicio, y prepárese
(5) servicio prepárese

6. Oración 3: **Primero, siga el calendario de mantenimiento que el fabricante recomienda, apunte todas las reparaciones.**

¿Cuál es la mejor manera de escribir la parte subrayada del texto? Si el original representa la mejor manera, escoja la opción (1).

(1) recomienda, apunte
(2) recomienda apunte
(3) recomienda apuntar
(4) recomienda y apunte
(5) recomienda además apunte

7. Oración 5: **Anote esta información para poder recordar y describir los síntomas.**

¿Qué corrección debe hacerse a la oración 5?

(1) sustituir Anote con Si usted anota
(2) cambiar Anote a Anotando
(3) añadir coma después de Anote
(4) añadir coma después de recordar
(5) no se requiere hacer ninguna corrección

8. Oración 6: **Supongamos que usted trae su automóvil y quiere insistir en recibir un diagnóstico en el mismo momento pero no debe hacerlo.**

¿Con qué grupo de palabras empezaría la mejor corrección a la oración 6?

(1) Cuando traiga su automóvil, no insista
(2) Trayendo su automóvil, insistiendo
(3) Supongamos que usted trae su automóvil e insiste
(4) Si insiste en recibir un diagnóstico,
(5) Traiga su automóvil, no insistir

9. Oración 8: **Por último, deje un número de teléfono el mecánico pueda llamarlo para darle un presupuesto.**

¿Qué corrección debe hacerse a la oración 8?

(1) añadir usted después de Por último,
(2) cambiar deje a dejando
(3) añadir coma después de teléfono
(4) añadir para que después de teléfono
(5) cambiar pueda llamarlo a lo llamará

Las respuestas comienzan en la página 274.

SUGERENCIA

Las oraciones que tienen detalles específicos, vívidos y precisos pueden subirle la puntuación en la porción del ensayo de la Prueba de Redacción de GED, pues ayudan al evaluador del ensayo a visualizar exactamente lo que usted quiso decir.

Usted ya sabe combinar los detalles para escribir oraciones fluidas, que sean variadas e interesantes. Esta destreza lo preparará para corregir oraciones cortas y entrecortadas en la sección de corrección de la Prueba de redacción de GED. Además, cuando escriba su ensayo en la Prueba de GED, mejorará su puntuación si redacta oraciones con detalles y ejemplos interesantes. Por supuesto, es una destreza recomendable para todo tipo de textos.

Las siguientes oraciones se escribieron en una nota para un amigo. Casi todas son entrecortadas, y hay pocos detalles.

El sábado buscábamos algo que hacer. No podía costar mucho dinero. Porque a Jonás no le pagan hasta la semana próxima. Así que fuimos al centro. Habían puesto cientos de estatuas de vacas. Algunas estaban pintadas. Algunas tenían joyas. Otras estaban vestidas. Los niños lo pasaron muy bien. Se subían a las vacas. Se colgaban de los cuernos. Hasta a los adultos les gustaron las vacas. ¡Qué divertido! ¡No nos costó ni un centavo!

Ahora, lea otra versión de la misma nota. Observe los detalles que le permiten visualizar y entender lo que quiere decir el escritor. Observe también que los detalles se combinan en oraciones fluidas y amenas.

El sábado buscábamos algo que hacer que no costara mucho porque a Jonás no le pagan hasta la semana próxima. Así que decidimos ir al centro, donde habían colocado cientos de estatuas de vacas por las aceras. Algunas estaban pintadas de vivos colores y hasta cubiertas de joyas. Otras estaban vestidas con telas de retazos o cubiertas de vidrio deslumbrante. Los niños lo pasaron muy bien, subiéndose a las vacas y colgándose de los cuernos. Hasta los adultos reían y posaban para salir en fotos con sus vacas preferidas. ¡Qué divertido, y no nos costó ni un centavo!

A continuación aparecen tres detalles de la nota anterior. Explique la manera en que cada detalle lo ayuda a comprender o visualizar lo que quiere decir el escritor.

Por las aceras: *aclara dónde estaban las vacas*

Cubiertas de vidrio deslumbrante: _____

Los adultos reían y posaban para salir en fotos: _____

_____

Al añadir *cubiertas de vidrio deslumbrante*, usted visualiza mejor las vacas. Al explicar que *los adultos reían y posaban para salir en fotos* se expresa la reacción de la gente. Este tipo de detalles contribuyen a dar interés al texto.

El enlace personal

1. Escriba una nota de por lo menos varias oraciones a un amigo. Cuéntele acerca de una experiencia divertida que usted haya tenido y que haya costado poco dinero.

_____

_____

_____

_____

_____

_____

2. En su diario o en otra hoja de papel, enumere tres cosas que usted necesita o quiere comprar. Incluya detalles que expliquen mejor cada cosa y aclaren por qué están en la lista.

El enlace GED

Escriba por lo menos varias oraciones acerca del siguiente tema. Puede usar algunas de las ideas que escribió en el Enlace personal, si así lo desea. También puede anotar otras ideas en su diario para obtener detalles que quiera incluir en las oraciones.

> Hay personas que afirman que el dinero no da la felicidad. ¿Está de acuerdo o en desacuerdo con esta afirmación? Apoye su opinión con ejemplos.

Corregir

Lea las oraciones que acaba de escribir en los ejercicios de El enlace personal y El enlace GED. Corríjalas para asegurarse de que están completas y tienen la puntuación correcta. Ponga los signos de corrección que ha aprendido si tiene que eliminar o añadir palabras o signos de puntuación.

Recordatorio de la carpeta

Si comenzó una carpeta en el primer Enlace con la redacción, ponga sus oraciones corregidas ahí.

Las respuestas comienzan en la página 275.

DESTREZA DE GED **Modificadores mal colocados y modificadores sin sujeto**

Cuando usted escribe, puede utilizar un modificador para describir otra palabra o frase. Un modificador puede ser una sola palabra, como el adjetivo *mullida* en *almohada mullida* o el adverbio *profundamente* en *dormir profundamente*. Un modificador también puede ser una frase, como *en la cama* en *Mi marido está durmiendo en la cama*.

Cuando se coloca un modificador en un lugar incorrecto de una oración, puede confundir al lector o cambiar el significado de esa oración. En ese caso, se conoce como un **modificador mal colocado.** Un modificador mal colocado parece describir una palabra o frase equivocada, o no queda claro qué palabra o frase está describiendo.

modificador mal colocado
una palabra o frase situada demasiado lejos de la palabra o frase que describe

REGLA 1 Escriba el modificador cerca de la palabra o frase que describe.

Mal colocado: Se nos ampollaron las manos cuando estuvimos remando terriblemente.
(¿Modifica *terriblemente* a *estuvimos remando*?)

Correcto: Se nos ampollaron terriblemente las manos cuando estuvimos remando.

Confuso: Nuestra canoa era de madera, que era la única opción.
(¿Modifica la frase *que era la única opción* a *canoa* o *de madera*?)

Correcto: Nuestra canoa, que era la única opción, era de madera.

modificador sin sujeto
una frase situada al principio de una oración que no contiene el sujeto que está describiendo el modificador

Un **modificador sin sujeto** es otro modificador problemático. En este caso, la oración no contiene el sujeto que describe el modificador.

REGLA 2 Evite los modificadores sin sujeto.

MÉTODO 1 Solucione el problema de un modificador sin sujeto convirtiéndolo en una oración subordinada.

MÉTODO 2 Solucione el problema de un modificador sin sujeto haciendo que el sujeto de la oración sea la palabra que describe el modificador.

Puede ser difícil ver los modificadores mal colocados, porque el lector trata automáticamente de interpretar la oración aunque sea confusa. Asegúrese de leer exactamente lo que dice una oración y no lo que usted piensa que quiere decir.

Sin sujeto: Remando río abajo, la canoa se volcó.
(¿Cuál es el sujeto de *Remando río abajo*? ¡Tal y como está escrito, parece que el sujeto es la canoa!)

Correcto: Mientras remábamos río abajo, la canoa se volcó.

Correcto: Remando río abajo, nos volcamos con la canoa.

Marque con una "X" la oración que tiene un modificador mal colocado o un modificador sin sujeto.

_____ a. Hice la cena para un amigo en su casa.

_____ b. Mirando en la nevera, los vegetales estaban podridos.

Usted acertó si escogió la *opción b*. La oración de apertura no tiene sujeto (¿*quién* está mirando en la nevera: los vegetales?), así que tiene un modificador sin sujeto.

Unidad 1: Estructura de las oraciones

A. Escriba *C* si la oración es correcta. Escriba *M* si la oración tiene un modificador mal colocado. Subraye los modificadores mal colocados que encuentre. Después, vuelva a escribir la oración correctamente.

M 1. Al comprar ropa, una sola talla no les queda bien a todos.

Cuando los clientes compran ropa, una sola talla no les queda bien a todos.

_____ 2. Las tallas de ropa actuales se basan en las medidas corporales en dos dimensiones de jóvenes de raza blanca tomadas hace más de 60 años.

_____ 3. Se está creando una nueva base de datos de 8,000 voluntarios de tallas en tres dimensiones de todas las formas, tamaños, edades y orígenes étnicos.

_____ 4. Los directores del proyecto prometen que cuando la base de datos esté terminada un cliente podrá confiar en la talla que aparezca en la etiqueta.

_____ 5. Muy pronto, los clientes podrán confiar en las tallas, y entonces comprar ropa será más sencillo.

_____ 6. Por supuesto, los diseñadores de alta costura aún quieren que las mujeres crean que su ropa es más pequeña que compran caros vestidos de diseño.

B. Corrija otros tres modificadores mal colocados o modificadores sin sujeto en este párrafo.

Las vitaminas y el hierro pueden alcanzar a gente que se muere de hambre a través del "arroz dorado" enriquecido científicamente ~~en todo el mundo~~. *en todo el mundo* Casi 400 millones de personas en los países pobres que tienen un nivel insuficiente de vitamina A corren el riesgo de sufrir infecciones y ceguera. Además, millones de personas padecen de un nivel insuficiente de hierro. Al causar anemia y un retraso en el desarrollo de los niños, las mujeres embarazadas con niveles bajos de hierro en la sangre tienen un problema especial. Con la esperanza de una mejora importante de la salud de millones de personas en todo el mundo, este arroz dorado podría ser la respuesta.

C. Escriba acerca del siguiente tema.

¿Qué opina de la comida? ¿Qué tipo de dieta come usted? ¿Qué tipo de dieta cree que debería comer? Escriba un párrafo explicando sus opiniones. Después, corríjalo para comprobar que no contiene modificadores mal colocados ni otros errores.

Las respuestas comienzan en la página 275.

Práctica de GED • Lección 5

Las preguntas 1 a 4 se refieren al siguiente párrafo.

Reduzca el costo de su seguro

(1) ¿Es demasiado alto el seguro de su automóvil? (2) Al instalar dispositivos antirrobo, el costo de su seguro disminuirá. (3) La mejor manera de ahorrar dinero es grabar el número de identificación de su vehículo en cada ventanilla, por sólo unos $20. (4) Las ventanillas grabadas hacen que sea difícil desmontar un automóvil en piezas útiles para los ladrones. (5) Las ventanillas grabadas pueden ahorrarle hasta $50 en un seguro de cubierta total, dependiendo de dónde viva. (6) Otros dispositivos utilizados con frecuencia cuestan entre $300 y $800, pero pueden ahorrarle hasta un 35% del precio del seguro. (7) Sea cual sea el que escoja, instalar dispositivos antirrobo le brindará tarifas más bajas y tranquilidad personal.

1. Oración 2: **Al instalar dispositivos antirrobo, el costo de su seguro disminuirá.**

   ¿Qué corrección debe hacerse a la oración 2?

   (1) sustituir Al instalar con Si usted instala
   (2) eliminar la coma
   (3) añadir y después de la coma
   (4) cambiar disminuirá por disminuyendo
   (5) no se requiere hacer ninguna corrección

Cuando en una pregunta de la Prueba de GED se le pida que escoja la mejor manera de corregir o volver a escribir una oración, primero cambie las palabras en su mente. Después, vea qué opción se parece más a lo que usted pensó.

2. Oración 3: **La mejor manera de ahorrar dinero es grabar el número de identificación de su vehículo en cada ventanilla, por sólo unos $20.**

   ¿Qué grupo de palabras incluiría la mejor corrección a la oración 3?

   (1) Por sólo unos $20,
   (2) Al ser la manera más barata de ahorrar,
   (3) Para ahorrar dinero,
   (4) Al grabar el número de identificación de su vehículo,
   (5) El número de identificación de su vehículo

3. Oración 4: **Las ventanillas grabadas hacen que sea difícil desmontar un automóvil en piezas útiles para los ladrones.**

   ¿Qué grupo de palabras incluiría la mejor corrección a la oración 4?

   (1) Al grabar las ventanillas, es
   (2) Si graba las ventanillas, usted hace
   (3) haciendo que sea difícil desmontar
   (4) hacen difícil para los ladrones desmontar
   (5) desmonten en piezas útiles

4. Oración 7: **Sea cual sea el que escoja, instalar dispositivos antirrobo le brindará tarifas más bajas y tranquilidad personal.**

   ¿Qué corrección debe hacerse a la oración 7?

   (1) sustituir Sea cual sea el que escoja con Escogiendo cualquiera de ellos
   (2) eliminar la coma
   (3) sustituir instalar con usted puede instalar
   (4) añadir una coma después de bajas
   (5) no se requiere hacer ninguna corrección

Las preguntas 5 a 9 se refieren a la siguiente carta de recomendación.

Estimada Sra. Lang:

(1) Como supervisora de equipos de trabajo, Erica Ortiz supervisa a 24 jardineros de seis equipos de jardinería de la empresa Paisajismo Contemporáneo, Inc. (2) Ella se encarga de verificar al salir por las mañanas que los equipos tengan sus tareas asignadas y sus herramientas. (3) Erica comenzó siendo la única supervisora mujer en Paisajismo Contemporáneo y rápidamente se ganó el respeto de los miembros de los equipos en 1998. (4) Trabajadora, organizada y entregada, Erica ha realizado un gran trabajo de supervisión de los equipos de jardinería. (5) Erica tiene también una gran reputación entre nuestros clientes y representa a Paisajismo Contemporáneo con orgullo en la comunidad. (6) Con mucho gusto, Erica Ortiz queda recomendada para un puesto de gerente en el campo de la jardinería.

5. Oración 1: **Como supervisora de equipos de trabajo, Erica Ortiz supervisa a 24 jardineros de seis equipos de jardinería de la empresa Paisajismo Contemporáneo, Inc.**

¿Cuál es la mejor manera de escribir la parte subrayada del texto? Si el original representa la mejor manera, escoja la opción (1).

(1) Como supervisora de equipos de trabajo, Erica Ortiz
(2) Como Erica Ortiz, supervisora de equipos de trabajo,
(3) Erica Ortiz es supervisora de equipos de trabajo
(4) Erica Ortiz supervisora de equipos de trabajo
(5) Erica Ortiz, supervisora de equipos de trabajo

6. Oración 2: **Ella se encarga de verificar al salir por las mañanas que los equipos tengan sus tareas asignadas y sus herramientas.**

¿Qué grupo de palabras incluiría la mejor corrección a la oración 2?

(1) Verificar que los equipos tienen
(2) Al salir por las mañanas, ella
(3) se encarga de verificar que las tareas asignadas de la mañana
(4) de que los equipos tengan sus tareas asignadas y sus herramientas al
(5) cuando los equipos tienen sus tareas asignadas

7. Oración 3: **Erica comenzó siendo la única supervisora mujer en Paisajismo Contemporáneo y rápidamente se ganó el respeto de los miembros de los equipos en 1998.**

¿Cuál es la mejor manera de escribir la parte subrayada del texto? Si el original representa la mejor manera, escoja la opción (1).

(1) Contemporáneo y rápidamente se ganó el respeto de los miembros de los equipos en 1998
(2) Contemporáneo y rápidamente se ganó el respeto en 1998 de los miembros de los equipos
(3) Contemporáneo en 1998 y rápidamente se ganó el respeto de los miembros de los equipos
(4) Contemporáneo y ella rápidamente se ganó el respeto de los miembros de los equipos en 1998
(5) rápidamente el respeto de los miembros de los equipos

8. Oración 5: **Erica tiene también una gran reputación entre nuestros clientes y representa a Paisajismo Contemporáneo con orgullo en la comunidad.**

Si usted volviera a escribir la oración 5 comenzando con

Orgullosa representante de Paisajismo Contemporáneo,

las siguientes palabras deberían ser

(1) Erica tiene también
(2) una gran reputación
(3) la comunidad tiene
(4) los clientes tienen
(5) y con una gran reputación

9. Oración 6: **Con mucho gusto, Erica Ortiz queda recomendada para un puesto de gerente en el campo de la jardinería.**

¿Qué corrección debe hacerse a la oración 6?

(1) cambiar la coma a un punto
(2) cambiar Erica Ortiz queda recomendada por recomiendo a Erica Ortiz
(3) eliminar queda
(4) añadir una coma después de recomendada
(5) no se requiere hacer ninguna corrección

Las respuestas comienzan en la página 275.

Instrucciones: Ésta es una prueba de práctica que dura diez minutos. Después de que transcurran los diez minutos, ponga una marca en la última pregunta que haya respondido. A continuación, termine la prueba y revise sus respuestas. Si la mayoría de sus respuestas fueron correctas, pero no terminó la prueba, trate de responder las preguntas más rápidamente la próxima vez. Elija la respuesta que mejor responda a cada pregunta.

Las preguntas 1 a 4 se refieren a los párrafos siguientes.

El reciclaje

(A)

(1) El reciclaje se ha convertido en una prioridad en Estados Unidos debido a que los vertederos se encuentran llenos a capacidad. (2) Por eso se pide a la población que separe su basura en algunos estados. (3) Cada hogar debe separar las botellas, las latas y el papel en distintos recipientes. (4) Cuando se dejan en el borde de la acera, la población colabora con el esfuerzo del reciclaje.

(B)

(5) Muchas compañías de la industria del reciclaje han encontrado nuevos usos creativos para los productos usados. (6) Formando industrias con un futuro prometedor para ayudar a sustituir los productos biodegradables. (7) Las compañías crean nuevos productos de vidrio y aluminio a partir de latas y botellas fundidas. (8) Un innovador fabricante de zapatos hace suelas y utiliza gomas de automóvil gastadas para hacerlas y las suelas son para hacer tenis. (9) Las casas editoras están tratando de aumentar la cantidad de papel reciclado en sus productos.

(C)

(10) Con esfuerzos continuos como éstos tanto por parte de la gente como de las compañías, se puede reducir considerablemente el problema de la basura en este país.

1. Oración 2: **Por eso se pide a la población que separe su basura en algunos estados.**

   ¿Qué grupo de palabras incluiría la mejor corrección a la oración 2?

   (1) separando basura en algunos estados
   (2) peticiones en algunos estados
   (3) población de algunos estados
   (4) separe en algunos estados
   (5) su basura pedida en algunos estados

2. Oración 4: **Cuando se dejan en el borde de la acera, la población colabora con el esfuerzo del reciclaje.**

   ¿Qué corrección debe hacerse a la oración 4?

   (1) sustituir Cuando con Al ser
   (2) sustituir Cuando se dejan con Se dejan
   (3) añadir estos productos después de dejan
   (4) eliminar la coma
   (5) cambiar colabora por colaborando

3. Oración 6: **Formando industrias con un futuro prometedor para ayudar a sustituir los productos biodegradables.**

   ¿Qué corrección debe hacerse a la oración 6?

   (1) sustituir industrias con un futuro prometedor con con un futuro prometedor, industrias
   (2) sustituir con con tienen
   (3) añadir Se están delante de Formando
   (4) añadir una coma después de Formando
   (5) no se requiere hacer ninguna corrección

4. Oración 8: **Un innovador fabricante de zapatos hace suelas y utiliza gomas de automóvil gastadas para hacerlas y las suelas son para hacer tenis.**

   ¿Qué grupo de palabras incluiría la mejor corrección a la oración 8?

   (1) utiliza gomas de automóvil gastadas y está haciendo suelas para tenis
   (2) a partir de gomas de automóvil gastadas hace suelas de tenis
   (3) está haciendo utilizando suelas de gomas de automóvil gastadas para hacer tenis
   (4) fabricante de zapatos y suelas utiliza gomas de automóvil gastadas para hacer tenis
   (5) hace suelas de tenis utilizando gomas de automóvil gastadas

Las preguntas 5 a 9 se refieren a los párrafos siguientes.

Comprar un carro usado

(A)

(1) Al un carro usado querer comprar, no está de más que lo inspeccione. (2) Sepa cómo utilizar las leyes sobre vehículos defectuosos de su estado contra el fraude al comprar un carro.

(B)

(3) Debe ser prudente si encuentra un carro con un millaje muy bajo en un negocio de carros usados. (4) Hay un indicador que muestra el millaje, y puede haber sido atrasado. (5) Compruebe si los pedales están muy desgastados, esto le indicará que se ha utilizado mucho ese carro. (6) Las manchas de aceite debajo de un carro pueden indicar futuros problemas. (7) El exceso de aceite en el motor, también.

(C)

(8) Pedir a un mecánico en el que usted confíe que le revise el carro es una manera de evitar hacer una mala compra. (9) Si el vendedor no le permite hacerlo tenga cuidado. (10) Puede que el carro tenga algún problema grave.

5. Oración 1: **Al un carro usado querer comprar, no está de más que lo inspeccione.**

¿Cuál es la mejor manera de escribir la parte subrayada del texto? Si el original representa la mejor manera, escoja la opción (1).

(1) Al un carro usado querer comprar, no
(2) Al comprar un carro usado, no
(3) Cuando quiera comprar un carro usado, no
(4) ¿Quiere comprar un carro usado? No
(5) Queriendo comprar un carro usado, no

6. Oración 4: **Hay un indicador que muestra el millaje, y puede haber sido atrasado.**

¿Qué corrección debe hacerse a la oración 4?

(1) cambiar muestra por mostrando
(2) eliminar la coma después de millaje
(3) eliminar y
(4) sustituir y por sin embargo
(5) eliminar haber

7. Oración 5: **Compruebe si los pedales están muy desgastados, esto le indicará que se ha utilizado mucho ese carro.**

¿Cuál es la mejor manera de escribir la parte subrayada del texto? Si el original representa la mejor manera, escoja la opción (1).

(1) desgastados, esto
(2) desgastados esto
(3) desgastados ya esto
(4) desgastados, y esto
(5) desgastados. Esto

8. Oraciones 6 y 7: **Las manchas de aceite debajo de un carro pueden indicar futuros problemas. El exceso de aceite en el motor, también.**

¿Qué grupo de palabras incluiría la mejor combinación de las oraciones 6 y 7?

(1) problemas y el exceso de aceite
(2) problemas pero también el exceso de aceite
(3) Una indicación de futuros problemas
(4) Las manchas de aceite debajo de un carro y el exceso de aceite
(5) Los futuros problemas los indican

9. Oración 9: **Si el vendedor no le permite hacerlo tenga cuidado.**

¿Qué corrección debe hacerse a la oración 9?

(1) cambiar Si el vendedor por El vendedor
(2) cambiar Si por Sí
(3) añadir una coma después de permite
(4) añadir una coma después de hacerlo
(5) no se requiere hacer ninguna corrección

Las respuestas comienzan en la página 276.

Lección 6

DESTREZA DE GED **Estructura paralela**

estructura paralela
texto en el que todos los elementos de una serie están escritos de la misma forma gramatical

Cuando una oración contiene una serie de elementos iguales y relacionados, todos los elementos deben tener la misma forma gramatical. Es decir, todos los elementos deben ser iguales gramaticalmente a los demás. Esto se conoce como **estructura paralela.** Si utiliza la estructura paralela, expresará sus ideas con más claridad.

REGLA 1 Los elementos de una serie deben tener la misma forma y parte de la oración.

No paralela: Busqué, investigué y rogaba por un apartamento.

Paralela: Busqué, investigué y rogué por un apartamento.

No paralela: Mi rutina era levantarme a las seis, correr a comprar el diario y revisaba todos los anuncios de alquiler antes de desayunar.

Paralela: Mi rutina era levantarme a las seis, correr a comprar el diario y revisar todos los anuncios de alquiler antes de desayunar.

Paralela: Mi rutina era: me levantaba a las seis, corría a comprar el diario y revisaba todos los anuncios de alquiler antes de desayunar.

No paralela: El arrendatario debe mirar los apartamentos nuevos de manera sensata, cuidadosa y con prudencia.

Paralela: El arrendatario debe mirar los apartamentos nuevos de manera sensata, cuidadosa y prudente.

REGLA 2 Combine las frases con otras frases.

No paralela: Asómese al baño, al balcón y la cocina.
Paralela: Asómese al baño, al balcón y a la cocina.

REGLA 3 No mezcle palabras o frases con oraciones.

No paralela: Asegúrese de que el edificio sea limpio, seguro y que usted pueda pagarlo.
Paralela: Asegúrese de que el edificio sea limpio, seguro y accesible.

Marque con una _P_ las oraciones que tengan estructura paralela. Marque con una _N_ las que no la tengan.

_____ a. Queremos a nuestras mascotas porque viven con nosotros, nos conocen bien, pero amándonos de todas formas.

_____ b. Los necesitamos para que nos diviertan, nos entretengan y nos consuelen.

_____ c. No esperan de nosotros más que comer lo suficiente, ejercicio diario y un hogar seguro.

Usted acertó si decidió que la _opción b_ es la única que es paralela. La _opción a_ debería decir _Queremos a nuestras mascotas porque viven con nosotros, nos conocen bien, pero nos aman de todas formas._ La _opción c_ debería ser _No esperan de nosotros más que comida suficiente, ejercicio diario y un hogar seguro._

SUGERENCIA

Si nota que los elementos de una serie están conectados mediante _y, pero, o, no, sin embargo_, o _así como_, compruebe que los elementos sean paralelos.

A. Subraye en cada oración los elementos que pertenecen a una serie. Vuelva a escribir todas las series que no tengan estructura paralela.

1. Muchos <u>recién nacidos</u>, <u>bebés</u> y <u>los niños que todavía no van a la escuela</u> llevan una "frisa de seguridad".

   recién nacidos, bebés y preescolares _____

2. Los niños duermen debajo de ellas, juegan con ellas o hablan con ellas.

   _____

3. Si se quita, se pierde o sencillamente se colocara en un sitio equivocado, toda la familia sufre.

   _____

4. Cuando los niños se hacen mayores, creciendo y más juiciosos, siguen amando su frisitas en secreto.

   _____

5. Pueden esconderlas bajo la almohada, entre las sábanas o guardarlas bajo la cama.

   _____

6. Muchos adultos recuerdan con cariño la seguridad, la calidez y sentirse felices que les dieron sus frisas de niños.

   _____

B. Corrija este artículo. Hay otros cuatro errores de estructura paralela.

Un desayuno puertorriqueño típico consiste en un plato de cereal, ~~beber~~ una taza de café y un vaso de jugo de china. Quizás sea porque los que toman el desayuno generalmente comen alimentos más saludables, hacen más ejercicio o revisiones médicas periódicas, pero al parecer, tomar el desayuno hace a la gente más saludable. Las personas que desayunan consumen más frutas, más vegetales y comen menos grasa y aceite que las que se saltan la primera comida del día. Las personas que desayunan también parecen hacer un mayor esfuerzo por limitar el consumo de sal, que puede aumentar la presión sanguínea, deshidratar las células y ha producido ataques cardíacos. Según todos los datos disponibles, está claro que saltarse ocasionalmente un almuerzo o no tomar una cena no hace daño. De todas formas, no olvide comer un desayuno saludable todos los días.

C. Escriba acerca del siguiente tema.

¿Cuál es su comida preferida? Escriba un párrafo sobre esa comida y lo que hace que sea su favorita. Después, corrija el párrafo, revisando la estructura paralela y otros errores.

Las respuestas comienzan en la página 277.

Instrucciones: Elija la respuesta que mejor responda a cada pregunta.

Las preguntas 1 a 5 se refieren al párrafo siguiente.

Música de ascensor

(1) A la gente le encanta, la odia o sencillamente no presta atención a la música que suena mientras hace compras, viaja en ascensor o espera una cita. (2) La música que se oye en el trasfondo de nuestras vidas es suave, indefinida y podemos reconocerla. (3) Es bien sabido que la música nos puede calmar, disminuir nuestro ritmo cardíaco, así como reduce nuestra presión sanguínea. (4) Las empresas ponen la "música de ascensor" para influir en nuestro comportamiento en las tiendas, en el trabajo y mientras esperamos en situaciones de tensión. (5) Las oficinas que usan esa música informan que tienen menos ausencias mejor rendimiento en el trabajo y menor movimiento de empleados. (6) Las tiendas piensan que la música de ascensor hace que los clientes pasen más tiempo en las tiendas y compren más. (7) Si usted detesta ese murmullo de fondo, puede tratar de cantar para sus adentros, usar tapones en los oídos o irse.

1. Oración 2: **La música que se oye en el trasfondo de nuestras vidas es suave, indefinida y podemos reconocerla.**

   ¿Qué corrección debe hacerse a la oración 2?

   (1) cambiar se oye a puede oírse
   (2) cambiar suave a suavemente
   (3) cambiar indefinida a indefinición
   (4) cambiar y a entonces
   (5) sustituir y podemos reconocerla con y conocida

2. Oración 3: **Es bien sabido que la música nos puede calmar, disminuir nuestro ritmo cardíaco, así como que reduce nuestra presión sanguínea.**

   ¿Qué corrección debe hacerse a la oración 3?

   (1) cambiar puede calmarnos a calmante
   (2) añadir a antes de disminuir
   (3) eliminar así como que
   (4) cambiar que reduce a reducir
   (5) no se requiere hacer ninguna corrección

3. Oración 4: **Las empresas ponen la "música de ascensor" para influir en nuestro comportamiento en las tiendas, en el trabajo y mientras esperamos en situaciones de tensión.**

   ¿Cuál es la mejor manera de escribir la parte subrayada del texto? Si el original representa la mejor manera, escoja la opción (1).

   (1) en las tiendas, en el trabajo y mientras esperamos en situaciones de tensión
   (2) en las tiendas, mientras trabajamos y esperando en situaciones de tensión
   (3) en las tiendas, en el trabajo y esperando en situaciones de tensión
   (4) en las tiendas, en el trabajo y en situaciones de tensión
   (5) en las tiendas, trabajando y situaciones de tensión

4. Oración 5: **Las oficinas que usan esa música informan que tienen menos ausencias mejor rendimiento en el trabajo y menor movimiento de empleados.**

   ¿Qué corrección debe hacerse a la oración 5?

   (1) añadir una coma después de música
   (2) cambiar informan a informando
   (3) añadir una coma después de ausencias
   (4) sustituir rendimiento con rendir
   (5) no se requiere hacer ninguna corrección

5. Oración 7: **Si usted detesta ese murmullo de fondo, puede tratar de cantar para sus adentros, usar tapones en los oídos o irse.**

   ¿Qué corrección debe hacerse a la oración 7?

   (1) eliminar la coma después de fondo
   (2) cambiar cantar a canto
   (3) eliminar usar
   (4) cambiar irse por se puede ir
   (5) no se requiere hacer ninguna corrección

Las <u>preguntas 6 a 10</u> se refieren al párrafo siguiente.

Una entrevista efectiva

(1) Demostrar interés, con mucha experiencia y llevar un buen resumé no bastan para conseguir buenos resultados en una entrevista de trabajo. (2) Para conseguir un buen trabajo, se debe llegar a la entrevista a tiempo y vestido de forma apropiada. (3) No dará una buena impresión si llega tarde, jadeando y deshacerse en disculpas. (4) Si llega vestido con mahones, una camiseta y tenis, tampoco impresionará a nadie. (5) Póngase ropa que tenga aire empresarial, conservadora y seria. (6) Si actúa con seguridad, profesionalismo y sea amable, tiene muchas posibilidades de conseguir el trabajo. (7) Incluso si no lo contratan en la primera entrevista, la experiencia de prepararse para ella hará que mejoren sus posibilidades en la próxima.

6. Oración 1: **Demostrar interés, con mucha experiencia y llevar un buen resumé no bastan para conseguir buenos resultados en una entrevista de trabajo.**

   ¿Qué corrección debe hacerse a la oración 1?

   (1) cambiar <u>Demostrar</u> a <u>Demostrando</u>
   (2) eliminar <u>la coma que hay después de</u> <u>interés</u>
   (3) sustituir <u>con mucha</u> con <u>tener</u>
   (4) eliminar <u>llevar</u>
   (5) añadir una coma después de <u>resumé</u>

7. Oración 3: **No dará una buena impresión si llega tarde, jadeando y deshacerse en disculpas.**

   Si usted volviera a escribir la oración 3 empezando con

   <u>Al llegar tarde, jadeando,</u>

   las siguientes palabras deben ser

   (1) y deshecho en disculpas
   (2) como si estuviera deshaciéndose en disculpas
   (3) y para deshacerse en disculpas
   (4) y deshacerse en disculpas
   (5) y con disculpas deshecho

8. Oración 4: **Si llega vestido con mahones, una camiseta y <u>tenis</u>, tampoco impresionará a nadie.**

   ¿Cuál es la mejor manera de escribir la parte subrayada del texto? Si el original representa la mejor manera, escoja la opción (1).

   (1) y tenis
   (2) y con tenis
   (3) y con tenis puestos
   (4) y llevando tenis
   (5) y tenis en los pies

9. Oración 5: **Póngase ropa que tenga aire empresarial, conservadora y seria.**

   ¿Qué corrección debe hacerse a la oración 5?

   (1) cambiar <u>Póngase</u> con <u>Poniéndose</u>
   (2) cambiar <u>Póngase</u> con <u>Al ponerse</u>
   (3) eliminar <u>la coma después de</u> <u>empresarial</u>
   (4) añadir <u>y</u> antes de <u>conservadora</u>
   (5) eliminar <u>que tenga aire</u>

10. Oración 6: **Si <u>actúa con seguridad, profesionalismo y sea amable</u>, tiene muchas posibilidades de conseguir el trabajo.**

    ¿Cuál es la mejor manera de escribir la parte subrayada del texto? Si el original representa la mejor manera, escoja la opción (1).

    (1) actúa con seguridad, profesionalismo y sea amable
    (2) actúa con seguridad, profesional y amable
    (3) actúa con seguridad, profesionalismo y amabilidad
    (4) actúa seguramente, y profesionalmente con amabilidad
    (5) tiene seguridad, profesiones y amabilidad

Las respuestas comienzan en la página 277.

Prueba corta de GED • Lección 6

Instrucciones: Ésta es una prueba de práctica que dura diez minutos. Después de que transcurran los diez minutos, ponga una marca en la última pregunta que haya respondido. A continuación, termine la prueba y revise sus respuestas. Si la mayoría de sus respuestas fueron correctas, pero no terminó la prueba, trate de responder las preguntas más rápidamente la próxima vez. Elija la respuesta que mejor responda a cada pregunta.

Las preguntas 1 a 4 se refieren al siguiente memorándum:

Memorándum

A: Todos los miembros del proyecto
De: Ken López

(A)

(1) Evalué el Programa Pinto en tres aspectos: historial de fiabilidad, facilidad de instalación y lo fácil que es de usar. (2) Pinto parece totalmente fiable. (3) Los usuarios de Pinto informan que sus computadoras funcionan durante meses sin congelarse, y el programa no interfiere con otras aplicaciones. (4) Por desgracia, el proceso de instalación no es para nadie que se rinda fácilmente. (5) Tuve que cambiar el disco duro y tuve que reconectar el ratón tres veces y tuve que reinstalar mi conexión de Internet dos veces. (6) Finalmente, me temo que tampoco es fácil de usar. (7) Los gráficos son complicados los comandos son confusos.

(B)

(8) En conclusión, recomiendo que sigamos buscando un programa más apropiado.

1. Oración 1: **Evalué el Programa Pinto en tres aspectos: historial de fiabilidad, facilidad de instalación y lo fácil que es de usar.**

   ¿Qué corrección debe hacerse a la oración 1?

   (1) eliminar la coma después de fiabilidad
   (2) cambiar instalación a ser instalado
   (3) cambiar lo fácil que es de utilizar a facilidad de uso
   (4) cambiar es a será
   (5) no se requiere hacer ninguna corrección

2. Oración 3: **Los usuarios de Pinto informan que sus computadoras funcionan durante meses sin congelarse, y el programa no interfiere con otras aplicaciones.**

   ¿Qué corrección debe hacerse a la oración 3?

   (1) cambiar informan a informando
   (2) cambiar funcionan a funcionando
   (3) eliminar la coma después de congelarse
   (4) sustituir y con sin
   (5) cambiar no por ni

3. Oración 5: **Tuve que cambiar el disco duro y tuve que reconectar el ratón tres veces y tuve que reinstalar mi conexión de Internet dos veces.**

   ¿Qué grupo de palabras incluiría la mejor corrección a la oración 5?

   (1) cambiar el disco duro y reconectar el ratón tres veces y reinstalar
   (2) cambiar, reconectar y reinstalar
   (3) disco duro, reconectando el ratón tres veces y reinstalando
   (4) disco duro, reconectar el ratón tres veces y reinstalar
   (5) disco duro, y también tuve que reconectar el ratón tres veces y también tuve que reinstalar

4. Oración 7: **Los gráficos son complicados los comandos son confusos.**

   ¿Cuál es la mejor manera de escribir la parte subrayada del texto? Si el original representa la mejor manera, escoja la opción (1).

   (1) complicados los
   (2) complicados, y los
   (3) complicados sin embargo los
   (4) complicados, los
   (5) complicados y los

Las preguntas 5 a 9 se refieren al párrafo siguiente.

Los pueblos pequeños

(1) Los pueblos pequeños vuelven a estar, según los nuevos urbanistas y arquitectos de urbanizaciones, de moda en Estados Unidos. (2) Las urbanizaciones típicas se construían con calles llenas de curvas, casas estilo rancho y tenían grandes patios traseros. (3) Muchos de los nuevos urbanistas de urbanizaciones diseñan calles rectas, casas estilo granja y patios más pequeños. (4) Las casas tienen balcones delanteros, están situadas cerca de las casas de los vecinos. (5) Desde todas las casas nuevas se puede llegar a pie hasta una plaza central. (6) Contiene un colmado local y otros negocios. (7) El objetivo principal es traer un espíritu comunitario a las urbanizaciones los urbanistas creen que los propietarios de casas que vivan más cerca unos de otros hablarán y se comunicarán más entre sí.

5. Oración 1: **Los pueblos pequeños vuelven a estar, según los nuevos urbanistas y arquitectos de urbanizaciones, de moda en Estados Unidos.**

   ¿Con qué grupo de palabras empezaría la mejor corrección a la oración 1?

   (1) Estar de moda, según
   (2) Según los nuevos urbanistas y arquitectos de urbanizaciones,
   (3) De moda vuelven a estar los pueblos
   (4) Los pueblos vuelven, y según
   (5) Los nuevos urbanos y arquitectos

6. Oración 2: **Las urbanizaciones típicas se construían con calles llenas de curvas, casas estilo rancho y tenían grandes patios traseros.**

   ¿Cuál es la mejor manera de escribir la parte subrayada del texto? Si el original representa la mejor manera, escoja la opción (1).

   (1) y tenían grandes patios traseros
   (2) con grandes patios traseros
   (3) teniendo grandes patios traseros
   (4) y ellas tenían grandes patios traseros
   (5) y grandes patios traseros

7. Oración 4: **Las casas tienen balcones delanteros, están situadas cerca de las casas de los vecinos.**

   ¿Qué corrección debe hacerse a la oración 4?

   (1) eliminar la coma
   (2) cambiar la coma a y
   (3) quitar están
   (4) cambiar vecinos a vecino
   (5) no se requiere hacer ninguna corrección

8. Oraciones 5 y 6: **Desde todas las nuevas casas se puede llegar a pie hasta una plaza central. Contiene un colmado local y otros negocios.**

   ¿Qué grupo de palabras incluiría la mejor combinación de las oraciones 5 y 6?

   (1) plaza central que contiene un
   (2) plaza central y la plaza contiene
   (3) plaza central, contiene
   (4) con una plaza central, un colmado local y otros negocios
   (5) hasta una plaza central, un colmado

9. Oración 7: **El objetivo principal es traer un espíritu comunitario a las urbanizaciones los urbanistas creen que los propietarios de casas que vivan más cerca·unos de otros hablarán y se comunicarán más entre sí.**

   ¿Cuál es la mejor manera de escribir la parte subrayada del texto? Si el original representa la mejor manera, escoja la opción (1).

   (1) urbanizaciones los urbanistas
   (2) urbanizaciones, los urbanistas
   (3) urbanizaciones. Los urbanistas
   (4) urbanizaciones y los urbanistas
   (5) urbanizaciones pero los urbanistas

Las respuestas comienzan en la página 278.

Usted ha aprendido que los modificadores describen palabras y frases, y añaden detalles a las oraciones. Cuando se usan de manera correcta y eficaz, los modificadores ayudan al lector a ver más claramente lo que usted describe. Cuando practique sus destrezas de redacción, debe ser tan específico como pueda con las palabras. ¿Cómo puede añadir detalles descriptivos a su redacción?

Lea el siguiente párrafo. ¿Hasta qué punto entiende lo que dice el escritor?

> Yo iba manejando al trabajo. Un carro viró bruscamente delante de mí, cortándome el paso. Tuve que pisar el freno y por poco me salgo de la carretera. Estaba furiosa. Me dije que no debía dejarme dominar por la rabia.

Ahora compare el párrafo anterior con el siguiente. Preste atención a la manera en que los modificadores hacen que la redacción cobre vida.

> Una mañana lluviosa, iba manejando al trabajo por una concurrida avenida. De repente, un carro deportivo rojo se me puso al lado a toda velocidad, y entonces, de forma igualmente repentina, viró bruscamente delante de mí y me cerró el paso. Alarmada, pisé el freno con fuerza instintivamente. Mi carro estuvo a punto de salirse de la carretera resbalosa por la lluvia y subirse a la acera. Estaba furiosa. Me dije a mí misma que enfurecerse en la carretera podía ser incluso más peligroso que los conductores insensatos como el del carro rojo.

Para escribir este párrafo, la escritora imaginó el incidente de tráfico y pensó en palabras y frases que describieran la escena de forma vivaz. Este método se llama visualización.

Visualice a una persona que camina por la acera en el momento en que el carro de la escritora resbala hacia ella. En las líneas que siguen, apunte algunas ideas propias que puedan describirla. No es necesario que escriba oraciones completas, sino solamente las palabras que surjan en su mente. No hay respuestas correctas ni incorrectas.

_____

_____

_____

_____

¿Incluye su lista palabras que describen la apariencia de la persona (por ejemplo, *hombre joven, vestido con ropa de trabajo*) y su manera de moverse (*se paró de repente* o *retrocedió nerviosamente*)? Si no es así, intente añadir algunos detalles de este tipo.

El enlace personal

1. Escriba una breve descripción de usted mismo cuando siente coraje. Use muchas palabras y frases modificadoras, y sea tan específico como pueda. Por ejemplo, ¿qué cosas le causan coraje? ¿Cómo se siente? ¿Cómo lo ven los demás?

    _____

    _____

    _____

    _____

2. En su diario, escriba algunos pensamientos acerca de una persona o un suceso que lo haya cnfadado recientemente. ¿Cómo expresó su rabia? ¿Fue útil su reacción durante la situación? ¿Sirvió para mejorar la situación?

El enlace GED

1. Lea el siguiente tema. En una hoja de papel escriba tantos pensamientos como pueda acerca del tema. No trate de escribir con oraciones completas.

    > Todo el mundo siente coraje en algún momento. ¿Cuál piensa que es la mejor manera de manejar el coraje? Dé ejemplos.

2. Use algunas de sus ideas de El enlace personal y El enlace GED para escribir un párrafo corto basado en el tema de arriba. Sólo use las ideas que apoyen su punto de vista.

Corregir

Repase lo que ha escrito y corrija los errores que encuentre. Asegúrese de añadir modificadores que ayuden al lector a imaginarse lo que describe.

Recordatorio de la carpeta

Ponga su párrafo acerca del coraje en su carpeta.

Las respuestas comienzan en la página 279.

Unidad 1 Repaso acumulativo Estructura de las oraciones

Instrucciones: Elija la respuesta que mejor responda a cada pregunta.

Las preguntas 1 a 5 se refieren al párrafo siguiente.

El *drive-in*

(1) Las películas al aire libre de los *drive-ins* fueron una de las máximas expresiones del afecto de los estadounidenses por sus carros. (2) En la mejor época de los *drive-ins*, las familias preparaban comida y mantas, se metían en el carro y dirigirse a ver una película a la luz de las estrellas. (3) La station wagon siendo el mejor carro pues una puerta trasera que se podía bajar. (4) Algunas familias traían todos los materiales para un picnic la parrilla para la barbacoa, el carbón, la neverita y las sillas plegables se metían en el carro con los niños. (5) Ni siquiera los mosquitos molestos, los adolescentes peleones ni las bocinas de baja calidad podían empañar los atractivos del *drive-in*. (6) Hoy en día, los carros pequeños y los teatros con múltiples salas atraen a las familias. (7) Desapareciendo, los aficionados al cine rara vez van a los cines al aire libre. (8) De hecho, los *drive-ins* están más llenos de nostalgia que de clientes.

1. Oración 2: **En la mejor época de los *drive-ins*, las familias preparaban comida y mantas, se metían en el carro y dirigirse a ver una película a la luz de las estrellas.**

   ¿Qué corrección debe hacerse a la oración 2?

   (1) cambiar preparaban a preparar
   (2) eliminar la coma después de mantas
   (3) cambiar metían a metiendo
   (4) cambiar dirigirse a se dirigían
   (5) no se requiere hacer ninguna corrección

2. Oración 3: **La *station wagon* siendo el mejor carro pues una puerta trasera que se podía bajar.**

   ¿Qué corrección debe hacerse a la oración 3?

   (1) cambiar el a de todos el
   (2) añadir una coma después de carro
   (3) cambiar siendo a era y pues una a pues tenía una
   (4) sustituir siendo con una coma
   (5) no se requiere hacer ninguna corrección

3. Oración 4: **Algunas familias traían todos los materiales para un picnic la parrilla para la barbacoa, el carbón, la neverita y las sillas plegables se metían en el carro con los niños.**

   ¿Cuál es la mejor manera de escribir la parte subrayada del texto? Si el original representa la mejor manera, escoja la opción (1).

   (1) picnic la
   (2) picnic, la
   (3) picnic. La
   (4) picnic, incluso la
   (5) picnic y la

4. Oración 5: **Ni siquiera los mosquitos molestos, los adolescentes peleones ni las bocinas de baja calidad podían empañar los atractivos del *drive-in*.**

   ¿Qué corrección debe hacerse a la oración 5?

   (1) cambiar Ni siquiera a Sin embargo
   (2) eliminar la coma después de molestos
   (3) añadir escuchar después de ni
   (4) cambiar empañar a empañando
   (5) no se requiere hacer ninguna corrección

5. Oración 7: **Desapareciendo, los aficionados al cine rara vez van a los cines al aire libre.**

   ¿Qué corrección debe hacerse a la oración 7?

   (1) cambiar Desapareciendo a A medida que desaparecen los *drive-ins*
   (2) eliminar la coma después de Desapareciendo
   (3) añadir ellos después de cines
   (4) cambiar van a yendo
   (5) no se requiere hacer ninguna corrección

Las preguntas 6 a 10 se refieren al párrafo siguiente.

Marte

(1) El planeta Marte siempre ha cautivado la imaginación de los científicos y los escritores. (2) Históricamente, ambos grupos la pregunta que hacían era si existía o no vida en ese planeta. (3) Al mirar a través del lente de un telescopio, Marte parece tener ríos o canales que atraviesan su superficie. (4) Como parecía que había agua los observadores han pensado durante muchos años en la posibilidad de que haya vida en ese planeta. (5) Los escritores como Edgar Rice Burroughs imaginaron un planeta de razas exóticas, afiladas espadas y extrañas criaturas. (6) Otro escritor, H. G. Wells, y una invasión marciana de la Tierra que llamó "La guerra de los mundos". (7) Algunas personas tenían grandes expectativas para el vuelo no tripulado a Marte. (8) Esas personas se desilusionaron cuando no se encontró señal de vida. (9) No obstante, la fascinación de los terrícolas con Marte continúa.

6. Oración 2: **Históricamente, ambos grupos la pregunta que hacían era si existía o no vida en ese planeta.**

   ¿Cuál es la mejor manera de escribir la parte subrayada del texto? Si el original representa la mejor manera, escoja la opción (1).

   (1) ambos grupos la pregunta que hacían
   (2) la pregunta que por ambos grupos hacían
   (3) la pregunta que hacían ambos grupos
   (4) hecha por ambos grupos
   (5) ambos grupos preguntaban

7. Oración 3: **Al mirar a través del lente de un telescopio, Marte parece tener ríos o canales que atraviesan su superficie.**

   ¿Qué corrección debe hacerse a la oración 3?

   (1) sustituir Al con Siempre que
   (2) sustituir Al mirar con Cuando uno mira
   (3) eliminar la coma después de telescopio
   (4) añadir una coma después de ríos
   (5) no se requiere hacer ninguna corrección

8. Oración 4: **Como parecía que había agua los observadores han pensado durante muchos años en la posibilidad de que haya vida en ese planeta.**

   ¿Cuál es la mejor manera de escribir la parte subrayada del texto? Si el original representa la mejor manera, escoja la opción (1).

   (1) agua los
   (2) agua. Los
   (3) agua así que los
   (4) agua, los
   (5) agua los,

9. Oración 6: **Otro escritor, H. G. Wells, y una invasión marciana de la Tierra que llamó "La guerra de los mundos".**

   ¿Qué corrección debe hacerse a la oración 6?

   (1) sustituir la coma que hay después de escritor con era
   (2) sustituir y con describió
   (3) cambiar Tierra que a Tierra. Que
   (4) eliminar que después de Tierra
   (5) no se requiere hacer ninguna corrección

10. Oraciones 7 y 8: **Algunas personas tenían grandes expectativas para el vuelo no tripulado a Marte. Esas personas se desilusionaron cuando no se encontró señal de vida.**

    ¿Qué grupo de palabras incluiría la mejor combinación de las oraciones 7 y 8?

    (1) a Marte esas personas
    (2) a Marte se
    (3) a Marte, siendo
    (4) a Marte, por lo tanto se
    (5) a Marte y esas personas desilusionadas

Las preguntas 11 a 15 se refieren al folleto siguiente.

A nuestros apreciados clientes

(A)

(1) Tintorería Élite es una compañía familiar que brinda servicios de tintorería de gran calidad para las personas que desean lucir bien siempre. (2) El lavado a mano tradicional es uno de nuestros servicios y el quitado de manchas también es otro de nuestros servicios. (3) Con equipo ecológico, puede usted contar con nuestra garantía de la mejor calidad.

(B)

(4) Con la mayor delicadeza sus mejores trajes y la seda más fina, así como su ropa informal y de lana. (5) Lavamos las camisas y la mantelería en equipo de la más avanzada tecnología. (6) Por lo que ofrecemos el lavado en seco de mejor calidad. (7) Le brindamos un tratamiento especial para los trajes de novia y de etiqueta los guardaremos en cajas de recuerdos dignas de contener las más preciadas reliquias de su familia.

(C)

(8) ¿Está usted muy ocupado como para venir a nuestra tienda, permítanos recoger y entregar su ropa. (9) Llámenos para fijar una hora que le convenga.

11. Oración 2: **El lavado a mano tradicional es uno de nuestros servicios y el quitado de manchas también es otro de nuestros servicios.**

Si usted volviera a escribir la oración 2 empezando con

Brindamos un servicio de lavado a mano tradicional,

las siguientes palabras deberían ser

(1) como por ejemplo, el excelente servicio quitamanchas
(2) y un excelente servicio quitamanchas
(3) por ejemplo, como el excelente servicio quitamanchas
(4) o el excelente servicio quitamanchas
(5) y somos excelentes

12. Oración 4: **Con la mayor delicadeza sus mejores trajes y la seda más fina, así como su ropa informal y de lana.**

¿Qué grupo de palabras incluiría la mejor corrección a la oración 4?

(1) Sus mejores trajes son tratados con la mayor delicadeza
(2) Tratamos con la mayor delicadeza sus mejores trajes
(3) Tratar con la mayor delicadeza sus mejores trajes
(4) Mientras tratamos con la mayor delicadeza sus mejores trajes
(5) Tratados con la mayor delicadeza serán sus mejores trajes

13. Oraciones 5 y 6: **Lavamos las camisas y la mantelería en equipo de la más avanzada tecnología. Por lo que ofrecemos el lavado en seco de mejor calidad.**

¿Cuál es la mejor manera de escribir la parte subrayada del texto? Si el original representa la mejor manera, escoja la opción (1).

(1) tecnología. Por lo que ofrecemos
(2) tecnología. Ofrecemos
(3) tecnología, por lo que ofrecemos
(4) tecnología y ofrecemos
(5) tecnología además, ofrecemos

14. Oración 7: **Le brindamos un tratamiento especial para los trajes de novia y de etiqueta los guardaremos en cajas de recuerdos dignas de contener las más preciadas reliquias de su familia.**

¿Qué corrección debe hacerse a la oración 7?

(1) cambiar Le a Porque le
(2) añadir una coma después de novia
(3) añadir una coma después de etiqueta
(4) cambiar etiqueta los a etiqueta. Los
(5) no se requiere ninguna corrección

15. Oración 8: **¿Está usted muy ocupado como para venir a nuestra tienda, permítanos recoger y entregar su ropa.**

¿Cuál es la mejor manera de escribir la parte subrayada del texto? Si el original representa la mejor manera, escoja la opción (1).

(1) tienda, permítanos
(2) tienda permítanos
(3) tienda entonces permítanos
(4) tienda así que
(5) tienda? Permítanos

Unidad 1: Estructura de las oraciones

Las preguntas 16 a 19 se refieren al párrafo siguiente.

Prevención de tuberías congeladas

(1) Para evitar que las tuberías se congelen, los plomeros sugieren que se deje gotear la pluma lentamente. (2) El goteo lento no evita que se forme un bloque de hielo. (3) Aunque puede evitar que se acumule presión que haga estallar las tuberías. (4) No cierre la pluma en cuanto deja de gotear. (5) Las tuberías que pasan por áticos sin calefacción, espacios húmedos o paredes que dan a la parte de fuera de la casa tienen más probabilidades de congelarse. (6) Una tubería generalmente se congela total o parcialmente cuando una pluma no recibe una corriente de agua suficiente. (7) O podría ser un enser como una máquina lavaplatos o una lavadora. (8) Cubra las tuberías con toallas para aislarlas. (9) De lo contrario, puede usar cinta adhesiva de electricista. (10) Curiosamente, las tuberías que estallan son un problema en el Sur de Estados Unidos debido a las ocasionales temperaturas bajo el punto de congelación que dañan las tuberías.

16. Oraciones 2 y 3: **El goteo lento no evita que se forme un bloque de hielo. Aunque puede evitar que se acumule presión que haga estallar las tuberías.**

    ¿Cuál es la mejor manera de escribir la parte subrayada del texto? Si el original representa la mejor manera, escoja la opción (1).

    (1) un bloque de hielo. Aunque puede
    (2) un bloque de hielo. Puede
    (3) un bloque de hielo, y puede
    (4) un bloque de hielo y
    (5) un bloque de hielo, aunque puede

SUGERENCIA

No exprese demasiadas ideas en una sola oración. Si una oración de la Prueba de Redacción de GED es larga y complicada, busque una opción que divida correctamente las ideas o que reduzca el exceso de palabras, manteniendo el sentido original.

17. Oración 5: **Las tuberías que pasan por áticos sin calefacción, espacios húmedos o paredes que dan a la parte de fuera de la casa tienen más probabilidades de congelarse.**

    ¿Qué corrección debe hacerse a la oración 5?

    (1) eliminar que
    (2) eliminar la coma después de calefacción
    (3) cambiar paredes que dan a la parte de fuera de la casa a paredes exteriores
    (4) sustituir tienen con tiene
    (5) no se requiere hacer ninguna corrección

18. Oraciones 6 y 7: **Una tubería generalmente se congela total o parcialmente cuando una pluma no recibe una corriente de agua suficiente. O podría ser un enser como una máquina lavaplatos o una lavadora.**

    ¿Qué grupo de palabras incluiría la mejor combinación de las oraciones 6 y 7?

    (1) suficiente, o podría ser
    (2) generalmente una pluma, pero a veces una máquina lavaplatos o una lavadora no recibe
    (3) ni una pluma, ni una máquina lavaplatos, ni una lavadora
    (4) Sin recibir una corriente de agua suficiente
    (5) una pluma, una máquina lavaplatos o una lavadora no recibe

19. Oraciones 8 y 9: **Cubra las tuberías con toallas para aislarlas. De lo contrario, puede usar cinta adhesiva de electricista.**

    ¿Cuál es la mejor manera de escribir la parte subrayada del texto? Si el original representa la mejor manera, escoja la opción (1).

    (1) aislarlas. De lo contrario, puede usar
    (2) aislarlas o use
    (3) aislarlas, use
    (4) aislarlas use
    (5) aislarlas o usted usa

Las preguntas 20 a 22 se refieren al párrafo siguiente.

Ahorre en los gastos de ATM

(1) A veces uno puede necesitar dinero en efectivo pero no se encuentra cerca de su banco, aquí le damos una manera de evitar que le cobren por usar su ATM. (2) Casi todas las grandes cadenas de supermercados permiten a los clientes comprar y sacar dinero en efectivo con su tarjeta ATM. (3) La cantidad promedio que podrá obtener son 50 dólares, aunque algunas tiendas le darán un máximo de 100 dólares en efectivo por encima del costo de la compra. (4) Con suficiente dinero en la cuenta para pagar la compra y el dinero adicional en efectivo, no tendrá que pagar las tarifas adicionales que cobran la mayoría de los bancos. (5) Sin esos gastos adicionales de entre uno y cinco dólares, es más económico hacer las transacciones en el supermercado que en la ATM.

20. Oración 1: **A veces uno puede necesitar dinero en efectivo pero no se encuentra cerca de su banco, aquí le damos una manera de evitar que le cobren por usar su ATM.**

    ¿Qué corrección debe hacerse a la oración 1?

    (1) cambiar necesitar a necesitando
    (2) añadir una coma después de efectivo
    (3) eliminar la coma después de banco
    (4) añadir así que después de la coma
    (5) no se requiere ninguna corrección

21. Oración 3: **La cantidad promedio que podrá obtener son 50 dólares, aunque algunas tiendas le darán un máximo de 100 dólares en efectivo por encima del costo de la compra.**

    ¿Con qué grupo de palabras empezaría la mejor corrección a la oración 3?

    (1) Dando un máximo de 100 dólares por encima del costo de la compra
    (2) Un máximo de 100 dólares por encima, mientras que 50 dólares
    (3) Al hacer una compra, 50 dólares
    (4) Puede obtener 50 dólares o un máximo de 100 dólares en efectivo
    (5) Cincuenta dólares es el promedio de dinero en efectivo que podrá obtener por encima del costo de la compra

22. Oración 4: **Con suficiente dinero en la cuenta para pagar la compra y el dinero adicional en efectivo, no tendrá que pagar las tarifas adicionales que cobran la mayoría de los bancos.**

    ¿Cuál es la mejor manera de escribir la parte subrayada del texto? Si el original representa la mejor manera, escoja la opción (1).

    (1) Con
    (2) Tiene
    (3) Así que tiene
    (4) Si usted tiene
    (5) Habiendo tenido

Repaso de los enlaces con la redacción

Escriba un párrafo acerca del siguiente tema. Al escribir, tenga en mente los siguientes temas de los Enlaces con la redacción.

☑ ¿Son completas mis oraciones? (Enlace con la redacción, páginas 50–53)

☑ ¿Incluyo detalles específicos? (Enlace con la redacción, páginas 70–71)

☑ ¿Incluyo modificadores para añadir detalles descriptivos a mis trabajos escritos? (Enlace con la redacción, páginas 84–85)

Si pudiera usted dar un consejo sobre la vida, ¿cuál sería? Dé detalles y ejemplos para apoyar sus ideas.

Las respuestas comienzan en la página 279.

Unidad 1: Estructura de las oraciones

Tabla de análisis del desempeño en el repaso acumulativo
Unidad 1 ● Estructura de las oraciones

Consulte la sección Respuestas y explicaciones que empieza en la página 279 verificar sus respuestas al Repaso acumulativo de la Unidad 1. Luego, use la siguiente tabla para identificar las destrezas en las que necesite más práctica.

En la tabla, encierre en un círculo los números correspondientes a las preguntas que haya contestado correctamente. Anote el número de aciertos para cada destreza y luego súmelos para calcular el número total de preguntas que contestó correctamente en el Repaso acumulativo. Si cree que necesita más práctica, repase las lecciones de las destrezas que se le dificultaron.

Preguntas	Número de aciertos	Destreza	Lecciones para repasar
2, 9, 12, 16	____/4	Fragmentos de oraciones	1
10, 13, 19	____/3	Oraciones compuestas	2
8, 11, 18, 22	____/4	Subordinación	3
3, 14, 15, 20	____/4	Oraciones seguidas	4
5, 6, 7, 21	____/4	Modificadores mal colocados	5
1, 4, 17	____/3	Estructura paralela	6
TOTAL DE ACIERTOS ____/22			

Organización

Como aprendió en la Unidad 1, las oraciones claras y correctas son fundamentales para escribir de forma efectiva. Esta unidad se enfoca en temas clave que lo ayudarán a organizar sus ideas. Organizar sus ideas en párrafos ayudará al lector a entender lo que usted quiere decir. Los párrafos son grupos de oraciones organizadas en torno a una idea principal. La idea principal de un párrafo se expresa en una oración temática y es apoyada por otras oraciones con ejemplos, hechos y detalles específicos. Puede usar palabras de transición para indicar la relación que existe entre las oraciones y los párrafos.

La organización es un área de contenido importante de la Prueba de Lenguaje y Redacción de GED. El quince por ciento de las preguntas de opción múltiple de la prueba evalúan temas de organización. Prestar atención a la organización del trabajo escrito entero lo ayudará a responder a las preguntas de la prueba.

Organizar sus ideas ayuda al lector a entender lo que usted quiere decir.

Las lecciones de esta unidad son:

Lección 7: **Párrafos efectivos**
Un párrafo es un grupo de oraciones acerca de una idea principal. La idea principal se expresa en la oración temática y es apoyada por varias oraciones que dan detalles, ejemplos, razones y hechos.

Lección 8: **Oraciones temáticas**
Una oración temática plantea la idea principal del párrafo. Una oración temática efectiva debe ser lo suficientemente amplia para unir las ideas del párrafo y ayudar al lector a ver la imagen completa; la idea principal.

Lección 9: **División en párrafos**
Los párrafos ayudan al lector a entender la organización de las ideas escritas. Cada nuevo párrafo le dice al lector que el escritor pasa a otra idea principal.

Lección 10: **Transiciones claras**
Las transiciones son palabras y frases que indican al lector la manera en que se relacionan las ideas. El uso efectivo de las transiciones permite que la escritura fluya de forma natural de una idea a otra, de una oración a otra y de un párrafo a otro.

Para aplicar en sus propias composiciones las destrezas que se enseñan en esta unidad, consulte la Lista del escritor en la página 314.

ENLACES CON LA REDACCIÓN

En esta unidad, practicará estos tipos de destrezas de redacción:

○ Escribir párrafos efectivos

○ Escribir una oración temática

○ Escribir más de un párrafo

○ Establecer transiciones entre las ideas

DESTREZA DE GED **Párrafos efectivos**

Estructura del párrafo

Un párrafo efectivo desarrolla una idea claramente presentando información específica en un orden lógico. Un **párrafo** es un grupo de oraciones acerca de una idea principal. Tiene una **oración temática,** que expresa la idea principal, además de varias oraciones que dan detalles de apoyo. Estos **detalles de apoyo** ayudan al lector a entender la idea principal del párrafo aportando ejemplos, hechos, razones y detalles específicos.

Lea este párrafo de una carta en respuesta a un anuncio de oferta de empleo. Preste atención a la forma en que las otras oraciones ayudan a explicar y apoyar la idea principal que se expresa en la oración temática.

> Yo sería un vendedor experto y efectivo en la ferretería Férrez. Estudié carpintería y un curso superior de reparaciones domésticas en la escuela para adultos de San Juan, donde aprendí el uso de herramientas eléctricas y manuales, mezcla de pinturas y plomería. También tengo experiencia en el uso de cajas electrónicas, que he utilizado en mi trabajo de verano en Almacenes Generales. Como podrá confirmarle mi jefe anterior, mi trato con el público es amable, cortés y atento. Por último, aprendo rápido y seré una valiosa incorporación a su personal.

Observe estos dos párrafos. Marque con una "X" la oración que tenga una estructura clara.

_____ a. Cada diez años se realiza un censo en los Estados Unidos. En un censo, el gobierno intenta contar todas las personas que hay en el país. Todos los hogares reciben un cuestionario del censo. A veces, el gobierno envía a las casas empleados que recogen la información. Es importante tener un recuento exacto de la población para que los 435 escaños de la Cámara de Representantes puedan distribuirse de forma justa.

_____ b. Los gobiernos necesitan saber cuántas personas viven dentro de sus fronteras. Los estados también necesitan saber cuántas personas viven dentro de sus fronteras. En las ciudades y pueblos se ponen letreros con la cantidad de habitantes. La población actual de los Estados Unidos es de casi 300 millones. La mundial, es de más de seis mil millones.

Usted acertó si escogió el _párrafo a_. En los dos párrafos se habla de la información sobre la cantidad de habitantes. Sin embargo, el primer párrafo es más efectivo porque todas las oraciones apoyan la idea principal. Las oraciones de apoyo dan detalles específicos, ejemplos y razones. Aunque todas las oraciones del _párrafo b_ se refieren a la cantidad de habitantes, no están relacionadas con una oración temática o una idea principal.

---

párrafo
un grupo de oraciones relacionadas que desarrollan una sola idea principal

oración temática
expresa la idea principal de un párrafo

detalles de apoyo
enunciados que explican la idea principal de un párrafo por medio de detalles específicos, ejemplos y razones

SUGERENCIA

Recuerde que debe indicar el principio de un párrafo con una sangría o espacio. Esto indica al lector que está pasando a una idea nueva.

A. Marque con una "X" las cinco oraciones que deban ir en un párrafo con la siguiente oración temática. Después, escriba la oración temática y las oraciones de apoyo en forma de párrafo.

Oración temática: Ahora se pueden comprar sellos por correo.

_____ 1. Las máquinas de franqueo son muy útiles para las compañías.

_____ 2. Comprar por correo le ahorrará tiempo.

_____ 3. Utilice un formulario de pedido para escoger los sellos que desee solicitar.

_____ 4. El precio de los sellos puede variar el año próximo.

_____ 5. En los pedidos por correo, se deben comprar los sellos en rollos de 100.

_____ 6. Un filatelista es un coleccionista de sellos.

_____ 7. Asegúrese de enviar un cheque o giro postal por la cantidad indicada.

_____ 8. No se cobran gastos adicionales de envío.

_____

_____

_____

_____

_____

B. Encierre en un círculo la oración temática de este párrafo. Subraye dos detalles de otras oraciones que apoyen la oración temática.

A pesar de la imagen aburrida que se tiene de la radio pública, tiene una gran variedad de programas de interés para muchos tipos de oyentes. Se pueden escuchar las noticias internacionales, nacionales y locales. Muchas celebridades se niegan a conceder entrevistas en la televisión o en la prensa escrita, pero sin embargo están dispuestos a hablar por la radio. Hay programas cómicos, programas de consultas sobre automóviles y programas sobre música popular. Si está dispuesto a escuchar durante una semana, seguramente encontrará un programa de su preferencia, cualquiera que sea su gusto.

C. Escriba acerca del siguiente tema.

El párrafo del ejercicio B describe un medio por el que la gente se informa de las noticias. Escriba un párrafo que describa su forma favorita de enterarse de las noticias y las informaciones. Utilice una oración temática y otras oraciones con detalles y ejemplos de apoyo.

Las respuestas comienzan en la página 281.

Unidad y coherencia

La unidad y la coherencia son el resultado de la buena escritura. Un párrafo tiene **unidad** cuando todas las oraciones apoyan la idea principal que se expresa en la oración temática. Cuando todas las oraciones se presentan en un orden racional y lógico, un párrafo tiene **coherencia.** Los detalles irrelevantes o las ideas desorganizadas hacen que el párrafo parezca descuidado y confuso.

Por ejemplo, lea este párrafo y fíjese en la falta de unidad y coherencia:

> Muchas personas desean tener su propia casa, pero ser propietario puede ser caro y agotador. Las reparaciones pueden ser costosas y hay que pagar un pronto. Las empresas de reparaciones pueden ser irresponsables. La muchacha que cuida a nuestros hijos también puede ser irresponsable. En fin, ser el dueño de una casa puede ser preocupante y costoso. Los impuestos de propiedad son otro gasto encubierto.

Como contraste, lea este párrafo corregido. Preste atención a los cambios en color. Fíjese en la forma en que hacen que las ideas sean unificadas y coherentes:

> Muchas personas desean tener su propia casa, pero ser propietario puede ser caro y agotador. Primero, hay que pagar un pronto. Las reparaciones pueden ser costosas y las empresas de reparaciones pueden ser irresponsables. ~~La muchacha que cuida a nuestros hijos también puede ser irresponsable.~~ Los impuestos de propiedad son otro gasto encubierto. En fin, ser dueño de una casa puede ser preocupante y costoso.

Asegúrese de que todas las oraciones del párrafo se relacionen con la idea principal. Tache las oraciones que no estén relacionadas.

Marque con una "X" la oración que podría usarse en este párrafo. Luego, indique en la línea que sigue el lugar del párrafo en donde usted pondría la oración.

Hemos estado teniendo problemas con los informes de ventas. Algunos miembros de los equipos de ventas los han entregado tarde o incompletos. Los informes de ventas deben estar en la carpeta de su equipo todos los jueves antes de las 4:00. Debe informar al líder de su equipo si se produce una demora inevitable en la entrega de sus informes.

_____ a. La lista de ascensos está en la oficina del equipo de ventas.

_____ b. Otros no han entregado ninguno de los informes de ventas.

_____ c. El programa de incentivo del equipo de ventas comienza el viernes.

Usted acertó si escogió la *opción b*. Es la única oración que está relacionada con los problemas en la entrega de informes de ventas, la idea principal. Las otras opciones mencionan a los equipos de ventas, pero no están relacionadas con la misma idea principal. El mejor lugar donde añadir este detalle al párrafo es usándola de tercera oración. La relación de ideas más lógica es que algunos miembros del equipo han estado entregando los informes tarde o incompletos y que además, otros no han entregado ninguno.

A. La primera oración de estos párrafos es la oración temática. En cada párrafo se tachó una oración que no corresponde al mismo. Tache en cada párrafo otras dos oraciones que no contribuyan a su unidad o coherencia.

1. Una buena manera para que los empleados se comuniquen con los gerentes es a través de un buzón de sugerencias. El objetivo es que los empleados den sugerencias relativas a su trabajo y a la empresa. ~~A veces, los gerentes también hacen sugerencias.~~ Pocas personas se sienten cómodas al expresar sus opiniones. Por lo tanto, las sugerencias son anónimas; es decir, los participantes no dicen su nombre. Es casi divertido, como una votación secreta. De esa manera, los empleados pueden participar sinceramente, sabiendo que sus sugerencias son confidenciales. Generalmente, las encuestas son creadas por especialistas. Los gerentes pueden aprender mucho acerca de su personal respondiendo a las sugerencias de los empleados.

2. Hay nuevas esperanzas para todos aquellos que odien el dolor de las inyecciones. ~~Las vacunas orales, por supuesto, nunca han producido dolor.~~ Pronto, las nuevas técnicas de láser podrían permitir que los médicos y enfermeras vacunen a los pacientes sin perforar siquiera la piel con una aguja. Muchas personas no pueden soportar ver las agujas. Una rápida pulsación del láser abre los poros de forma temporal creando ondas de tensión en la piel. Las pequeñas moléculas del medicamento penetran en el cuerpo a través de los poros abiertos. El medicamento es absorbido entonces por el torrente sanguíneo. La piel no se perfora y no sangra. Cuando se sangra, debe formarse una cáscara en la piel. Los poros se cierran muy pronto de forma natural y se impide la entrada a las bacterias no deseadas.

3. Su compañía local de calefacción ofrece estos consejos para ahorrar energía y dinero el próximo invierno. ~~Una ola de frío puede hacer que se dispare el precio de la calefacción.~~ Para evitar la pérdida de calor a través de las ventanas, abra las cortinas en los días soleados para dejar que entre el calor del sol. Ciérrelas por la noche o en los días nublados. Cubrir con cinta aisladora las ventanas rajadas o cambiar las ventanas rotas también conserva el calor dentro de la casa. Las ventanas pueden rajarse si las cuerdas del marco se sueltan bruscamente. Para que haya una buena circulación del aire, coloque sus muebles de manera que no estén delante de los radiadores, las rejillas de ventilación o los zócalos. Éstos también se pueden pintar. Si tiene una caldera, compruebe el nivel del agua cada dos semanas aproximadamente durante la temporada en que se use la calefacción. Si el nivel del agua baja demasiado, se apagará todo el sistema.

B. Escriba acerca del siguiente tema.

Escriba un párrafo que describa lo que usted hace para ahorrar energía en su casa o en el trabajo. Asegúrese de que todas las oraciones apoyen a la oración temática y se presenten en un orden lógico.

Las respuestas comienzan en la página 281.

Instrucciones: Elija la respuesta que mejor responda a cada pregunta.

Las preguntas 1 a 3 se refieren a la siguiente carta.

Apreciado miembro de Salud Hoy:

(A)

(1) Algunas compañías están cambiando de nuestro plan médico, Salud Hoy, al Plan Andrade. (2) Muchas compañías también están haciendo cambios en otros beneficios para los empleados, como las pensiones y los días de vacaciones. (3) Como Salud Hoy acepta el seguro de Plan Andrade, deseamos informarle que usted puede seguir recibiendo la atención médica de sus doctores actuales de Salud Hoy.

(B)

(4) El 1 de enero, usted tendrá además dos opciones para adquirir medicamentos con receta. (5) La opción 1 le permite utilizar nuestra red de cadenas de farmacias. (6) La opción 2 le permite seguir utilizando la farmacia de Salud Hoy que se encuentra en todas nuestras clínicas de atención médica. (7) Los miembros de la red de farmacias son Farmacia Bravo, Medicamentos de Descuento, FTR y Farmacias Vida. (8) También estamos en negociaciones para añadir algunas farmacias independientes a nuestra red. (9) Gracias por confiar su atención médica a los doctores y otros profesionales de la salud de Salud Hoy.

(C)

(10) No dude en llamarnos si tiene cualquier pregunta.

Gracias,
Salud Hoy

1. ¿Qué cambio se debe hacer en el párrafo A?

   (1) eliminar la oración 2
   (2) trasladar la oración 2 al principio del párrafo
   (3) trasladar la oración 2 al final del párrafo
   (4) trasladar la oración 3 al principio del párrafo
   (5) no es necesario hacer ningún cambio

2. ¿Qué cambio se debe hacer en la oración 6?

   (1) eliminar la oración 6
   (2) trasladar la oración 6 a continuación de la oración 3
   (3) trasladar la oración 6 a continuación de la oración 8
   (4) trasladar la oración 6 al principio del párrafo C
   (5) no es necesario hacer ningún cambio

3. ¿Qué cambio se debe hacer en la oración 9?

   (1) trasladar la oración 9 al principio del párrafo A
   (2) trasladar la oración 9 al final del párrafo A
   (3) eliminar la oración 9
   (4) trasladar la oración 9 al principio del párrafo C
   (5) no es necesario hacer ningún cambio

SUGERENCIA

Lea el pasaje entero antes de responder a las preguntas. Mientras lee, considere si todas las oraciones apoyan la idea principal. También considere si las oraciones siguen un orden lógico.

Las preguntas 4 a 7 se refieren al siguiente pasaje.

La grulla blanca

(A)

(1) La grulla blanca, con su ruidoso canto y su danza característica, siempre ha fascinado a los que la observan. (2) La tos ferina, nombre común de la enfermedad llamada pertussis, recibió su nombre en inglés del sonido que produce la grulla blanca. (3) Esta elegante ave blanca de cinco pies de altura es el más grande de los pájaros originarios de América del Norte. (4) En vuelo, las grullas blancas miden más de siete pies de la punta de un ala a la otra. (5) La gente viaja muchas millas para ver estas hermosas criaturas.

(B)

(6) Sin embargo, en 1941, la grulla blanca estaba casi extinguida. (7) Entonces, con ayuda federal, se inició un programa para rescatar la especie. (8) Actualmente sobreviven casi 400 de estas aves. (9) Gracias a varios científicos inventores, se incubaron huevos en incubadoras que parecían grullas hembra. (10) Para adiestrar a los polluelos en el "comportamiento propio de las grullas blancas", los biólogos se vistieron de grullas blancas, anduvieron como grullas por los pantanos con los polluelos y buscaron comida escarbando con el pico y las patas.

(C)

(11) Si los esfuerzos por salvar a las grullas continúan dando resultado, estas fascinantes aves podrían ser eliminadas muy pronto de la lista de especies en peligro de extinción. (12) La mayoría de los animales silvestres no reciben una atención tan especial. (13) La supervivencia de las grullas será una historia de triunfo de la naturaleza.

SUGERENCIA

Cuando no sepa a ciencia cierta si una oración debe ir en un párrafo, lea el párrafo sin ella. Luego, decida si el párrafo parece completo o si la oración que falta ayuda a ampliar la idea principal.

4. ¿Qué cambio se debe hacer en el párrafo A?

(1) eliminar la oración 1
(2) trasladar la oración 1 al final del párrafo A
(3) eliminar la oración 2
(4) eliminar la oración 5
(5) no es necesario hacer ningún cambio

5. ¿Qué cambio se debe hacer en el párrafo B?

(1) trasladar la oración 6 al final del párrafo A
(2) eliminar la oración 7
(3) eliminar la oración 8
(4) trasladar la oración 8 al final del párrafo
(5) trasladar la oración 10 al principio del párrafo C

6. ¿Qué cambio se debe hacer en la oración 12?

(1) trasladar la oración 12 al principio del párrafo C
(2) eliminar la oración 12
(3) trasladar la oración 12 al final del párrafo C
(4) sustituir la oración 12 con Sin embargo, otros animales salvajes seguirán estando en la lista.
(5) no es necesario hacer ningún cambio

7. ¿Qué cambio se debe hacer en la oración 13?

(1) trasladar la oración 13 al final del párrafo A
(2) trasladar la oración 13 al final del párrafo B
(3) trasladar la oración 13 al principio del párrafo C
(4) eliminar la oración 13
(5) no es necesario hacer ningún cambio

Las respuestas comienzan en la página 281.

Instrucciones: Ésta es una prueba de práctica que dura diez minutos. Después de que transcurran los diez minutos, ponga una marca en la última pregunta que haya respondido. A continuación, termine la prueba y revise sus respuestas. Si la mayoría de sus respuestas fueron correctas, pero no terminó la prueba, trate de responder las preguntas más rápidamente la próxima vez. Elija la respuesta que mejor responda a cada pregunta.

Las preguntas 1 a 4 se refieren a los siguientes párrafos.

Planificar las vacaciones en un parque nacional

(A)

(1) Para pasar un tiempo en un parque nacional durante el verano, tendrá que planificar con anticipación. (2) Deberá hacerlo cinco meses antes del viaje por lo menos para las veintidós zonas de acampada más concurridas del Sistema de Parques Nacionales.

(B)

(3) Para facilitar los trámites, las fechas de reservación para las visitas y acampadas se programan de forma escalonada. (4) Por ejemplo, si desea ver el monumento histórico de Frederick Douglass en Washington, D.C., puede reservar una visita para una fecha determinada. (5) Puede hacerlo el día quince de cada mes. (6) La mayoría de las personas visitan Washington, D.C. como parte de un viaje o curso escolar. (7) Si desea acampar en California, los sitios de acampada inician las reservas el día quince de cada mes. (8) Los sitios de la mayoría de los otros parques nacionales reservar para acampadas después del día veinticinco de cada mes. (9) En realidad, en muchos parques nacionales poco concurridos hay sitios disponibles a diario y se atiende al público en orden de llegada.

1. Oración 2: **Deberá hacerlo cinco meses antes del viaje por lo menos para las veintidós zonas de acampada más concurridas del Sistema de Parques Nacionales.**

   ¿Qué palabras incluiría el mejor cambio a la oración 2?

   (1) hacerlo por lo menos cinco meses antes
   (2) hizo por lo menos cinco meses antes
   (3) a hacerlos por lo menos cinco meses antes
   (4) hará por lo menos cinco meses antes
   (5) había hecho por lo menos cinco meses antes

2. Oraciones 4 y 5: **Por ejemplo, si desea ver el monumento histórico de Frederick Douglass en Washington, D.C., puede reservar una visita para una fecha determinada. Puede hacerlo el día quince de cada mes.**

   ¿Qué palabras incluiría la forma más efectiva de combinar las oraciones 4 y 5?

   (1) Por ejemplo, reservar una visita para visitar
   (2) visita y puede
   (3) el día quince
   (4) Washington, D.C., el día quince
   (5) El día quince de cada mes es un ejemplo

3. Oración 6: **La mayoría de las personas visitan Washington, D.C. como parte de un viaje o curso escolar.**

   ¿Qué cambio se debe hacer en la oración 6?

   (1) eliminar la oración 6
   (2) trasladar la oración 6 a continuación de la oración 3
   (3) sustituir la oración 6 con Muchos turistas que visitan Washington, D.C. son estudiantes.
   (4) trasladar la oración 6 al final del párrafo
   (5) no es necesario hacer ningún cambio

4. Oración 8: **Los sitios de la mayoría de los otros parques nacionales reservar para acampadas después del día veinticinco de cada mes.**

   ¿Cuál es la mejor manera de escribir la parte subrayada del texto? Si la redacción oral es la mejor, escoja la opción (1).

   (1) nacionales reservar
   (2) nacionales, reservar
   (3) nacionales. Reservar
   (4) nacionales se pueden reservar
   (5) nacionales y reservar

Las preguntas 5 a 9 se refieren a los siguientes párrafos.

Consejos de seguridad para el invierno

(A)

(1) La nieve de invierno puede ser tan peligrosa para los niños que van en trineo como para los adultos que manejan carros. (2) Aquí le ofrecemos algunas ideas para que la diversión en trineo de sus hijos sea más segura.

(B)

(3) Lo más importante es escoger un trineo que se pueda guiar, para que sus hijos no se estrellen contra árboles, rocas, ni chocarse con otros niños en trineo. (4) Con el trineo del año pasado, asegúrese de que el mecanismo del timón no se haya oxidado o roto. (5) La zona donde se usen los trineos no debe ser demasiado empinada ni tener mucho hielo, debe haber una zona plana al final para reducir la velocidad. (6) En estado de congelación o no, sus hijos no deben ir en trineo cerca del agua ni sobre ella. (7) Enseñe a los niños a esperar su turno y subir a la parte de arriba de la colina rodeando la cuesta, y no subiendo por ésta.

(C)

(8) En cuanto a sus hijos, pídales que lleven cascos para evitar golpes a la cabeza. (9) Los guantes y las botas son esenciales para protegerlos del frío y de las raspaduras. (10) Puede conseguirlos en cualquier tienda. (11) Por último, no olvide abrigarse. (12) En la parte de arriba de una colina puede hacer mucho frío y viento, helándole los huesos a los padres.

5. Oración 3: **Lo más importante es escoger un trineo que se pueda guiar, para que sus hijos no se estrellen contra árboles, rocas, ni chocarse con otros niños en trineo.**

¿Cuál es la mejor manera de escribir la parte subrayada del texto? Si la redacción original es la mejor, escoja la opción (1).

(1) ni chocarse con otros niños en trineo
(2) chocar su trineo con otros niños en trineo
(3) deslizándose contra otros niños en trineo
(4) con otros niños en trineo
(5) otros niños en trineo

6. Oración 5: **La zona donde se usen los trineos no debe ser demasiado empinada ni tener mucho hielo, debe haber una zona plana al final para reducir la velocidad.**

¿Qué corrección se debe hacer en la oración 5?

(1) añadir una coma después de empinada
(2) eliminar la coma
(3) sustituir la coma con y
(4) eliminar debe haber
(5) no se requiere hacer ninguna corrección

7. Oración 6: **En estado de congelación o no, sus hijos no deben ir en trineo cerca del agua ni sobre ella.**

¿Qué palabras incluiría el mejor cambio a la oración 6?

(1) El estado
(2) Estando
(3) Aunque esté
(4) Aunque el agua esté en estado de congelación,
(5) no es necesario hacer ningún cambio

8. ¿Qué cambio mejoraría el párrafo C?

(1) eliminar la oración 9
(2) eliminar la oración 10
(3) trasladar la oración 11 al principio del párrafo
(4) eliminar la oración 12
(5) no es necesario hacer ningún cambio

9. Oración 12: **En la parte de arriba de una colina puede hacer mucho frío y viento, helándole los huesos a los padres.**

¿Qué corrección se debe hacer en esta oración?

(1) añadir ello después de puede
(2) sustituir puede con siendo
(3) eliminar la coma después de viento
(4) añadir puede hacer después de y
(5) no se requiere hacer ninguna corrección

Las respuestas comienzan en la página 282.

En la Lección 7, aprendió que un párrafo es un grupo de oraciones relacionadas con una idea principal. Una oración que no esté claramente relacionada con la idea principal del párrafo puede provocar confusión. Como lector y escritor, usted también valorará la necesidad de que los párrafos tengan suficientes detalles de apoyo para que la idea principal quede explicada claramente.

Por ejemplo, el escritor de este párrafo no desarrolló claramente su idea principal.

> El salario mínimo actual no es suficiente. Antes ganaba $10 la hora con mi trabajo de paisajismo, pero ahora estudio. Mi esposa recibe el salario mínimo. Trabaja en un restaurante y no gana suficiente dinero.

Todas las oraciones de este párrafo tienen que ver con ganar dinero. Sin embargo, no todas las oraciones apoyan la idea principal. No explican por qué el salario mínimo no es suficiente. Incluso hay una oración que no debe ir en el párrafo: lo que el escritor ganaba como paisajista.

Ahora, lea este párrafo mejorado.

> El salario mínimo actual no es suficiente, especialmente para mantener a una familia. Mi esposa gana el salario mínimo trabajando de mesera, mientras que yo estudio en una escuela técnica. Nos cuesta pagar el apartamento, la comida y el cuidado de los niños. Definitivamente no nos sobra nada ni para ir al cine ni para salir a comer en un restaurante. Si recibiéramos un dólar adicional por hora, sería más fácil pagar las cuentas y podríamos descansar y disfrutar de vez en cuando.

En este párrafo, el escritor expresa claramente su idea principal sobre el salario mínimo. Luego la apoya con razones y detalles específicos: no tienen suficiente dinero ni para pagar las cuentas ni para pagar cosas adicionales. También incluye solamente detalles que apoyen su idea principal.

Lea la siguiente oración temática y añada tres oraciones que apoyen la oración.

Existen muchas maneras de reducir los gastos cuando hay que vivir con poco dinero.

_____

_____

_____

Puede que haya incluido oraciones como: *Los cupones de descuento reducen los gastos de la compra. Es más barato ir de picnic que salir a comer. Si se turna con otros padres para cuidar los niños, puede ahorrar dinero.*

El enlace personal

1. **En una hoja de papel aparte, explique por qué el trabajo es importante para usted. Escriba una oración temática que exprese la idea principal.** Si trabaja, ¿trabaja usted sólo por dinero o existen otros aspectos del trabajo que le dan satisfacción? Si ahora mismo no trabaja, imagine que trabaja en un restaurante de comida rápida. ¿Se ajustaría a su estilo de vida este tipo de trabajo? ¿Satisfaría sus necesidades? Piense en razones específicas que apoyen sus ideas.

2. **En su diario, describa su trabajo ideal. ¿A qué se dedicaría? ¿Cuánto dinero ganaría? ¿Por qué le gustaría tener ese trabajo?**

El enlace GED

1. **Lea el siguiente tema. En una hoja de papel aparte, escriba todas las ideas que se le ocurran sobre el tema. No intente escribir oraciones completas. Simplemente permita que sus ideas fluyan en la página.**

> Para algunas personas, el dinero es el factor más importante para determinar si se sienten satisfechos con un trabajo. ¿Está usted de acuerdo? ¿Por qué? Utilice sus observaciones, su experiencia y sus conocimientos personales.

2. **Use sus ideas de El enlace GED para escribir un párrafo acerca del tema. Si lo desea, utilice también algunas ideas de El enlace personal. Asegúrese de expresar la idea principal con una oración temática y de apoyarla.**

Corregir

Lea sus párrafos de El enlace personal y El enlace GED, y corrija los errores que encuentre. Compruebe que todas las oraciones apoyen una idea principal.

Recordatorio de la carpeta

Ponga el párrafo corregido de El enlace GED en su carpeta.

Las respuestas comienzan en la página 282.

DESTREZA DE GED **Oraciones temáticas**

La oración temática expresa la idea principal de un párrafo. Es una guía del lector para comprender las ideas del párrafo. Por eso, muchos escritores empiezan sus párrafos con la oración temática, aunque pueda situarse en cualquier lugar del párrafo.

SUGERENCIA

Puede escribir la oración temática después de decidir los detalles de apoyo que incluirá en el párrafo.

Evite escribir oraciones temáticas que sean demasiado específicas o demasiado generales. Si es demasiado específica, su lector no verá el cuadro general o idea principal. Una oración temática que sea demasiado general no ayudará al lector a enfocarse en lo que usted diga sobre el tema. Todas las oraciones temáticas deben responder claramente a la pregunta: "¿Cuál es el punto principal de este párrafo?"

REGLA La oración temática enuncia la idea principal del párrafo, sin ser demasiado general ni demasiado específica.

Por ejemplo, lea este grupo de oraciones. Después, considere las posibles oraciones temáticas.

La mayor parte de la contaminación del aire la causan los medios de transporte. Siempre que conducimos nuestros carros, echamos al aire gases contaminantes. Los gases del tubo de escape de los motores diesel de los camiones comerciales son también muy fuertes. Además, el consumo de combustible para la calefacción de nuestros hogares, oficinas y fábricas contribuye a la contaminación. Los procesos industriales, como el refinado del petróleo, también lo hacen. Las fuentes naturales, como los volcanes, aportan algunos contaminantes, pero no tantos como piensa mucha gente.

Demasiado general: El aire está contaminado.
Demasiado específico: La mayor parte de la contaminación del aire proviene de los carros y los camiones.
Efectiva: La causa más frecuente de la contaminación del aire es la actividad humana.
La oración temática efectiva resume todos los detalles, que se refieren a las cosas que hace el ser humano que causa contaminación del aire.

Marque con una "X" la mejor oración temática para un párrafo sobre este tema.

Tema: Cómo entrenar a su cachorro para que obedezca

_____ a. Hay cuatro etapas principales en el entrenamiento de la obediencia.

_____ b. Recompense la buena conducta con muchas alabanzas.

_____ c. Usted puede entrenar a su perro.

Usted acertó si escogió la *opción a* como la mejor oración temática. Expresa la idea principal y da al lector información clara sobre lo que puede esperar. La *opción b* es demasiado específica. La *opción c* es demasiado general.

A. Escriba *Bien* si la oración temática subrayada en cada carta al editor es efectiva. Si no es efectiva, escriba una nueva oración temática.

1. Estimado Editor:

<u>A pesar de todas las advertencias, muchas personas no se ponen los cinturones de seguridad en el carro.</u> Las estadísticas demuestran que los pasajeros que llevan puestos los cinturones de seguridad tienen menos lesiones en los accidentes de automóvil. En nuestro estado lo exige la ley, pero con frecuencia se hace caso omiso a la ley. Tampoco se hace respetar de manera uniforme. Yo propongo que se eleven las primas de seguro a quienes no lleven puesto el cinturón de seguridad. Ya es hora de que seamos dinámicos en cuestiones de seguridad.

Alicia Martínez, M. D.

Oración temática: _____

2. Estimado Editor:

<u>El financiamiento de las carreteras es bueno para la economía.</u> El retraso de la construcción de la extensión de la carretera 41 está perjudicando mi empresa. En vez de hacer un viaje directo desde Sandy Point hasta Winslow, mis camiones tienen que ir por carreteras secundarias llenas de curvas, que añaden una hora más al viaje. Mi empresa no es la única afectada por estos largos retrasos. Por favor, ¡aprueben ya el financiamiento urgente!

Heriberto J. Márquez, Presidente, Tiendas ShopRight

Oración temática: _____

3. Estimado Editor:

<u>Queremos dar las gracias a la Sra. Estévez, presentadora en la función de recaudación de fondos para la banda de la escuela superior.</u> El trabajo del comité de recaudación de fondos tuvo un éxito enorme. Participaron todos los miembros de la banda y sus familias y todos disfrutaron de una gran velada de música y diversión. Gracias también a la facultad, que siempre estimula los talentos musicales de nuestros hijos. ¡Bravo!

Sr. y Sra. Gómez

Oración temática: _____

B. Lea este párrafo sobre el trabajo en casa. Después, escriba una oración temática.

Los padres que trabajan en casa no tienen que preocuparse por encontrar un centro de cuidado infantil de confianza para sus hijos. Por otra parte, su trabajo se ve interrumpido a menudo por sus hijos. Las personas que trabajan en casa tienen más flexibilidad que los trabajadores en el horario de nueve a cinco. Sin embargo, se quejan a menudo de que su trabajo invade su tiempo libre porque no hay diferencia entre el trabajo y el hogar. Finalmente, las personas que trabajan en casa tienen la libertad de vestirse como quieran, pero, con frecuencia, les hace falta la interacción social del trabajo con otros.

_____

_____

C. Escriba acerca del siguiente tema.

Escriba un párrafo en el que explique si prefiere trabajar en casa o en un lugar de trabajo. Revise cuidadosamente su oración temática y después corrija su párrafo en busca de errores.

Las respuestas comienzan en la página 282.

Práctica de GED • Lección 8

Instrucciones: Elija la respuesta que mejor responda a cada pregunta.

Las preguntas 1 a 3 se refieren a la siguiente carta.

Querido padre de familia:

(A)

(1) Vamos a asistir al Festival de Luces de Invierno y a "Misterios de la Antigua Mesopotamia". (2) El autobús saldrá de la Escuela Intermedia a las 8:30 a.m. y regresará a las 2:30 p.m.

(B)

(3) El precio incluye la entrada al museo, una merienda a media mañana y el transporte. (4) Por favor, hagan un cheque a nombre de *Fondo de la Escuela Easton*. (5) Por favor, no le de dinero adicional a su hijo, porque no habrá tiempo libre para ir a la tienda del museo.

(C)

(6) Se adjunta un permiso para la excursión. (7) Si su hijo necesita algún medicamento que haya que administrarle durante el día, asegúrese también de firmar el permiso adjunto de medicamentos. (8) El maestro de ciencias de su hijo recogerá el dinero y los permisos firmados.

1. ¿Qué oración sería más efectiva al principio del párrafo A?

   (1) El séptimo grado visitará el Museo de Ciencias el lunes, 5 de octubre.
   (2) Las excursiones del séptimo grado suelen ser educativas.
   (3) Este año, la Exposición de la Célula está temporalmente cerrada, por lo que el séptimo grado verá otras ofertas del Museo de Ciencias.
   (4) El séptimo grado siempre hace una excursión al año.
   (5) Los estudiantes de séptimo grado aprenden mucho en sus excursiones al Museo de Ciencias.

2. ¿Qué oración sería más efectiva al principio del párrafo B?

   (1) Se notificará a los padres del costo de la excursión.
   (2) El costo de la excursión incluye tres cosas.
   (3) El costo de la excursión es de 8 dólares en efectivo o con cheque.
   (4) El Departamento de Educación paga la mayor parte de la excursión, pero se pedirá a los padres que aporten una parte del costo.
   (5) El costo por estudiante será menos de $10.

3. Oración 6: **Se adjunta un permiso para la excursión.**

   ¿Qué cambio se debe hacer en la oración 6?

   (1) sustituir la oración 6 con Se adjuntan un permiso y otro de medicamentos, también.
   (2) sustituir la oración 6 con Por favor vea los permisos adjuntos y firme los que correspondan.
   (3) sustituir la oración 6 con Firme los permisos adjuntos.
   (4) sustituir la oración 6 con Debe firmar cualquier permiso adjunto.
   (5) no es necesario hacer ningún cambio

SUGERENCIA

En la Prueba de GED, cualquier pregunta que le pida que escoja la oración más apropiada para añadirla al principio de un párrafo, se refiere a la oración temática.

Las preguntas 4 a 6 se refieren al siguiente artículo.

Formularios de cambio de dirección

(A)

(1) Todas las oficinas del correo tienen formularios de cambio de dirección para su correspondencia. (2) Usted puede llenar este formulario en el correo o llevárselo a casa, llenarlo y echarlo en cualquier buzón. (3) Los empleados del correo recomiendan que entregue el formulario al menos un mes antes de mudarse para que no se le atrase la correspondencia.

(B)

(4) La correspondencia personal reenviada puede ser de primera clase, con prioridad y urgente. (5) El correo también reenviará gratuitamente los periódicos y las revistas durante 60 días. (6) Es su responsabilidad notificar a esas publicaciones que se ha mudado.

(C)

(7) La mayoría de las empresas pueden tramitar su cambio de dirección en tres meses, así que comuníqueselo pronto. (8) La oficina de correos no le entregará circulares, catálogos o anuncios a menos que usted lo solicite específicamente.

4. ¿Qué oración sería más efectiva al principio del párrafo A?

(1) El cambio de domicilio es una experiencia muy estresante.
(2) Para seguir recibiendo la correspondencia cuando cambie de domicilio, notifique al correo su nueva dirección.
(3) Llenar un formulario de cambio de dirección requiere muy poco tiempo.
(4) El correo reenviará su correspondencia a su nueva dirección.
(5) Hay un formulario denominado Cambio de dirección.

5. ¿Qué cambio se debe hacer en el párrafo B?

(1) añadir al principio del párrafo El correo reenviará su correspondencia personal y la mayoría de los paquetes durante un año.
(2) eliminar la oración 4
(3) trasladar la oración 4 al final del párrafo.
(4) sustituir la oración 4 con No se reenviará todo el correo.
(5) no es necesario hacer ningún cambio

6. ¿Qué oración sería más efectiva al principio del párrafo C?

(1) También está el correo comercial.
(2) Muchas empresas le envían correspondencia, también.
(3) Algunas empresas envían lo que la gente considera "propaganda".
(4) Muchas personas olvidan decir a las empresas que se mudan.
(5) No olvide notificar a las empresas con las que trata que se mudó.

SUGERENCIA

Una vez que escoja una oración temática para un párrafo en la Prueba de GED, lea todo el párrafo con la oración temática al principio. Esto le ayudará a "escuchar" si la oración temática que escogió es efectiva.

Las respuestas comienzan en la página 282.

Prueba corta de GED • Lección 8

Instrucciones: Ésta es una prueba de práctica que dura diez minutos. Después de que transcurran los diez minutos, ponga una marca en la última pregunta que haya respondido. A continuación, termine la prueba y revise sus respuestas. Si la mayoría de sus respuestas fueron correctas, pero no terminó la prueba, trate de responder las preguntas más rápidamente la próxima vez. Elija la respuesta que mejor responda a cada pregunta.

Las preguntas 1 a 5 se refieren al siguiente párrafo.

El color de uñas

(1) Las uñas blancas pueden indicar una enfermedad del hígado. (2) Mientras que si tienen la mitad blanca y la mitad rosa puede indicar una enfermedad del riñón. (3) Un problema del corazón puede ponerse de manifiesto en el enrojecimiento de la matriz de la uña. (4) Las uñas que son gruesas, amarillas y tienen bultos pueden estar diciéndole que tiene problemas con los pulmones. (5) Una matriz pálida de las uñas manifiesta anemia. (6) Las uñas que son amarillas con una coloración ligeramente rosa en la base pueden indicar diabetes. (7) En cuanto al pintauñas, puede secar las uñas, especialmente el uso frecuente de acetona. (8) No se preocupe por las manchas blancas parecen estar causadas por lesiones externas y no por enfermedades internas.

1. ¿Qué oración sería más efectiva al principio del párrafo?

   (1) A veces, las uñas cambian de color.
   (2) Algunas uñas son blancas o rosas; otras son rojizas o amarillas.
   (3) Los cambios del color natural de las uñas pueden avisarle que tiene una enfermedad.
   (4) Examine sus uñas todos los días para ver si tiene alguna enfermedad.
   (5) Algunos cambios del color de las uñas son graves, mientras que otros no.

2. ¿Qué cambio haría más efectivo el texto?

   (1) eliminar la oración 3
   (2) trasladar la oración 5 al final del párrafo
   (3) trasladar la oración 6 al final del párrafo
   (4) eliminar la oración 7
   (5) trasladar la oración 7 al final del párrafo

3. Oraciones 1 y 2: **Las uñas blancas pueden indicar una enfermedad del hígado. Mientras que si tienen la mitad blanca y la mitad rosa puede indicar una enfermedad del riñón.**

   ¿Cuál es la mejor manera de escribir la parte subrayada del texto? Si la redacción original es la mejor, escoja la opción (1).

   (1) hígado. Mientras
   (2) hígado, mientras
   (3) hígado, y
   (4) hígado,
   (5) hígado, que significa que

4. Oración 4: **Las uñas que son gruesas, amarillas y tienen bultos pueden estar diciéndole que tiene problemas con los pulmones.**

   ¿Qué corrección se debe hacer en la oración 4?

   (1) eliminar que
   (2) eliminar la coma después de gruesas
   (3) añadir ellas después de y
   (4) cambiar tienen bultos por abultadas
   (5) sustituir diciéndole que por diciéndole,

5. Oración 8: **No se preocupe por las manchas blancas parecen estar causadas por lesiones externas y no por enfermedades internas.**

   ¿Cuál es la mejor manera de escribir la parte subrayada del texto? Si la redacción original es la mejor, escoja la opción (1).

   (1) manchas blancas parecen
   (2) manchas blancas, parecen
   (3) manchas blancas porque parecen
   (4) manchas blancas, y parecen
   (5) manchas blancas en realidad parecen

Las preguntas 6 a 9 se refieren a los siguientes párrafos.

La aduana

(A)

(1) Todos los días, miles de viajeros internacionales entran en Estados Unidos y pasan por la aduana. (2) Cuando estos viajeros llegan a la aduana su equipaje puede ser abierto e inspeccionado por los agentes de aduanas en busca de mercancías prohibidas. (3) Esto incluye el equipaje de mano. (4) El equipaje de mano varía desde las carteras o las mochilas hasta maletines y pequeñas maletas.

(B)

(4) Además de drogas y armas, ¿qué buscan los agentes de aduanas? (5) Los agentes de aduanas del Departamento de Agricultura de Estados Unidos (USDA) son los responsables de garantizar que no entren en el país plantas, alimentos o productos que estén elaborados con animales contaminados. (6) Los funcionarios del USDA interceptan alrededor de dos millones de productos ilegales al año. (7) Las frutas, vegetales, plantas y productos de carne son peligrosos para la agricultura de Estados Unidos contienen plagas indeseadas, como moscas de la fruta o parásitos.

6. Oración 2: **Cuando estos viajeros llegan a la aduana su equipaje puede ser abierto e inspeccionado por los agentes de aduanas en busca de mercancías prohibidas.**

¿Qué corrección se debe hacer en la oración 2?

(1) sustituir Cuando estos por Estos
(2) añadir una coma después de aduana
(3) añadir una coma después de abierto
(4) añadir ellos son después de agentes
(5) no se requiere hacer ninguna corrección

7. ¿Qué cambio se debe hacer en el párrafo A?

(1) sustituir la oración 1 con Estados Unidos tiene agentes de aduanas.
(2) eliminar la oración 1
(3) eliminar la oración 4
(4) sustituir la oración 4 con Muchos viajeros llevan equipaje de mano que es demasiado grande.
(5) no es necesario hacer ningún cambio

8. Oración 5: **Los agentes de aduanas del Departamento de Agricultura de Estados Unidos (USDA) son los responsables de garantizar que no entren en el país plantas, alimentos o productos que estén elaborados con animales contaminados.**

¿Cuál es la mejor manera de escribir la parte subrayada del texto? Si la redacción original es la mejor, escoja la opción (1).

(1) plantas, alimentos o productos que estén elaborados con animales
(2) plantas y alimentos y productos que estén elaborados con animales
(3) productos de plantas, productos alimenticios o productos elaborados con animales
(4) productos que hayan sido producidos de plantas o alimentos o animales
(5) productos de plantas, alimentos o animales que estén

9. Oración 7: **Las frutas, vegetales, plantas y productos de carne son peligrosos para la agricultura de Estados Unidos contienen plagas indeseadas, como moscas de la fruta o parásitos.**

¿Cuál es la mejor manera de escribir la parte subrayada del texto? Si la redacción original es la mejor, escoja la opción (1).

(1) agricultura de Estados Unidos contienen
(2) agricultura de Estados Unidos, contienen
(3) agricultura de Estados Unidos si contienen
(4) agricultura de Estados Unidos. Contienen
(5) agricultura de Estados Unidos además contienen

Las respuestas comienzan en la página 283.

En la Lección 8 aprendió la diferencia entre una oración temática efectiva y otra poco efectiva. Ahora que ha tenido alguna práctica al identificar las oraciones temáticas eficaces, tendrá la oportunidad de escribir algunas por su cuenta.

Para escribir una oración temática efectiva, observe todos los detalles de apoyo del párrafo. Después, resuma esos detalles en una oración clara y directa.

Por ejemplo, las siguientes oraciones proporcionan los detalles de apoyo de un párrafo escrito en el informe de un accidente de trabajo.

> Primero, no teníamos suficientes encargados de seguridad en la fábrica en ese momento. Segundo, teníamos prisa por completar la carga porque ya íbamos retrasados. No obstante, el factor más importante en el accidente fue el hecho de que no seguimos los procedimientos y no desconectamos la correa cuando se atascó. Como consecuencia de ello, dos empleados sufrieron daños en las manos.

Estas oraciones presentan varios factores o razones por las que ocurrió un accidente. Una oración temática que cuente al lector la idea principal del párrafo debe indicar que el accidente ocurrió por varias razones. Por lo tanto, una oración temática efectiva sería:

> Hubo varias razones que explican el accidente ocurrido hoy en el trabajo.

Escriba una oración temática que exprese la idea principal de este párrafo sobre los empleados.

> La buena asistencia es importante porque usted no tendrá valor para su compañía si no está en el trabajo. Además, es necesaria una actitud servicial y cooperativa. Las personas agradables hacen más fácil el trabajo. También, la voluntad de un empleado para asumir responsabilidades adicionales es importante para cualquier compañía. Todas estas características contribuyen a que un empleado sea valioso.

_____

_____

Usted podría haber escrito una oración como: *Si quiere ser un empleado valioso, debe tener ciertas características*. Cada oración del párrafo señala una característica o cualidad particular que hace valioso a un empleado. Estas oraciones pueden resumirse en una oración temática como la anterior.

SUGERENCIA

Asegúrese de que su oración temática no se limite a enunciar el tema de su párrafo. Debe incluir también el punto principal que señala sobre el tema.

El enlace personal

1. **Escoja a una persona a la que admire: un amigo, un pariente, un compañero de trabajo o incluso una celebridad. Escriba un párrafo explicando por qué admira a la persona.** Asegúrese de escribir una oración temática clara que resuma su idea principal. Después, diga las razones por las que admira a la persona. Indique detalles específicos sobre sus cualidades y dé ejemplos de cómo se comporta.

2. **En su diario, escriba sobre las cualidades que a usted más le gustan de sí mismo y sobre las que le gustaría cambiar.**

El enlace GED

1. **Lea el siguiente tema. En una hoja de papel aparte, escriba todas las ideas que pueda sobre el tema. No intente escribir oraciones completas. Deje que sus ideas fluyan en la página.**

> Algunas personas creen que el mundo ya no tiene héroes. ¿Está de acuerdo o cree que hay personas que merecen nuestra admiración? Use sus observaciones, su experiencia y sus conocimientos personales.

2. **Use sus ideas de El enlace GED para escribir un párrafo sobre el tema. Si lo desea, use algunas de sus ideas de El enlace personal también. Asegúrese de expresar su idea principal en una oración temática y de apoyarla.**

Corregir

Lea de nuevo los párrafos de El enlace Personal y de El enlace GED y corrija los errores que encuentre. Asegúrese de que cada párrafo contenga una oración temática efectiva.

Recordatorio de la carpeta

Ponga su párrafo corregido de El enlace GED en su carpeta.

Las respuestas comienzan en la página 283.

DESTREZA DE GED **División en párrafos**

Los párrafos son una manera de organizar las ideas. Cada párrafo desarrolla una idea principal. Además, es mucho más fácil leer un texto cuando está dividido en párrafos que cuando forma un solo bloque largo de texto.

REGLA 1 Empiece un nuevo párrafo cuando la idea principal de un grupo de oraciones cambie.

REGLA 2 Tanto la introducción como la conclusión se organizan en párrafos: la introducción es el primero y, la conclusión, el último.

Fíjese en dónde comienza cada párrafo de este artículo. La introducción se encuentra en un párrafo aparte, pero la conclusión, no.

Introducción ⟶

El correo electrónico se está convirtiendo rápidamente en el medio de comunicación más utilizado de todos. Sus usuarios incluso prevén que dentro de poco este medio sustituirá a las cartas y a los sellos. De hecho, muchas personas y empresas utilizan este sistema a diario.

El correo electrónico tiene muchas ventajas en comparación con el correo tradicional. La velocidad del correo electrónico ha hecho que la comunicación sea casi instantánea. Se puede enviar un mensaje a un lugar remoto en un brevísimo plazo de tiempo. El correo electrónico, además, no es muy caro. De hecho, muchas personas tienen correo electrónico gratuito. Mucha gente aprecia también el hecho de que los mensajes sean informales.

Aun así, hay muchas personas que no utilizan el correo electrónico. Algunas no tienen acceso a una computadora o nunca la han usado. Otras opinan que los mensajes son demasiado impersonales. Piensan que a un correo electrónico se le dedica menos cuidado y reflexión que a una carta. Sin embargo, tarde o temprano, todo el mundo recibirá correo electrónico. Es fácil imaginar que, dentro de unos años, las cartas tradicionales correrán la misma suerte que las maquinillas: se considerarán antigüedades extrañas y pasadas de moda que los abuelos apenas recordarán.

Conclusión ⟶

SUGERENCIA

La mayoría de los párrafos contienen una oración temática y tres o cuatro oraciones de apoyo. Los párrafos de introducción y de conclusión pueden ser más breves.

Marque con una "X" la oración del tercer párrafo con la que debería empezar el párrafo de conclusión.

_____ a. Sin embargo, tarde o temprano, todo el mundo recibirá correo electrónico.

_____ b. Es fácil imaginar que, dentro de unos años, las cartas tradicionales correrán la misma suerte que las maquinillas: se considerarán antigüedades extrañas y pasadas de moda que los abuelos apenas recordarán.

Usted acertó si escogió la *opción a*. El tercer párrafo trata sobre las personas que no utilizan el correo electrónico. La *opción a* introduce una nueva idea, la del futuro del correo electrónico, que constituye la conclusión de la composición.

A. Lea esta página tomada de un manual del empleado. Indique los puntos en los que debería comenzar un párrafo nuevo con este símbolo: ¶. Después, explique por qué se necesitaba un párrafo nuevo. Debe dividir este pasaje en cinco párrafos.

Párrafo de introducción

La idea principal pasa a lo que se debe hacer antes del primer día de trabajo

¶Bienvenido a la Compañía Barrios. Estamos orgullosos de la tradición manufacturera de nuestra empresa, y sabemos que usted, como nuevo empleado o empleada, ayudará a contribuir a la continuación de nuestra tradición. ¶Cuando se presente para su primer día de trabajo, se le pedirá que lea este Manual de la Compañía Barrios entero. Todos los empleados y empleadas deben leerlo y aceptar su contenido. Cuando termine, firme la tarjeta de la página 25 y entréguesela al Director de Recursos Humanos. En su primer día de trabajo, deberá llegar puntualmente a las 9:00 a. m. , independientemente del turno que se le haya asignado. Un representante de la empresa se reunirá con usted en el mostrador delantero y lo llevará a la oficina de Recursos Humanos, donde se le tomará una fotografía de identificación. Allí también llenará formularios personales, relativos a la nómina y a los beneficios. Además, verá una película de orientación sobre la Compañía Barrios y asistirá a una sesión de orientación. Pasará la primera tarde en la zona de fabricación con el líder de su equipo. Él o ella le mostrarán su casillero y el punto de distribución de uniformes. Después se reunirá con su equipo y con su compañero de equipo y mentor. Su mentor le mostrará las tareas que debe realizar en el trabajo y le indicará dónde recoger sus herramientas. Además, le explicará cómo cuidarlas y guardarlas. A las 4:45 p. m. , regrese a la oficina de Recursos Humanos para que le entreguen su tarjeta de identificación permanente y un calendario de turnos para las próximas dos semanas. Su primer día de trabajo terminará a las 5:00 p.m.

B. Escriba acerca del siguiente tema.

Escriba varios párrafos acerca de cómo pasa usted un fin de semana normal. Explique lo que hace por la mañana, por la tarde y por la noche. Comience un nuevo párrafo para cada momento del día. Después, corrija los párrafos para comprobar que no tengan errores.

Las respuestas comienzan en la página 284.

Instrucciones: Elija la respuesta que mejor responda a cada pregunta.

Las preguntas 1 y 2 se refieren a la siguiente carta.

Dr. Elías Bruno
Clínica Central
4201 Ashwood Avenue
Morris, OH 43201

Estimado Dr. Bruno:

(1) Estoy escribiendo esta carta con una sola mano porque me rompí la muñeca la semana pasada al caerme sobre el hielo en el estacionamiento del trabajo. (2) Quiero darles las gracias a los miembros del equipo de la Clínica Central por su extraordinaria atención, amabilidad y profesionalismo cuando trataron mi lesión. (3) Cuando entré a la clínica, casi me desmayaba de dolor y no podía quitarme el guante de la mano lesionada. (4) La primera persona que me atendió fue Margarita Fernández en la recepción, cuyo calor humano y preocupación me calmaron inmediatamente. (5) Luego, el doctor Ramírez consiguió quitarme con cuidado el guante de la mano hinchada. (6) Después, pasé a la zona de emergencias. (7) Todas las personas que me atendieron fueron muy amables. (8) Carlos Calvo me administró la novocaína sin dolor y de forma muy eficiente. (9) El técnico, Guillermo Roca, fue también muy simpático y se preocupó mucho por mí. (10) La Dra. Martínez me operó con total profesionalidad y se puso en contacto conmigo tres veces antes de mi visita de atención postoperatoria. (11) Estoy muy agradecida por el tratamiento que recibí de manos de su equipo. (12) Espero que comparta esta carta con todas las personas que menciono y les haga llegar mi más profundo agradecimiento.

Atentamente,
Lupe Ortiz

1. ¿Qué cambio haría más efectivo el texto de esta carta?

   Comenzar un párrafo nuevo

   (1) con la oración 2
   (2) con la oración 3
   (3) con la oración 4
   (4) con la oración 5
   (5) con la oración 6

2. ¿Qué cambio haría más efectivo el texto de esta carta?

   Comenzar un párrafo nuevo

   (1) con la oración 8
   (2) con la oración 9
   (3) con la oración 10
   (4) con la oración 11
   (5) con la oración 12

SUGERENCIA

Tenga cuidado de no crear demasiados párrafos cortos de una sola oración. Es aceptable utilizar un párrafo corto si se utiliza para destacar una transición entre puntos importantes.

Las preguntas 3 a 5 se refieren al siguiente memorándum escolar.

Evaluación de la escritura de un estudiante

(A)

(1) Utilizamos tres niveles de dominio para evaluar la escritura de un estudiante. (2) El nivel más bajo es el de principiante, el nivel intermedio es el de competente y el nivel más alto se denomina superior. (3) El trabajo de un principiante puede mostrar momentos de calidad, pero necesita mejorar en varios aspectos importantes. (4) Por ejemplo, la descripción de un principiante puede ser superficial o demostrar una comprensión incompleta del tema. (5) Su escritura también puede contener graves errores ortográficos, gramaticales, de puntuación y de mayúsculas, o bien puede tener una organización incorrecta. (6) En general, el producto final puede resultar descuidado. (7) En el siguiente nivel de dominio, la escritura del estudiante competente es aceptable, pero podría mejorarse en algunos aspectos importantes. (8) Por ejemplo, la comprensión del autor sobre el tema puede parecer incompleta o imprecisa en ocasiones. (9) Su escritura puede contener varios errores gramaticales, ortográficos, de puntuación y/o de mayúsculas. (10) Sin embargo, el producto final tiene, en general, buena presentación.

(B)

(11) Los escritores del nivel superior muestran una excelente comprensión del tema. (12) Abundan los detalles específicos y precisos. (13) Su escritura está bien organizada, el vocabulario está bien elegido y, en general, se evitan los errores gramaticales, ortográficos, de puntuación y de mayúsculas. (14) El producto final tiene una excelente presentación y es de calidad profesional. (15) Todos los estudiantes deben presentar cada semestre dos textos originales para la evaluación de su competencia. (16) Sugerimos a los estudiantes que anteriormente recibieron la calificación de principiantes que corrijan y entreguen de nuevo aquellos textos para que vuelvan a ser evaluados.

3. ¿Qué cambio haría más efectivo este texto?

Comenzar un párrafo nuevo

(1) con la oración 2
(2) con la oración 3
(3) con la oración 4
(4) con la oración 5
(5) con la oración 6

4. ¿Qué cambio se debe hacer en las oraciones 7 a 10?

Comenzar un párrafo nuevo

(1) con la oración 7
(2) con la oración 8
(3) con la oración 9
(4) con la oración 10
(5) no es necesario hacer ningún cambio

5. ¿Qué cambio haría más efectivo este texto?

Comenzar un párrafo nuevo

(1) con la oración 12
(2) con la oración 13
(3) con la oración 14
(4) con la oración 15
(5) con la oración 16

Las respuestas comienzan en la página 284.

Prueba corta de GED • Lección 9

Instrucciones: Ésta es una prueba de práctica que dura diez minutos. Después de que transcurran los diez minutos, ponga una marca en la última pregunta que haya respondido. A continuación, termine la prueba y revise sus respuestas. Si la mayoría de sus respuestas fueron correctas, pero no terminó la prueba, trate de responder las preguntas más rápidamente la próxima vez. Elija la respuesta que mejor responda a cada pregunta.

Las preguntas 1 a 4 se refieren al siguiente párrafo.

El árbol genealógico de la salud

(1) Algunos datos sobre los miembros de su familia para hacer un árbol genealógico de la salud. (2) Los miembros de la familia sobre los que debe averiguar datos son: sus padres, abuelos, hermanos, hijos, nietos y tíos. (3) Es una ventaja adicional conocer datos sobre parientes más lejanos, como bisabuelos, primos y sobrinos, los datos básicos que necesita conocer sobre cada familiar son su fecha de nacimiento y sus principales enfermedades. (4) Pídales también que le den información sobre sus alergias, incapacidades, problemas de peso o de presión sanguínea y hábitos de salud generales, tales como su dieta o si fuman. (5) Los parientes que sufran de sobrepeso deben seguir una dieta y los fumadores, por supuesto, deben dejar de fumar. (6) En el caso de los parientes que ya hayan fallecido, anote sus edades y causas del fallecimiento. (7) Entregue copias de su historial médico familiar a su doctor, a su pediatra y a otros miembros de la familia.

1. ¿Cuál de las siguientes oraciones sería la mejor para añadir al principio del párrafo?

   (1) Un árbol genealógico de la salud muestra historiales médicos.
   (2) Hacer el esquema del historial médico de su familia puede ayudar a salvar una vida, ya que la herencia desempeña un papel muy importante en muchas enfermedades.
   (3) Las enfermedades tales como alergias y diabetes deben figurar en un árbol genealógico de la salud.
   (4) Pida a sus familiares que lo ayuden a hacer un árbol genealógico de la salud.
   (5) Es bueno tener información sobre las enfermedades de su familia.

2. Oración 1: **Algunos datos sobre los miembros de su familia para hacer un árbol genealógico de la salud.**

   ¿Qué corrección se debe hacer en la oración 1?

   (1) sustituir Algunos con Necesitar algunos
   (2) sustituir Algunos con Necesitará algunos
   (3) añadir una coma después de su familia
   (4) añadir que usted después de para
   (5) no se requiere hacer ninguna corrección

3. Oración 3: **Es una ventaja adicional conocer datos sobre parientes más lejanos, como bisabuelos, primos y sobrinos, los datos básicos que necesita conocer sobre cada familiar son su fecha de nacimiento y sus principales enfermedades.**

   ¿Cuál es la mejor manera de escribir la parte subrayada del texto? Si el original representa la mejor manera, escoja la opción (1).

   (1) sobrinos, los datos
   (2) sobrinos los datos
   (3) sobrinos aunque los datos
   (4) sobrinos. Los datos
   (5) sobrinos porque los datos

4. ¿Qué corrección mejoraría el texto?

   (1) trasladar la oración 4 a continuación de la oración 2
   (2) eliminar la oración 5
   (3) trasladar la oración 5 al final del párrafo
   (4) eliminar la oración 6
   (5) eliminar la oración 7

Las preguntas 5 a 8 se refieren al siguiente anuncio.

De: La Oficina del Alcalde
Para: Los habitantes de Oakland

(A)

(1) Los habitantes del pueblo ya pueden adquirir los permisos en la alcaldía de reciclaje. (2) También pueden adquirirlos en el Centro de Reciclaje durante horas laborables. (3) Los permisos cuestan $10 y tienen validez de un año. (4) Si desea obtener un permiso debe presentarse en persona con un certificado válido de inscripción de su vehículo. (5) Estos permisos no se enviarán por correo, ni tampoco se emitirán sin la prueba de inscripción. (6) Al obtener su permiso, debe pegarlo en su vehículo en la ventanilla trasera del lado del conductor. (7) Los permisos no son válidos a menos que estén colocados de forma permanente y visible. (8) Por favor, quite los permisos de años anteriores.

(B)

(9) Ahora puede deshacerse de los residuos de jardinería en el Centro de Reciclaje puede continuar trayéndolos al vertedero de ramas de la calle E. (10) Esta zona estará abierta los lunes, miércoles y sábados, coincidiendo con la división de reciclaje.

5. Oración 1: **Los habitantes del pueblo ya pueden adquirir los permisos en la alcaldía de reciclaje.**

¿Qué corrección se debe hacer en la oración 1?

(1) cambiar ya pueden adquirir por ya adquiriendo
(2) añadir una coma después de adquirir
(3) añadir una coma después de alcaldía
(4) sustituir los permisos en la alcaldía de reciclaje con los permisos de reciclaje en la alcaldía
(5) no se requiere hacer ninguna corrección

6. Oración 4: **Si desea obtener un permiso debe presentarse en persona con un certificado válido de inscripción de su vehículo.**

¿Cuál es la mejor manera de escribir la parte subrayada del texto? Si la redacción original es la mejor, escoja la opción (1).

(1) permiso debe
(2) permiso. Debe
(3) permiso, debe
(4) permiso de modo que debe
(5) permiso, por lo tanto debe

7. ¿Qué cambio haría más efectivo el texto de este anuncio?

(1) comenzar un nuevo párrafo con la oración 5
(2) comenzar un nuevo párrafo con la oración 6
(3) eliminar la oración 6
(4) eliminar la oración 8
(5) trasladar la oración 8 al principio del párrafo B

8. Oración 9: **Ahora puede deshacerse de los residuos de jardinería en el Centro de Reciclaje puede continuar trayéndolos al vertedero de ramas de la calle E.**

¿Cuál es la mejor manera de escribir la parte subrayada del texto? Si la redacción original es la mejor, escoja la opción (1).

(1) Reciclaje puede
(2) Reciclaje, puede
(3) Reciclaje, y puede
(4) Reciclaje aunque puede
(5) Reciclaje o puede

Las respuestas comienzan en la página 284.

Cuando escriba cartas personales, puede comenzar a escribir sin haber planificado mucho la carta. A medida que se le ocurran nuevas ideas o temas, empiece párrafos nuevos. El nuevo párrafo le indica al lector que va a escribir sobre algo nuevo.

Sin embargo, cuando escribe una carta más formal (por ejemplo, una carta de negocios, una carta al editor o una composición de GED), debe planificar lo que va a decir antes de ponerse a escribir. En primer lugar, reúna ideas y, después, agrupe las ideas relacionadas en párrafos.

Lea la siguiente composición. Observe que cada párrafo habla de una razón distinta por la que algunas personas piensan que no se debería obligar a los niños a ir a la escuela para recibir una educación.

SUGERENCIA

Recuerde que debe comenzar un párrafo nuevo cuando presente una nueva idea.

El tema de la educación en el hogar es muy polémico. Los partidarios de esta práctica creen que la escuela no debería ser obligatoria en Estados Unidos, porque hay muchas maneras distintas de recibir una educación. Por ejemplo, un padre o una madre pueden ser excelentes maestros de algunas destrezas importantes para la vida, como la cocina o las reparaciones en el hogar, así como de algunas asignaturas como la lectura, la escritura y la aritmética.

Algunos defensores de la escuela en el hogar creen que las escuelas no siempre son lugares eficaces para aprender. Sostienen que los niños aprenden mejor en un entorno pequeño y cómodo. Además, citan las cifras de niños que han llevado armas a la escuela.

Para terminar, los defensores de esta práctica opinan que nuestro país se basa en las ideas de la libre elección y la libertad. Por tanto, creen que obligar a los niños a ir a la escuela viola los principios básicos de la libertad.

Lea esta carta al editor sobre el mismo tema. Añada una marca de párrafo (¶) donde deba comenzar el segundo párrafo.

Estimado Editor:

Acabo de enterarme de que algunas personas dicen que no se debería obligar a los niños a ir a la escuela. Estas personas opinan que sus hijos pueden aprender mejor en casa. No se dan cuenta de que esa manera de pensar podría llevar a que algunos niños se pasaran todo el día en casa, sin supervisión alguna. ¿Se imagina a niños de diez años sentados delante de la televisión sin nada que hacer? Otra consecuencia de que la educación no fuera obligatoria sería que la fuerza laboral del país no aprendería destrezas. No habría suficiente gente preparada para trabajar como banqueros, técnicos de computadoras, maestros o mecánicos. La economía se vería muy afectada si la escuela no fuera obligatoria.

Usted acertó si puso una marca de párrafo antes de las palabras *Otra consecuencia*. Esa oración da comienzo a una idea nueva: la relación entre la escuela y el trabajo.

El enlace personal

1. **Escriba una carta a un amigo o pariente que esté en la escuela. Explíquele por qué piensa que es importante que siga en la escuela.** Intente dar varias razones para que siga en la escuela. Utilice ejemplos de su propia vida y de las vidas de otras personas que conozca. Cada vez que pase a una razón nueva, comience un nuevo párrafo.

2. **En su diario, escriba acerca de su decisión de estudiar para tomar la Prueba de GED. ¿Cómo le ha afectado esta decisión?**

El enlace GED

1. **Lea el siguiente tema. En una hoja de papel aparte, escriba todas las ideas que pueda acerca del tema. No intente escribir oraciones completas. Simplemente deje que sus ideas fluyan en el papel.**

> ¿Debería ser obligatoria la escuela formal para todos los niños menores de 18 años en Estados Unidos? ¿Por qué? Utilice sus observaciones personales, su experiencia y sus conocimientos para apoyar su opinión.

2. **En la misma hoja de papel, escriba tres o cuatro párrafos sobre el tema anterior. Utilice sus ideas de El enlace GED. Agrupe las ideas relacionadas y escriba acerca de cada uno de los grupos en un párrafo con una oración temática. Si lo desea, también puede utilizar algunas de sus ideas de El enlace personal.**

Corregir

Vuelva a leer lo que escribió y haga los cambios que crea que pueden mejorar el texto. Preste atención especial a la división en párrafos del texto.

Recordatorio de la carpeta

Ponga sus párrafos de El enlace GED en su carpeta.

Las respuestas comienzan en la página 285.

Lección 10 DESTREZA DE GED **Transiciones claras**

En la Unidad 1 aprendió que ciertas palabras y frases (las conjunciones coordinantes, las conjunciones subordinantes y los adverbios conjuntivos) indican que las ideas están relacionadas de maneras específicas. Estas palabras y frases se conocen como **transiciones.**

Si se utilizan las transiciones de forma efectiva, la escritura fluirá con mayor naturalidad. (Para repasar las palabras y frases de transición y su puntuación correcta, consulte las Lecciones 2 y 3).

transición
una palabra o frase que indica la relación que existe entre una idea y la siguiente

REGLA 1 Utilice las transiciones y la puntuación para mostrar la relación entre las ideas de dos oraciones. Cuando una transición se sitúa al principio de una oración, se debe poner una coma después de ella. Dentro de una oración, es necesario poner una coma antes y después de la transición.

Sin transición:	Los bancos pequeños a menudo reducen las cuotas. La cuota media en los cajeros automáticos es de $1.25 dólares en el caso de los bancos grandes, pero de 86 centavos en los pequeños.
Con transición:	Los bancos pequeños a menudo reducen las cuotas. Por ejemplo, la cuota media en los cajeros automáticos es de $1.25 en el caso de los bancos grandes, pero de 86 centavos en los pequeños.
Con transición:	Los bancos pequeños a menudo reducen las cuotas. La cuota media en los cajeros automáticos, por ejemplo, es de $1.25 en el caso de los bancos grandes, pero de 86 centavos en los pequeños.

Otras palabras de transición comunes son *en otras palabras* (definición), *en primer lugar* (orden), *en realidad* (detalle de apoyo), *por otra parte* (contraste) y *como consecuencia* o *por ello* (causa y efecto).

REGLA 2 Utilice las transiciones y la puntuación cuando pase de un párrafo a otro para mostrar la relación entre las ideas.

Un estudio de las cuotas en los bancos grandes y pequeños muestra varios datos interesantes. En casi todas las categorías, desde la cantidad mínima en la cuenta corriente hasta las cuotas por cheques devueltos, los bancos pequeños ofrecen mejores condiciones a los consumidores.

No obstante, los consumidores continúan ingresando su dinero en bancos grandes por distintos motivos.

Ponga un signo de intercalación (^) en el lugar en donde usted colocaría la frase de transición *Sin embargo* en este párrafo corto.

La Torre del Diablo de Wyoming fue el primer monumento importante que recibió un nombre en Estados Unidos. El monte Rushmore de Dakota del Sur es mucho más famoso.

Usted acertó si escogió colocar *Sin embargo* entre la primera y la segunda oración: *La Torre del Diablo de Wyoming fue el primer monumento importante que recibió un nombre en Estados Unidos. Sin embargo, el monte Rushmore de Dakota del Sur es mucho más famoso.* La palabra de transición hace que la relación entre las ideas sea más clara.

A. Use las siguientes transiciones para llenar los espacios en blanco. Añada la puntuación necesaria a las oraciones.

por lo tanto   por este motivo   como consecuencia   sin embargo   ~~por supuesto~~

Es fácil deshidratarse cuando hace calor. Para enfriarse, nuestros cuerpos sudan y

(1) _____*por supuesto*_____, pierden agua. (2) _____ nos da sed. Para

saciar nuestra sed, muchos bebemos un refresco. (3) _____ beber refrescos sólo

aumenta nuestra sed, porque a menudo contienen sodio. (4) _____ los

especialistas en salud recomiendan beber agua en lugar de refrescos. (5) _____

se recomienda que los adultos beban dos cuartos de galón de agua al día.

B. Lea acerca de las actitudes de la gente ante al cambio. Los lugares en los que se podrían utilizar transiciones están subrayados. Añada las transiciones adecuadas y use los signos de puntuación correctos. Añada otras palabras si es necesario para que las relaciones sean más claras.

La mayoría de los estadounidenses creen que los cambios sociales están ocurriendo más rápido que nunca. *Además, opinan que estos* ~~Estos~~ cambios no son necesariamente cambios buenos. Creen que las cosas resultarán bien al final. La gente joven es la que más cómoda se siente en cuanto a los cambios. Las personas mayores de 60 años admiten que los cambios son difíciles.

En su vida personal, casi el 50 por ciento de las personas mayores están contentas con el estado actual de las cosas. No cambiarían su nombre, ni sus amigos, ni su cónyuge, ni su familia, ni su hogar, ni tampoco su aspecto. Tampoco quieren cambiar de clase social, aunque significara pertenecer a una clase superior. Muchas personas jóvenes cambiarían todos o algunos de estos factores. Más del 80 por ciento de las personas encuestadas creían que la felicidad personal depende del esfuerzo propio.

En lo relativo a los cambios difíciles, la muerte del cónyuge es el cambio más duro de soportar. El divorcio es el segundo más duro. Las personas mayores suelen recordar su graduación de la escuela superior como una experiencia agradable. Los graduados más recientes opinan lo contrario.

C. Escriba acerca del siguiente tema.

Escriba un párrafo en el que describa un cambio en su vida que fuera especialmente agradable o especialmente difícil. Corrija su trabajo para comprobar que ha utilizado palabras de transición eficaces y, luego, corrija otro tipo de errores.

Las respuestas comienzan en la página 285.

Práctica de GED • Lección 10

Instrucciones: Elija la respuesta que mejor responda a cada pregunta.

Las preguntas 1 a 4 se refieren al siguiente párrafo.

Cuidado infantil en el trabajo

(1) En algunos países europeos, el gobierno tiene centros para el cuidado infantil. (2) En Estados Unidos, la mayoría de los padres y madres que trabajan tienen que arreglárselas por su cuenta. (3) Muchos de ellos llegan tarde al trabajo o incluso faltan por problemas con el cuidado infantil, de modo que cada vez más empresarios están ofreciendo cuidado infantil a sus empleados. (4) Una fábrica de Indiana tiene un centro de cuidado infantil de tres turnos en la misma fábrica. (5) Los agradecidos padres y madres pueden llevar a sus hijos al trabajo con ellos. (6) Se han reducido considerablemente las tardanzas y las ausencias. (7) Este programa satisface tanto al empresario como a los empleados. (8) Los empleados no tienen que preocuparse por el cuidado infantil. (9) Tienden a ser mucho más productivos que los que sí tienen que preocuparse por ello.

1. Oración 2: **En Estados Unidos, la mayoría de los padres y madres que trabajan tienen que arreglárselas por su cuenta.**

   ¿Qué cambio se debe hacer en la oración 2?

   (1) añadir sin embargo, después de la coma
   (2) añadir sin embargo, después de madres
   (3) añadir sin embargo después de que
   (4) añadir , sin embargo después de trabajan
   (5) añadir sin embargo después de cuenta

Antes de añadir una transición, vuelva a leer la oración anterior para elegir la transición más adecuada.

2. Oración 4: **Una fábrica de Indiana tiene un centro de cuidado infantil de tres turnos en la misma fábrica.**

   ¿Qué cambio se debe hacer en la oración 4?

   (1) sustituir Una fábrica con Si una fábrica
   (2) sustituir Una fábrica con Por ejemplo, una fábrica
   (3) sustituir de Indiana con de, por ejemplo, Indiana
   (4) añadir por ejemplo después de infantil
   (5) no es necesario hacer ningún cambio

3. Oración 6: **Se han reducido considerablemente las tardanzas y las ausencias.**

   ¿Qué cambio se debe hacer en la oración 6?

   (1) sustituir Se han con Como consecuencia, se han
   (2) añadir , como consecuencia, después de Se han reducido
   (3) añadir , como consecuencia, después de y
   (4) añadir como consecuencia después de ausencias
   (5) no es necesario hacer ningún cambio

4. Oraciones 8 y 9: **Los empleados no tienen que preocuparse por el cuidado infantil. Tienden a ser mucho más productivos que los que sí tienen que preocuparse por ello.**

   ¿Qué palabras incluiría la forma más efectiva de combinar las oraciones 8 y 9?

   (1) por ejemplo
   (2) como resultado
   (3) aunque
   (4) del mismo modo
   (5) además

Las preguntas 5 a 8 se refieren a la siguiente información.

Muebles de madera barnizada

(A)

(1) La madera barnizada aguanta bien el uso y el desgaste normales. (2) Es así porque el barniz es un acabado resistente. (3) Protege durante décadas. (4) El principal problema de la madera barnizada es que se ven muy fácilmente los rayazos.

(B)

(5) Sacuda el polvo regularmente. (6) Lávela de vez en cuando con disolvente de pintura, que disuelve la suciedad. (7) Sin embargo, el disolvente de pintura puede quitarle el brillo al acabado, así que hay que estar preparado para devolverle el brillo con un buen pulido. (8) Una solución suave de un buen detergente y agua también limpiará los muebles barnizados, pero el agua se debe utilizar en muy pequeñas cantidades. (9) No es necesario abrillantar los muebles barnizados. (10) La cera abrillantadora puede irse acumulando y quitarle el brillo al acabado. (11) Incluso puede acumular suciedad.

(C)

(12) Siga estos consejos y sus muebles de madera barnizada se verán bien y durarán mucho, mucho tiempo.

5. Oración 4: **El principal problema de la madera barnizada es que se ven muy fácilmente los rayazos.**

¿Qué cambio se debe hacer en la oración 4?

(1) sustituir El con Por desgracia, el
(2) añadir por desgracia, después de barnizada
(3) añadir , por desgracia después de se ven
(4) añadir por desgracia después de fácilmente
(5) no es necesario hacer ningún cambio

SUGERENCIA

Seleccione transiciones que se ajusten al tono de la redacción, así como a su significado. Por ejemplo, en el caso de la redacción informal, *así que* puede quedar mejor que la transición más formal *por consiguiente*.

6. ¿Cuál de las siguientes oraciones sería más efectiva al principio del párrafo B?

(1) Además, los siguientes son consejos para el mantenimiento de la madera.
(2) Lo más importante es que usted siempre puede limpiar la madera.
(3) Afortunadamente, puede conseguir que la madera barnizada siempre se vea bien si sigue estos consejos.
(4) Sin embargo, sacudir el polvo a la madera es importante, pero no abrillantarla.
(5) Por el contrario, las alfombras se ven bien sobre los suelos limpios y barnizados.

7. Oraciones 5 y 6: **Sacuda el polvo regularmente. Lávela de vez en cuando con disolvente de pintura, que disuelve la suciedad.**

¿Qué palabras incluiría la forma más efectiva de combinar las oraciones 5 y 6?

(1) y por supuesto,
(2) y además,
(3) y como resultado,
(4) y por ejemplo,
(5) y por el contrario,

8. Oraciones 9 y 10: **No es necesario abrillantar los muebles barnizados. La cera abrillantadora puede irse acumulando y quitarle el brillo al acabado.**

¿Cuál es la mejor manera de escribir la parte subrayada de la oración? Si la redacción original es la mejor, escoja la opción (1).

(1) barnizados. La
(2) barnizados, la
(3) barnizados, de modo que la
(4) barnizados. De hecho, la
(5) barnizados, del mismo modo la

Las respuestas comienzan en la página 285.

Instrucciones: Ésta es una prueba de práctica que dura diez minutos. Después de que transcurran los diez minutos, ponga una marca en la última pregunta que haya respondido. A continuación, termine la prueba y revise sus respuestas. Si la mayoría de sus respuestas fueron correctas, pero no terminó la prueba, trate de responder las preguntas más rápidamente la próxima vez. Elija la respuesta que mejor responda a cada pregunta.

Las preguntas 1 a 4 se refieren al siguiente folleto.

El Concejo para Personas de la Tercera Edad de Almería

(1) Esto trata sobre el Concejo para Personas de la Tercera Edad de Almería. (2) Nuestra misión es proporcionar fondos de urgencia directamente a las personas que viven en Almería que tienen más de 64 años. (3) Estos pagos directos son para cubrir necesidades básicas tales como medicinas, transporte, comprar calefacción y comida. (4) El Seguro Social, una fuente de ingresos importante para muchas personas de la tercera edad, también contribuye a cubrir estas necesidades. (5) Además, nosotros financiamos actividades para mejorar la calidad de vida de las personas mayores de Almería. (6) Nuestro programa incluye grupos de ejercicio, así como actividades educativas y culturales. (7) Todas las actividades son gratuitas para las personas de la tercera edad. (8) El objetivo es ayudarlas a aliviar la soledad y el aislamiento.

1. Oración 1: **Esto trata sobre el Concejo para Personas de la Tercera Edad de Almería.**

   ¿Qué cambio se debe hacer en la oración 1?

   (1) sustituir la oración 1 con El Concejo para Personas de la Tercera Edad de Almería es una organización de Almería.
   (2) sustituir la oración 1 con El Concejo para Personas de la Tercera Edad de Almería ofrece programas benéficos.
   (3) sustituir la oración 1 con El Concejo para Personas de la Tercera Edad de Almería no es sólo un grupo de gente mayor, ¿sabes?; es un grupo que trabaja por ellos.
   (4) sustituir la oración 1 con El Concejo para Personas de la Tercera Edad de Almería es una organización benéfica sin fines de lucro dedicada a servir a los ancianos.
   (5) no es necesario hacer ningún cambio

2. Oración 3: **Estos pagos directos son para cubrir necesidades básicas tales como medicinas, transporte, comprar calefacción y comida.**

   ¿Cuál es la mejor manera de escribir la parte subrayada del texto? Si la redacción original es la mejor, escoja la opción (1).

   (1) medicinas, transporte, comprar calefacción y comida
   (2) medicinas, transporte, calefacción y comida
   (3) medicinas, transporte, comprar calefacción y comprar comida
   (4) necesidades médicas, ir en autobús o taxi, comprar calefacción y comida
   (5) necesidades médicas, necesidades de transporte, necesidades de calefacción y para comida

3. ¿Qué cambio se debe hacer al texto?

   (1) eliminar la oración 4
   (2) trasladar la oración 5 y a continuación de la oración 2
   (3) comenzar un nuevo párrafo después de la oración 6
   (4) eliminar la oración 6
   (5) sustituir la oración 7 con Sin costo alguno.

4. Oraciones 7 y 8: **Todas las actividades son gratuitas para las personas de la tercera edad. El objetivo es ayudarlas a aliviar la soledad y el aislamiento.**

   ¿Qué palabras incluiría la forma más efectiva de combinar las oraciones 7 y 8?

   (1) Las actividades gratuitas ayudan a aliviar
   (2) Al ser gratuitas, las personas de la tercera edad en las actividades ayudan
   (3) Gratuitas y con el objetivo de ayudar
   (4) personas de la tercera edad y para ayudar
   (5) personas de la tercera edad, con el objetivo de ayudarlas a aliviar

Las preguntas 5 a 9 se refieren al siguiente párrafo.

Verificación de crédito

(1) ¿Le negado una tarjeta de crédito o una hipoteca? (2) Aquí explicamos cómo comprobar su clasificación de crédito para poder averiguar la razón. (3) Usted tiene derecho a leer su informe de crédito y a corregir cualquier error, dice la Ley sobre Informes de Crédito Justos. (4) Para hacerlo, pida el nombre y la dirección de la agencia de crédito empleada por el banco o compañía de tarjetas de crédito que le negó el préstamo o crédito. (5) La agencia de crédito debe proporcionarle una copia de su informe. (6) Después de examinar el informe, la agencia de crédito debe corregir o eliminar la información incorrecta. (7) La información general sobre el crédito se conserva durante siete años, se puede informar de una bancarrota durante diez años. (8) Para más información, póngase en contacto con la Fundación Nacional para el Crédito de los Consumidores.

5. Oración 1: **¿Le negado una tarjeta de crédito o una hipoteca?**

¿Qué cambio se debe hacer en la oración 1?

(1) sustituir Le con Le han
(2) sustituir Le con Así que le
(3) añadir una coma después de negado
(4) añadir una coma después de crédito
(5) no es necesario hacer ningún cambio

6. Oración 3: **Usted tiene derecho a leer su informe de crédito y a corregir cualquier error, dice la Ley sobre Informes de Crédito Justos.**

¿Qué palabras incluiría el mejor cambio a la oración 3?

(1) Dice la Ley sobre Informes de Crédito Justos
(2) Con el derecho a leer
(3) Para leer su informe de crédito y corregir
(4) Según la Ley sobre Informes de Crédito Justos,
(5) Usted tiene, dice la Ley sobre Informes de Crédito Justos,

7. Oración 4: **Para hacerlo, pida el nombre y la dirección de la agencia de crédito empleada por el banco o compañía de tarjetas de crédito que le negó el préstamo o crédito.**

¿Cuál es la mejor manera de escribir la parte subrayada del texto? Si la redacción original es la mejor, escoja la opción (1).

(1) hacerlo, pida
(2) hacerlo. Pida
(3) hacerlo, pidiendo
(4) hacerlo, de hecho, pida
(5) hacerlo, por lo tanto pida

8. Oración 6: **Después de examinar el informe, la oficina de crédito debe corregir o eliminar la información incorrecta.**

¿Qué corrección se debe hacer en la oración 6?

(1) cambiar Después de examinar por Después de que usted examine
(2) eliminar la coma después de informe
(3) añadir así que después de la coma
(4) añadir una coma después de corregir
(5) no es necesario hacer ningún cambio

9. Oración 7: **La información general sobre el crédito se conserva durante siete años, se puede informar de una bancarrota durante diez años.**

¿Cuál es la mejor manera de escribir la parte subrayada del texto? Si la redacción original es la mejor, escoja la opción (1).

(1) años, se puede
(2) años se puede
(3) años y se puede
(4) años. Por ejemplo, se puede
(5) años, mientras que se puede

Las respuestas comienzan en la página 286.

Las transiciones o conexiones entre las oraciones y los párrafos ayudan al lector a entender la relación entre las ideas. Practique el uso de transiciones en su propia escritura para conseguir que sus textos sean claros e interesantes para el lector.

Si usted fuera el padre o la madre que recibiera esta nota, tal vez le costaría entender lo que dice el maestro.

> Estimada Sra. Aboledo:
>
> Su hijo no terminó la lectura que se asignó en clase. Pasó el tiempo socializando con sus compañeros. Le prohibí que saliera hoy al patio durante el recreo.
>
> Atentamente,
> Sr. Morgan

Este mensaje sería más fácil de entender si el maestro hubiera utilizado transiciones para mostrar la relación entre las ideas.

> Su hijo no terminó la lectura que se asignó en clase. **En lugar de hacerlo,** pasó el tiempo hablando con sus compañeros. **Por lo tanto,** le prohibí que saliera hoy al patio durante el recreo.

Imagine que usted es la Sra. Aboledo y que recibe esta nota. Complete la siguiente carta dirigida al maestro de su hijo. Use las transiciones para guiar lo que escriba.

Estimado Sr. Martínez:

Siento mucho que Alfredo haya causado problemas en clase y que no hiciera su tarea. Su padre y yo hemos hablado con él. Como consecuencia,

_____

_____

Además, _____

_____

_____

Atentamente,
Sra. Aboledo

Sus respuestas se deben ajustar de forma lógica a las transiciones *Como consecuencia* y *Además*. Usted puede haber escrito algo como *Como consecuencia, nos prometió prestar atención y trabajar en clase. Además, hará ejercicios de lectura adicionales en casa.*

El enlace personal

1. **Haga una lista de las cosas que le gusta hacer. Comience su lista de la siguiente manera:**

Una cosa que me gusta hacer en mi tiempo libre es _____

_____

Además,

_____

_____

_____

2. **Imagine que pudiera pasar un día de cualquier manera que usted quisiera. En su diario, escriba algunas ideas sobre cómo le gustaría pasar el día. Intente utilizar palabras de transición en las oraciones y entre ellas.**

El enlace GED

1. **Lea el siguiente tema. En una hoja de papel aparte, escriba todas las ideas que pueda acerca de este tema. No intente escribir oraciones completas.**

> Si el día tuviera más horas, ¿cree que la gente las pasaría trabajando o descansando? Dé ejemplos para apoyar sus opiniones. Use sus observaciones, su experiencia y sus conocimientos personales.

2. **Utilice sus ideas de El enlace GED para escribir al menos dos párrafos sobre el tema anterior. Agrupe las ideas relacionadas y escriba acerca de cada uno de estos grupos en un párrafo con una oración temática. Si lo desea, también puede utilizar algunas de sus ideas de El enlace personal. Incluya transiciones entre las ideas y los párrafos.**

Corregir

Lea sus párrafos y asegúrese de haber utilizado transiciones. Luego, corrija otros tipos de errores.

Recordatorio de la carpeta

Ponga los párrafos corregidos de El enlace GED en su carpeta.

Las respuestas comienzan en la página 286.

Unidad 2 Repaso acumulativo Organización

Instrucciones: Elija la respuesta que mejor responda a cada pregunta.

Las preguntas 1 a 3 se refieren a la siguiente carta.

Daniel Borges
Gerente de Contabilidad
KraftMade, Inc.
2001 Blue Mound Road
Milwaukee, WI 53202

Estimado Sr. Borges:

(A)

(1) Le ruego tome en consideración mi solicitud para el puesto de tenedor de libros que anunció recientemente en el *Heights* del domingo. (2) Reviso los anuncios de ofertas de empleo todas las semanas. (3) Creo que mis destrezas se ajustan muy bien a este puesto.

(B)

(4) Después de obtener el diploma de GED el pasado marzo con la calificación de matemáticas más alta de la Escuela Nocturna de Oakdale, tomé tres cursos de teneduría[1] de libros allí. (5) Para poder pagar las clases, trabajé en la oficina de la escuela nocturna. (6) Adquirí valiosa experiencia práctica.

(C)

(7) Después, en enero, me aceptaron en el Hills Community College. (8) Actualmente, estoy tomando dos cursos nocturnos de matemáticas avanzadas y de contabilidad básica. (9) Estoy planeando hacer una concentración en contabilidad. (10) Espero poder reunirme con usted y hablar de este puesto. (11) Como podrá comprobar, tengo mucho interés en llegar a ser un buen tenedor de libros. (12) Creo que mis destrezas, experiencia y dedicación serán muy valiosas para su empresa.

Atentamente,
Josué Ríos

[1]teneduría: contabilidad

1. ¿Qué cambio se debe hacer en el párrafo A?

   (1) trasladar la oración 1 al final del párrafo
   (2) eliminar la oración 1
   (3) comenzar un nuevo párrafo después de la oración 2
   (4) eliminar la oración 2
   (5) no es necesario hacer ningún cambio

2. Oración 6: **Adquirí valiosa experiencia práctica.**

   ¿Qué palabras incluirían el mejor cambio a la oración 6?

   (1) Valiosa experiencia práctica
   (2) Al adquirir valiosa experiencia práctica
   (3) Como resultado de mi trabajo,
   (4) Por ejemplo, adquirí
   (5) Aunque adquirí

3. ¿Qué cambio se debe hacer en el párrafo C?

   (1) trasladar la oración 7 al final del párrafo B
   (2) eliminar la oración 8
   (3) comenzar un nuevo párrafo con la oración 10
   (4) trasladar la oración 11 al final del párrafo
   (5) eliminar la oración 12

SUGERENCIA

Es esencial leer el pasaje de GED entero para entender su organización. Si entiende el texto como un todo, puede entender las relaciones entre las oraciones y los párrafos.

Las preguntas 4 a 7 se refieren al siguiente texto.

Reparación de los muebles del hogar

(A)

(1) No bote sus muebles a la basura si observa un rayazo o mancha en una mesa o escritorio de madera. (2) Utilice las siguientes técnicas para repararlos.

(B)

(3) Normalmente, un limpiador comercial de muebles hará que esos rayazos desaparezcan. (4) Si el limpiador no funciona, frote suavemente la zona con líquido para encendedores hasta que desaparezca la mancha. (5) Las manchas persistentes pueden requerir una solución de ácido oxálico, aplicada con una esponja o brocha.

(C)

(6) Para eliminar tinta, frote la mancha con fibra metálica, papel de lija o piedra pómez. (7) Para las manchas de tinta que ya se hayan fijado se requerirá decoloración. (8) Al igual que en el caso de otras manchas persistentes, utilice ácido oxálico. (9) En el caso de la tinta, se necesita un paso adicional.

(D)

(10) Cuando el ácido oxálico esté casi seco, disuelva bórax en agua caliente y aplique esta solución sobre la mancha de tinta. (11) Cuando se seque la zona, vuelva a pulir la madera.

(E)

(12) Siga estas técnicas y no tendrá que volver a preocuparse cuando alguien derrame algo.

SUGERENCIA

Cuando en una pregunta de GED se le pida que elija una oración temática efectiva para un párrafo, asegúrese de leer el párrafo entero. Después, escoja la opción que incluya todas las ideas en el párrafo y que las explique de forma resumida.

4. Oraciones 1 y 2: **No bote sus muebles a la basura si observa una marca o mancha en una mesa o escritorio de madera. Utilice las siguientes técnicas para repararlos.**

¿Cuál es la mejor manera de escribir la parte subrayada del texto? Si la redacción original es la mejor, escoja la opción (1).

(1) madera. Utilice
(2) madera. En lugar de eso, utilice
(3) madera, utilizando
(4) madera y utilice
(5) madera utilizando

5. ¿Qué oración sería más efectiva al principio del párrafo C?

(1) Hay muchos tipos de cosas que pueden manchar la madera.
(2) A menudo, sólo necesita productos comunes que se encuentran en el hogar.
(3) Algunos productos de limpieza comerciales cuestan más que otros.
(4) Vaya a la tienda y compre un limpiador comercial de muebles.
(5) Algunas manchas son fáciles de eliminar.

6. Oración 9: **En el caso de la tinta, se necesita un paso adicional.**

¿Qué cambio se debe hacer en la oración 9?

(1) eliminar la oración 9
(2) trasladar la oración 9 a continuación de la oración 6
(3) trasladar la oración 9 a continuación de la oración 7
(4) sustituir En el caso de con Sin embargo, en el caso de
(5) no es necesario hacer ningún cambio

7. ¿Qué cambio haría más efectivo el pasaje "Reparación de los muebles del hogar"?

(1) eliminar la oración 10
(2) eliminar la oración 11
(3) combinar los párrafos C y D
(4) trasladar la oración 12 al final del párrafo D
(5) no es necesario hacer ningún cambio

Las preguntas 8 a 11 se refieren al siguiente memorándum.

Memorándum

A: Los empleados de Bell Company
De: Ana Sánchez, Directora de Relaciones con la Comunidad

(A)

(1) Este año nuestros empleados han reunido 120 regalos para la donación anual al Hospital del Niño. (2) El año pasado, no reunimos tantos regalos. (3) Han participado todos los departamentos, así que, ¡felicidades a todos! (4) Ahora estamos buscando al menos 10 voluntarios para envolver los regalos. (5) Se hace más rápido y más divertido con más gente. (6) Empezaremos a envolver los regalos el lunes a las 3 p.m.

(B)

(7) ¿Quieren conducir o repartir los regalos el martes? (8) Necesitamos en especial personas con *station wagons,* guaguas o camiones. (9) Incluso si no saben conducir, pueden ayudar a repartir los regalos en el hospital. (10) Por favor, apúntense antes del viernes, para que podamos organizar quién va a ir en cada carro.

(C)

(11) ¡Bell Company (y los niños del hospital) les dan las gracias por su colaboración! (12) Para más información o para trabajar como voluntario en esta gran oportunidad, pónganse en contacto con Pablo en la extensión 3746.

8. Oración 2: **El año pasado, no reunimos tantos regalos.**

¿Qué cambio se debe hacer en la oración 2?

(1) sustituir la oración 2 con Los organizadores de la colecta del año pasado no lo hicieron tan bien como nosotros.
(2) sustituir la oración 2 con El año que viene, intentaremos duplicar esta cifra.
(3) trasladar la oración 2 a continuación de la oración 3
(4) trasladar la oración 2 al final del párrafo A
(5) eliminar la oración 2

9. ¿Qué cambio haría más efectivo el memorándum?

(1) comenzar un nuevo párrafo con la oración 4
(2) comenzar un nuevo párrafo con la oración 5
(3) comenzar un nuevo párrafo con la oración 6
(4) combinar los párrafos A y B
(5) no es necesario hacer ningún cambio

10. Oración 7: **¿Quieren conducir o repartir los regalos el martes?**

¿Qué cambio se debe hacer en la oración 7?

(1) sustituir la oración 7 con Necesitamos ayuda para el martes.
(2) sustituir la oración 7 con No nos olvidemos del martes.
(3) sustituir la oración 7 con ¿Pueden repartir regalos el martes?
(4) sustituir la oración 7 con El martes, necesitaremos ayuda para repartir los regalos.
(5) sustituir la oración 7 con Por supuesto, habrá que repartir los regalos.

11. Oración 11: **¡Bell Company (y los niños del hospital) les dan las gracias por su colaboración!**

¿Qué cambio se debe hacer en la oración 11?

(1) eliminar la oración 11
(2) trasladar la oración 11 al final del párrafo A
(3) trasladar la oración 11 al final del párrafo C
(4) sustituir la oración 11 con Gracias.
(5) no es necesario hacer ningún cambio

Las preguntas 12 a 14 se refieren al siguiente texto.

Un hogar a prueba de niños

(A)

(1) Cada año, millones de niños resultan heridos por los peligros en el hogar. (2) Usted puede ayudar a evitar estos accidentes instalando mecanismos de seguridad para los niños, tales como cerraduras de seguridad, pasadores, verjas y mecanismos antiquemaduras.

(B)

(3) Usted puede instalar cerraduras de seguridad y pasadores en los armarios y gavetas. (4) Con ellos se evita que los niños se tiren los cajones a la cabeza. (5) También mantienen los cuchillos y las herramientas afiladas fuera de su alcance. (6) Una cerradura de seguridad o pasador también puede evitar que los niños tengan alcance a los productos de limpieza del hogar o a las medicinas.

(C)

(7) Las verjas de seguridad también ayudan a crear una casa a prueba de niños. (8) Entre las habitaciones, las verjas pueden impedir el paso a los niños a los lugares que no sean seguros para ellos. (9) Las verjas se deben instalar en la parte superior de las escaleras para evitar que los niños caigan. (10) Las verjas que se atornillan a la pared son más seguras que las que se instalan a presión. (11) Los mecanismos antiquemaduras regulan la temperatura del agua de su hogar para evitar quemaduras. (12) Un plomero puede instalar estos mecanismos a duchas y plumas. (13) Ponga la temperatura a 120 grados Fahrenheit, que es suficientemente caliente para lavar pero no quema la piel.

(D)

(14) Para obtener información sobre la fiabilidad y el precio de los mecanismos a prueba de niños, pregunte a sus amigos o busque en revistas orientadas al consumidor. (15) Estas revistas tratan temas de seguridad y abarcan desde sistemas de alarmas hasta seguros de responsabilidad. (16) Estos mecanismos de seguridad pueden proporcionarle un nuevo tipo de seguridad en su hogar.

12. Oración 3: **Usted puede instalar cerraduras de seguridad y pasadores en los armarios y gavetas.**

¿Qué cambio se debe hacer en la oración 3?

(1) sustituir la oración 3 con Las cerraduras de seguridad y los pasadores protegen a los niños de distintas maneras.
(2) sustituir la oración 3 con Instale cerraduras de seguridad y pasadores en las gavetas.
(3) trasladar la oración 3 al final del párrafo A
(4) eliminar la oración 3
(5) no es necesario hacer ningún cambio

13. ¿Qué cambio se debe hacer al párrafo C?

(1) eliminar la oración 7
(2) trasladar la oración 7 a continuación de la oración 10
(3) eliminar la oración 9
(4) comenzar un nuevo párrafo con la oración 11
(5) comenzar un nuevo párrafo con la oración 12

14. Oración 15: **Estas revistas tratan temas de seguridad y abarcan desde sistemas de alarmas hasta seguros de responsabilidad.**

¿Qué cambio se debe hacer en la oración 15?

(1) sustituir la oración 15 con De hecho, estas revistas pueden explicarle todo desde los sistemas de alarma hasta los seguros de responsabilidad.
(2) sustituir la oración 15 con Puede conseguir este tipo de revistas en la biblioteca o puede suscribirse a ellas.
(3) trasladar la oración 15 al final del párrafo
(4) eliminar la oración 15
(5) no es necesario hacer ningún cambio

Las preguntas 15 y 16 se refieren al siguiente pasaje.

Mejorar el rendimiento de su computadora

(A)

(1) Usted puede hacer que su vieja computadora dure más con una mejora a la unidad central de procesamiento, CPU *(central processing unit),* es decir, a su "cerebro". (2) La CPU envía instrucciones a varios programas y archivos de la computadora. (3) Una mejora de la CPU hará que su vieja computadora envíe las instrucciones más rápido. (4) Puede encontrar tres tipos de equipos de mejora en la mayoría de las tiendas de computadoras. (5) El primero de ellos es un aditamento interno para la tarjeta madre. (6) El segundo es un elemento adicional externo que se coloca sobre su CPU actual. (7) El tercer tipo es una CPU nueva.

(B)

(8) Ahora ya sabe que estas mejoras aumentan el rendimiento de su computadora. (9) Sin embargo, no espere que vaya a funcionar el doble de rápido. (10) Las computadoras viejas tienen sus límites, por mucho que las mejore.

15. ¿Qué corrección mejoraría el texto "Mejorar el rendimiento de su computadora"?

(1) eliminar la oración 2
(2) comenzar un nuevo párrafo con la oración 4
(3) trasladar la oración 4 al final del párrafo A
(4) comenzar un nuevo párrafo con la oración 5
(5) no se requiere hacer ninguna corrección

16. Oración 8: **Ahora ya sabe que estas mejoras aumentan el rendimiento de su computadora.**

¿Qué corrección debe hacerse a la oración 8?

(1) sustituir la oración 8 con Cualquier mejora de la CPU es buena para su computadora.
(2) sustituir la oración 8 con Estas mejoras pueden ser algo caras, pero son necesarias.
(3) sustituir la oración 8 con Las mejoras aumentan el rendimiento de su computadora.
(4) sustituir la oración 8 con Mi favorita, ONTIME, aumentará el rendimiento de su computadora.
(5) sustituir la oración 8 con En cuanto instale el dispositivo de mejora, observará un aumento del rendimiento de su computadora.

Repaso de los enlaces con la redacción

Escriba dos o tres párrafos sobre el siguiente tema. A medida que escriba, tenga en mente los siguientes temas de enlaces con la redacción.

☑ ¿Contienen suficientes detalles de apoyo todos los párrafos? (Enlace con la redacción, páginas 102–103)

☑ ¿Tienen todos los párrafos una oración temática clara? (Enlace con la redacción, páginas 110–111)

☑ ¿Dividí el texto en párrafos de forma correcta y efectiva? (Enlace con la redacción, páginas 118–119)

☑ ¿Usé transiciones entre las distintas ideas? (Enlace con la redacción, páginas 126–127)

Hay un viejo refrán que dice "más vale precaver que tener que lamentar". ¿Está de acuerdo con la idea de que es mejor ser prudente que arriesgarse? Utilice detalles y ejemplos de sus propios conocimientos, observaciones y experiencias personales para apoyar sus ideas.

Las respuestas comienzan en la página 287.

Unidad 2: Organización

Tabla de análisis del desempeño en el repaso acumulativo
Unidad 2 ● Organización

Consulte la sección Respuestas y explicaciones que empieza en la página 287 para verificar sus respuestas al Repaso acumulativo de la Unidad 2. Luego, use la siguiente tabla para identificar las destrezas en las que necesite más práctica.

En la tabla, encierre en un círculo los números correspondientes a las preguntas que haya contestado correctamente. Anote el número de aciertos para cada destreza y luego súmelos para calcular el número total de preguntas que contestó correctamente en el Repaso acumulativo. Si cree que necesita más práctica, repase las lecciones de las destrezas que se le dificultaron.

Preguntas	Número de aciertos	Destreza	Lecciones para repasar
1, 8, 11, 14	_____/4	Unidad y coherencia	7
5, 10, 12, 16	_____/4	Oraciones temáticas	8
3, 7, 9, 13, 15	_____/5	División en párrafos	9
2, 4, 6	_____/3	Transición	10
TOTAL DE ACIERTOS: _____/16			

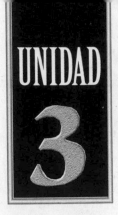

UNIDAD 3

Uso

Como ya aprendió en la Unidad 2, las ideas bien organizadas son fundamentales para una redacción efectiva. En esta unidad, usted aprenderá cómo se aplican correctamente la gramática y el uso en las oraciones. La gramática contiene las reglas de nuestro lenguaje. El uso es la forma mediante la cual construimos ideas y utilizamos nuestro lenguaje. Los conceptos de uso consisten en la concordancia entre el sujeto y el verbo; las formas y tiempos verbales, y el uso y concordancia del pronombre. El dominio de las reglas gramaticales y los conceptos de uso lo ayudarán a evitar errores comunes y crear textos efectivos.

El uso es un área importante de contenido en la Prueba de GED de. Lenguaje y Redacción. Aproximadamente un 30% de las preguntas de selección múltiple estarán basadas en conceptos de uso.

El uso correcto de la gramática en su redacción lo ayuda a construir sus ideas en forma significativa.

Las lecciones de esta unidad son:

Lección 11: **Concordancia entre el sujeto y el verbo**
En una oración, el sujeto y el verbo deben tener concordancia, es decir, el verbo debe conjugarse de acuerdo con el sujeto. En algunos casos, es necesario determinar la forma del sujeto, o qué tipo de sujeto es. Usted aprenderá varias reglas y estrategias que le ayudarán a asegurar la concordancia entre el sujeto y el verbo.

Lección 12: **Tiempos verbales**
Los verbos cambian de forma para mostrar cuándo ocurre la acción: pasado, presente o futuro. Estas formas se llaman tiempos simples del verbo. Además de los tiempos simples, hay tres tiempos compuestos que muestran una relación temporal entre sucesos.

Lección 13: **Participio y gerundio**
Los participios y gerundios son formas derivadas del verbo en infinitivo y funcionan como adverbios y adjetivos respectivamente. En esta lección también aprenderá la forma correcta de conjugar los verbos que tienen participio irregular.

Lección 14: **Pronombres**
Un pronombre es una palabra que se utiliza para sustituir al nombre de una persona, lugar o cosa. Al igual que debe haber concordancia entre el sujeto y el verbo, el pronombre debe concordar con el antecedente (la palabra a la que sustituye).

ENLACES CON LA REDACCIÓN

En esta unidad, practicará estos tipos de destrezas de redacción:

○ Ser organizado

○ Introducir y concluir

○ Uso de verbos en la redacción

○ Punto de vista

Para aplicar en sus propias composiciones las destrezas que se enseñan en esta unidad, consulte la Lista del escritor en la página 316.

DESTREZA DE GED Concordancia entre el sujeto y el verbo

Concordancia en número y persona

La **concordancia entre el sujeto y el verbo** en una oración significa que la conjugación del verbo concuerda con el sujeto en número y persona.

1ª persona singular: Yo   **1ª persona plural:** Nosotros/Nosotras
2ª persona singular: Tú   **2ª persona plural:** Ustedes
3ª persona singular: Él/Ella   **3ª persona plural:** Ellos/Ellas

REGLA 1 El verbo debe concordar con el sujeto en número y persona.

No concuerdan: La Sra. López planifican la fiesta de la compañía cada año.

Concuerdan: La Sra. López planifica la fiesta de la compañía cada año.

El sujeto *Sra. López* está en tercera persona del singular y, por lo tanto, el verbo *planificar* debe conjugarse como *planifica*.

No concuerdan: Varios voluntarios ayuda en la planificación.

Concuerdan: Varios voluntarios ayudan en la planificación.

El sujeto *voluntarios* está en tercera persona del plural y, por lo tanto, el verbo *ayudar* debe conjugarse como *ayudan*.

REGLA 2 Si el verbo se refiere a varios sujetos (*sujeto compuesto*) de la misma persona, debe conjugarse en plural. Los sustantivos colectivos (como multitud, gente, familia) generalmente van asociados a un verbo en singular. Un sujeto compuesto con la conjunción *y* requiere un verbo conjugado en plural excepto cuando se trata de una sola cosa. Cuando el verbo va antes de dos sujetos unidos por la conjunción *o*, puede ir en plural o singular.

No concuerdan: Paulina y Raúl conoce muchos juegos divertidos.

Concuerdan: Paulina y Raúl conocen muchos juegos divertidos.

El verbo en plural *conocen* concuerda con el sujeto compuesto.

Indique el número y persona del sujeto de cada una de las siguientes oraciones.

_____ a. Los pacientes hospitalizados tienen problemas pulmonares por estar acostados boca arriba mucho tiempo.

_____ b. Una buena solución médica no necesita alta tecnología.

_____ c. Ustedes deben cuidar más su salud.

Usted acertó si escribió *tercera persona plural* en la *oración a* (los pacientes hospitalizados: ellos), *tercera persona singular* en la *oración b* (una buena solución médica: ella), y *segunda persona plural* en la *oración c* (Ustedes).

SUGERENCIA

Para saber el número y persona del sujeto, reemplace el sujeto por los pronombres que se mencionan en el cuadro de arriba.

A. Escoja el verbo correcto y escríbalo en la línea.

1. (permite, permiten) El agua con flúor _____ que en la actualidad pocos estadounidenses pierdan sus dientes.

2. (visitan, visitas) Abuelos y nietos por igual _____ a sus dentistas para hacerse exámenes regulares.

3. (favorecen, favorezco) Los dentistas _____ que haya mayor conocimiento acerca de la higiene bucal.

4. (es, somos) A pesar de que hay otros campos en la medicina, la carrera de dentista aún

   _____ muy popular.

5. (está, estás) La odontología _____ cambiando su enfoque hacia la ortodoncia o corrección de dentaduras irregulares.

B. Corrija el siguiente texto atendiendo a la concordancia entre los sujetos y los verbos. En el párrafo hay diez errores de concordancia entre el sujeto y el verbo.

Muchas personas, al decir "vacaciones en el sur de California" ~~piensa~~ *piensan* en Hollywood, el océano, o en Disneylandia. En realidad, muchos evito los sitios turísticos usuales para visitar el desierto de Mojave, la zona desértica más famosa del estado.

El desierto de Mojave se extienden por cientos de millas hacia el este y llega hasta Nevada. Las mejores estaciones para visitar el desierto soy la primavera y el otoño, aunque también van muchos visitantes en otras estaciones. El invierno no son demasiado crudo, pero el verano es realmente intolerable. Incluso en verano hay cambios climáticos muy grandes, desde un calor intenso al mediodía, hasta temperaturas frías en la noche.

El desierto poseemos excelentes paisajes. *Petroglyph Canyons*, *Fossil Falls* y *Red Rock Canyon Park* eres espectáculos naturales fascinantes. Por su parte, *Death Valley* tiene su propia ruta geológica. Pero lo más sorprendente es que las plantas exóticas somos variadas, impresionantes y prósperas. Las bellas flores y los cactos se ha adaptado al calor y la falta de agua. La única parte del desierto que no verá es la Falla de San Andrés, que cruzan el Mojave por las afueras de Los Ángeles.

C. Escriba acerca del siguiente tema:

El texto que usted corrigió en el Ejercicio B describe un lugar fascinante. Escriba un texto acerca de un lugar especial que conozca. Luego, corrija los errores de concordancia entre el sujeto y el verbo, o cualquier otra incorrección.

Las respuestas comienzan en la página 288.

Frases interrumpidas y orden invertido

Cuando un sujeto está separado del verbo por una palabra o frase, es difícil decidir cuál es el sujeto. También puede ser difícil encontrar el sujeto cuando éste se encuentra después del verbo.

Para hallar el sujeto de la oración debe preguntarse sobre *qué* o sobre *quién* trata la oración. Luego compruebe la concordancia entre el sujeto y el verbo.

REGLA 1 La concordancia debe ser entre el verbo y el sujeto, no entre las palabras o frases existentes entre ambos.

No concuerdan: La ruta para llegar a las fiestas patronales son muy fácil.

Concuerdan: La ruta ~~para llegar a las fiestas patronales~~ es muy fácil.

Si usted no se pregunta acerca de qué trata la oración, podría pensar que el sujeto es la palabra plural *fiestas* y no la palabra singular *ruta*.

REGLA 2 La concordancia entre el sujeto y el verbo también se produce cuando el sujeto está después del verbo.

No concuerdan: Existen un mapa con tres rutas diferentes.

Concuerdan: Existe un mapa con tres rutas diferentes.

Marque con una "X" la oración donde no haya concordancia entre el sujeto y el verbo.

_____ a. Aún hay tres cursos de ciencias de la computación disponibles para este semestre.

_____ b. Los estudiantes del curso de computación aprenden cómo navegar en Internet.

_____ c. El profesor Nadal invitan a sus alumnos a navegar en Internet el primer día de clases.

Usted acertó si escogió la *opción c*. El sujeto de esa oración es *El profesor Nadal*, por lo que el verbo debe ser *invita*, en singular: *El profesor Nadal invita a sus alumnos a navegar en Internet el primer día de clases.*

SUGERENCIA

Las frases interrumpidas comienzan a menudo con palabras que muestran relación, como *entre, en, con, junto a*. Muchas frases interrumpidas contienen comas: *Samuel, el menor de los tres hermanos, es el único soltero.*

A. En cada oración, subraye el sujeto con una línea y el verbo con dos. Si no concuerdan, vuelva a escribir la oración correctamente. Si concuerdan, escriba la palabra *Correcta*.

1. Los <u>anillos</u> de compromiso no <u>es</u> tan populares como fueron en otro tiempo.

   Los anillos de compromiso no son tan populares como fueron en otro tiempo.

2. El precio de los anillos ha aumentado considerablemente.

   _____

3. ¿Tanto han aumentado el precio de los anillos?

   _____

4. En la actualidad un pequeño anillo de diamantes cuestan unos $550.

   _____

5. Una de las joyerías más famosas ha dicho que los precios no bajarán.

   _____

6. Casi la mitad de los anillos es compradas por graduados universitarios con empleos e ingresos estables.

   _____

B. Corrija los errores de concordancia en este artículo de pregunta y respuesta. Contiene seis errores.

   P: ¿Cuál ~~son~~ es la situación del anteproyecto de ley del Tierras en la legislatura estatal?

   R: La Cámara y el Senado ha aprobado versiones similares de ese anteproyecto. El mismo, conocido oficialmente como Ley de Preservación de Tierras Abiertas, permiten que las ciudades decidan cómo preservar mejor los terrenos abiertos. Se espera que esta semana la Cámara y el Senado finalicen sus versiones respectivas. Pero aún queda dos importantes cuestiones sin resolver: ¿Pueden las ciudades llevar a votación la adición de un impuesto del 1% a las compras de bienes raíces para financiar sus adquisiciones de terrenos? ¿Complementarán el estado el resto de esas sumas? Los representantes y senadores estatales que se han pronunciado a favor y en contra espera que las negociaciones continúen todo el mes.

C. Escriba acerca del siguiente tema.

   El artículo de pregunta y respuesta que usted corrigió en el Ejercicio B explica cómo un estado está tratando de preservar sus terrenos abiertos. Escriba un párrafo sobre un tema que usted considere importante para el lugar donde vive. Luego, corrija los errores de concordancia entre sujeto y verbo, si hay alguno, o cualquier otro error que haya en el párrafo.

Las respuestas comienzan en la página 288.

Casos especiales en la concordancia entre el sujeto y el verbo

sustantivo colectivo representa a un grupo de personas o cosas semejantes, o a una muchedumbre o conjunto

REGLA 1 Un **sustantivo colectivo** representa a un grupo de personas o cosas semejantes, o a una muchedumbre o conjunto: *enjambre, tropa, rebaño, pueblo, mayoría, mitad.* Cuando el sujeto es un sustantivo colectivo que va seguido de una frase nominal en plural, puede llevar un verbo en plural.

Aceptable: El resto de los presentes se quedaron en sus puestos.

Aceptable: La mitad de los empleados trabajan el turno noche.

La falta de concordancia entre el sujeto colectivo y el verbo se puede producir deliberadamente según el sentido de la oración. En los casos anteriores, se alude a la pluralidad de individuos.

REGLA 2 Cuando el sustantivo colectivo va junto al verbo y carece de frase nominal en plural, el verbo debe ir en singular.

Incorrecto: La mayoría fueron por la tarde.

Correcto: La mayoría fue por la tarde.

REGLA 3 Cuando el sustantivo colectivo no sea la parte principal del sujeto, el verbo debe concordar en número y persona con la parte que lo sea.

Incorrecto: Los miembros del equipo llegó tarde.

Correcto: Los miembros del equipo llegaron tarde.

Incorrecto: El equipo llegaron tarde.

Correcto: El equipo llegó tarde.

SUGERENCIA

Si puede sustituir la frase que incluye el sustantivo colectivo por *ellos* o *ellas,* es correcto usar el verbo en plural. Por ejemplo, puede sustituir "La mayoría de los empleados" por "Ellos".

Marque con una "X" la oración cuya falta de concordancia entre el sujeto y el verbo sea incorrecta.

_____ a. La muchedumbre se congregaron para ver el concierto.

_____ b. La mayoría de los reptiles ponen huevos.

_____ c. Una infinidad de insectos voladores aparecieron después de las seis.

Usted acertó si escogió la *oración a.* El sustantivo colectivo *muchedumbre* se encuentra junto al verbo y no está separado por una frase nominal en plural, así que la oración es incorrecta. La oración debería ser: *La muchedumbre se congregó para ver el concierto.* Las *oraciones b* y *c* contienen sustantivos colectivos seguidos por frases nominales en plural, por lo que el uso del verbo en plural es aceptable.

A. Fíjese en el verbo entre paréntesis. Escriba la forma correcta del verbo en el espacio en blanco según la clase de sujeto. Conjugue los verbos en tiempo futuro.

1. (invitar) El centro de estudios _____*invitará*_____ al gobernador de la ciudad para que presida nuestra ceremonia de GED.

2. (inaugurar) El director _____ la ceremonia.

3. (venir) La mayoría de los estudiantes _____ con sus familiares.

4. (premiar) El centro de estudios _____ a los estudiantes más destacados.

5. (patrocinar) La Junta Escolar y los graduados de años anteriores _____ el buffet.

6. (asistir) Muchos graduados de GED de otros años _____ a la ceremonia.

7. (perder) Nadie se _____ la oportunidad de asistir a la graduación.

B. Corrija los errores de concordancia en esta carta al editor. Contiene nueve errores.

Estimado Editor:

    Ni el Comité de Vivienda ni yo ~~cree~~ *creemos* que los planeadores se hayan "olvidado" de construir viviendas a un precio módico. Todos sabe que es un requisito de todo proyecto de construcción a gran escala. El concejo de la ciudad no pueden hacer excepciones con los planeadores, y nada perjudican más a la ciudad que el incumplimiento de las leyes.

    Nuestra gran fuerza laboral hacen de esta ciudad un sitio ideal para los negocios. Pero los valiosos trabajadores no debe quedarse sin lugares donde vivir. Muchos de ellos necesita viviendas que puedan costear. Toda la comunidad están de acuerdo en que la ignorancia de las regulaciones disminuye la calidad de vida de todos. Nuestra comunidad son un buen lugar para vivir porque aquí residen estudiantes, comerciantes y trabajadores de servicio.

    La próxima semana, en la sesión del concejo, alguien deben insistir en que los miembros del concejo elija entre la comunidad o los planeadores.

Jacinta Téllez, Presidenta, Comité de Viviendas

C. Escriba acerca del siguiente tema.

    La carta que corrigió en el Ejercicio B trata acerca del conflicto entre la disponibilidad de viviendas a precio módico y los planeadores de bienes raíces. Escriba un párrafo sobre un conflicto en su comunidad que sea importante para usted. Luego, corrija los errores de concordancia entre el sujeto y el verbo, si hay alguno, o cualquier otro error que haya en el párrafo.

Las respuestas comienzan en la página 289.

Práctica de GED • Lección 11

Instrucciones: Elija la respuesta que mejor responda a cada pregunta.

Las preguntas 1 a 5 se refieren al siguiente párrafo:

Cuidado de las plantas en casa

(1) A continuación le damos unos consejos para cuidar de sus plantas en caso de que usted vayamos a estar fuera de la casa por varios días. (2) Primeramente, no se preocupe por la fertilización. (3) Las plantas caseras, desde la violeta africana hasta el geranio, puede vivir varios meses sin fertilizante. (4) Por otra parte, ninguna planta pueden sobrevivir sin agua. (5) Para simplificar el riego, coloque las plantas en una bañera que reciba luz solar desde una ventana. (6) Pero antes, proteja la bañera con varias capas de papel para evitar que se dañen. (7) Luego coloque ladrillos sobre el papel, y las plantas sobre éstos. (8) Finalmente, llene de agua la bañera hasta que cubra los ladrillos, no los tiestos. (9) Así las raíces pueden absorber el agua por los orificios en el fondo de los tiestos.

1. Oración 1: **A continuación le damos unos consejos para cuidar de sus plantas en caso de que usted vayamos a estar fuera de la casa por varios días.**

   ¿Qué corrección se debe hacer en la oración 1?

   (1) sustituir damos por doy
   (2) sustituir vayamos por vaya
   (3) añadir una coma después de consejos
   (4) sustituir cuidar por cuida
   (5) añadir una coma después de fuera

2. Oración 3: **Las plantas caseras, desde la violeta africana hasta el geranio, puede vivir varios meses sin fertilizante.**

   ¿Qué corrección se debe hacer en la oración 3?

   (1) añadir una coma después de violeta
   (2) añadir una coma después de vivir
   (3) sustituir caseras por casera
   (4) sustituir puede por pueden
   (5) no se requiere hacer ninguna corrección

3. Oración 4: **Por otra parte, ninguna planta pueden sobrevivir sin agua.**

   ¿Qué corrección se debe hacer en la oración 4?

   (1) sustituir Por otra parte, ninguna por No hay
   (2) sustituir ninguna planta por nada
   (3) sustituir pueden por puede
   (4) sustituir sobrevivir por vivir
   (5) no se requiere hacer ninguna corrección

4. Oración 6: **Pero antes, proteja la bañera con varias capas de papel para evitar que se dañen.**

   ¿Cuál es la mejor manera de escribir la parte subrayada de la oración? Si la redacción original es la mejor, escoja la opción (1).

   (1) dañen
   (2) dañe
   (3) daña
   (4) se están dañando
   (5) se dañó

5. Oración 8: **Finalmente, llene de agua la bañera hasta que cubra los ladrillos, no los tiestos.**

   Si se vuelve a redactar la oración 8 comenzando con

   Finalmente, llene la bañera hasta que los ladrillos, y no los tiestos

   las próximas palabras serían:

   (1) esté cubierto
   (2) estén cubiertos
   (3) cubiertos
   (4) cubriendo
   (5) estén cubierto

Las preguntas 6 a 9 se refieren a la siguiente garantía.

Compañía Falcón

(A)

(1) Compañía Falcón garantizan que el tocadiscos Excel está libre de defectos en materiales y mano de obra por un período de un año. (2) Sin embargo, ocasionalmente, puede surgir algún defecto. (3) Si esto ocurre, la compañía, sin exigir pago por concepto de piezas al propietario, tienen la opción de sustituir o reparar el equipo. (4) El cliente, por uso indebido, puedo causar un defecto, mal funcionamiento o fallo, en cuyo caso se anula esta garantía.

(B)

(5) Esta garantía es válida sólo cuando el *Modelo JDS-23* sea devuelto al concesionario de productos Falcón. (6) La garantía cubrimos un período de un año a partir de la fecha de compra del equipo. (7) Para dar fe de la validez de su garantía, usted también debe mostrar una copia del recibo del contrato original.

6. Oración 1: **Compañía Falcón garantizan que el tocadiscos Excel está libre de defectos en materiales y mano de obra por un período de un año.**

    ¿Qué corrección se debe hacer en la oración 1?

    (1) sustituir garantizan por han garantizado
    (2) sustituir garantizan por garantiza
    (3) añadir una coma después de materiales
    (4) añadir una coma después de mano de obra
    (5) no se requiere hacer ninguna corrección

7. Oración 3: **Si esto ocurre, la compañía, sin exigir pago por concepto de piezas al propietario, tienen la opción de sustituir o reparar el equipo.**

    ¿Cuál es la mejor manera de escribir la parte subrayada de la oración? Si la redacción original es la mejor, escoja la opción (1).

    (1) tienen
    (2) teniendo
    (3) tiene
    (4) no tiene
    (5) está teniendo

8. Oración 4: **El cliente, por uso indebido, puedo causar un defecto, mal funcionamiento o fallo, en cuyo caso se anula esta garantía.**

    ¿Qué corrección se debe hacer en la oración 4?

    (1) eliminar la coma después de cliente
    (2) cambiar puedo a pudieran
    (3) cambiar caso a evento
    (4) cambiar puedo a puede
    (5) no se requiere hacer ninguna corrección

9. Oración 6: **La garantía cubrimos un período de un año a partir de la fecha de compra del equipo.**

    ¿Qué corrección se debe hacer en la oración 6?

    (1) sustituir La por Sin embargo, esta
    (2) sustituir cubrimos por cubre
    (3) sustituir cubrimos por cubriendo
    (4) añadir una coma después de año
    (5) no se requiere hacer ninguna corrección

SUGERENCIA

Para comprobar la concordancia entre el sujeto y el verbo en una oración con una frase entre sujeto y verbo, lea la oración sin la frase. Por ejemplo: *El cobertizo al lado de los apartamentos (está) (están) pintado de rojo.* Lea la oración sin la frase. *El cobertizo (está) (están) pintado de rojo.* Ahora es más fácil advertir que el sujeto *cobertizo* va seguido del verbo en singular *está*.

Las respuestas comienzan en la página 289.

Instrucciones: Ésta es una prueba de práctica que dura diez minutos. Después de que transcurran los diez minutos, ponga una marca en la última pregunta que haya respondido. A continuación, termine la prueba y revise sus respuestas. Si la mayoría de sus respuestas fueron correctas, pero no terminó la prueba, trate de responder las preguntas más rápidamente la próxima vez. Elija la respuesta que mejor responda a cada pregunta.

Las preguntas 1 a 4 se refieren al siguiente texto.

Consejos para preparar un viaje

(A)

(1) Las familias planifican sus vacaciones u otros viajes de formas diferentes. (2) A continuación sigue una forma de realizar las tareas pequeñas mientras se disfruta de la anticipación del viaje.

(B)

(3) Un miembro de la familia anota las tareas mientras los demás expresa sus ideas. (4) Los ejemplos de una sesión típica de planificación deben incluir estas tareas: buscar y limpiar la nevera portátil, cancelar las suscripciones de periódicos, retener la correspondencia en la oficina de correos, comprobar las reservaciones, y pedir al vecino que alimente al gato. (5) Otras personas que podrían cuidar las mascotas son nuestros parientes o amigos. (6) Cuando ya nadie tenga más ideas, se debe asignar una fecha límite para completarlas. (7) Luego cada miembro de la familia coloca sus iniciales al lado de las tareas que le correspondan. (8) Las tareas se cumplen. (9) Finalmente, se comprueban con la lista.

(C)

(10) De este modo, toda la familia comparte las tareas de preparación. (11) Todos se entusiasman a medida que se acerca la fecha de partida.

1. ¿Qué oración sería más efectiva al principio del párrafo B?

   (1) Hay muchas cosas que pueden hacerse para preparar un viaje.
   (2) Preparar un viaje no tiene que ser una tarea insoportable.
   (3) No olvide dedicar tiempo a empacar.
   (4) Es una buena idea que todos ayuden.
   (5) Entre todos deben preparar una lista de lo que deben hacer antes de la fecha de partida.

2. Oración 3: **Un miembro de la familia anota las tareas mientras los demás expresa sus ideas.**

   ¿Qué corrección se debe hacer en la oración 3?

   (1) sustituir Un por Luego, uno
   (2) sustituir anota por anotan
   (3) añadir una coma después de tareas
   (4) sustituir expresa por expresan
   (5) no se requiere hacer ninguna corrección

3. ¿Qué cambio se debe hacer en el párrafo B?

   (1) eliminar la oración 4
   (2) eliminar la oración 5
   (3) colocar la oración 4 después de la 6
   (4) colocar la oración 6 después de la 3
   (5) no es necesario hacer ningún cambio

4. Oraciones 8 y 9: **Las tareas se cumplen. Finalmente, se comprueban con la lista.**

   ¿Qué palabras incluiría la forma más efectiva de combinar las oraciones 8 y 9?

   (1) cumplen, se comprueban con la lista
   (2) cuando se va cumpliendo cada tarea
   (3) Al cumplirse, las tareas
   (4) A medida que se cumplen, las tareas
   (5) Comprobándose con la lista,

Las preguntas 5 a 8 se refieren al siguiente pasaje.

¿Qué les ocurre a los automóviles viejos?

(A)

(1) Mucho después de que los conductores han olvidado los carros inservibles que abandonaron en el depósito de chatarra, la mayoría de esos vehículos continúan su camino, esta vez hasta la planta de acero. (2) En realidad, el depósito de chatarra en las afueras de la ciudad son sólo una parada en el proceso de reciclaje de automóviles.

(B)

(3) Los concesionarios de depósitos de chatarra comprimen el chasis de los carros. (4) Por supuesto, después de haber extraído los líquidos y partes combustibles. (5) Un carro comprimido es muy valioso porque se compone principalmente de hierro y acero. (6) Esos carros comprimidos se venden a un chatarrero.

(C)

(7) El trabajo de los chatarreros es preparar el material para que vuelva a ser usado por la industria del acero. (8) Para esto, tienen que cortar la chatarra en pequeños trozos. (9) Luego, potentes imanes separan el hierro y el acero de los trozos, finalmente, si es posible, se separa el aluminio, magnesio, tela, plástico y cristal para agruparlos y reciclarlos.

5. Oración 2: **En realidad, el depósito de chatarra en las afueras de la ciudad son sólo una parada en el proceso de reciclaje de automóviles.**

¿Qué corrección se debe hacer en la oración 2?

(1) eliminar la coma después de En realidad
(2) añadir una coma después de ciudad
(3) cambiar son a es
(4) cambiar son a somos
(5) añadir una coma después de parada

6. Oraciones 3 y 4: **Los concesionarios de depósitos de chatarra comprimen el chasis de los carros. Por supuesto, después de haber extraído los líquidos y partes combustibles.**

¿Qué palabras incluiría la forma más efectiva de combinar las oraciones 3 y 4?

(1) chasis, aunque los líquidos
(2) comprimen el chasis y extraen
(3) La extracción de líquidos y partes combustibles
(4) Después de haber extraído los líquidos y partes combustibles,
(5) Aunque los líquidos y partes combustibles

7. Oración 7: **El trabajo de los chatarreros es preparar el material para que vuelva a ser usado por la industria del acero.**

¿Qué corrección se debe hacer en la oración 7?

(1) sustituir es por son
(2) eliminar es
(3) añadir siendo después de es
(4) añadir una coma después de usado
(5) no se requiere hacer ninguna corrección

8. Oración 9: **Luego, potentes imanes separan el hierro y el acero de los trozos, finalmente, si es posible, se separa el aluminio, magnesio, tela, plástico y cristal para agruparlos y reciclarlos.**

¿Cuál es la mejor manera de escribir la parte subrayada de la oración? Si la redacción original es la mejor, escoja la opción (1).

(1) trozos, finalmente,
(2) trozos. Finalmente,
(3) trozos finalmente,
(4) trozos, finalmente
(5) trozos finalmente

Las respuestas comienzan en la página 290.

Cuando escribe, es mejor tener una idea de lo que quiere decir antes de comenzar. Una organización clara ayudará a que sus lectores comprendan la idea principal.

Lea la siguiente carta que una clienta insatisfecha le dirigió al gerente de una tienda. La escritora no tomó tiempo para organizar sus pensamientos.

> No tengo palabras para expresar mi descontento. Cuando voy a otras tiendas, recibo buen servicio y me hacen sentir bienvenida. Traté de comprar un nuevo sofá en su tienda porque el que teníamos estaba muy deteriorado. Recibí muy mal servicio. Al principio, ni siquiera pude encontrar un vendedor que me ayudara. Luego, la persona que apareció para "ayudarme" no me sirvió de nada.

La clienta no mencionó el mal servicio que recibió hasta una parte muy avanzada de su carta. También hay ideas que no tienen relevancia con respecto al propósito de la carta, como el buen servicio recibido en otras tiendas. Ahora, vea cómo la clienta pudo haber organizado las ideas en su carta.

1. Explicar el propósito de la carta: por qué la escribo
2. Describir el mal servicio que recibí: ni ayuda, ni respuestas
3. Decir cómo me gustaría que me ayudaran

¿Se da cuenta de cómo esta organización pudo haber contribuido a que la idea principal de la escritora fuera más clara? A continuación se presenta sigue un ejemplo de una carta que sigue la organización anterior.

> No tengo palabras para expresar lo descontenta que estoy con el mal servicio que recibí en su tienda. Traté de comprar un sofá, pero al principio ni siquiera pude encontrar un vendedor que me ayudara. Luego, la persona que vino a "ayudarme" no me sirvió de nada. No pudo responder a mis preguntas en cuanto al precio o a las horas de entrega. Quiero aprovechar su venta de fin de año, pero también me gustaría recibir un mejor servicio. ¿Usted podrá responder a mis preguntas?

Numere estas ideas en el orden en que deben aparecer en una carta del gerente de la tienda a la clienta insatisfecha.

_____ expresar cómo se manejará la situación

_____ pedir disculpas por el mal servicio

_____ explicar por qué ocurrió ese mal servicio: pocos empleados debido a enfermedad, empleado nuevo

Usted acertó si numeró las ideas: *3, 1,* y *2.* Ese orden de las ideas generaría una respuesta bien organizada a la carta de queja.

El enlace personal

1. En su diario, escriba acerca de un producto que usted posee o un servicio que recibe, con el cual esté particularmente satisfecho o insatisfecho.

2. Planifique una carta a una compañía, tienda o restaurante acerca de ese producto o servicio. En una hoja de papel aparte, organice los pensamientos que escribió en el diario.

El enlace GED

1. Lea el siguiente tema. Escriba en una hoja de papel todas las ideas que se le ocurran acerca del tema. Quizás quiera usar alguna de sus ideas de El enlace personal.

> ¿Por qué tantos clientes se quejan del mal servicio que reciben en tiendas y restaurantes? Exprese su punto de vista. Susténtelo en su experiencia, observaciones y conocimientos con base.

2. Utilice el siguiente plan para organizar sus pensamientos.
   Los clientes se quejan del mal servicio porque:

   Primera razón: _____

   Segunda razón: _____

   Tercera razón: _____

3. Escriba al menos dos párrafos sobre el tema anterior en la misma hoja de papel. Utilice sus ideas de El enlace GED.

Corregir

Lea sus párrafos y compruebe que la organización de sus ideas sea clara. Luego, lea atentamente su escrito para detectar otros errores.

Recordatorio de la carpeta

Ponga los párrafos de El enlace GED en su carpeta.

Las respuestas comienzan en la página 290.

Lección 12

DESTREZA DE GED **Tiempos verbales**

Tiempos simples y compuestos

Los verbos cambian para describir cuándo ocurre una acción o cuándo una condición es verdadera. Todo esto se conoce como **tiempos verbales.**

REGLA 1 Use los tiempos simples para acciones o condiciones que usualmente son verdaderas.

- El **presente** expresa que una acción tiene lugar ahora o que la condición es real ahora.

- El **pretérito** expresa que una acción tuvo lugar o que la condición fue verdadera en el pasado.

- El **futuro** expresa que una acción ocurrirá o que la condición será realidad en el futuro.

Presente: El Sr. Gómez <u>aconseja</u> a Paula que solicite otro puesto.
Pretérito: El <u>trabajó</u> con ella en un proyecto especial el año pasado.
Futuro: Paula <u>traerá</u> su resumé a la oficina el próximo jueves.

REGLA 2 Use los tiempos perfectos para relaciones de tiempo más complejas en las que se da por finalizada la acción.

- El **pretérito perfecto** expresa una acción que comenzó en el pasado y ya se ha concluido. Use el auxiliar *he, has, han,* etc. con el participio del verbo principal.

- El **pretérito pluscuamperfecto** expresa una acción que se concluyó en el pasado antes de que comenzara otra acción en el pasado. Use *había, habías, habían,* etc. con el participio del verbo principal.

- El **futuro perfecto** expresa una acción futura que comienza y termina antes del comienzo de otra acción futura. Use *habré, habrás, habrán,* etc. con el participio del verbo principal.

Pretérito perfecto: <u>He enviado</u> su solicitud a la Sra. Dávila.
Pretérito pluscuamperfecto: María ya <u>había comido</u> cuando yo llegué.
Futuro perfecto: En agosto ya Paula se <u>habrá graduado</u>.

Marque con una "X" la oración correcta.

_____ a. La conferencia ha terminado antes de que llegáramos.

_____ b. La conferencia había terminado antes de que llegáramos.

Usted acertó si escogió la *opción b.* En esa oración, el pretérito pluscuamperfecto se utiliza correctamente porque describe una acción pasada que concluyó *(la conferencia había terminado)* antes de que comenzara la segunda acción *(llegáramos).*

---

tiempo verbal
describe cuándo ocurre una acción o cuándo una condición es verdadera

SUGERENCIA

En los tiempos compuestos sólo cambia el auxiliar *haber*. El participio no varía: *Nosotros hemos trabajado. Nosotros habíamos trabajado. Nosotros habremos trabajado.*

ENFOQUE EN LAS DESTREZAS DE GED

A. Complete cada oración con el tiempo correcto del verbo entre paréntesis. según se indique.

1. (votará, votó) En el mes de marzo la ciudad _____*votó*_____ para que la nueva estación de bomberos se construyera en la calle Luna.

2. (había comenzado, comenzará) La contratista ya _____ la construcción.

3. (abrirá, abrió) Esto _____ el camino para el proyecto en junio del año próximo.

4. (había terminado, terminará) La construcción de la estación _____ este mismo año.

5. (habrá firmado, firma) La ciudad _____ un contrato con la compañía antes de la votación en marzo.

6. (asignó, asignará) Hace un mes, el estado _____ una suma de dinero en su presupuesto para el proyecto.

7. (esperamos, habremos esperado) Todos _____ que se apruebe un nuevo impuesto sobre las ventas en noviembre.

8. (recuperó, habrá recuperado) Para el año próximo la ciudad _____ los fondos invertidos por medio de los impuestos.

B. Corrija los tiempos verbales de este párrafo. Hay 11 errores.

    Muchos de los fracasos principales en el siglo pasado ~~ocurren~~ *occurrieron* por error, arrogancia o descuido. Los deslices fueron cometidos por personas, empresas y naciones por igual. A mitad de siglo, un piloto llamado Douglas Corrigan comete un error increíble. Supuestamente debió aterrizar en California en un viaje desde Brooklyn, pero en vez de hacerlo, volaría a Irlanda. No ha de sorprender que esa distracción le valga el sobrenombre de "Corrigan Ruta Equivocada". Por su parte, Chile también atraviesa momentos difíciles debido a un error por descuido. Un corredor de bolsa escribió accidentalmente "comprar" en vez de "vender", y destruye una buena parte de la economía nacional. Durante "El Gran Salto Adelante" el gobierno chino implanta una nueva agricultura "tecnológica". En vez de incrementar los suministros de alimentos, la producción disminuirá drásticamente, con lo cual provoca una hambruna general. Incluso se producían desastres en el espacio. Por ejemplo, una nave sin tripulación con un costo de varios miles de millones de dólares desaparece misteriosamente en Marte.

C. Escriba acerca del siguiente tema.

    El párrafo en el Ejercicio B trata acerca de algunos errores principales en la historia. Escriba un párrafo sobre un error que usted haya cometido. Puede ser un error divertido o un error serio. Luego corrija los tiempos verbales del párrafo o cualquier otro error que haya en el párrafo.

Las respuestas comienzan en la página 290.

Uniformidad y secuencia

Los tiempos verbales dentro de una oración o párrafo deben tener uniformidad, o sea, estar todos en pretérito, en pasado, o en futuro (a menos que el significado exija un cambio en el tiempo verbal).

Las claves en una oración o párrafo nos muestran a menudo qué tiempo debe usarse. En ocasiones otros verbos de la oración pueden decirnos qué tiempo es necesario, mientras que en otras es preciso leer todo el párrafo para hallar el tiempo correcto.

REGLA 1 Evite cambios innecesarios en el tiempo verbal dentro de la oración o párrafo.

Inconsistente: El miércoles pasado una compañera se sentó a mi lado y actúa como si jamás me hubiera visto.

Consistente El miércoles pasado una compañera se sentó a mi lado y actuó como si jamás me hubiera visto.

En la primera oración *El miércoles pasado* indica pretérito, por lo que el verbo *sentó* es correcto. Como la acción en la segunda cláusula ocurre en el mismo tiempo, debería estar también en pretérito: *actuó*.

REGLA 2 En una oración compleja, use el mismo tiempo verbal en cada cláusula, a menos que la acción en la segunda cláusula ocurra en un tiempo diferente.

Incorrecto: Cuando la saludé ella no reacciona.
Correcto: Cuando la saludé ella no reaccionó.

Ambas acciones ocurrieron en pasado, por lo que deben estar en el pretérito. Pero vea este ejemplo:

Incorrecto: Si se comporta así nuevamente, me irrito.
Correcto: Si se comporta así nuevamente, me irritaré.

En la primera oración los verbos *comportar* e *irritar* están en presente. Sin embargo, la acción en la segunda cláusula ocurrirá *después* de la acción en la primera cláusula, por lo que el verbo *irrito* debe cambiarse al futuro *irritaré*.

Marque con una "X" la oración que contenga un cambio incorrecto de tiempo verbal.

_____ a. Juan necesitaba trabajar así que fue a una agencia de empleo.

_____ b. Juan pidió una solicitud y se sentó a llenarla.

_____ c. Lo entrevistan después que llenó la planilla.

_____ d. Le dijeron que la Sra. Álvarez le informará la próxima semana.

Usted acertó si escogió la *opción c.* Ambas acciones se realizaron en el pasado, por lo cual los verbos deben tener uniformidad: *Lo entrevistaron después de que llenó la planilla.*

SUGERENCIA

Busque siempre expresiones de tiempo que den claves en torno al tiempo verbal, como *ahora, pasado, próximo, después, durante, mientras, desde.* Las frases también pueden darnos claves. Por ejemplo: *en este momento* expresa el tiempo presente; *en 1900* expresa el pretérito; *el año próximo* denota el futuro.

A. Subraye en cada oración la palabra o palabras que den claves para determinar el tiempo verbal correcto. Luego complete las oraciones con una forma del verbo en paréntesis.

1. (cumplir) Cuando los chicos _____*cumplen*_____ 18 años <u>tienen</u> que inscribirse en la reserva militar.

2. (establecer) La ley _____ que todos los ciudadanos y residentes estadounidenses del sexo masculino deben inscribirse dentro de los 30 días posteriores a cumplir 18 años.

3. (recibir) A los 90 días de la inscripción, los hombres _____ un acuse de recibo por correo.

4. (estar) Sin embargo, esa inscripción no implica que la persona _____ alistada en el ejército.

5. (ordenar) A principios de los años 70, el Presidente y el Congreso _____ el reclutamiento obligatorio para la Guerra de Vietnam.

6. (haber, imponer) Desde 1973, el gobierno no _____ el reclutamiento obligatorio a las filas del ejército.

7. (llamar) En la actualidad, sólo se _____ a filas en caso de una guerra o emergencia nacional.

B. Corrija los errores de tiempo verbal en este artículo que trata acerca del establecimiento de límites. Hay 10 errores.

Cree
¿~~Creyó~~ usted que dice "No" con demasiada frecuencia a sus hijos? Los psicólogos tenían algunas

sugerencias útiles para el establecimiento de límites. Por tanto, si su hijo le pedirá un juguete nuevo o

un viaje a la heladería, diga que necesita tiempo para decidirse. Decir "Dame un minuto" le da tiempo

para pensar acerca de la situación antes de responderá. Sus hijos deben comprender que si insisten para

obtener una respuesta inmediata, la respuesta era negativa. No obstante, si le han dado tiempo para

pensarlo, la respuesta pudo ser positiva.

Otra táctica para establecer límites es decir a sus hijos que deben convencerlo de que su solicitud es

válida. Sus hijos aprendieron a negociar, y usted tomará una decisión más justa. Si está cansado o irritado,

hágales saber que no es un buen momento para tomar una decisión. Dígales que usted decide después que

se calme. Como pronto han aprendido sus hijos, a menudo las respuestas a la ligera son las menos eficaces.

C. Escriba acerca del siguiente tema.

El artículo que corrigió en el Ejercicio B le da algunos consejos para el establecimiento de límites. Escriba un párrafo acerca de los consejos que usted daría a las personas que sienten que ceden a la voluntad de otros con demasiada frecuencia. Luego, corrija los errores en tiempos verbales o cualquier otro error que haya en el párrafo.

Las respuestas comienzan en la página 290.

Instrucciones: Elija la respuesta que mejor responda a cada pregunta.

Las preguntas 1 a 5 se refieren a la siguiente carta.

Estimado cliente:

(A)

(1) Gracias por comprar en Casa Puerto. (2) Nos ha complacido ser su fuente de suministro de artículos de calidad para el hogar. (3) Sentimos mucho que se haya demorado su pedido. (4) Estamos esperando que los vendedores nos envíen el producto y se lo enviaremos dentro de los próximos treinta días. (5) En cuanto llegue el producto a nuestros almacenes, procederemos a efectuar el envío.

(B)

(6) Si prefiere cancelar su pedido, esté llamando a nuestro departamento de servicios cuando estime conveniente. (7) No facturaremos a su tarjeta de crédito hasta que hagamos el envío. (8) Apreciaremos su paciencia y esperamos servirle nuevamente.

1. Oración 2: **Nos ha complacido ser su fuente de suministro de artículos de calidad para el hogar.**

   ¿Qué corrección se debe hacer en la oración 2?

   (1) sustituir ha por había
   (2) sustituir ha complacido por complace
   (3) sustituir ser por haber sido
   (4) añadir una coma después de fuente
   (5) no se requiere hacer ninguna corrección

2. Oración 4: **Estamos esperando que los vendedores nos envíen el producto y se lo enviaremos dentro de los próximos treinta días.**

   ¿Cuál es la mejor manera de escribir la parte subrayada de la oración? Si la redacción original es la mejor, escoja la opción (1).

   (1) enviaremos
   (2) habíamos enviado
   (3) estamos enviando
   (4) enviamos
   (5) enviar

3. Oración 5: **En cuanto llegue el producto a nuestros almacenes, procederemos a efectuar el envío.**

   Si se vuelve a redactar la oración 5 comenzando con

   Procederemos a efectuar el envío en cuanto

   la próxima palabra o palabras serían:

   (1) habrá llegado
   (2) estaba llegando
   (3) llegue
   (4) esté llegando
   (5) llegando

4. Oración 6: **Si prefiere cancelar su pedido, esté llamando a nuestro departamento de servicios cuando estime conveniente.**

   ¿Qué corrección se debe hacer en la oración 6?

   (1) sustituir prefiere por estar prefiriendo
   (2) eliminar la coma después de pedido
   (3) sustituir pedido por pedido. Esté
   (4) sustituir esté llamando por llame
   (5) no se requiere hacer ninguna corrección

5. Oración 8: **Apreciaremos su paciencia y esperamos servirle nuevamente**.

   ¿Cuál es la mejor manera de escribir la parte subrayada de la oración? Si la redacción original es la mejor, escoja la opción (1).

   (1) Apreciaremos
   (2) Hemos apreciado
   (3) Estamos apreciando
   (4) Habremos apreciado
   (5) Apreciamos

Las preguntas 6 a 9 se refieren al siguiente artículo.

Productos agrícolas sanos

(A)

(1) Los consumidores sabían desde hace muchos años que los cultivadores tratan las plantaciones con pesticidas y otras sustancias químicas. (2) Por ejemplo, hace varios años los consumidores expresan su descontento cuando se enteraron de que se estaba utilizando una sustancia química llamada Alar en manzanas y uvas para que aumentaran de tamaño y tuvieran mejor color. (3) El problema, entonces y ahora, es que los consumidores a menudo eligieron productos agrícolas con una apariencia excelente. (4) Dicha conducta del consumidor sólo contribuye a que los cultivadores utilicen sustancias químicas para hacer más atractivas las frutas y los vegetales.

(B)

(5) No obstante, el "asunto Alar" hizo que muchos consumidores recurrieran a mercados de productos orgánicos y mercados agrícolas. (6) En la medida en que crezca la demanda de productos libres de pesticidas, los productores se enfocan más en métodos de cultivo orgánico. (7) Por su parte, otros podrían adoptar métodos de ingeniería genética de frutas y vegetales, lo cual provocaría a su vez otras discusiones sobre temas de seguridad.

6. Oración 1: **Los consumidores sabían desde hace muchos años que los cultivadores tratan las plantaciones con pesticidas y otras sustancias químicas.**

   ¿Cuál es la mejor manera de escribir la parte subrayada de la oración? Si la redacción original es la mejor, escoja la opción (1)

   (1) sabían
   (2) supieron
   (3) sabieron
   (4) sabrán
   (5) saben

SUGERENCIA

Tome en cuenta el párrafo en su totalidad para decidir si el tiempo verbal es correcto en un ejercicio de GED. En ciertos casos, un verbo puede estar correcto en términos de gramática, pero incorrecto cuando se considera el significado del pasaje en su totalidad.

7. Oración 2: **Por ejemplo, hace varios años los consumidores expresan su descontento cuando se enteraron de que se estaba utilizando una sustancia química llamada Alar en manzanas y uvas para que aumentaran de tamaño y tuvieran mejor color.**

   ¿Qué corrección se debe hacer en la oración 2?

   (1) eliminar la coma después de ejemplo
   (2) sustituir expresan por expresaron
   (3) añadir una coma después de descontento
   (4) sustituir expresan por habrán expresado
   (5) no se requiere hacer ninguna corrección

8. Oración 3: **El problema, entonces y ahora, es que los consumidores a menudo eligieron productos agrícolas con una apariencia excelente.**

   ¿Cuál es la mejor manera de escribir la parte subrayada de la oración? Si la redacción original es la mejor, escoja la opción (1).

   (1) eligieron
   (2) habían elegido
   (3) han elegido
   (4) eligen
   (5) estarán eligiendo

9. Oración 6: **En la medida en que crezca la demanda de productos libres de pesticidas, los productores se enfocan más en métodos de cultivo orgánico.**

   Si se vuelve a redactar la oración 6 comenzando con

   En la medida en que crezca la demanda de productos libres de pesticidas, más productores

   la próxima palabra o palabras serían

   (1) estarán enfocándose
   (2) se habrán enfocado
   (3) se enfocarán
   (4) se están enfocando
   (5) se enfocando

Las respuestas comienzan en la página 291.

Instrucciones: Ésta es una prueba de práctica que dura diez minutos. Después de que transcurran los diez minutos, ponga una marca en la última pregunta que haya respondido. A continuación, termine la prueba y revise sus respuestas. Si la mayoría de sus respuestas fueron correctas, pero no terminó la prueba, trate de responder las preguntas más rápidamente la próxima vez. Elija la respuesta que mejor responda a cada pregunta.

Las preguntas 1 a 4 se refieren al siguiente artículo.

Consejos para lavar la ropa

(A)

(1) La tintorería en Estudios Acme ofrecen estos consejos profesionales para mantener la ropa en buen estado después de mucho uso.

(B)

(2) En primer lugar, jamás deseche la etiqueta con instrucciones de cuidado en una prenda de vestir. (3) Dentro de unos meses, seguramente olvida qué ropas deben ser lavadas a mano y cuáles deben ser lavadas en seco. (4) Cuando lleve la ropa a la tintorería, no separe los conjuntos de dos o más piezas. (5) Mantenga la ropa lejos de desodorantes, perfumes y spray para el cabello, los cuales son especialmente perjudiciales para las sedas, lanas y ropas hechas con fibras sintéticas (6) Si su ropa está manchada, hágaselo saber al empleado de la tintorería, pues todo lo que sepa acerca de la mancha aumentará la probabilidad de que la remueva. (7) Cuando una pieza de ropa esté manchada, lávela o llévela a la tintorería lo antes posible. (8) Si permanece demasiado tiempo en la bolsa de la ropa sucia la mancha se hará más profunda y será imposible eliminarla.

1. Oración 1: **La tintorería en Estudios Acme ofrecen estos consejos profesionales para mantener la ropa en buen estado después de mucho uso.**

   ¿Qué corrección se debe hacer en la oración 1?

   (1) sustituir ofrecen por ofrece
   (2) sustituir ofrecen por ofreció
   (3) añadir una coma después de consejos
   (4) sustituir ofrecen por ofreciendo
   (5) no se requiere hacer ninguna corrección

2. Oración 3: **Dentro de unos meses, seguramente olvida qué ropas deben ser lavadas a mano y cuáles deben ser lavadas en seco.**

   ¿Cuál es la mejor manera de escribir la parte subrayada de la oración? Si la redacción original es la mejor, escoja la opción (1).

   (1) seguramente olvida
   (2) había seguramente olvidado
   (3) habría seguramente olvidado
   (4) seguramente olvidará
   (5) habrá seguramente olvidado

3. Oración 5: **Mantenga la ropa lejos de desodorantes, perfumes y spray para el cabello, los cuales son especialmente perjudiciales para las sedas, lanas y ropas hechas con fibras sintéticas.**

   ¿Qué palabras incluiría el mejor cambio a la oración 5?

   (1) sedas, ropas de lana y ropas hechas con fibras sintéticas
   (2) sedas y lanas y ropas hechas con fibras sintéticas
   (3) ropas de seda y lana y ropas sintéticas
   (4) sedas, lanas y ropas que fueron hechas con fibras sintéticas
   (5) sedas, lanas y ropas sintéticas

4. Oración 8: **Si permanece demasiado tiempo en la bolsa de la ropa sucia la mancha se hará más profunda y será imposible eliminarla.**

   ¿Qué corrección se debe hacer en la oración 8?

   (1) sustituir permanece por permaneciendo
   (2) sustituir permanece por sido
   (3) añadir una coma después de sucia
   (4) sustituir hará por ha hecho
   (5) añadir una coma después de profunda

Las preguntas 5 a 9 se refieren a la siguiente carta.

Estimado cliente:

(A)

(1) El Buró de Precios había aprobado una ligera disminución en los precios básicos para los clientes de la compañía eléctrica Torre el primero de noviembre pasado. (2) El ajuste reducirá su cuenta de electricidad entre un 3 y un 4 por ciento el próximo año. (3) La reducción es resultado de dos importantes factores. (4) En primer lugar, recientemente Torre se unió a la compañía eléctrica Consolidada. (5) Esta fusión resulta en ahorros sustanciales al combinar las fuentes de suministro y los costos administrativos de ambas firmas. (6) En segundo lugar, el Buró aprobó un incremento muy bajo en precios de distribución el año pasado estos fondos permitieron una actualización de la instalación de Torre.

(B)

(7) Su factura se basa en cuánta energía usted consume. (8) También en si es cliente residencial o comercial. (9) Si tiene alguna pregunta acerca de estos precios, por favor llame al Número de Servicio al Cliente que aparece en su factura.

5. Oración 1: **El Buró de Precios había aprobado una ligera disminución en los precios básicos para los clientes de la compañía eléctrica Torre el primero de noviembre pasado.**

   ¿Qué corrección se debe hacer en la oración 1?

   (1) sustituir había aprobado por aprobó
   (2) sustituir había aprobado por aprobará
   (3) añadir una coma después de precios
   (4) añadir una coma después de compañía
   (5) no se requiere hacer ninguna corrección

6. ¿Qué cambio haría más efectiva esta carta?

   Comenzar un párrafo nuevo con

   (1) la oración 2
   (2) la oración 3
   (3) la oración 4
   (4) la oración 6
   (5) la oración 9

7. Oración 5: **Esta fusión resulta en ahorros sustanciales al combinar las fuentes de suministro y los costos administrativos de ambas firmas.**

   ¿Qué corrección se debe hacer en la oración 5?

   (1) sustituir resulta por resultará
   (2) sustituir resulta por resultó
   (3) añadir una coma después de ahorros
   (4) sustituir ahorros sustanciales por ahorros
   (5) no se requiere hacer ninguna corrección

8. Oración 6: **En segundo lugar, el Buró aprobó un incremento muy bajo en precios de distribución el año pasado estos fondos permitieron una actualización de la instalación de Torre.**

   ¿Cuál es la mejor manera de escribir la parte subrayada de la oración? Si la redacción original es la mejor, escoja la opción (1).

   (1) pasado estos
   (2) pasado, estos
   (3) pasado. Estos
   (4) pasado y estos
   (5) pasado, sin embargo, estos

9. Oraciones 7 y 8: **Su factura se basa en cuánta energía usted consume. También en si es cliente residencial o comercial.**

   ¿Qué palabras incluiría la forma más efectiva de combinar las oraciones 7 y 8?

   (1) En función de cuánta energía usted consume,
   (2) Su cuenta no sólo se basa
   (3) en el consumo de energía, sino también en si
   (4) usted consume, así como en si
   (5) A los clientes residenciales o comerciales se les cobra

Las respuestas comienzan en la página 291.

Cuando usted escribe un texto con varios párrafos, es importante que incluya una introducción y una conclusión. Una **introducción** al inicio informa al lector acerca de lo que usted desea escribir. Una **conclusión** al final recapitula lo que se ha escrito.

Supongamos que un supervisor quiere escribir un memorándum acerca de la creación de un centro de trabajo seguro. Veamos las notas que organizó.

> Las medidas de seguridad:
> 1. ahorran tiempo
> 2. ahorran dinero
> 3. salvan vidas

Una buena introducción debe informar a los trabajadores de qué tratará el memorándum. A continuación se presenta la introducción que escribió el supervisor:

> Tener un centro de trabajo seguro es un objetivo de suma importancia en nuestra compañía, Tecnosistemas. Si nuestro centro no es seguro, no podemos hacer bien nuestro trabajo. Recuerden que la seguridad ahorra tiempo y dinero, y más importante aún, salva vidas.

Luego de esta introducción, el supervisor dio ejemplos de cómo podrían ahorrar tiempo y dinero, y salvar vidas al obedecer las medidas de seguridad. Finalmente, redactó una conclusión para resumir los puntos principales de su memorándum.

Marque con una "X" la mejor conclusión para el memorándum del supervisor.

____ Conclusión 1

Como todos saben, la seguridad es el objetivo primordial de Tecnosistemas. Cuando cumplimos con las medidas establecidas, ahorramos tiempo al no cometer errores. Al tomar todas las precauciones necesarias, también ahorramos dinero porque los trabajadores no sufren lesiones. Pero, más importante aún, podemos salvar vidas si simplemente ponemos en práctica las normas de seguridad.

____ Conclusión 2

La seguridad es un objetivo importante en Tecnosistemas, al igual que las ganancias. Si trabajamos duro y seguimos las normas de seguridad, podremos cumplir nuestras metas de venta y producción, y todo nuestro equipo recibirá su bonificación máxima.

Usted acertó si escogió la *Conclusión 1*, pues toma en cuenta los puntos principales que el escritor trató en su memorándum.

El enlace personal

1. **En su diario, escriba un párrafo acerca de un objetivo importante para usted.** Por ejemplo, tal vez uno de sus objetivos principales sea organizar sus finanzas o recaudar dinero para una causa por la cual sienta pasión, como las investigaciones para la cura del cáncer; un comedor local o la limpieza de desechos tóxicos en la región donde usted vive.

2. **En otra hoja de papel escriba una carta en la que describa su objetivo a un amigo. Use las ideas de su diario. Incluya la introducción y conclusión.**

El enlace GED

1. **Lea el siguiente tema. Escriba en una hoja de papel tantas ideas como pueda acerca del tema. Probablemente quiera usar alguna de sus ideas de El enlace personal.**

¿Qué tan importante es establecer objetivos en la vida? Use sus propias observaciones, experiencias y conocimientos.

---

2. **Escriba en la misma hoja de papel al menos tres párrafos sobre el tema anterior. Use sus ideas de El enlace GED.**

Corregir

Lea sus párrafos. Compruebe que ha incluido una introducción que informe de lo que tratará la redacción, y una conclusión que repase lo que ha escrito. Luego, revise la redacción para detectar otros errores.

Recordatorio de la carpeta

Ponga los párrafos de El enlace GED en su carpeta.

Las respuestas comienzan en la página 292.

DESTREZA DE GED **Participio y gerundio**

Los **participios** y **gerundios** son formas derivadas del verbo que funcionan como adjetivos y adverbios respectivamente. Se pueden utilizar con o sin **verbos auxiliares** (verbos que se utilizan para conjugar otros verbos) para formar otros tiempos además del presente, pretérito y futuro.

participio
forma derivada del verbo que funciona como adjetivo

gerundio
forma derivada del verbo que funciona como adverbio

verbos auxiliares
verbos que se utilizan para conjugar otros verbos

REGLA 1: Los participios de los verbos regulares tienen las terminaciones -*ado(a)(s)*, *ido(a)(s)* y se unen primordialmente al verbo auxiliar *haber*. Cuando acompañan al sustantivo, funcionan como adjetivos.

Participio: Terminadas las lecciones, salimos del salón.
Participio: No ha probado bocado desde esta mañana.
Participio: Es una muchacha estimada por todos.

REGLA 2: Los gerundios se forman agregando las terminaciones -*ando* o -*iendo* y se unen primordialmente al verbo auxiliar *estar*. Cuando modifican al verbo, funcionan como adverbios.

Gerundio: Corriendo así, ganarás la competencia.
Gerundio: Anita está compitiendo en la Carrera del Pavo.
Gerundio: Marco llegó cantando una linda melodía.

REGLA 3: Los verbos auxiliares indican el tiempo y la persona gramatical, mientras que los participios y gerundios no varían.

Participios: hemos cantado, habremos cantado, ha cantado
Gerundios: estarán cantando, estoy cantando, estarías cantando

Marque con una "X" la oración cuya forma verbal sea incorrecta.

_____ a. Se han observado que las personas optimistas viven más.

_____ b. Muchas personas están considerando hacer ejercicio.

Usted acertó si escogió la *opción a*. La oración contiene una forma equivocada del verbo auxiliar *haber*. La oración debería ser: *Se ha observado que las personas optimistas viven más.*

A. Utilice el verbo entre paréntesis para llenar cada espacio en blanco con el participio o gerundio adecuado.

1. (observar) Los investigadores han _____*observado*_____ que las personas optimistas viven más.

2. (confirmar) "Nuestro estudio ha _____ nuestra hipótesis", dijo uno de los médicos.

3. (demostrar) Lo que estos estudios están _____ es que la actitud es importante para la salud.

4. (rastrear) Desde hace 30 años, un equipo ha estado _____ los hábitos de 800 neoyorquinos.

5. (distribuir) Los voluntarios fueron _____ en tres grupos: optimistas, pesimistas, y una combinación de ambos.

6. (estudiar) El estudio probó que el 20% de los optimistas _____ aún viven.

7. (cuidar) Aparentemente, las personas optimistas se han _____ más y son menos propensas a la depresión.

B. Corrija las formas incorrectas del verbo. Es probable que en algunos casos haya más de una manera de corregir el error. Contiene 8 errores.

Estimado cliente:

En un esfuerzo por brindarle acceso a servicios de Internet más avanzados, hemos ~~actualizar~~ *actualizado* nuestro sistema para ir aumentado el rendimiento. Nuestros archivos indican que usted ha estando utilizando un modem tipo B-45. Nuestro sistema actualizando requiere un nuevo módem que le permita evitar interrupciones en su servicio de Internet de alta velocidad. Hemos reservando un nuevo modem para su computadora, el cual le proporcionará los mismos servicios que el modem que está usada ahora.

La instalación automática fue especialmente diseñado para que se realice de forma rápida y fácil. Le sugerimos que siga las instrucciones adjuntas para llevar a cabo el proceso de instalación. Si prefiere que nosotros lo instalemos, déjenoslo saber. En estos momentos, nos está tomado entre tres y seis semanas concertar una cita con un técnico. Los clientes que acepten instalar el modem sin ayuda técnica, recibirán un reembolso de $50.

C. Escriba acerca del siguiente tema.

El texto que acaba de corregir en el Ejercicio B es una carta de una empresa a un cliente. Escriba una carta a una empresa como si fuera uno de sus clientes. Pregunte por un producto o servicio que le interese. Luego corrija la carta para asegurarse de que no haya formas verbales incorrectas u otros errores.

Las respuestas comienzan en la página 292.

Formas irregulares del participio

Los participios irregulares no contienen las terminaciones regulares del participio -ado(a)(s), -ido(a)(s).

REGLA 1: Algunos participios irregulares terminan en -cho, -so o -to.

Infinitivo	Participio
decir	dicho
romper	roto
ver	visto
hacer	hecho
volver	vuelto

Infinitivo	Participio
poner	puesto
cubrir	cubierto
abrir	abierto
morir	muerto
escribir	escrito

REGLA 2: Para formar ciertos participios, se puede utilizar tanto la forma regular como la irregular. Fíjese en las distintas terminaciones de los participios irregulares a continuación.

Infinitivo	Participio regular	Participio irregular
convertir	convertido	converso
bendecir	bendecido	bendito
proveer	proveído	provisto
incluir	incluido	incluso
maldecir	maldecido	maldito

Infinitivo	Participio regular	Participio irregular
atender	atendido	atento
confesar	confesado	confeso
elegir	elegido	electo
concluir	concluido	concluso
despertar	despertado	despierto

REGLA 3: En los participios que aceptan ambas formas, la forma regular se utiliza para formar tiempos compuestos.

Participio regular: La oruga se ha convertido en mariposa.
Participio regular: Hemos elegido la directiva del equipo de pelota.

REGLA 4: En los participios que aceptan ambas formas, la forma irregular se utiliza para formar adjetivos.

Participio irregular: Pedro es un muchacho muy atento.
Participio irregular: Astrid fue la candidata electa.

Marque con una "X" la oración donde aparezca una forma verbal incorrecta.

_____ a.   La ventana está rompida. Ten cuidado de no cortarte.

_____ b.   Le hemos proveído instrucciones detalladas.

Usted acertó si escogió la *opción a*. El verbo *poner* debe llevar el participio irregular: *La ventana está rota. Ten cuidado de no cortarte.*

A. Escriba la forma correcta del verbo entre paréntesis.

1. (atender) María siempre ha _____*atendido*_____ las instrucciones del supervisor.

2. (atender) Ella es una empleada _____.

3. (romper) Además, nunca ha _____ ninguna de las normas de la compañía.

4. (hacer) Ella ha _____ grandes esfuerzos para tener asistencia perfecta.

5. (elegir) La gerencia va a anunciar que ha _____ al empleado del mes.

6. (elegir) De seguro que María es la empleada _____.

7. (despertar) El bebé se ha _____ a las 6 de la mañana.

8. (despertar) Llevo _____ desde las 6 de la mañana.

9. (ver) ¡Nunca he _____ algo tan emocionante!

10. (cubrir) Todos nuestros gastos médicos están _____ por el seguro.

B. Corrija el siguiente diálogo, prestando especial atención a los participios irregulares. Contiene seis errores.

—Te he decido muchas veces que no dejes la puerta abrida. Me distrae el ruido de afuera —dijo Andrés malhumorado.

—Lo siento —murmuró Cristina mientras cerraba la puerta—. Necesito hablarte de varias cosas. Le he escribido una carta al Sr. Gómez, explicándole que al no asistir a la reunión del viernes ha rompido el contrato.

—¿Por qué no mejor le llamas por teléfono? —preguntó Andrés.

—Lo he hacido —respondió Cristina—. Pero no he logrado comunicarme. Le he volvido a llamar, pero no me pude comunicar.

—Bueno, pues entonces tendremos que esperar hasta que lea la carta y nos responda.

C. Escriba acerca del siguiente tema.

En el Ejercicio B corrigió un diálogo sobre cambiar hábitos. Escriba un párrafo en el que describa un cambio que ha logrado o desearía lograr. Luego corríjalo para asegurarse de que no haya formas verbales incorrectas y otros errores.

Las respuestas comienzan en la página 292.

Instrucciones: Elija la respuesta que mejor responda a cada pregunta.

Las preguntas 1 a 4 se refieren a la siguiente carta.

Servicios de Entrega San Pedrito
Parque Industrial #304
Calle Constancia
Morovis, Puerto Rico

Estimado Sr. Alvarado:

(A)

(1) Por favor acepte mi solicitud para el puesto de chofer de camioneta anunciado en el periódico *La Noticia.* (2) Conducido autos por más de cuatro años y hace seis meses que obtuve la licencia D de chofer. (3) En su anuncio se menciona que necesita un chofer para sus oficinas de Parque Industrial. (4) Estoy familiarizado con el área porque creciendo en esa zona.

(B)

(5) También tengo una considerable experiencia laboral. (6) Conduciendo una camioneta de repartos de la empresa Buenos Precios durante dos años. (7) Desde mayo, también me estoy desempeñado como chofer sustituto en la agencia Servicio Automovilístico.

(C)

(8) Agradeceré que me considere para el puesto. (9) Estaré en espera de su respuesta.

Queda de usted,
José Luis González

1. Oración 2: **Conducido autos por más de cuatro años y hace seis meses que obtuve la licencia D de chofer.**

   ¿Qué corrección se debe hacer en la oración 2?

   (1) cambiar conducido por conduciendo
   (2) cambiar conducido por conducí
   (3) añadir una coma después de autos
   (4) añadir He antes de conducido
   (5) cambiar obtuve por obtení

2. Oración 4: **Estoy familiarizado con el área porque creciendo en esa zona.**

   ¿Qué corrección se debe hacer en la oración 4?

   (1) cambiar Estoy por Soy
   (2) cambiar familiarizado por familiarizando
   (3) cambiar creciendo por crecido
   (4) cambiar creciendo por crecí
   (5) añadir he antes de creciendo

3. Oración 6: **Conduciendo una camioneta de repartos de la empresa Buenos Precios durante dos años.**

   ¿Cuál es la mejor manera de escribir la parte subrayada de la oración? Si la redacción original es la mejor, escoja la opción (1).

   (1) Conduciendo
   (2) He conducido
   (3) Conducí
   (4) He conduciendo
   (5) Conducido

4. Oración 7: **Desde mayo, también me estoy desempeñando como chofer sustituto de la agencia Servicio Automovilístico.**

   ¿Cuál es la mejor manera de escribir la parte subrayada de la oración? Si la redacción original es la mejor, escoja la opción (1).

   (1) estoy desempeñando
   (2) desempeñado
   (3) desempeñando
   (4) desempeñada
   (5) está desempeñando

Las preguntas 5 a 9 se refieren al siguiente artículo.

Una nueva preocupación para los adolescentes

(A)

(1) Las prioridades de los adolescentes han cambiando en los últimos años. (2) Por supuesto, a muchos jóvenes todavía les preocupan las notas, los amigos, las citas románticas y el trabajo. (3) Últimamente, sin embargo, los jóvenes han hacido suyo un problema nuevo y muy adulto: el miedo a la violencia.

(B)

(4) Una encuesta de un importante periódico y medio televisivo ha indicado que los jóvenes pensando que entre el 15 y el 50 por ciento de los adolescentes llevan armas blancas a la escuela. (5) Un 40 por ciento de los entrevistados temiendo por sus propias vidas. (6) Sin embargo, el 80 por ciento declaró que ningún miembro de su familia fue víctima de violencia en los últimos dos años. (7) Lamentablemente, hablar de sus miedos no es algo que muchos adolescentes hayan hecho con sus padres.

5. Oración 1: **Las prioridades de los adolescentes han cambiando en los últimos años.**

   ¿Cuál es la mejor manera de escribir la parte subrayada de la oración? Si la redacción original es la mejor, escoja la opción (1).

   (1) han cambiando
   (2) ido cambiando
   (3) han cambiado
   (4) cambiando
   (5) cambiado

6. Oración 3: **Últimamente, sin embargo, los jóvenes han hacido suyo un problema nuevo y muy adulto: el miedo a la violencia.**

   ¿Qué corrección se debe hacer en la oración 3?

   (1) eliminar la coma después de Últimamente
   (2) eliminar la coma después de embargo
   (3) cambiar hacido por hecho
   (4) cambiar suyo por suyos
   (5) añadir punto después de adulto

7. Oración 4: **Una encuesta de un importante periódico y medio televisivo ha indicado que los jóvenes pensando que entre el 15 y el 50 por ciento de los adolescentes llevan armas blancas a la escuela.**

   ¿Qué corrección se debe hacer en la oración 4?

   (1) añadir una coma después de periódico
   (2) cambiar ha indicado por indicando
   (3) añadir han antes de pensando
   (4) cambiar pensando por piensan
   (5) cambiar llevan por llevando

8. Oración 5: **Un 40 por ciento de los entrevistados temiendo por sus propias vidas.**

   ¿Cuál es la mejor manera de escribir la parte subrayada de la oración? Si la redacción original es la mejor, escoja la opción (1).

   (1) temiendo
   (2) temer
   (3) temido
   (4) haber temido
   (5) temen

9. Oración 7: **Lamentablemente, hablar de sus miedos no es algo que muchos adolescentes hayan hecho con sus padres.**

   Si se vuelve a redactar la oración 7 comenzando con

   Lamentablemente, muchos adolescentes

   las próximas palabras serían:

   (1) no habló
   (2) no han hablar
   (3) no hablando
   (4) no han hablado
   (5) no hablado

Las respuestas comienzan en la página 293.

Instrucciones: Ésta es una prueba de práctica que dura diez minutos. Después de que transcurran los diez minutos, ponga una marca en la última pregunta que haya respondido. A continuación, termine la prueba y revise sus respuestas. Si la mayoría de sus respuestas fueron correctas, pero no terminó la prueba, trate de responder las preguntas más rápidamente la próxima vez. Elija la respuesta que mejor responda a cada pregunta.

Las preguntas 1 a 4 se refieren al siguiente texto.

Cómo promover en los niños una actitud independiente

(A)

(1) ¿Le parece que la actitud de sus hijos pequeños le estuviera diciendo: "Quiero hacerlo yo"? (2) A continuación encontrará algunas sugerencias de cómo ayudar a los niños una vez empezado a mostrar que necesitan mayor independencia.

(B)

(3) Facilíteles la tarea de vestirse solos dándoles prendas que se puedan poner y quitar sin dificultad. (4) Por ejemplo, cómpreles pantalones con elástico en la cintura, que no tengan que abotonar ni abrochar. (5) Algunos padres están pusiendo en práctica la idea de escribir con tinta indeleble el nombre de sus hijos en el interior de cada prenda. (6) Esto ayuda a que los niños reconozcan tanto la parte de atrás y la del frente de su ropa, como la escritura de sus propios nombres. (7) Los niños pequeños también saben ponerse chaquetas que tengan una cremallera con lengüeta ancha. (8) Al principio, necesitan la ayuda de un adulto para unir las dos partes.

(C)

(9) Aprender a vestirse solos siendo un paso importante para los niños y, con mucha razón, se sienten orgullosos cuando lo logran.

1. Oración 2: **A continuación encontrará algunas sugerencias de cómo ayudar a los niños una vez empezado a mostrar que necesitan mayor independencia.**

   ¿Qué corrección se debe hacer en la oración 2?

   (1) cambiar encontrará por encontrar
   (2) cambiar cómo ayudar por cómo ayudando
   (3) añadir una coma después de niños
   (4) cambiar empezado por hayan empezado
   (5) añadir han antes de necesitan

2. Oración 5: **Algunos padres están pusiendo en práctica la idea de escribir con tinta indeleble el nombre de sus hijos en el interior de cada prenda.**

   ¿Qué corrección se debe hacer en la oración 5?

   (1) cambiar están por han
   (2) cambiar pusiendo por poniendo
   (3) cambiar de escribir por de escrito
   (4) añadir una coma después de hijos
   (5) añadir una coma después de padres

3. Oraciones 7 y 8: **Los niños pequeños también saben ponerse chaquetas que tengan una cremallera con lengüeta ancha. Al principio, necesitan la ayuda de un adulto para unir las dos partes.**

   ¿Qué palabras incluiría la forma más efectiva de combinar las oraciones 7 y 8?

   (1) aunque al principio necesiten
   (2) los más importante es que al principio
   (3) al principio, por ejemplo
   (4) no obstante
   (5) en todo caso

4. Oración 9: **Aprender a vestirse solos siendo un paso importante para los niños y, con mucha razón, se sienten orgullosos cuando lo logran.**

   ¿Qué corrección se debe hacer en la oración 9?

   (1) cambiar Aprender por Aprendiendo
   (2) añadir una coma después de solos
   (3) cambiar siendo por es
   (4) eliminar la coma después de razón
   (5) cambiar logran por logrado

Las <u>preguntas 5 a 9</u> se refieren a la siguiente carta.

Dormirse en el trabajo

(A)

(1) Las personas que viven en climas cálidos conociendo desde hace mucho las ventajas de tomar una siesta por las tardes. (2) Ahora empresas estadounidenses están empezado a "despertar" a las ventajas de tomar una siesta al mediodía. (3) Una de las razones del descubrimiento provenida de un estudio que muestra que la falta de rendimiento en el trabajo debido al agotamiento de los trabajadores ha costado alrededor de 18 mil millones de dólares. (4) Para evitar pérdidas como éstas, algunas compañías incluso han decidido habilitar "cuartos de dormir" para sus empleados. (5) Los resultados parecen satisfecho a ambas partes. (6) Cuando se reintegran al trabajo después de una siesta, los empleados se muestran más alertas, más rápidos en sus reacciones, y mejor para resolver problemas que sus somnolientos compañeros. (7) Más aun, como necesitan menos cafeína, suelen pasar más tiempo trabajando y menos junto a la cafetera.

(B)

(8) ¡Parece ser que dormirse en el trabajo puede tener sus ventajas!

5. Oración 1: **Las personas que viven en climas cálidos conociendo desde hace mucho las ventajas de tomar una siesta por las tardes.**

¿Qué corrección se debe hacer en la oración 1?

(1) añadir una coma después de <u>personas</u>
(2) cambiar <u>viven</u> por <u>vividas</u>
(3) cambiar <u>conociendo</u> por <u>conocen</u>
(4) cambiar <u>de tomar</u> por <u>de tomando</u>
(5) no se requiere hacer ninguna corrección

6. Oración 2: **Ahora empresas estadounidenses están empezado a "despertar" a las ventajas de tomar una siesta al mediodía.**

¿Qué corrección se debe hacer en la oración 2?

(1) cambiar <u>estadounidenses</u> a Estadounidenses
(2) cambiar <u>tomar</u> a tomando
(3) añadir una coma después de siesta
(4) eliminar las comillas a "despertar"
(5) cambiar <u>empezado</u> a empezando

7. Oración 3: **Una de las razones del descubrimiento provenida de un estudio que muestra que la falta de rendimiento en el trabajo debido al agotamiento de los trabajadores ha costado alrededor de 18 mil millones de dólares.**

¿Qué corrección se debe hacer en la oración 3?

(1) cambiar <u>provenida</u> por <u>proviene</u>
(2) añadir una coma después de <u>muestra</u>
(3) añadir una coma después de <u>trabajo</u>
(4) cambiar <u>ha costado</u> por <u>han costado</u>
(5) no se requiere hacer ninguna corrección

8. Oración 5: **Los resultados parecen <u>satisfecho a ambas partes.</u>**

¿Cuál es la mejor manera de escribir la parte subrayada de la oración? Si la redacción original es la mejor, escoja la opción (1).

(1) satisfecho
(2) satisfacer
(3) satisfaciendo
(4) satisfacido
(5) estar safisfechos

9. Oración 6: **Cuando se reintegran al trabajo después de una siesta, los empleados se muestran más alertas, más rápidos en sus reacciones, y mejor para resolver problemas que sus somnolientos compañeros.**

¿Qué palabras incluiría el mejor cambio a la oración 6?

(1) resuelven más problemas que
(2) revuelven los problemas mejor que
(3) evitan más problemas que
(4) menos somnolientos que
(5) y en mejores condiciones para resolver problemas que

Las respuestas comienzan en la página 293.

Ha aprendido la importancia de que en un escrito haya concordancia entre los tiempos verbales. También es necesario que se usen los tiempos verbales adecuados.

Los verbos que seleccione influirán su redacción. Los verbos denotan acción. Cuando utiliza verbos que denotan acción específica y fuerte, su redacción se torna más vívida y mucho más interesante.

Lea el siguiente párrafo y determine si las ideas del escritor resultan vívidas e interesantes.

> El trabajo arduo es bueno. Cuando las personas no tienen ayuda y por el contrario usan sus propias habilidades, les va bien. Mi tío, quien fue un veterano de Vietnam, es un buen ejemplo. No tenía una pierna por culpa de una mina. Tan pronto estuvo en casa, comenzó un negocio propio. Él fue un esposo, padre, negociante y ciudadano hasta que murió el año pasado. Se le recordará para siempre como alguien quien no tuvo ayuda de otros para hacer un buen porvenir.

¿Le parece que la redacción anterior contiene verbos vívidos y descriptivos? No. El párrafo contiene verbos como: *ser, tener, hacer, ir* y *estar*. Resulta difícil imaginarse la acción o identificarse con el tío del escritor.

Ahora lea la versión mejorada. Los verbos subrayados presentan un mejor cuadro del tío y de su vida.

> El trabajo arduo rinde fruto. Cuando las personas no pretenden que los demás los ayuden y por el contrario desarrollan y cuentan con sus propias habilidades, pueden alcanzar el éxito. Mi tío, quien combatió en la guerra de Vietnam, lo demostró a la perfección. Aunque perdió una pierna cuando una mina explotó a sus pies, tan pronto regresó a casa, se dedicó a montar un negocio propio. Él se casó, engendró tres hijos, logró el éxito en su negocio y fungió como ciudadano hasta que murió el año pasado. Vivirá para siempre en nuestros recuerdos como alguien quien no dependió de la ayuda de los demás para construir un buen porvenir.

A continuación, fíjese de nuevo en los dos ejemplos anteriores. Lea sólo los verbos subrayados del primer párrafo y luego del segundo. ¿Nota la ventaja de emplear verbos de acción específicos?

Marque con una "X" la oración que contenga el verbo de acción más específico.

_____ a. Nadie lo puede hacer todo por su cuenta.

_____ b. Nadie puede vencer todo obstáculo por su cuenta.

Usted acertó si escogió la *opción b*. La expresión *vencer todo obstáculo* es más específica, activa y fácil de visualizar que *hacer todo*.

El enlace personal

1. **Redacte un párrafo acerca de una ocasión en la que necesitó la ayuda de otra persona. Luego redacte otro párrafo acerca de lo que haría si alguien le pidiera ayuda.** Recuerde que el primer párrafo deberá estar en el pretérito y el segundo en el futuro. Emplee tantos verbos de acción como pueda.

2. **En el diario, escriba acerca de lo que se siente al necesitar ayuda.** ¿Es del tipo de persona que se siente cómoda al pedir ayuda o trata de resolver los asuntos por su cuenta?

El enlace GED

1. **Lea el siguiente recuadro. En una hoja aparte, apunte todas las ideas que se le ocurran sobre el tema. Si le parece, retome algunas de las ideas que desarrolló en la sección El enlace personal.**

> ¿Quién resulta más valeroso? ¿Una persona que solicita ayuda cuando la necesita o una persona que resuelve los problemas por su cuenta? Responda a la pregunta e incluya ejemplos de sus propias experiencias, observaciones y conocimientos.

2. **En la misma hoja, escriba por lo menos tres párrafos sobre el tema anterior. Retome las ideas que desarrolló en El enlace GED.**

Corregir

Lea los párrafos que redactó. Asegúrese de que haya utilizado verbos de acción específicos, y tiempos verbales consistentes y adecuados. Luego, corrija cualquier otro error en su redacción.

Recordatorio de la carpeta

Ponga los párrafos de El enlace GED en su carpeta.

Las respuestas comienzan en la página 294.

Lección 14

DESTREZA DE GED **Pronombres**

Pronombres personales

Los **pronombres personales** señalan a las personas gramaticales *(yo, ustedes)* y el número *(singular, plural)*. Frecuentemente van delante de un verbo y no suelen acompañar a los nombres.

pronombre personal señala a las personas gramaticales *(yo, ustedes)*, frecuentemente va delante de un verbo y no suele acompañar a los nombres

Pronombres personales		
Persona	**Singular**	**Plural**
Primera	yo, mí, me, conmigo	nosotros, nosotras, nos
Segunda	tú, usted, ti, te, contigo	ustedes, vosotros, vosotras, os
Tercera	él, ella, ello, sí, consigo, le, lo, la, se	ellos, ellas, sí, consigo, les, los, las, se

REGLA 1: Los pronombres personales *yo, nosotros, nosotras, tú, usted, ustedes, vosotros, vosotras, él, ella, ellos* y *ellas* funcionan como sujetos en la oración.

Sujeto: <u>Ella</u> redactó una composición espléndida.

REGLA 2: En ocasiones el pronombre personal se omite y se refleja en el verbo.

Implícito: <u>Disfruto</u> de una buena conversación. (Yo)

REGLA 3: Los pronombres personales deben concordar en género y número con el sustantivo que sustituye.

Incorrecto: Perdió un botón. La costurera <u>las</u> cosió.
Correcto: Perdió un botón. La costurera <u>lo</u> cosió.

Marque con una "X" la oración que use correctamente el pronombre personal.

_____ a. Ana no tiene con quien dejar la mascota. Me pidió que les cuidara por una semana.

_____ b. Ana no tiene con quien dejar la mascota. Me pidió que la cuidara por una semana.

Usted acertó si escogió la *opción b*, porque *la* es la sustitución correcta de *la mascota* ya que *la mascota* es femenino y singular *(ella)* y *les* es un pronombre plural.

SUGERENCIA

Para saber si un pronombre se puede omitir, "escuche" a ver cómo "suena" la oración con o sin él. Por ejemplo, determine cuál de los siguientes suena mejor: *Creo que yo voy al cine* o *Creo que voy al cine*. *Creo que voy al cine* suena mejor. En este caso, el *yo* no es imprescindible para saber de quién se habla.

A. Complete las siguientes oraciones con el pronombre personal que corresponda.

1. _____ pedí a Paco que llegara temprano a casa.

2. _____ fijé que Arturo y Marta estaban comprando el periódico. _____ vi desde la ventana de la sala.

3. Carla y tú cocinan muy bien. _____ son los mejores cocineros del restaurante.

4. ¿_____ dijiste a Raúl y a Patricia que no se olvidaran de llevar un paraguas?

5. Mi perrito siempre me sigue a todas partes y le gusta jugar _____.

6. A _____ no nos invitaron a la fiesta.

7. Juan y Rosa fueron los primeros en irse. _____ siempre tienen prisa.

8. ¿Qué pasa _____? ¿No te sientes bien?

B. En la siguiente invitación, reemplace las palabras subrayadas por pronombres personales o por frases qu contengan un pronombre personal. En los casos en el que el pronombre personal se pueda omitir, escríbalo entre paréntesis.

Queridos amigos:

El Departamento de Bomberos de Ciudad León y Juana Díaz (*Nosotros*) deseamos invitar a ustedes (*invitarles*) al baile anual

que se llevará a cabo el viernes 4 de mayo, a las 7:00 p. m. en el Club de Policías.

El grupo Salsa Latina animará la fiesta, por lo que agradecemos al grupo Salsa Latina su participación

en esta celebración y su deseo de animar a todos nosotros con su talento y buena música.

El precio de entrada incluye un bufete. Es necesario hacer la reservación lo antes posible. Por favor,

soliciten la reservación antes del 12 de abril. Las recaudaciones del evento serán donadas a los bomberos

que han resultado heridos en el cumplimiento del deber y beneficiarán a todos nosotros.

C. Escriba acerca del siguiente tema.

En el Ejercicio B usted corrigió una invitación para un baile con fines benéficos. Ahora escriba una carta de invitación para un evento que le gustaría organizar. Luego corrija los errores en el uso de los pronombres personales y otros errores.

Las respuestas comienzan en la página 294.

Pronombres posesivos

Los **pronombres posesivos** expresan pertenencia. Al igual que los personales, los posesivos indican la persona gramatical, el género y el número.

Pronombres posesivos		
Persona	**Singular**	**Plural**
Primera	mío(a), nuestro(a)	míos(as), nuestros(as)
Segunda	tuyo(a), vuestro(a)	tuyos(as), vuestros(as)
Tercera	suyo(a)	suyos(as)

Posesión: Los problemas de mi familia también son <u>míos</u>.

Concordancia con los antecedentes

El sustantivo al cual sustituye el pronombre posesivo es su **antecedente.** El pronombre posesivo debe concordar con su antecedente.

REGLA 1: El pronombre posesivo debe concordar con su antecedente en número (singular o plural).

Antecedente: Este <u>carro</u> es económico.
Pronombre posesivo: El <u>tuyo</u> no lo es.

Antecedente: Estos <u>pantalones</u> están pasados de moda.
Pronombre posesivo: Los <u>tuyos</u> no lo están.

REGLA 2: El pronombre posesivo debe concordar con su antecedente en **género** (masculino, femenino).

Antecedente: Las <u>compañeras de clase</u> de Maritza son simpáticas.
Pronombre posesivo: Las <u>mías</u>, no tanto.

REGLA 3: El pronombre posesivo debe concordar con su antecedente en **persona** (primera, segunda, tercera).

Antecedente: <u>Martín y yo</u> pertenecemos al mismo equipo de fútbol.
Pronombre posesivo: <u>Nuestro</u> equipo es excelente.

Marque con una "X" la oración correcta.

_____ a. Karen y María trajeron los materiales. Delia dejó los suyos.

_____ b. Víctor compró una casa nueva. El mío es usado.

Usted acertó si escogió la *opción a.* El posesivo se refiere a *los materiales* de Karen y María, por lo que se debe utilizar la tercera persona en plural y masculina. En la *opción b, casa* es femenino y *mío* es masculino, así que no hay concordancia.

---

antecedente
sustantivo al cual sustituye el pronombre posesivo

SUGERENCIA

Para determinar el pronombre que debe usar en una oración, busque su antecedente. Luego identifique la persona, el género y el número, y elija un pronombre que concuerde con el antecedente en los tres aspectos.

A. **Escriba un pronombre posesivo adecuado en cada espacio en blanco. Asegure que las respuestas concuerden en persona, género y número con los antecedentes. En ocasiones puede haber más de una respuesta correcta.**

1. Tus primos son de Orocovis. Los _____*míos*_____ son de San Juan.

2. Mis hijos toman clases en San Juan. Los _____ en Bayamón.

3. Mi pueblo natal, San Germán, se fundó en 1573. El _____, Coamo, en 1579.

4. El hogar de doña Panchi es en Adjuntas. El _____ es en Cabo Rojo.

5. Lares celebra la mayoría de sus festivales en la Plaza de Recreo, mientras que Orocovis

   celebra los _____ en las afueras del pueblo.

6. El nombre de mi pueblo, Guaynabo, significa "lugar de agua dulce" en taíno. ¿Qué significa

   el del _____?

7. Volaremos chiringas en el festival de Corozal. No olvides las _____.

8. Compramos mis bacalaítos en Loíza y los _____ en Luquillo.

9. Las máscaras de los vejigantes de Ponce son muy elaboradas, mientras que la _____ puede mejorar.

10. En el pueblo de Rincón solemos practicar el deporte del "surfing". Y en el _____, ¿cuál se practica?

B. **Lea las preguntas en esta columna de preguntas a un experto en reparaciones del hogar. Complétela con pronombres que concuerden con sus antecedentes. Escriba "implícito" entre paréntesis cuando el pronombre se pueda obviar.**

Mi esposa y yo acabamos de comprar una casa antigua y _____*la*_____ estamos arreglando

inspirados por el artículo en que usted explica cómo remodeló la _____. Compramos la

_____ a bajo costo porque necesitaba un sinnúmero de reparaciones. Recordamos que su

problema fue reparar el techo. El _____ ha sido el piso, que todavía se encuentra en mal

estado. Pienso que _____ enceraron demasiado durante tantos años. _____

Quisiéramos eliminar el encerado, y luego barnizar la madera. ¿Tiene _____ una idea mejor?

C. **Escriba acerca del siguiente tema.**

En el Ejercicio B corrigió una pregunta a un experto en reparaciones. Piense en algún problema en el que usted necesite ayuda. Redacte un párrafo en el que explique esa situación y solicite un consejo. Luego corrija los errores de concordancia entre pronombre y antecedente, o cualquier otra incorrección.

Las respuestas comienzan en la página 294.

Mutaciones en los pronombres y referencias claras

Una **mutación en los pronombres** se produce cuando la persona o número de un pronombre cambia de manera incorrecta dentro de una oración o párrafo.

REGLA 1: Evite las mutaciones en persona o número del pronombre, incluso del implícito.

Incorrecto: Cuando ellos escuchen la sirena, deberás hacerse a un lado.

Correcto: Cuando ellos escuchen la sirena, deberán hacerse a un lado.

En la primera oración hay una mutación pues *ellos* está en tercera persona plural, y el pronombre implícito contenido en el verbo *deberás* está en segunda persona singular.

Incorrecto: Sonia lo llamó hace una semana, y ellos ni siquiera respondieron su mensaje.

Correcto: Sonia los llamó hace una semana, y ellos ni siquiera respondieron su mensaje.

En la primera oración hay una mutación pues *lo* es singular y *ellos*, plural.

Un **antecedente confuso** implica que el lector no podrá determinar correctamente el antecedente de un pronombre.

REGLA 2: Cuando haya más de un antecedente posible, sea claro en el uso del pronombre para evitar confusión.

Confuso: Los valerosos bomberos salvaron a los que estaban atrapados en el quinto piso. Ellos se sintieron muy aliviados.

El lector no sabe a ciencia cierta si *Ellos* se refiere a *bomberos* o *a los que estaban atrapados*.

Claro: Los valerosos bomberos salvaron a los que estaban atrapados en el quinto piso. Los bomberos se sintieron muy aliviados.

REGLA 3: Evite los pronombres ambiguos que no tengan antecedentes.

Ambiguo: Bernardo quiere pertenecer al Departamento de Prevención de Incendios porque ellos son héroes de la comunidad.

El pronombre *ellos* no tiene antecedente.

Claro: Bernardo quiere pertenecer al Departamento de Prevención de Incendios porque los bomberos son héroes de la comunidad.

Subraye dos problemas con los pronombres en estas oraciones.

Yo uso un pase mensual para tomar el ómnibus. Ellos dicen que los pases resuelven muchos problemas para quienes usan el transporte público. Algunas compañías compran pases con descuento para sus empleados. Esos pases también les son mucho más económicos.

Usted acertó si escogió *Ellos* en la segunda oración (no tiene antecedente), y *les* en la última oración (no se sabe si sustituye a *compañías* o a *empleados*).

A. Vuelva a escribir cada oración para corregir los errores subrayados. Hay más de una forma correcta para remediar los errores.

1. Beatriz está muy contenta de haber tenido varias ofertas de empleo porque <u>la</u> dieron más posibilidades.

   Beatriz está muy contenta de haber tenido varias ofertas de empleo porque le dieron más posibilidades.

2. La compañía en Bayamón le ofreció un buen salario, y además <u>nos</u> pagarán los gastos de mudanza.

   _____

3. Cuando fui a trabajar a otra ciudad, <u>nos</u> fue fácil hacer nuevas amistades.

   _____

4. Cada vez que pienso en la decisión que tomé, <u>se siente</u> muy feliz.

   _____

5. La amiga de Beatriz le aconsejó que buscara un empleo local, pero <u>ella</u> no estaba segura.

   _____

6. Finalmente los jefes de Beatriz <u>me</u> ofrecieron una promoción y un aumento de salario, y ella cambió de idea.

   _____

B. Corrija la mutación de pronombres y las referencias que no estén claras en estos párrafos. Elimine los pronombres que se puedan omitir. Hay seis errores.

Cualquiera podría pensar que "una uña no se diferencia de otra", pero en realidad hay grandes
diferencias entre las uñas de las manos y ~~sus~~ *las* de los pies. Incluso si usted es diestro, nuestras uñas de la
mano derecha crecen con mayor rapidez que las de tu izquierda. Los podiatras también creen que las
uñas crecen con mayor celeridad en verano que en invierno, y que los cambios en su crecimiento se
deben a transformaciones en la circulación.

Para mantener la salud de las uñas, ellos tienen varios consejos. Córtelas en línea recta y, durante el
verano, use polvo y no almidón para los pies. Use siempre sandalias cuando usted se bañe en lugares
públicos. Finalmente, cámbiese las medias todos los días.

C. Escriba acerca del siguiente tema.

Los párrafos que corrigió en el Ejercicio B contiene consejos para la salud. Escriba un párrafo que
describa un consejo de este tipo que usted considere importante. Luego corrija los errores en la
mutación de pronombres, referencias que no están claras, y cualquier otro error.

Las respuestas comienzan en la página 294.

Instrucciones: Elija la respuesta que mejor responda a cada pregunta.

Las preguntas 1 a 4 se refieren al siguiente párrafo:

Para evitar la enfermedad de Lyme

(A)

(1) En verano debemos tomar precauciones para detectar cualquier síntoma de la Enfermedad de Lyme, que puede consistir en intoxicación de la piel o señales de resfriado. (2) La enfermedad, que se ha transformado en un preocupante problema, es provocada por la picada de una garrapata que vive en la piel de los ciervos o venados. (3) Hay algunas cosas que puede hacer para evitarla. (4) Cuando camine por un sitio con vegetación alta, en bosques o en playas, use pantalones largos. (5) Dice que debe introducir el ruedo de los pantalones en la parte superior de las medias. (6) Si su ropa es de colores claros, podrá detectar y eliminarlas antes de que tengan oportunidad de picarle.

(B)

(7) También debe colocarle collares contra garrapatas a sus mascotas (tanto a los perros como a los gatos) (8) Son muy importantes durante la temporada de la garrapata, que se extiende usualmente entre mayo y septiembre.

1. Oración 3: **Hay algunas cosas que puede hacer para evitarla.**

   ¿Qué corrección se debe hacer en la oración 3?

   (1) sustituir Hay por Tenemos
   (2) sustituir puede por podemos
   (3) sustituir cosas por procedimientos
   (4) sustituir evitarla por evitar la enfermedad
   (5) no se requiere hacer ninguna corrección

SUGERENCIA

Lea el párrafo completo cuando decida qué pronombre es el correcto en una pregunta de GED.

2. Oración 5: **Dice que debe introducir el ruedo de los pantalones en la parte superior de las medias.**

   ¿Cuál es la mejor manera de escribir la parte subrayada de la oración? Si la redacción original es la mejor, escoja la opción (1).

   (1) Dice que debe introducir
   (2) Usted debe introducir
   (3) Hay quien aconseja introducir
   (4) Siempre introducimos
   (5) Todos deben introducir

3. Oración 6. **Si su ropa es de colores claros, podrá detectar y eliminarlas antes de que tengan oportunidad de picarle.**

   ¿Qué corrección se debe hacer en la oración 6?

   (1) sustituir si su ropa por si nuestra ropa
   (2) eliminar la coma después de claros
   (3) añadir una coma después de eliminarlas
   (4) sustituir eliminarlas por eliminar las garrapatas
   (5) sustituir tengan por ellas tengan

4. Oración 8: **Son muy importantes durante la temporada de la garrapata, que se extiende usualmente entre mayo y septiembre.**

   ¿Qué corrección se debe hacer en la oración 8?

   (1) sustituir Son por Los collares son
   (2) sustituir temporada de la garrapata por esta
   (3) sustituir garrapata, que se por garrapata. Que se
   (4) sustituir extiende por dura
   (5) no se requiere hacer ninguna corrección

Las preguntas 5 a 9 se refieren al siguiente memorándum.

Memorándum

A: todos los empleados
De: Gonzalo Menéndez
RE: Transporte colectivo

(1) Recientemente Ricardo Torres nos informó a mi equipo de trabajo y a yo que el 76 por ciento de los trabajadores de la compañía conduce al centro de trabajo individualmente. (2) Me preocupa que este porcentaje sea tan alto. (3) Necesitamos estimular que algunos compañeros se ofrezcan a traer a otros al trabajo en sus automóviles. (4) Por ejemplo, Ricardo y mí nos dimos cuenta de que ambos pasamos por la calle Magnolia todos los días. (5) El lunes próximo vendremos juntos. (6) Ya Carolina Marín se ofreció a organizarlos en su departamento. (7) Si le interesa organizar algo similar en su departamento o anotarse para un transporte colectivo, debe darle su nombre y teléfono a Ricardo. (8) Él me la dará a mí, y yo la compilaré, y les daré los resultados.

5. Oración 1: **Recientemente Ricardo Torres nos informó a mi equipo de trabajo y a yo que el 76 por ciento de los trabajadores de la compañía conduce al centro de trabajo individualmente.**

    ¿Qué corrección se debe hacer en la oración 1?

    (1) añadir él después de Ricardo Torres
    (2) sustituir yo por mí
    (3) sustituir conduce por condujo
    (4) sustituir conduce por conducirá
    (5) no se requiere hacer ninguna corrección

6. Oración 4: **Por ejemplo, Ricardo y mí nos dimos cuenta de que ambos pasamos por la calle Magnolia todos los días.**

    ¿Cuál es la mejor manera de escribir la parte subrayada de la oración? Si la redacción original es la mejor, escoja la alternativa (1).

    (1) Ricardo y mí
    (2) mí y Ricardo
    (3) él y yo
    (4) yo y él
    (5) Ricardo y yo

7. Oración 6: **Ya Carolina Marín se ofreció a organizarlos en su departamento.**

    ¿Qué corrección se debe hacer en la oración 6?

    (1) sustituir Carolina Marín por mí
    (2) añadir ella después de Marín
    (3) sustituir ofreció por está ofreciendo
    (4) sustituir organizarlos por organizar el transporte colectivo
    (5) sustituir su por sus

8. Oración 7: **Si le interesa organizar algo similar en su departamento o anotarse para un transporte colectivo, debe darle su nombre y teléfono a Ricardo.**

    ¿Qué corrección se debe hacer en la oración 7?

    (1) sustituir le interesa por se interesa
    (2) añadir anotarse por anotarlo
    (3) añadir una coma después de anotarse
    (4) eliminar la coma después de transporte conjunto
    (5) no se requiere hacer ninguna corrección

9. Oración 8: **El me la dará a mí, y yo la compilaré, y les daré en breve los resultados.**

    ¿Qué palabras incluiría el mejor cambio a la oración 8?

    (1) a mí, compilándola y entregándola
    (2) El compilará y yo compilaré toda la información
    (3) me dará la información, y yo la compilaré
    (4) de manera que yo pueda compilar la información
    (5) compilar la información, y les daré

Las respuestas comienzan en la página 295.

Instrucciones: Ésta es una prueba de práctica que dura diez minutos. Después de que transcurran los diez minutos, ponga una marca en la última pregunta que haya respondido. A continuación, termine la prueba y revise sus respuestas. Si la mayoría de sus respuestas fueron correctas, pero no terminó la prueba, trate de responder las preguntas más rápidamente la próxima vez. Elija la respuesta que mejor responda a cada pregunta.

Las preguntas 1 a 4 se refieren al siguiente artículo.

Mujeres maratonistas

(A)

(1) Cerca de 6,000 mujeres compitieron en el más reciente Maratón de Boston, aunque durante décadas las mujeres no eran consideradas capaces de resistir en una carrera intensa. (2) Por varios años, se les han entregado premios en metálico a ganadores y ganadoras por igual. (3) En un momento, el presidente del Comité Olímpico trató incluso de prohibir que las mujeres corrieran en las Olimpiadas. (4) La prohibición fracasó, pero ellos limitó las carreras femeninas de larga distancia a 200 metros.

(B)

(5) Sin embargo, en 1966 las cosas comenzaron a cambiar para las corredoras. (6) Roberta Gibb desafió la competencia de maratón, ocultándose entre la multitud, terminando delante de 291 hombres "calificados" para llegar en la posición 124. (7) Aún así, pasaron algunos años antes que el Comité de Maratón se convencieran y les permitieran a las féminas participar en la carrera. (8) En 1972 nueve mujeres participaron. (9) Veinte años después, el número se elevó a 1,893. (10) En la actualidad casi estamos dejando de contar.

1. ¿Qué cambio haría más efectivo el texto "Mujeres maratonistas"?

   (1) eliminar la oración 2
   (2) trasladar la oración 2 al principio del párrafo A
   (3) Trasladar la oración 4 al principio del párrafo B
   (4) trasladar la oración 5 al final del párrafo A
   (5) no es necesario hacer ningún cambio

2. Oración 4: **La prohibición fracasó, pero ellos limitó las carreras femeninas de larga distancia a 200 metros.**

   ¿Qué corrección se debe hacer en la oración 4?

   (1) sustituir la prohibición por ésta
   (2) eliminar la coma después de fracasó
   (3) sustituir ellos por el Comité
   (4) sustituir limitó por ha limitado
   (5) no se requiere hacer ninguna corrección

3. Oración 7: **Aún así, pasaron algunos años antes que el Comité de Maratón se convencieran y les permitieran a las féminas participar en la carrera.**

   ¿Qué cambio se debe hacer en el párrafo B?

   (1) sustituir pasaron por pasó
   (2) sustituir convenciera por convincente
   (3) sustituir el Comité de Maratón por ellos
   (4) sustituir el comité de maratón se por comité de maratón. Se
   (5) sustituir las féminas por las corredoras

4. Oración 10: **En la actualidad casi estamos dejando de contar.**

   ¿Cuál es la mejor manera de escribir la parte subrayada de la oración? Si la redacción original es la mejor, escoja la opción (1).

   (1) casi estamos dejando
   (2) estamos casi dejando
   (3) casi hemos dejado
   (4) estaremos casi dejando
   (5) casi acabamos de dejar

Las preguntas 5 a 9 se refieren al siguiente texto.

Los monos capuchinos y los seres humanos

(A)

(1) En algunos países, los monos capuchinos ayudan a miles de personas con impedimentos físicos. (2) Los capuchinos son excelentes ayudantes en el hogar, con sus caras dulces, su viva disposición, y, además, ellos son inteligentes.

(B)

(3) Estos ágiles primates pueden aprender una amplia gama de tareas. (4) Por ejemplo, un capuchino entrenado puede cocinar alimentos en el horno microondas, llevarlas a la silla de ruedas, y alimentar a la persona a su cuidado. (5) Como los monos son tan pequeños, puede vivir fácilmente en un apartamento. (6) Más aún, si uno salta sobre el hombro de su dueño, él no sufrirá lesión alguna. (7) Lo más importante es que se convierten en apreciados compañeros, dedicados por completo a sus dueños. (8) Sus compañeros humanos también les otorgan atenciones.

5. Oración 2: **Los capuchinos son excelentes ayudantes en el hogar, con sus caras dulces, su viva disposición, y, además, ellos son inteligentes.**

   ¿Cuál es la mejor manera de escribir la parte subrayada de la oración? Si la redacción original es la mejor, escoja la opción (1).

   (1) ellos son inteligentes
   (2) su inteligencia
   (3) tienen una aguda inteligencia
   (4) siendo inteligentes
   (5) ellos también pueden ser inteligentes

6. Oración 4: **Por ejemplo, un capuchino entrenado puede cocinar alimentos en el horno microondas, llevarlas a la silla de ruedas, y alimentar a la persona a su cuidado.**

   ¿Qué corrección se debe hacer en la oración 4?

   (1) eliminar la coma después de Por ejemplo
   (2) eliminar la coma después de microondas
   (3) sustituir llevarlas por llevándolas
   (4) sustituir llevarlas por llevarlos
   (5) no se requiere hacer ninguna corrección

7. Oración 5: **Como los monos son tan pequeños, puede vivir fácilmente en un apartamento.**

   ¿Qué corrección se debe hacer en la oración 5?

   (1) sustituir son por es
   (2) eliminar la coma después de pequeños
   (3) sustituir los por estos
   (4) sustituir puede por puedes
   (5) sustituir puede por pueden

8. Oración 6: **Más aún, si uno salta sobre el hombro de su dueño, el no sufrirá lesión alguna.**

   ¿Qué corrección se debe hacer en la oración 6?

   (1) sustituir uno por ellos
   (2) sustituir su por sus
   (3) eliminar la coma después de dueño
   (4) sustituir el por él
   (5) no se requiere hacer ninguna corrección

9. Oración 8: **Sus compañeros humanos también les otorgan atenciones.**

   ¿Qué palabras incluiría el mejor cambio a la oración 8?

   (1) A pesar de todo,
   (2) Por su parte,
   (3) De otro modo,
   (4) Luego,
   (5) No obstante,

Las respuestas comienzan en la página 296.

punto de vista
la perspectiva desde la
cual se escribe algo

El **punto de vista** es la perspectiva desde la cual usted escribe. En ocasiones escribe desde su propio punto de vista en primera persona. En otras, escribe desde el punto de vista de segunda persona de su lector (como en este libro) o desde el punto de vista de tercera persona de alguien más.

Los pronombres personales utilizados en un texto son una clave para detectar el punto de vista del escritor. Esa es la razón por la cual el uso de los pronombres debe ser consistente. Lea el siguiente párrafo. Preste particular atención a los pronombres y a sus antecedentes.

> Una mujer que coloca sus propia necesidad por delante de todo no es egoísta, sino lista. Cuando usted se cuida a sí misma, una persona es más capaz de ayudar a los demás, Por ejemplo, si dedico todo mi tiempo y energía cuidando de mi familia, y no hago nada por mí misma, en poco tiempo serás una esposa y madre cansada, gruñona y desorganizada.
>
> Por otro lado, si yo me cuido a mí misma haciendo algunas de las cosas que me gustan, como ver una película o leer un libro, una persona tiene más energía y entusiasmo para hacer algunas de las cosas que tu familia necesita o desea hacer.

La escritora no ha sido consistente con su punto de vista. Veamos ese mismo texto escrito con un punto de vista consistente.

> Una mujer que coloca sus propias necesidades por delante no es egoísta, sino lista. Cuando una mujer se cuida a sí misma, es más capaz de ayudar a los demás. Por ejemplo, si una mujer dedica todo su tiempo y energía a cuidar a su familia, y no hace nada por sí misma, en poco tiempo será una esposa y madre cansada, gruñona y desorganizada.
>
> Por otra parte, si se cuida a sí misma haciendo algunas cosas que le gustan, como ver una película o leer un libro, ella tendrá más energía y entusiasmo para hacer algunas de las cosas que su familia necesita o desea hacer.

Cuando usted escribe, no hay puntos de vista correctos o errados. Lo importante es ser consistente en el uso del mismo punto de vista en todo el texto.

Vuelva a escribir las dos primeras oraciones en el ejemplo anterior usando el punto de vista de la segunda persona (usted).

_____

_____

_____

Usted acertó si escribió: *Si usted coloca sus propias necesidades por delante de todo no es egoísta, sino lista. Cuando usted se cuida a sí misma, es más capaz de ayudar a los demás.*

El enlace personal

1. Escriba una nota de consejo a una persona que tenga problemas en satisfacer sus necesidades. Use el punto de vista de segunda persona (usted).

_____

_____

_____

_____

_____

2. En su diario, responda a las siguientes preguntas. Tenga en cuenta que su redacción adopta naturalmente el punto de vista de la primera persona (yo).

   - ¿Piensa que se cuida a sí mismo?
   - ¿Cuidarse le ayuda a cuidar a los demás?
   - ¿Cómo alcanza un balance adecuado entre sus necesidades y las de los demás?

El enlace GED

1. Lea el siguiente tema. Escriba en una hoja de papel tantas ideas como pueda acerca del tema. Probablemente quiera usar alguna de sus ideas de El enlace personal.

   > ¿Está de acuerdo o no en que una persona debe cuidarse a sí misma antes que a los demás? Fundamente su opinión con observaciones personales, experiencias y conocimientos.

2. Escriba al menos dos párrafos sobre el tema anterior en la misma hoja de papel. Utilice sus ideas de El enlace GED.

Corregir

Lea sus párrafos, y preste especial atención al punto de vista. Luego lea con cuidado su redacción para detectar otros errores.

Recordatorio de la carpeta

Ponga sus párrafos de El enlace GED en su carpeta.

Las respuestas comienzan en la página 296.

Unidad 3 Repaso acumulativo Uso

Instrucciones: Elija la respuesta que mejor responda a cada pregunta.

Las preguntas 1 a 4 se refieren a la siguiente carta.

A quien corresponda:

(A)

(1) A menudo viajo utilizando los vuelos de Aerolíneas Expreso Locales (2) Recientemente, he tenido una bonita experiencia que es un ejemplo del excelente servicio que siempre recibo de Aerolíneas Expreso Locales.

(B)

(2) En mi último vuelo, dejé un libro de la biblioteca sobre el asiento que ocupaba en el avión. (4) Sé que no debo viajar con los libros de la biblioteca, pero desafortunadamente, uno lo hace. (5) No me acordé del libro hasta que llegué al transportador de equipajes, donde estaba esperando y se lo dije a una empleada de la recepción de equipajes. (6) Ella telefoneó a los empleados de la entrada, pidiéndoles que revisaran el avión. (7) Tristemente, ellos no encontraron mi libro ese día, ni tampoco durante las siguientes semanas. (8) Finalmente, llamé a la biblioteca para informar que el libro se había perdido. (9) La bibliotecaria me dijo que el libro había llegando por correo esa mañana.

(C)

(10) ¡Bravo por el personal de la aerolínea que se desplazo una millas más para que el libro llegara a su dueño! (11) Seguiré recomendando su aerolínea a amigos, parientes y asociados.

1. Oración 2: **Recientemente, he tenido una bonita experiencia que es un ejemplo del excelente servicio que siempre recibo de Aerolíneas Expreso Locales.**

   ¿Qué corrección se debe hacer en la oración 2?

   (1) cambiar he tenido por tuve
   (2) cambiar es por fue
   (3) colocar una coma después de servicio
   (4) sustituir siempre recibo por uno siempre recibe
   (5) cambiar recibo por he recibido

2. Oración 4: **Sé que no debo viajar con los libros de la biblioteca, pero desafortunadamente, uno lo hace.**

   ¿Qué corrección se debe hacer en la oración 4?

   (1) cambiar sé por sabía
   (2) eliminar la coma después de biblioteca
   (3) sustituir debo por debía
   (4) sustituir biblioteca, pero con biblioteca. Pero
   (5) sustituir uno lo hace con lo hice

3. Oración 5: **No me acordé del libro hasta que llegué al transportador de equipajes, donde estaba esperando y se lo dije a una empleada de la recepción de equipajes.**

   Si se vuelve a redactar la oración 5 comenzando con

   Mientras esperaba en el transportador de equipaje, yo

   la próxima palabra sería:

   (1) recuerdo
   (2) he recordado
   (3) recordé
   (4) estuve recordando
   (5) había recordado

4. Oración 9: **La bibliotecaria me dijo que el libro había llegando por correo esa mañana.**

   ¿Qué corrección se debe hacer en la oración 9?

   (1) sustituir La bibliotecaria por Ellos
   (2) cambiar dijo por dice
   (3) sustituir el libro por éste
   (4) cambiar había llegando por había llegado
   (5) no se requiere hacer ninguna corrección

Las preguntas 5 a 9 se refieren al siguiente artículo.

La isla de los tiburones

(A)

(1) En el océano Pacífico hay una isla de incomparable belleza llamada Cocos, "La isla de los tiburones". (2) Su abundancia de seres vivos son famosa en todo el mundo. (3) Peces que parecen joyas se encuentran alrededor de la isla, en su coral submarino, mientras cientos de tiburones los han cazado en grupos.

(B)

(4) La isla Coco es realmente el pico de un volcán extinguido. (5) Cuando las fuertes corrientes marítimas llegan hasta el volcán, han sido forzados hacia arriba. (6) Estas corrientes traen aguas frías que es rica en vida vegetal y alimento en la superficie. (7) Diminutas plantas y animales, conocidos colectivamente como plancton, crece cuando ellos están expuestos a la luz solar y alimento. (8) El plancton atrae al pez pequeño. (9) El pez pequeño atrae al pez más grande. (10) Finalmente, el pez más grande de la cadena atrae al tiburón que da el nombre a la isla.

5. Oración 2: **Su abundancia de seres vivos son famosa en todo el mundo.**

    ¿Cuál es la mejor manera de escribir la parte subrayada de la oración? Si la redacción original es la mejor, escoja la opción (1).

    (1) son
    (2) es
    (3) ha sido
    (4) han sido
    (5) siendo

6. Oración 3: **Peces que parecen joyas se encuentran alrededor de la isla, en su coral submarino, mientras cientos de tiburones los han cazado en grupos.**

    ¿Qué corrección se debe hacer en la oración 3?

    (1) cambiar alrededor por debajo
    (2) sustituir submarino, mientras por submarino. Mientras.
    (3) cambiar han cazado por cazando
    (4) cambiar han cazado por caza
    (5) no se requiere hacer ninguna corrección

7. Oración 5: **Cuando las fuertes corrientes marítimas llegan hasta el volcán, han sido forzados hacia arriba.**

    ¿Cuál es la mejor manera de escribir la parte subrayada de la oración? Si la redacción original es la mejor, escoja la opción (1).

    (1) han sido
    (2) son
    (3) estuvieron
    (4) estarán
    (5) siendo

8. Oración 7: **Diminutas plantas y animales, conocidos colectivamente como plancton, crece cuando ellos están expuestos a la luz solar y alimento.**

    ¿Qué corrección se debe hacer en la oración 7?

    (1) cambiar crece por crecen
    (2) cambiar ellos están por él está
    (3) cambiar están por estando
    (4) cambiar expuestos por siendo expuestos
    (5) sustituir la luz solar y alimento por ellos

9. Oraciones 8 y 9: **El plancton atrae al pez pequeño. El pez pequeño atrae al pez más grande.**

    ¿Qué grupo de palabras incluiría el mejor cambio a las oraciones 8 y 9?

    (1) pequeño y éste, a su vez, atrae
    (2) pequeño y ellos, a su vez, atraen
    (3) pequeño y uno, a su vez, atrae
    (4) pequeño y estos allí, a su vez, atraen
    (5) pequeños y ellos, a su vez, atraen

SUGERENCIA

Cuando elija una respuesta para una pregunta de GED, revísela leyendo nuevamente la oración con esa opción en su mente.

Las preguntas 10 a 14 se refieren al siguiente artículo.

Una mujer con distinciones

(A)

(1) Patricia Roberts Harris fue la primera mujer afro-americana incorporada al gabinete de Estados Unidos. (2) Sus puestos, durante la presidencia de Jimmy Carter, fue secretaria de Vivienda y Planeamiento urbano y secretaria de Salud, Educación y Bienestar social. (3) Además de sus puestos de gabinete, fue nombrada rectora de la escuela de leyes de la universidad de Howard y se desempeño como embajadora en Luxemburgo.

(B)

(4) Harris provenía de una familia humilde pero esto no fue un obstáculo para que lograra un gran nivel profesional. (5) En honor a su servicio público, una imagen de Harris aparece en una estampilla conmemorativa. (6) Es parte de la prestigiosa colección de estampillas de la herencia negra. (7) Esta serie, que honra a distinguidos afroamericanos, comenzaba en 1978 con la imagen de la abolicionista Harriet Tubman.

10. Oración 2: **Sus puestos, durante la presidencia de Jimmy Carter, fue secretaria de Vivienda y Planeamiento urbano y secretaria de Salud, Educación y Bienestar social.**

    ¿Qué corrección se debe hacer en la oración 2?

    (1) sustituir Sus puestos por Los puestos de Patricia Roberts Harris
    (2) eliminar la coma después de Carter
    (3) cambiar fue por fueron
    (4) eliminar la coma después de Salud
    (5) no se requiere hacer ninguna corrección

11. Oración 3: **Además de sus puestos de gabinete, fue nombrada rectora de la escuela de leyes de la universidad de Howard y se desempeño como embajadora en Luxemburgo.**

    ¿Qué corrección se debe hacer en la oración 3?

    (1) cambiar sus por unos
    (2) sustituir fue por es
    (3) añadir una coma después de escuela
    (4) añadir su después de escuela
    (5) no se requiere hacer ninguna corrección

12. Oración 4: **Harris provenía de una familia humilde pero esto no fue un obstáculo para que lograra un gran nivel profesional.**

    Si se vuelve a redactar la oración 4 comenzando con:

    Harris provenía de una familia humilde y aún así,

    la próxima palabra sería:

    (1) logra
    (2) está logrando
    (3) logrará
    (4) logró
    (5) había logrado

13. Oración 5: **En honor a su servicio público, una imagen de Harris aparecerá en una estampilla conmemorativa.**

    ¿Cuál es la mejor manera de escribir la parte subrayada de la oración? Si la redacción original es la mejor, escoja la opción (1).

    (1) aparecerá
    (2) aparece
    (3) ha aparecido
    (4) estuvo apareciendo
    (5) apareciendo

14. Oración 7: **Esta serie, que honra a distinguidos afroamericanos, comenzaba en 1978 con la imagen de la abolicionista Harriet Tubman.**

    ¿Cuál es la mejor manera de escribir la parte subrayada de la oración? Si la redacción original es la mejor, escoja la opción (1).

    (1) comenzaba
    (2) había comenzado
    (3) está comenzando
    (4) comenzará
    (5) comenzó

Las preguntas 15 a 19 se refieren a los siguientes párrafos.

Comprobar el nivel de aceite

(A)

(1) No hay mejor hábito que los nuevos conductores puedan aprender que controlar el nivel de aceite de su propio automóvil periódicamente. (2) A continuación presenta los pasos que usted debe seguir.

(B)

(3) Primero, abra el capó y apóyelo cuidadosamente. (4) Luego, saque la varilla, límpiela y luego vuelva a ponerla en su orificio. (5) Tiene que asegurase de que toca el fondo. (6) Luego saque la varilla y controle hasta dónde llega el aceite sobre ella. (7) Si el nivel de aceite se encuentra entre los rangos marcados en la varilla, tiene suficiente aceite. (8) Si el nivel de aceite está por debajo de aquel rango, agregue un cuarto de galón tan pronto como pueda. (9) Compruebe el nivel de aceite después de haber agregado el aceite para asegurarse de que el nivel de aceite está dentro del rango necesario. (10) Si no es así agregue otro cuarto de galón y vuelva a comprobarlo.

15. Oración 1: **No hay mejor hábito que los nuevos conductores puedan aprender que comprobar el nivel de aceite de su propio automóvil periódicamente.**

    ¿Qué corrección se debe hacer en la oración 1?

    (1) cambiar hay por había
    (2) cambiar aprender por haber aprendido
    (3) añadir una coma después de aprender
    (4) cambiar aprender por aprendan
    (5) sustituir su propio automóvil con sus propios automóviles

16. Oración 2: **A continuación presenta los pasos que usted debe seguir.**

    ¿Cuál es la mejor manera de escribir la parte subrayada de la oración? Si la redacción original es la mejor, escoja la opción (1).

    (1) presenta
    (2) se presentan
    (3) se presenta
    (4) presentar
    (5) presentado

17. Oración 5: **Tiene que asegurase de que toca el fondo.**

    ¿Cuál es la mejor manera de escribir la parte subrayada de la oración? Si la redacción original es la mejor, escoja la opción (1).

    (1) toca
    (2) tocará
    (3) toque
    (4) tocando
    (5) ha tocado

18. Oración 7: **Si el nivel de aceite se encuentra entre los rangos marcados en la varilla, tiene suficiente aceite.**

    ¿Qué corrección se debe hacer en la oración 7?

    (1) cambiar se encuentra por encuentra
    (2) sustituir varilla, tiene con varilla. Tiene
    (3) eliminar la coma después de varilla
    (4) sustituir entre por en
    (5) no se requiere hacer ninguna corrección

19. Oración 9: **Compruebe el nivel de aceite después de haber agregado el aceite para asegurarse que el nivel de aceite está dentro del rango necesario.**

    Si se vuelve a redactar la oración 9 comenzando con

    Una vez que,

    las próximas palabras serían:

    (1) se ha agregado aceite
    (2) se agregara aceite
    (3) se agregado
    (4) agregándose
    (5) agregando

Las oraciones 20 a 22 se refieren a la siguiente garantía

Autómata IV

(1) Esta garantía es válida sólo cuando *Autómata IV* es devuelto a un distribuidor autorizado de productos Toque de luz. (2) Antes que haya devuelto su sistema de contestador automático de teléfono *Autómata IV*, por favor solicite un número de autorización de devolución (NAD). (3) Por favor, no lo devuelva sin NAD. (4) Pide a nuestros clientes que embalen el *Autómata IV* en su caja original, si es posible. (5) Para establecer la validez de la garantía, por favor ha enviado una copia de la factura original.

20. Oración 2: **Antes que haya devuelto su sistema de contestador automático de teléfono *Autómata IV*, por favor solicite un número de autorización de devolución. Por favor, no lo devuelva sin NAD.**

¿Qué corrección se debe hacer en la oración 2?

(1) sustituir haya devuelto por hubo devuelto
(2) sustituir que haya devuelto por de devolver
(3) eliminar la coma después de sistema
(4) cambiar solicite por haya solicitado
(5) no se requiere hacer ninguna corrección

21. Oración 4: **Pide a nuestros clientes que embalen el *Autómata IV* en su caja original, si es posible.**

¿Cuál es la mejor manera de escribir la parte subrayada de la oración? Si la redacción original es la mejor, escoja la opción (1).

(1) Pide
(2) Habiendo pedido
(3) Ha pedido
(4) Pedimos
(5) Pida

22. Oración 5: **Para establecer la validez de la garantía, por favor, ha enviado una copia de la factura original.**

¿Cuál es la mejor manera de escribir la parte subrayada de la oración? Si la redacción original es la mejor, escoja la opción (1).

(1) ha enviado
(2) enviará
(3) envíe
(4) enviar
(5) han enviado

Repaso de los enlaces con la Redacción

Escriba al menos tres párrafos sobre el siguiente tema. Mientras lo hace, tenga presente los siguientes temas de Enlaces con la redacción

☑ ¿Son todas mi ideas relevantes y están claramente organizadas? (Enlace con la redacción, páginas 146 y 147)

☑ ¿Incluí una introducción y una conclusión? (Enlace con la redacción, páginas 156 y157)

☑ ¿Incluí verbos interesantes en mis párrafos? (Enlace con la redacción, páginas 166 y 167)

☑ ¿Mantuve un punto de vista consistente? (Enlace con la redacción, páginas 178 y 179)

> Si pudiera cambiar algo de los seres humanos, ¿Qué sería? Explique su respuesta. Apoye su opinión con sus observaciones personales, experiencias y conocimientos.

Las respuestas comienzan en la página 296

Tabla de análisis del desempeño en el repaso acumulativo
Unidad 3 ● Uso

Consulte la sección Respuestas y explicaciones que empieza en la página 296 para verificar sus respuestas al Repaso acumulativo de la Unidad 3. Luego, use la siguiente tabla para identificar las destrezas en las que necesite más práctica.

En la tabla, encierre en un círculo los números correspondientes a las preguntas que haya contestado correctamente. Anote el número de aciertos para cada destreza y luego súmelos para calcular el número total de preguntas que contestó correctamente en el Repaso acumulativo. Si cree que necesita más práctica, repase las lecciones de las destrezas que se le dificultaron.

Preguntas	Número de aciertos	Destreza	Lecciones para repasar
5, 8, 10, 13, 16, 21	____/6	Concordancia entre el sujeto y el verbo	11
4, 12, 14, 17, 19	____/5	Participio y gerundio	12
1, 3, 6, 7, 20, 22	____/6	Tiempos verbales	13
2, 9, 11, 15, 18	____/5	Pronombres	14
TOTAL DE ACIERTOS: ____/22			

UNIDAD 4

Mecánica

Como ya aprendió en la Unidad 3, la gramática y el uso son importantes para hacer más clara y correcta la redacción. En esta unidad aprenderá a aplicar diferentes reglas de mecánica y a evitar los errores más comunes. Los conceptos de mecánica consisten en el uso de las mayúsculas, la puntuación y la ortografía. La redacción ortográficamente correcta (o sea, con el uso de las mayúsculas, puntuación y ortografía adecuados) da siempre una mejor impresión que un texto con errores.

La mecánica es un contenido importante en la Prueba de Lenguaje y Redacción de GED. Cerca de un 25 por ciento de las preguntas de selección múltiple estarán basadas en estos temas.

Usted podrá usar sus destrezas de redacción en todos los aspectos de la vida: personal, escolar y laboral.

Las lecciones de esta unidad son:

Lección 15: **Mayúsculas**

Se escribe con mayúscula la primera palabra de una oración. También se escribe con mayúsculas el nombre de una persona, lugar o cosa específicos, así como los días festivos. Los días de la semana y los meses del año NO se escriben con mayúscula. Es importante aprender a usar las letras mayúsculas correctamente, de modo que no se usen cuando no es necesario.

Lección 16: **Comas**

En la unidad sobre la estructura de las oraciones, aprendió muchos de los usos de la coma, el punto y coma, el punto y otros signos de puntuación. En esta lección aprenderá el uso correcto de la coma en una serie y en otras partes de la oración, tales como los elementos de introducción y las aposiciones.

Lección 17: **Ortografía**

Esta lección se centra en la ortografía correcta de las palabras parónimas (palabras que se pronuncian de forma parecida, pero tienen un significado distinto), las palabras homófonas (palabras que se pronuncian igual, pero tienen un significado distinto) y la acentuación (palabras agudas, graves (o llanas), esdrújulas y sobreesdrújulas).

> **ENLACES CON LA REDACCIÓN**
>
> En esta unidad practicará las siguientes destrezas de redacción:
>
> ◉ Escribir una pieza más larga
>
> ◉ No salirse del tema

Para aplicar en sus propias composiciones las destrezas que se enseñan en esta unidad, consulte la Lista del escritor en la página 314.

DESTREZA DE GED **Mayúsculas**

Cuándo se deben usar las mayúsculas

Probablemente ya sabe que la primera palabra en una oración o en un párrafo después de un punto final siempre comienza con mayúscula. Las siguientes reglas le ayudarán a determinar cuándo usar mayúsculas en otros casos.

nombre propio
palabra que define una persona, lugar o cosa específicos

REGLA 1 Se escriben con mayúsculas todos los **nombres propios,** como los nombres de personas, lugares o cosas específicos.

En 1951 William Boyle inventó la tarjeta de crédito.
Vivía en la calle Independencia en San José.
Este intérprete trabajaba en la Organización de las Naciones Unidas.
La Tierra se encuentra en el Sistema Solar.

REGLA 2 Se escriben con mayúsculas los títulos de dignidad cuando se refieren a una persona específica, pero no van acompañados del nombre de la persona, así como las abreviaturas de las fórmulas de tratamiento.

Todos se pusieron de pie para saludar al Presidente.
La Sra. Bermúdez solicitó un crédito bancario para pagar una deuda.

REGLA 3 Se escriben con mayúsculas los días festivos y los nombres de edades y épocas históricas.

El Día de Acción de Gracias es una buena oportunidad para reunirse en familia.
Los dinosaurios vivieron en el período Jurásico.
La Edad Media fue una época de oscurantismo.

Marque con una "X" la oración que contenga un error en el uso de las mayúsculas.

_____ a. El Sistema Solar cuenta con nueve planetas y una estrella.

_____ b. El sol es la estrella que permite que exista la vida en nuestro planeta.

Usted acertó si escogió la *opción b*. El nombre propio *sol* debe iniciarse con mayúscula.

A. Llene este formulario con su información personal. Use correctamente las mayúsculas.

Nombre: _____
                 nombre   inicial   apellidos

Dirección: _____
               calle y número   ciudad, estado

Fecha y lugar de nacimiento: _____
                         día, mes, año   ciudad, estado, país

¿En qué escuela cursó la última vez? _____

¿Dónde trabaja o desearía trabajar? _____

¿Qué idiomas habla? _____

B. Corrija los errores en el uso de las mayúsculas en esta carta. Hay 27 errores.

12 de marzo de 2001

dr. martín allard

hospital metropolitano

san juan, puerto rico 00901

Estimado dr. martín:

    como acordamos en nuestra conversación del jueves pasado, le envío mi solicitud oficial de una semana de vacaciones a partir del día de acción de gracias. necesito especialmente esa semana porque voy a visitar a mis padres en virginia.

    aunque no tengo antigüedad en la compañía, aprecio su consideración de mi solicitud. no he tenido vacaciones desde el año nuevo. además, voy a trabajar turno completo el día de la independencia.

    agradezco de antemano su atención a la presente.

    julián garzón

C. Escriba acerca del siguiente tema:

    La carta que corrigió en el Ejercicio B solicita vacaciones. Piense en algo que le gustaría solicitar en la escuela, el trabajo o un comercio. Luego escriba una carta de solicitud. Corrija los errores en el uso de las mayúsculas o cualquier otro error en la carta.

Las respuestas comienzan en la página 298.

Cuándo no se deben usar las mayúsculas

Muchos escritores usan excesivamente las mayúsculas, o sea, ponen mayúsculas donde no debe haberlas. Es necesario aprender a evitar las mayúsculas innecesarias.

REGLA 1 Los días de la semana, los meses del año y los nombres de las estaciones no se escriben con mayúscula.

Incorrecto: Alicia vendrá a almorzar con nosotros el Jueves.
Correcto: Alicia vendrá a almorzar con nosotros el jueves.

Incorrecto: En el trópico, el Otoño y el Invierno son más cálidos.
Correcto: En el trópico, el otoño y el invierno son más cálidos.

REGLA 2 Los títulos de dignidad no se escriben con mayúscula cuando van seguidos del nombre de la persona o cuando se emplean en sentido genérico.

Incorrecto: El Presidente Bush asistió a la reunión.
Correcto: El presidente Bush asistió a la reunión.

Incorrecto: La Senadora Valdés nos acompañará.
Correcto: La senadora Valdés nos acompañará.
Correcto: El puesto de Senadora conlleva muchas responsabilidades.

REGLA 3 Los nombres de cursos de estudio de escuela superior o universidad llevan mayúscula, pero no el tema genérico.

Incorrecto: Estoy tomando un curso de Botánica.
Correcto: Estoy tomando un curso de botánica.
Correcto: Estoy tomando Botánica 102.

REGLA 4 Los gentilicios se escriben siempre con minúscula, incluso cuando forman parte del nombre de un suceso histórico.

Incorrecto: La tía de Felipe es Mexicana.
Correcto: La tía de Felipe es mexicana.
Correcto: Vimos un programa sobre la Revolución mexicana.

REGLA 5 Las características geográficas, como mar, río, monte, etc. no se escriben con mayúscula. Sólo se escribe con mayúscula el nombre del mar, río, monte, etc., excepto cuando la característica geográfica forma parte del nombre del lugar.

Incorrecto: El Río Bravo divide a Estados Unidos y México.
Correcto: El río Bravo divide a Estados Unidos y México.
Correcto: El año próximo visitaremos los Grandes Lagos.

Marque con una "X" la oración que contenga un error en el uso de las mayúsculas.

_____ a. José llevó el curso Matemáticas I este verano.

_____ b. Gilberto ha viajado por todas las islas del Mar Caribe.

Usted acertó si escogió la *opción b*. La palabra *mar* no se debe escribir con mayúscula.

SUGERENCIA

En ciertos casos, cuando una abreviatura va con mayúsculas, el término que representa también va con mayúsculas (S. M., Su Majestad; R. D., Real Decreto), pero en muchos otros casos, no es así (Sra., señora; Lic., licenciado).

A. Corrija los errores en el uso de las mayúsculas en estas oraciones.

1. El maestro de geografía 101 también enseña el curso de civismo.

2. El Canal de Panamá conecta al Océano Atlántico con el Océano Pacífico.

3. El Gobernador gálvez se esforzó por ayudar a la ciudadanía después del Huracán.

4. En Perú viven muchas personas de origen Japonés.

5. ¿En qué se parecen el renacimiento y la revolución industrial?

6. Para llegar a alaska hay que pasar por canadá.

7. Mi hermano arturo llega de México el próximo Martes.

8. Mi Profesor, el dr. Reyes, visitará china en Octubre del Año 2003.

B. Corrija los errores en el uso de las mayúsculas. Algunas palabras tienen mayúsculas de más. Otras no la tienen, pero deben llevarlas. Hay 13 errores.

Estimado congresista:

El debate entre los dos candidatos al senado comienza este Viernes por la noche, a las 6:30 p. m. los principales temas de la agenda serán los impuestos sobre la propiedad Estatal y el control de las armas de fuego. Otros dos debates se realizarán en el Invierno. Las elecciones primarias se celebrarán el 16 de Marzo.

El encuentro tendrá lugar en el Auditorio de la Biblioteca Alfonso Reyes. Estará presente el Alcalde Ramos y el Representante Adolfo Campos presidirá el debate.

Éstas son las instrucciones para llegar desde el Aeropuerto. Primero, tome la autopista Landover hasta el Centro de la ciudad. Luego doble a la Derecha hacia la calle Central. Después siga derecho hasta llegar a la vía márquez. Doble hacia la izquierda y siga dos cuadras. La Biblioteca Alfonso Reyes estará a la derecha. El estacionamiento está detrás del Edificio.

C. Escriba acerca del siguiente tema:

La carta que corrigió en el Ejercicio B contiene instrucciones para llegar a una biblioteca. Escriba una carta a un amigo o compañero de trabajo en la que le indique cómo llegar desde su casa, escuela o trabajo hasta una biblioteca o cualquier otra instalación pública. Posteriormente, corrija los errores en el uso de las mayúsculas, o cualquier otro error.

Las respuestas comienzan en la página 298.

Instrucciones: Elija la respuesta que mejor responda a cada pregunta.

Las preguntas 1 a 4 se refieren a los siguientes párrafos:

Las elecciones

(A)

(1) Cada cuatro años, en Otoño, los estadounidenses van a las urnas el Día de las Elecciones para votar por un presidente. (2) La mayoría de los presidentes proceden de los estados del Sur. (3) Es interesante observar que California, el Estado más poblado de la nación, sólo ha producido dos presidentes: Richard Nixon y Ronald Reagan.

(B)

(4) Aunque el trabajo de un vicepresidente parece menos importante, es una posición de transición vital para la nación. (5) Por ejemplo, cuando Nixon renunció a su cargo en la Casa Blanca, le sustituyó el Vicepresidente Ford. (6) Ford trabajó en el congreso antes de que Nixon lo designara como sustituto de Spiro Agnew. (7) Aunque Ford no regresó al poder por votación, el país pudo salvarse de un serio vacío de poder.

1. Oración 1: **Cada cuatro años, en Otoño, los estadounidenses van a las urnas el Día de las Elecciones para votar por un presidente.**

¿Qué corrección se debe hacer en la oración 1?

(1) sustituir Otoño por otoño
(2) sustituir van por va
(3) sustituir van por fueron
(4) sustituir presidente por Presidente
(5) no se requiere hacer ninguna corrección

2. Oración 3: **Es interesante observar que California, el Estado más poblado de la nación, sólo ha producido dos presidentes: Richard Nixon y Ronald Reagan.**

¿Qué corrección se debe hacer en la oración 3?

(1) sustituir nación por Nación
(2) sustituir Estado por estado
(3) sustituir ha por han
(4) añadir fueron después de presidentes,
(5) sustituir presidentes por Presidentes

3. Oración 5: **Por ejemplo, cuando Nixon renunció a su cargo en la Casa Blanca, le sustituyó el Vicepresidente Ford.**

¿Qué corrección se debe hacer en la oración 5?

(1) eliminar la coma después de ejemplo
(2) sustituir Casa Blanca por casa blanca
(3) eliminar la coma después de Blanca
(4) sustituir Casa Blanca por Casa blanca
(5) sustituir Vicepresidente por vicepresidente

4. Oración 6: **Ford trabajó en el congreso antes de que Nixon lo designara como sustituto de Spiro Agnew.**

¿Qué corrección se debe hacer en la oración 6?

(1) sustituir trabajó por trabaja
(2) sustituir trabajó por trabajando
(3) sustituir Spiro por spiro
(4) sustituir congreso por Congreso
(5) sustituir Agnew por agnew

Las preguntas 5 a 8 se refieren a los siguientes párrafos.

De regalos a jardines

(A)

(1) Muchas personas se deshacen de las plantas de lirio que reciben el día de la madre poco después de que se marchitan las flores. (2) Sin embargo, la fundación Nacional del Lirio afirma que si se cuidan y se plantan en el jardín, los lirios se recuperan y florecen al año siguiente.

(B)

(3) En Puerto Rico, los lirios se pueden sembrar en cualquier época del año. (4) Es común sembrarlos en los meses de Mayo a Junio. (5) Saque el bulbo[1] del tiesto, dejando las hojas y los tallos porque éstos suministran alimento a la planta. (6) Siembre el bulbo a unas ocho pulgadas de profundidad y fertilícelo una vez al mes. (7) A finales del Verano, cuando las hojas estén muertas, vuelva a podar la planta y cúbrala con agujas de pino o mantillo. (8) Así, su lirio florecerá por muchos años.

[1]bulbo: porción de una planta, generalmente subterránea

5. Oración 1: **Muchas personas se deshacen de las plantas de lirio que reciben el día de la madre poco después de que se marchitan las flores.**

¿Qué corrección se debe hacer en la oración 1?

(1) sustituir deshacen por deshicieron
(2) sustituir lirio por Lirio
(3) añadir una coma después de lirios
(4) sustituir día de la madre por Día de la Madre
(5) añadir una coma después de Muchas personas

6. Oración 2: **Sin embargo, la fundación Nacional del Lirio afirma que si se cuidan y se plantan en el jardín, los lirios se recuperan y florecen al año siguiente.**

¿Qué corrección se debe hacer en la oración 2?

(1) sustituir Nacional del Lirio por nacional del lirio
(2) sustituir fundación por Fundación
(3) sustituir afirma por afirman
(4) sustituir los lirios por ellos
(5) sustituir florecen por floreciendo

7. Oración 4: **Es común sembrarlos en los meses de Mayo a Junio.**

¿Qué corrección se debe hacer en la oración 4?

(1) sustituir meses por Meses
(2) sustituir sembrarlos por sembrándolos
(3) colocar una coma después de sembrarlos
(4) sustituir Mayo a Junio por Mayo y Junio
(5) sustituir Mayo a Junio por mayo a junio

8. Oración 7: **A finales del Verano, cuando las hojas estén muertas, vuelva a podar la planta y cúbrala con agujas de pino o mantillo.**

¿Qué corrección se debe hacer en la oración 7?

(1) sustituir Verano por verano
(2) eliminar la coma después de muertas
(3) sustituir muertas, vuelva por muertas. Vuelva
(4) sustituir pino por Pino
(5) no se requiere hacer ninguna corrección

Los nombres de muchos días feriados consisten en más de una palabra. Es necesario escribir con mayúscula la letra inicial de todas las palabras relevantes (los artículos, preposiciones y conjunciones se escriben con minúscula.)

Las respuestas comienzan en la página 299.

Instrucciones: Ésta es una prueba de práctica que dura diez minutos. Después de que transcurran los diez minutos, ponga una marca en la última pregunta que haya respondido. A continuación, termine la prueba y revise sus respuestas. Si la mayoría de sus respuestas fueron correctas, pero no terminó la prueba, trate de responder las preguntas más rápidamente la próxima vez. Elija la respuesta que mejor responda a cada pregunta.

Las preguntas 1 a 4 se refieren al siguiente anuncio.

Quejas de los ciudadanos

(A)

(1) Los hombres y mujeres del Departamento de Policía hace los mayores esfuerzos para actuar de forma legal y adecuada en el cumplimiento del deber. (2) Tratan a las personas con el mayor respeto y justicia. (3) Sin embargo, en ocasiones, cometen errores o actúan de formas que la ciudadanía desaprueba o no comprende.

(B)

(4) Todas las quejas se investigan, pero no podemos investigar una reclamación hasta que ésta haya sido procesada. (5) Los formularios de reclamación están disponibles las 24 horas en las oficinas centrales del departamento en la calle libertador. (6) Por favor, compruebe que haya completado el formulario en su totalidad.

(C)

(7) Un supervisor o la Unidad de Investigaciones Internas se encarga de investigar todas las reclamaciones. (8) Si usted no está satisfecho con el resultado, puede apelar al administrador de la ciudad.

1. Oración 1: **Los hombres y mujeres del Departamento de Policía hace los mayores esfuerzos para actuar de forma legal y adecuada en el cumplimiento del deber.**

   ¿Qué corrección se debe hacer en la oración 1?

   (1) sustituir Departamento de Policía por departamento de policía
   (2) sustituir hace por hacen
   (3) añadir una coma después de adecuadamente
   (4) sustituir cumplimiento por cumplir
   (5) no se requiere hacer ninguna corrección

2. ¿Cuál de las siguientes oraciones sería la más efectiva para iniciar el párrafo B?

   (1) A menudo la gente hace sus reclamaciones en persona.
   (2) Trate de incluir informaciones como el número de placa o el nombre del agente.
   (3) Algunas reclamaciones son serias.
   (4) El año pasado tuvimos la menor cantidad de reclamaciones en diez años.
   (5) Si usted tiene una queja sobre un agente, le invitamos a hacérnoslo saber.

3. Oración 5: **Los formularios de reclamación están disponibles las 24 horas en las oficinas centrales del departamento en la calle libertador.**

   ¿Qué corrección se debe hacer en la oración 5?

   (1) sustituir están por estando
   (2) sustituir departamento por Departamento
   (3) sustituir oficinas centrales por Oficinas Centrales
   (4) sustituir libertador por Libertador
   (5) añadir una coma después de libertador

4. Oración 7: **Un supervisor o la Unidad de Investigaciones Internas se encarga de investigar todas las reclamaciones.**

   ¿Qué corrección se debe hacer en la oración 7?

   (1) sustituir encarga por encargaban
   (2) sustituir supervisor por Supervisor
   (3) añadir una coma después de supervisor
   (4) sustituir Unidad de Investigaciones Internas por unidad de investigaciones internas
   (5) no se requiere hacer ninguna corrección

Las preguntas 5 a 9 se refieren al siguiente texto.

Credenciales para obtener empleo

(A)

(1) Para ser contratado en la compañía Granjeros unidos, debe mostrar una de las siguientes pruebas de identificación. (2) Aceptamos la licencia de conducir o una tarjeta de identificación, pero sólo si ha sido expedida en uno de los estados o también en Puerto Rico, Canadá o México. (3) Se aceptan identificaciones del ejército de EE.UU., así como documentos tribales de indios Americanos. (4) Si usted es menor de 18 años y no posee ninguno de los documentos mencionados, debe mostrar las notas escolares oficiales o el récord médico. (5) Además de la identificación, Southeast Framers verificará su elegibilidad para obtener empleo antes de contratarlo. (6) Con tal propósito, usted debe mostrar uno de los documentos siguientes. (7) Debe mostrar un certificado de nacimiento, una tarjeta de Seguro Social o también podíamos aceptar un certificado de nacimiento en el extranjero con el sello oficial del Departamento de Estado.

5. Oración 1: **Para ser contratado en la compañía Granjeros unidos, debe mostrar una de las siguientes pruebas de identificación.**

   ¿Qué corrección se debe hacer en la oración 1?

   (1) añadir una coma después de contratado
   (2) sustituir unidos por Unidos
   (3) eliminar la coma después de unidos
   (4) sustituir mostrar por mostrando
   (5) no se requiere hacer ninguna corrección

6. Oración 2: **Aceptamos la licencia de conducir o una tarjeta de identificación, pero sólo si ha sido expedida en uno de los estados o también en Puerto Rico, Canadá o México.**

   ¿Qué palabras incluiría el mejor cambio a la oración 2?

   (1) en cuanto ésta haya sido expedida
   (2) si un estado expide
   (3) aceptamos por un estado, Puerto Rico, Canadá o México
   (4) siempre y cuando haya sido expedida en
   (5) que haya sido obtenida del

7. Oración 3: **Se aceptan identificaciones del ejército de EE.UU., así como documentos tribales de indios Americanos.**

   ¿Qué corrección se debe hacer en la oración 3?

   (1) sustituir EE.UU. por EE.UU. de A.
   (2) sustituir ejército por Ejército
   (3) sustituir Americanos por americanos
   (4) sustituir indios por Indios
   (5) no se requiere hacer ninguna corrección

8. ¿Qué cambio haría más efectivo el texto?

   Comenzar un nuevo párrafo

   (1) con la oración 3
   (2) con la oración 4
   (3) con la oración 5
   (4) con la oración 6
   (5) con la oración 7

9. Oración 7: **Debe mostrar un certificado de nacimiento, una tarjeta de Seguro Social o también podíamos aceptar un certificado de nacimiento en el extranjero con el sello oficial del Departamento de Estado.**

   ¿Qué corrección se debe hacer en la oración 7?

   (1) sustituir mostrar por mostrado
   (2) eliminar la coma después de nacimiento
   (3) sustituir Seguro Social por seguro social
   (4) eliminar podíamos aceptar
   (5) sustituir Departamento de Estado por departamento de estado

Las respuestas comienzan en la página 299.

DESTREZA DE GED **Comas**

Elementos de una serie y oraciones compuestas

La coma es una guía para el lector. Nos indica cuándo debe hacerse una separación en la oración o cuáles elementos necesitan separarse de forma que tengan sentido. El aprendizaje de las reglas para el uso de las comas le ayudará a leer y redactar mejor.

REGLA 1 Use las comas para separar los elementos de una serie (una lista de tres o más). Los elementos de una serie pueden ser palabras o frases.

Correcto: En la fiesta de recaudación benéfica se venderán bizcochos, pasteles y galletas. Varios comités han ayudado con la publicidad, las donaciones y la decoración de los puestos.

No se usan comas cuando hay sólo dos componentes. Tampoco se escribe coma delante de las conjunciones *y, e, o, u* para separar elementos que expresen un mismo contenido.

Correcto: ¿Tomas café, té o refresco? ¿Lo prefieres con cafeína o descafeinado?

REGLA 2 Separe las oraciones compuestas con una coma y una conjunción coordinante. Recuerde que algunas conjunciones coordinantes son: *y, pero, o, ni, pues, así, así que, sin embargo, ya que* y *no obstante*.

Correcto: Encontraron muchas parchas, pero algunas estaban partidas.

REGLA 3 Escriba coma delante de *y, e, o, u* para separar una enumeración cuyo último elemento exprese un contenido distinto al de los elementos anteriores.

Correcto: Cerraron las cortinas herméticamente, apagaron todas las luces de la casa, y permanecieron callados.

REGLA 4 Una conjunción va precedida de una coma cuando se enlaza con todos los elementos de una serie, y no sólo con el último elemento.

Correcto: Alina compró azúcar, harina y huevos, y se dirigió a su casa.

Marque con una "X" la oración que contenga un error en el uso de la coma.

_____ a. Los nuevos billetes vienen en denominaciones de uno, diez, cinco y diez dólares.

_____ b. Algunas máquinas expendedoras nuevas contienen panecillos café y frutas frescas.

Usted acertó si escogió la *opción b*, porque la serie necesita una coma: *Algunas máquinas expendedoras nuevas contienen panecillos, café y frutas frescas.*

SUGERENCIA

El uso de la coma antes de la conjunción depende de la naturaleza de los elementos de la oración. Sin embargo, es necesario usar comas en el resto de la serie.

SUGERENCIA

No use la coma en un sujeto compuesto por dos elementos ni cuando haya dos verbos en un predicado compuesto: *María y Tomás fueron de pesca. Elisa comió y bebió como nunca.*

A. Coloque las comas donde sea necesario. Escriba *NC* si la oración no lleva comas.

_____ 1. A continuación le damos una receta para panqueques tortas fritas o crepas.

_____ 2. Una y tamice[1] $1\frac{1}{2}$ tazas de harina una cucharadita de sal 3 cucharadas de azúcar y $1\frac{3}{4}$ cucharaditas de polvo de hornear.

_____ 3. Bata uno o dos huevos en otro recipiente.

_____ 4. Añada 1 taza de leche unas gotas de vainilla y tres cucharadas de mantequilla a los huevos batidos.

_____ 5. Combine bien los ingredientes húmedos y secos pero puede dejar algunos grumos[2].

_____ 6. ¡Será la mejor mezcla batida que haya hecho jamás!

_____ 7. Sus panqueques o tortas fritas tendrán consistencia y grosor y un sabor delicioso.

[1]tamizar: depurar, hacer más fino
[2]grumos: conglomerados

B. Corrija este párrafo colocando comas donde sea necesario y eliminando las comas innecesarias. La marca manuscrita es un ejemplo de cómo eliminar una coma. Hay tres comas que faltan y cinco innecesarias.

¿Cómo era la vida en 1900? No había electricidad en una casa normal en el Medio Oeste rural el Sur Profundo y ni siquiera en Los Ángeles. La luz artificial provenía de lámparas de gas, o keroseno. La primera gran generadora de energía eléctrica en Estados Unidos, acababa de ser construida. La gente decía que la electricidad nunca sería lo suficientemente económica, o segura para usarla en una casa promedio.

El agua caliente era un lujo las bañeras estaban en las cocinas y pocas casas tenían instalaciones de plomería. Se generaba calor con estufas de leña o carbón. La calefacción central sólo estaba comenzando a cobrar popularidad entre residentes pudientes, y magnates empresariales.

Algunos consideran esos años como los buenos tiempos pero yo me siento feliz de vivir en esta época. Sólo basta considerar cómo muchos gritan, y patalean cuando una tormenta interrumpe el servicio eléctrico por unas horas. ¡Lo sé porque soy uno de ellos!

C. Escriba acerca del siguiente tema:

En el Ejercicio B corrigió un párrafo acerca de la vida hace más de un siglo. Elija otra época del pasado y describa algunas de las diferencias entre entonces y ahora. O elija un tiempo en el futuro y escriba acerca de las diferencias que usted imagina. Luego corrija los errores en el uso de las comas y otras incorrecciones.

Las respuestas comienzan en la página 300.

Elementos de introducción y aposiciones

Las palabras y frases que introducen o interrumpen la idea principal de una oración se separan usualmente del resto de la misma por medio de comas.

REGLA 1 Use la coma para separar elementos de introducción (palabras o frases al inicio de una oración) del resto de la misma.

No, el banco estará cerrado el Día de la Independencia.
Como resultado de los gastos excesivos, los fondos de Rolando han mermado.

REGLA 2 Use coma después de una cláusula dependiente ubicada al inicio de una oración. Recuerde que una cláusula dependiente contiene un sujeto y un verbo, pero no está completa y no puede existir por sí misma. Ésta comienza con una conjunción subordinada como *antes* o *si*.

Cuando le llegaron todas las cuentas, se sintió abrumado.
Pero: Se sintió abrumado cuando le llegaron todas las cuentas.

aposición
frase nominal que explica o describe más detalladamente otro sustantivo o pronombre

Una **aposición** es una frase nominal que explica o describe más detalladamente otro sustantivo o pronombre. Si la aposición se necesita para identificar el sustantivo o el pronombre, es esencial, y se le llama aposición especificativa. Si la aposición sólo añade información, pero no es necesaria a la hora de identificar el sustantivo o pronombre, entonces no es esencial, y se le llama aposición explicativa.

REGLA 3 Use comas para separar una aposición explicativa del resto de la oración. No use comas en las aposiciones especificativas.

Explicativa: Rolando, mi amigo, tiene 13 tarjetas de crédito.
Especificativa: Rolando está leyendo el libro de la biblioteca *Diez formas para salir de las deudas*.

Un **enlace** es una palabra o frase que no añade nada esencial al significado de una oración. Muchos enlaces son adverbios y otros modificadores oracionales. Algunos de los enlaces más utilizados son: *finalmente, por ejemplo, en cambio, sin embargo y por otro lado*.

enlace
una palabra o frase que no añade nada esencial al significado de una oración

REGLA 4 Use comas para separar los enlaces.

Rey, en cambio, nunca coleccionó cartas de pelota.

Marque con una "X" la oración que use correctamente las comas.

_____ a. Además de las destrezas, la apariencia es importante en una entrevista.

_____ b. Mi consejera laboral, Delia Ramírez me ayudó a elegir un vestuario adecuado para la entrevista.

Usted acertó si escogió la *opción a. Además de las habilidades* es una frase introductoria que debe ser seguida de una coma. En la *opción b* se necesita una segunda coma después de la aposición explicativa *Delia Ramírez*.

A. Añada la coma que falte en cada oración.

1. Alberto Lorenzo experto en salud del condado, se propuso investigar si los bomberos, paramédicos y choferes de ambulancia saben lo que es una buena nutrición.

2. Debido a que afecta tanto el tiempo de reacción como la energía la buena nutrición es vital en ese tipo de trabajo.

3. Después de recolectar datos de 500 empleados del condado el Sr. Lorenzo realizó algunas observaciones importantes.

4. La mayoría de los trabajadores consumían suficientes proteínas un nutriente esencial para sus organismos.

5. Sin embargo una tercera parte necesitaba reducir la cantidad de grasa y comer más frutas y vegetales.

6. Según varios paramédicos ellos comían con frecuencia ensaladas o frutas en casa.

7. Cuando comían junto a los compañeros en el trabajo solían comer demasiada carne o alimentos con grasa.

B. Corrija estos párrafos colocando las comas necesarias. Faltan 10 comas.

La imagen del lobo como un animal solitario y cruel es una concepción errónea. Contrario a los mitos populares los lobos son sociables y atentos con sus crías. En realidad los lobos adultos dedican muchas horas a cuidar y jugar con sus cachorros.

Cuando viven en manadas de dos a doce animales los lobos adultos dependen unos de otros para capturar y compartir la caza. La disponibilidad de presas, tanto animales grandes como pequeños afecta la integración de la manada. Cuando la caza escasea la manada disminuye. Cuando hay abundante caza la manada crece.

Sin embargo el mito de que los lobos cazan por deporte o crueldad ha sido totalmente refutado. Como parte de la cadena natural de alimentación los lobos cazan los animales viejos, débiles o enfermos de los rebaños. Eso permite la supervivencia de los animales más fuertes de los rebaños. Eso, a su vez ayuda al fortalecimiento de la especie.

Aunque los lobos son depredadores también son presa de una especie en particular: los seres humanos.

C. Escriba acerca del siguiente tema.

En el Ejercicio B corrigió un pasaje acerca de las concepciones erróneas sobre los lobos. Piense en otra creencia popular que usted considere equivocada. Escriba un párrafo donde fundamente la falsedad de dicha creencia. Luego corrija los errores en el uso de las comas o cualquier otro error.

Las respuestas comienzan en la página 300.

Instrucciones: Elija la respuesta que mejor responda a cada pregunta.

Las preguntas 1 a 4 se refieren al siguiente memorándum:

Memorándum

A: Todo el personal
FECHA: 12 de septiembre de 2002
RE: Apertura del deli

(A)

(1) El viernes sábado y domingo próximos, el Supermercado Cuatro Esquinas realizará una venta especial para presentar nuestro nuevo departamento de deli. (2) Se llevarán a cabo demostraciones culinarias para los clientes. (3) Todos los sándwiches, sopas y ensaladas estarán a mitad de precio. (4) Además se servirán muestras de nuestro delicioso jamón ahumado, carne asada y ensalada de atún en todo el supermercado.

(B)

(5) Antes de la actividad, usted tendrá la oportunidad de conocer a los empleados del nuevo departamento. (6) Silvia Márquez la gerente del deli, espera aumentar las ventas del supermercado entre un 50 y un 75 por ciento durante el evento especial. (7) Usted nos puede ayudar invitando a sus amigos, y familiares a que visiten nuestro nuevo departamento.

1. Oración 1: **El viernes sábado y domingo próximos, el Supermercado Cuatro Esquinas realizará una venta especial para presentar nuestro nuevo departamento de deli.**

   ¿Cuál es la mejor manera de escribir la parte subrayada del texto? Si la redacción original es la mejor, escoja la opción (1).

   (1) El viernes sábado y domingo próximos,
   (2) El viernes sábado, y domingo próximos,
   (3) El viernes, y sábado y domingo próximos
   (4) El viernes, sábado, y domingo próximos
   (5) El viernes, sábado y domingo próximos,

2. Oración 4: **Además se servirán muestras de nuestro delicioso jamón ahumado, carne asada y ensalada de atún en todo el supermercado.**

   ¿Qué corrección se debe hacer en la oración 4?

   (1) añadir una coma después de Además
   (2) eliminar la coma después de ahumado
   (3) añadir una coma después de ensalada
   (4) sustituir se servirán por se sirvieron
   (5) no se requiere hacer ninguna corrección

3. Oración 6: **Silvia Márquez la gerente del deli, espera aumentar las ventas del supermercado entre un 50 y un 75 por ciento durante el evento especial.**

   ¿Qué corrección se debe hacer en la oración 6?

   (1) sustituir gerente por Gerente
   (2) añadir una coma después de Márquez
   (3) añadir una coma después de ventas
   (4) sustituir espera por esperaba
   (5) sustituir el evento especial por este

4. Oración 7: **Usted nos puede ayudar invitando a sus amigos, y familiares a que visiten nuestro nuevo departamento.**

   ¿Qué corrección se debe hacer en la oración 8?

   (1) sustituir Usted por Uno
   (2) sustituir ayudar por estar ayudando
   (3) eliminar la coma después de amigos
   (4) añadir una coma después de familiares
   (5) no se requiere hacer ninguna corrección

Las preguntas 5 a 9 se refieren a los siguientes párrafos.

Cómo obtener el calcio necesario

(A)

(1) El calcio es un mineral necesario para la salud y duración, de nuestros dientes y huesos. (2) Los médicos generalmente concuerdan en que el consumo de 2000 miligramos de calcio al día es seguro para la mayoría de las personas.

(B)

(3) Aunque muchos toman calcio en píldoras los expertos en nutrición recomiendan el consumo de alimentos naturalmente ricos en ese mineral. (4) Los productos lácteos son los alimentos con mayor riqueza en calcio y ahora muchos de éstos también tienen un bajo contenido de grasa, o nada. (5) Para quienes tengan dificultad en digerir la leche hay alternativas con bajo contenido de lactosa. (6) Además, los alimentos como el jugo de naranja pueden estar enriquecidos con calcio. (7) Entre los productos no lácteos que son ricos en calcio, están el brócoli, los vegetales verdes con hojas, y el pan y cereales fortificados.

5. Oración 1: **El calcio es un mineral necesario para la salud y duración, de nuestros dientes y huesos.**

   ¿Qué corrección se debe hacer en la oración 1?

   (1) sustituir es por ha sido
   (2) añadir una coma después de mineral
   (3) eliminar la coma después de duración
   (4) añadir una coma después de dientes
   (5) no se requiere hacer ninguna corrección

6. Oración 3: **Aunque muchos toman calcio en píldoras los expertos en nutrición recomiendan el consumo de alimentos naturalmente ricos en ese mineral.**

   ¿Qué corrección se debe hacer en la oración 3?

   (1) sustituir toman por estaban tomando
   (2) añadir una coma después de calcio
   (3) añadir una coma después de píldoras
   (4) sustituir expertos por Expertos
   (5) no se requiere hacer ninguna corrección

7. Oración 4: **Los productos lácteos son los alimentos con mayor riqueza en calcio y ahora muchos de éstos también tienen un bajo contenido de grasa, o nada.**

   ¿Cuál es la mejor manera de escribir la parte subrayada del texto? Si la redacción original es la mejor, escoja la opción (1).

   (1) calcio y
   (2) calcio
   (3) calcio. Y
   (4) calcio, y
   (5) calcio y,

8. Oración 5: **Para quienes tengan dificultad en digerir la leche hay alternativas con bajo contenido de lactosa.**

   ¿Qué corrección se debe hacer en la oración 5?

   (1) añadir una coma después de dificultad
   (2) añadir una coma después de leche
   (3) sustituir hay por tienen
   (4) sustituir hay por haber
   (5) no se requiere hacer ninguna corrección

9. Oración 7: **Entre los productos no lácteos que son ricos en calcio, están el brócoli, los vegetales verdes con hojas, y el pan y cereales fortificados.**

   ¿Qué corrección se debe hacer en la oración 7?

   (1) sustituir que por ellos
   (2) sustituir son por han sido
   (3) eliminar la coma después de calcio
   (4) eliminar la coma después de brócoli
   (5) añadir una coma después de pan

SUGERENCIA

Para evitar comas innecesarias en una serie, cuente sus elementos. Si sólo son dos, no use coma. Si son tres o más, sustraiga dos del número de elementos. El resultado será el número de comas necesarias.

Las respuestas comienzan en la página 301.

Instrucciones: Ésta es una prueba de práctica que dura diez minutos. Después de que transcurran los diez minutos, ponga una marca en la última pregunta que haya respondido. A continuación, termine la prueba y revise sus respuestas. Si la mayoría de sus respuestas fueron correctas, pero no terminó la prueba, trate de responder las preguntas más rápidamente la próxima vez. Elija la respuesta que mejor responda a cada pregunta.

Las preguntas 1 a 4 se refieren a los siguientes párrafos.

El ahorro de agua

(A)

(1) Cada estadounidense consume un promedio de más de 100 galones diarios de agua, un precioso recurso natural para sus necesidades básicas. (2) Las personas que abogan por la preservación están preocupadas con esta cifra y nos suministraron las siguientes ideas para ahorrar agua en casa.

(B)

(3) Para comenzar, aconsejan que se utilicen las lavadoras de ropa y los lavaplatos cuando estén completamente llenos, solamente. (4) Repare los grifos que gotean lo más pronto posible. (5) Los grifos que gotean pueden malgastar dólares de agua al día, pero sólo hay que invertir centavos en su reparación. (6) El lavamanos debe llenarse con el tapón puesto en vez de dejar que el agua corra mientras nos afeitamos. (7) Se puede ahorrar más de un galón de agua durante una afeitada de diez minutos. (8) Instale un dispositivo de restricción de flujo en la cabeza de la ducha para reducir la cantidad de agua que se escapa por el desagüe. (9) Finalmente, recoja en cubos el agua de lluvia para regarlos posteriormente su jardín o su huerto.

1. Oración 1: **Cada estadounidense consume un promedio de más de 100 galones diarios de agua al día un precioso recurso natural para sus necesidades básicas.**

   ¿Cuál es la mejor manera de escribir la parte subrayada del texto? Si la redacción original es la mejor, escoja la opción (1).

   (1) agua al día un precioso recurso natural
   (2) agua al día un precioso recurso natural
   (3) agua al día, un precioso recurso natural,
   (4) agua al día un precioso recurso natural,
   (5) agua al día. Un precioso recurso natural

2. Oración 3: **Para comenzar, aconsejan que se utilicen las lavadoras de ropa y los lavaplatos cuando estén completamente llenos, solamente.**

   ¿Qué corrección se debe hacer en la oración 3?

   (1) Eliminar la coma después de comenzar
   (2) sustituir aconsejan por aconsejarán
   (3) añadir una coma después de lavaplatos
   (4) eliminar la coma después de llenos
   (5) no se requiere hacer ninguna corrección

3. Oración 6: **El lavamanos debe llenarse con el tapón puesto en vez de dejar que el agua corra mientras nos afeitamos.**

   Si se vuelve a redactar la oración 6 comenzando con

   En vez de dejar que corra el agua mientras se afeita,

   las próximas palabras serían:

   (1) el lavamanos
   (2) uno debería
   (3) tape y llene
   (4) un lavamanos lleno
   (5) llenar el lavamanos

4. Oración 9: **Finalmente, recoja en cubos el agua de lluvia para regarlos posteriormente su jardín o su huerto.**

   ¿Qué corrección se debe hacer en la oración 9?

   (1) eliminar la coma después de Finalmente
   (2) sustituir recoja por recogió
   (3) añadir una coma después de jardín
   (4) añadir una coma después de agua de lluvia
   (5) sustituir regarlos por regar

Las preguntas 5 a 9 se refieren a las siguientes instrucciones.

Cómo hacer un cojín impermeable

(1) A continuación, una forma accesible y económica para hacer un cojín impermeable. (2) Para hacer un cojín cuadrado de unas 20 pulgadas, necesitará una pieza de espuma de "foam" moldeada, dos yardas de vinil impermeable un poco de cinta adhesiva, y pegamento impermeable. (3) Primeramente, corte un pedazo de vinil de 25″ por 25″. (4) Coloque la espuma de "foam" con la parte superior hacia abajo en el centro del cuadrado de vinil. (5) Doble las esquinas del vinil alisando las esquinas mientras da vuelta al cojín. (6) Aplique pegamento en los extremos, presiónelos contra el vinil, y entonces necesita colocar la cinta adhesiva para mantenerlos en su lugar. (7) Cuando éste se seque, usted puede colocar otro cuadrado de vinil en la otra cara de la pieza de espuma de "foam". (8) También puede hacer un cojín extra firme. (9) En ese caso, debe grapar una pieza de madera contrachapada a la espuma de "foam" antes de aplicar el pegamento al cuadrado final sobre la parte inferior del cojín.

5. Oración 2: **Para hacer un cojín cuadrado de unas 20 pulgadas, necesitará una pieza de espuma de "foam" moldeada, dos yardas de vinil impermeable un poco de cinta adhesiva, y pegamento impermeable.**

¿Qué corrección se debe hacer en la oración 2?

(1) añadir una coma después de cuadrado
(2) sustituir necesitará por necesitó
(3) eliminar la coma después de moldeada
(4) añadir una coma después de yardas
(5) añadir una coma después de impermeable

6. Oración 5: **Doble las esquinas del vinil alisando las esquinas mientras da vuelta al cojín.**

¿Cuál es la mejor manera de escribir la parte subrayada del texto? Si la redacción original es la mejor, escoja la opción (1).

(1) vinil alisando
(2) vinil, alise
(3) vinil, y habiendo alisado
(4) vinil, y alisando,
(5) vinil, alisando

7. Oración 6: **Aplique pegamento en los extremos, presiónelos contra el vinil, y entonces necesita colocar la cinta adhesiva para mantenerlos en su lugar.**

¿Qué corrección se debe hacer en la oración 6?

(1) Eliminar la coma después de extremos
(2) añadir y después de extremos
(3) cambiar entonces necesita colocar por coloque
(4) añadir una coma después de mantenerlos
(5) no se requiere hacer ninguna corrección

8. Oración 7: **Cuando éste se seque, usted puede colocar otro cuadrado de vinil en la otra cara de la pieza de espuma de "foam".**

¿Qué corrección se debe hacer en la oración 7?

(1) sustituir éste por el pegamento
(2) eliminar la coma después de seque
(3) sustituir puede por podrá
(4) añadir una coma después de vinil
(5) no se requiere hacer ninguna corrección

9. Oraciones 8 y 9: **También puede hacer un cojín extra firme. En ese caso, debe grapar una pieza de madera contrachapada a la espuma de "foam" antes de aplicar el pegamento al cuadrado final sobre la parte inferior del cojín.**

¿Qué palabras incluiría la forma más efectiva de combinar las oraciones 8 y 9?

(1) Los cojines extra firmes se grapan
(2) Para hacer un cojín extra firme, grape
(3) Engrapar la madera contrachapada hace que la espuma
(4) Pueden hacer cojines extra firmes
(5) Los cojines extra firmes hacen

Las respuestas comienzan en la página 301.

Redactar una narración personal

En los Enlaces con la redacción de este libro usted ha aprendido acerca de los componentes de una buena redacción. Usted ha observado y trabajado con las piezas más pequeñas, como los detalles específicos y los verbos de acción. También ha tenido contacto con componentes mayores, como la redacción de un párrafo efectivo, la organización de sus ideas y la creación de la introducción y conclusión.

En este Enlace con la redacción usted tendrá la oportunidad de trabajar con todos los componentes a la vez. Usará lo que ha aprendido para escribir dos piezas más largas.

La **narración personal** es uno de los tipos de redacción. En una narración personal se cuenta una historia que tiene que ver con uno mismo. La escritora del ejemplo de narración personal siguiente habla de un error que cometió. Mientras lea este ejemplo, fíjese cómo se narran los acontecimientos de la historia en el orden que sucedieron.

Cuando tenía 18 años, me apresuré a contraer matrimonio con un hombre que no conocía muy bien. Jaime y yo pensamos que nos amábamos, pero en realidad no teníamos nada en común.

Después de graduarme de la escuela superior, estaba deseosa de marcharme de la casa de mis padres y comenzar una vida independiente. Conocí a Jaime en la fiesta de unos amigos y afinamos enseguida. A ambos nos gustaba el ciclismo, el cine y compartir con nuestros amigos. Cuando él quiso que nos mudáramos a otra parte del país después de haber estado saliendo juntos por varios meses, me fui con él.

Después de la mudanza, nuestras vidas parecían tener un futuro prometedor. Encontramos empleos decentes y buenos apartamentos. Poco después, nos casamos para poder sentirnos realmente establecidos. Nunca pudimos imaginarnos que íbamos a ser tan felices.

Pero la felicidad comenzó a esfumarse cuando Jaime decidió que no le gustaba su empleo. No vio problema alguno en dejarlo y pasarse todo el día en la playa. Yo le insté a que siguiera trabajando para poder ahorrar dinero y comprar una casa, pero él consideraba esa idea demasiado convencional. A partir de entonces, comenzamos a tener diferencias en torno a muchos temas importantes como el dinero, la relación con nuestras familias y nuestras metas en la vida.

Al cabo de un año, tratando de que las cosas mejoraran, decidimos que éramos demasiado diferentes para que el matrimonio pudiera funcionar. Fue muy duro para ambos admitir que habíamos cometido un error. Por fortuna, hicimos ese descubrimiento antes de que cualquiera saliera realmente perjudicado. Después de nuestro divorcio, regresé a casa.

El enlace personal

Siga los siguientes pasos para redactar una narración personal en la que relate un cambio en su vida.

1. Piense en un gran cambio que haya ocurrido en su vida. Podría ser un nacimiento, un matrimonio, un divorcio, un nuevo empleo o una nueva casa. También podría ser la partida de un amigo o su separación de una amistad. Elija un tema y escríbalo a continuación:

    Tema: _____

2. Escriba los acontecimientos principales que ocurrieron antes, durante y después del cambio.

    _____

    _____

    _____

    _____

    _____

    _____

3. Trate de añadir más detalles a los acontecimientos que ha redactado. Incluya lo que sentía en esos momentos. Si desea, escriba primero acerca de ese cambio en su diario personal.

4. Numere los acontecimientos en el orden en el que ocurrieron. O sea, el orden en el que los redactará.

5. En otra hoja de papel, redacte una narración personal usando las ideas anteriores. Añada un pequeño párrafo de introducción y un breve párrafo de conclusión.

Corregir

Lea su narración personal. Asegúrese de que los acontecimientos estén en el orden en el que ocurrieron. Luego, corrija cualquier error.

Recordatorio de la carpeta

Coloque su narración personal en su carpeta.

Redactar una composición

Al igual que la narración personal, una composición es una pieza de redacción más larga. Hay una clase de composición que explica el punto de vista de su autor o autora.

Lea esta muestra de un tema de composición.

Las personas aprenden de sus errores. ¿Está de acuerdo con esta afirmación? Escriba una composición que explique su punto de vista al respecto. Use sus observaciones, conocimientos y experiencias para fundamentar su punto de vista.

Ahora lea la siguiente composición. Fíjese en la organización de las ideas. La introducción indica lo que la escritora dirá en la composición. Los tres párrafos que le siguen dan tres ejemplos que fundamentan su idea principal. La conclusión resume lo que ha escrito.

Creo que la mayoría de la gente aprende de sus propios errores. Yo sé de algunos errores que me han enseñado lecciones valiosas, y he visto a mis hijos aprender y crecer analizando sus errores. Creo realmente que gran parte de los progresos que hemos alcanzado en la ciencia y la tecnología es resultado del aprendizaje de nuestros errores.

Cuando tenía 18 años, me apresuré a contraer matrimonio con un hombre que no conocía lo suficiente. Pensamos que nos amábamos mutuamente, pero resultó que no concordábamos en nada y, eventualmente, nos divorciamos. Durante muchos años tuve un gran cuidado en no apresurarme con ninguna relación. Tomé mucho tiempo en conocer a mi actual esposo antes de que nos casáramos. Hemos estado diez años juntos y somos muy felices. Aprendí mucho del error que cometí al apresurarme en mi primer matrimonio.

Mi hijo de tres años también ha aprendido de sus errores. El otro día probó una sopa que estaba demasiado caliente. Yo le había advertido que esperara, pero él no me hizo caso. Como resultado, se quemó la lengua y comenzó a llorar. Al día siguiente volví a servirle otro plato de sopa, y antes de que pudiera hacerle advertencia alguna, él dijo: "Hay que esperar a que se enfríe". Por lo visto, ha aprendido a ser paciente.

Finalmente, creo que los descubrimientos científicos son ejemplos de lo que aprenden las personas con sus errores. Thomas Alva Edison no inventó la bombilla mediante el seguimiento de un plan detallado de principio a fin. Por el contrario, intentó varios experimentos basados en lo que sabía. En ocasiones, tales experimentos fracasaron. Pero él no se rindió, sino que aprendió de los errores cometidos y trató de hacer algo diferente la próxima vez. Mientras más leo sobre tecnología, más comprendo que la mayoría de las invenciones y descubrimientos se materializaron después de una larga serie de errores.

Por supuesto, hay personas que cometen errores y no aprenden. Pero pienso que son mucho menos en comparación con gente como yo, mi hijo y muchos científicos. El aprendizaje gracias a los errores cometidos es parte de la existencia humana.

El enlace GED

Siga los siguientes pasos para escribir una composición sobre este tema.

> Es difícil hacer cambios en nuestra vida. ¿Está de acuerdo con esta afirmación? Fundamente su punto de vista en una composición. Use sus observaciones personales, experiencias, y conocimientos.

1. Piense en el tema. Escriba cualquier idea en torno a los cambios en la vida de las personas. Puede usar las ideas de El enlace personal en la página 205, así como las de su diario personal.

   _____

   _____

   _____

   _____

2. Analice sus ideas. Piense en tres puntos principales que pueda sacar del tema. Use el siguiente plan para organizar sus ideas.

   Párrafo 1: Introducción

   Párrafo 2: Tratará acerca de _____

   Párrafo 3: Tratará acerca de _____

   Párrafo 4: Tratará acerca de _____

   Párrafo 5: Conclusión

   Vuelva a la primera pregunta y numere cada idea que haya escrito con 2, 3 ó 4 para indicar si va a usarlas en los párrafos 2, 3 ó 4.

3. En un papel en blanco, redacte una composición en la que use el plan anterior.

Corregir

Lea su composición y compruebe que la organización de sus ideas sea clara. Luego lea con cuidado su redacción para detectar otros errores.

Recordatorio de la carpeta

Ponga los párrafos de El enlace GED en su carpeta.

Las respuestas comienzan en la página 302.

DESTREZA DE GED **Ortografía**

Palabras parónimas

palabras parónimas
aquellas que se pronuncian de forma parecida, pero tienen un significado y ortografía diferentes

Las **palabras parónimas** son aquellas que se pronuncian de forma parecida, pero tienen un significado y ortografía diferentes.

Ejemplos de palabras parónimas

perjuicio (daño)
prejuicio (parcialidad)

absceso (empeine)
acceso (entrada)
exceso (abundancia)

aptitud (capacidad)
actitud (ademán)

condonar (perdonar)
condenar (castigar)

absorber (chupar)
absolver (perdonar)

deferencia (cortesía)
diferencia (discrepancia)

omitir (olvidar)
emitir (difundir)

afecto (cariño)
efecto (consecuencia)

precedente (antecedente)
procedente (originario)

hartura (abundancia)
altura (elevación)

arador (que ara)
orador (que habla)

notario (escribano público)
notorio (relevante)

adaptar (modificar)
adoptar (asumir)

prendado (encantado)
prendido (encendido)

SUGERENCIA

Al leer, fíjese bien en la forma en que está escrita la palabra y en el contexto en que se usa. Si tienes dudas sobre su significado, consulte el diccionario.

Tenga presente el significado de las palabras parónimas para que no las utilice incorrectamente al redactar o al hablar.

Incorrecto: No me permitieron el absceso al área restringida.
Correcto: No me permitieron el acceso al área restringida.
Correcto: Fue al médico para que le examinara un absceso en el brazo.

Marque con una "X" la oración donde se use correctamente la palabra parónima.

_____ a. El tribunal absolvió al acusado de todos los cargos que pesaban contra él.

_____ b. La tierra sedienta absolvió hasta la última gota de lluvia.

Usted acertó si escogió la *opción a*. La oración en la *opción b* debe ser: *La tierra sedienta absorbió hasta la última gota de lluvia.*

A. **Elija la palabra correcta y escríbala en el espacio correspondiente.**

1. (afecto, efecto) Nos queremos y nos mostramos mucho _____.

2. (aptitud, actitud) Su _____ académica es admirable.

3. (efecto, afecto) El discurso no produjo en el público el _____ deseado.

4. (aptitud, actitud) Es muy vago, me molesta su _____ indolente.

5. (adaptar, adoptar) Hay que _____ medidas severas con los indisciplinados.

6. (adaptar, adoptar) Es necesario _____ el armario al espacio justo.

B. **Corrija las palabras parónimas que están mal usadas en el siguiente texto. Hay 6 errores.**

El mal comportamiento y la aptitud beligerante de algunos niños les crea problemas severos en la escuela y resultan en un prejuicio tanto para los estudiantes como para los maestros. Muchos problemas precedentes del hogar pueden corregirse hablando con los padres. Los padres deben intentar tener una mejor relación con sus hijos y no deben condonarlos por todos los errores que cometen, sino que, al contrario, deben ayudarlos a mejorar su conducta. Es importante que los padres les muestren efecto a sus hijos y también es importante que los maestros brinden absceso a los recursos de apoyo que ofrece la comunidad.

C. **Escriba acerca del siguiente tema:**

En el Ejercicio B corrigió un párrafo acerca de la conducta de los niños y algunas cosas que los padres y maestros pueden hacer para mejorarla. Piense en otras actividades que los padres y maestros deben hacer para ayudar a los niños con problemas de conducta. Escriba sus recomendaciones. Luego, corrija los errores en el uso de las palabras parónimas y otros errores.

Las respuestas comienzan en la página 302.

Palabras homófonas

palabras homófonas
palabras que tienen igual
sonido, pero diferente
significado

Las **palabras homófonas** son aquellas que se pronuncian igual, pero su ortografía y significado son diferentes.

Ejemplos de palabras homófonas

a: preposición
ha: del verbo "haber"
¡ah!: interjección de sorpresa

¡ay!: interjección de daño
hay: del verbo "haber"

abría: de abrir la botella
habría: del verbo "haber"

aceros: productos del metal
haceros: del verbo "hacer"

aremos: de arar el campo
haremos: del verbo "hacer"

arte: artístico
harte: de "hartarse"

as: campeón
has: del verbo "haber"

asta: de la bandera
hasta: hasta aquí

masa: mezcla
maza: arma

casa: vivienda
caza: del verbo "cazar"

risa: acto de reír
riza: del verbo "rizar"

ves: del verbo "ver"
vez: ocasión

verás: del verbo "ver"
veraz: que dice la verdad

ceda: del verbo "ceder"
seda: tela

cocer: preparar alimentos
coser: unir con hilo

meces: del verbo "mecer"
meses: plural de mes

peces: plural de pez
peses: del verbo "pesar"

atajo: camino más corto
hatajo: una partida, un grupo de
        bandoleros

aya: institutriz
halla: del verbo "hallar" o "encontrar"
haya: un árbol de buena madera; del
        verbo "haber"

barón: título nobiliario
varón: un hombre

basto: áspero
vasto: extenso

baya: el tomate, la fresa
vaya: del verbo "ir"
valla: la que cerca un terreno

bienes: de fortuna
vienes: del verbo "venir"

SUGERENCIA

Para comprobar la utilización correcta de una palabra homófona, debe leer la oración con cuidado. Si tiene dudas, consulte un diccionario.

Marque con una "X" la oración correcta.

_____ a. La tigresa halla a su presa y la ataca.

_____ b. La ciudad prohibió a la compañía constructora que talara el halla centenaria del Parque Central.

Usted acertó si escogió la *opción a*. La *opción b* debe ser: *La ciudad prohibió a la compañía constructora que talara el haya centenaria del Parque Central.*

A. Escriba en el espacio en blanco la palabra homófona que corresponda.

1. (bienes, vienes) Me harás un gran favor si _____ esta noche a casa para ayudarme a empacar.

2. (vastos, bastos) Los terrenos más _____ y llanos son los mejores para esquiar.

3. (varón, barón). La muerte del _____ de Sajonia es una gran pérdida para los coleccionistas de arte.

4. (atajo, hatajo) Nos ahorraremos dos horas de camino si tomamos el _____ del bosque.

5. (vaya, baya) No creo que el equipo de Italia _____ a ganar cinco partidos seguidos.

6. (as, has) Benito es un _____ a la hora de hacer las mejores estrategias de juego.

7. (a, ha) El mes próximo nos vamos todos _____ un campamento en las montañas.

8. (asta, hasta) Si nos vamos de vacaciones a Colorado, no nos veremos _____ dentro de dos semanas.

B. Corrija los errores en el uso de palabras homófonas de esta carta comercial. Contiene 7 errores.

Estimado cliente:

Es un gran placer darle la bienvenida al Banco Godoy. Le escribo para agradecerle que halla abierto una cuenta en nuestra institución.

Por favor, lea el folleto adjunto, "Guía Bancaria Godoy" donde le detallamos todos nuestros servicios. A partir del próximo 15 de septiembre, usted tendrá acceso ha nuestro sistema de depósito directo. También podrá emitir sus cheques personales en cuanto tenga necesidad de efectuar cualquier pago. Recuerde que ay una diferencia entre las cuentas de ahorro y las cuentas de cheques.

También le adjuntamos su tarjeta de Cajero Automático. En cuanto aya activado la contraseña personal, podrá proceder a extraer dinero en efectivo en cualquiera de nuestras 57 sucursales regionales, y en más de 475 cajeros en todo el país. Sólo vasta marcar su contraseña y la cantidad que baya a extraer.

Gracias por darnos la oportunidad de servirle y demostrarle que el Banco Godoy a sido su mejor elección.

Nuestra más cordial bienvenida,

Alfredo Quiñónez

Vicepresidente de Relaciones con el Cliente

C. Escriba acerca del siguiente tema.

En el Ejercicio B usted corrigió una carta comercial. Escriba una carta a una institución comercial. Puede ser una reclamación, o para encomiar un buen servicio, o para solicitar un producto. Luego corrija los errores en el uso de las palabras parónimas, o cualquier otro error.

Las respuestas comienzan en la página 302.

Acentuación

Las palabras se clasifican según la sílaba donde lleven la fuerza de pronunciación. Las cuatro clasificaciones son: **agudas, llanas, esdrújulas** y **sobreesdrújulas.**

Agudas: Llevan la fuerza de pronunciación en la última sílaba (ra**tón**, escri**bí**, cate**dral**, historia**dor**, lla**mar**).
Se escriben con tilde cuando terminan en *n, s* o vocal: ca**mión**, To**más**, recor**dé**.

Llanas: Llevan la fuerza de pronunciación en la penúltima sílaba (**fér**til, **lá**piz, a**mi**go, cua**der**no).
Se escriben con tilde cuando las palabras terminan en consonante, menos *n* o *s*: **ár**bol, di**fí**cil.

Esdrújulas: Llevan la fuerza de pronunciación en la antepenúltima sílaba (**rá**pido, **fí**jate, **dá**melo). Siempre se escriben con tilde.

Sobreesdrújulas: Llevan la fuerza de pronunciación en cualquier sílaba anterior a la antepenúltima (**llé**vatela, **dí**gaselo, co**má**monoslo). Siempre se escriben con tilde.

SUGERENCIA

Si no sabe a ciencia cierta dónde recae la fuerza de pronunciación, pronuncie la palabra de distintas maneras, acentuando cada sílaba para determinar la correcta: si-la-**bá**, si-**lá**-ba, **sí**-la-ba. Luego, aplique la regla correspondiente para añadir la tilde de ser necesaria (sílaba = esdrújula; siempre lleva tilde).

Marque con una "X" la oración correcta.

_____ a. La lección del instructor es vital para la comprensión del tema.

_____ b. La leccion del instructor es vital para la comprensión del tema.

Usted acertó si escogió la *opción a*. La palabra *lección* es aguda, termina en *n* y debe llevar tilde.

A. Vuelva a escribir las siguientes oraciones, corrigiendo las faltas de ortografía en el uso de los acentos. Si no hay ningún error, escriba. *Correcta como está.*

1. Nicolas no viene a la clase porque debe trabajar doble turno.

_____

2. El mes próximo comienzan las pruebas finales.

_____

3. Cuando te llamen por telefono debes contestar con buenas maneras.

_____

4. Un verdadero amígo debe estar disponible, tanto en las buenas como en las malas.

_____

5. Al cabo de dos meses de tratamiento, el medico le dijo que estaba completamente curada de su enfermedad.

_____

6. Va a ser bastante dificil conseguir entradas para ese concierto de rock.

_____

7. Te espéro en el parque a las 7:00 p.m. Si te demoras demasiado, no me encontrarás.

_____

B. Corrija los errores de acentuación en esta carta. Contiene 10 errores.

Estimada Marta:

No puedes imaginarte lo malo que esta el tiempo por áca. Estamos tán aburridos que no vemos el momento de ir a visitarte. ¿Pódemos ir a tu casa la semana proximá? Ricardo y su nueva novia tambien quieren ir con nosotros. ¿Está bien? Por supuesto, si siete personas es démasiado, nos quedaremos en casa.

Otra cosa, ¿puedes darnos instrucciónes para llegar? Tío Rosendo no recuerda el camino. Si nos invitas, te agradecemos tu amable invitacion. Esperamos que todo salga bien y nuestra visita sea inólvidable.

Te quiere,

Alicia

C. Escriba acerca del siguiente tema.

En el Ejercicio B corrigió una carta en la que se pedía un favor. Escriba una carta a un amigo o familiar pidiéndole un favor. Luego corrija los errores de acentuación, o cualquier otro error.

Las respuestas comienzan en la página 303.

Instrucciones: Elija la pregunta que mejor responda a cada pregunta.

Las preguntas 1 a 4 se refieren a los siguientes párrafos:

Cómo tomar mensajes telefónicos

(A)

(1) En estos tiempos de buzones de voz y menús telefónicos automáticos, el arte de contestar el teléfono podría ser parte del pasado. (2) No obstante, algunas compañías reconocen el valor del contacto personal. (3) A continuación se presentan excelentes consejos para recibir llamadas y tomar los masajes de los clientes.

(B)

(4) Despúes de saludar al cliente, identifique su compañía y pregunte lo más gentilmente posible: "¿En qué puedo ayudarle?". (5) Es muy importante escuchar con cuidado y pedir ha la persona que repita cualquier nombre o número que usted no comprenda. (6) Si toma mensajes para un empleado que no está en la oficina, anote el nombre de la persona que toma el mensaje y la hora de la llamada. (7) Luego escriba el nombre de la persona, compañía, número telefónico y cualquier mensaje que deseé dar. (8) Verifique el nombre y número de teléfono repitiéndolos a la persona que llama. (9) Finalmente, déle las gracias y asegúrele que le hará llegar el mensaje a su destinatario lo antes posible.

1. Oración 1: **En estos tiempos de buzones de voz y menús telefónicos automáticos, el arte de contestar el teléfono podría ser parte del pasado.**

   ¿Qué corrección se debe hacer en la oración 1?

   (1) añadir una coma después de voz
   (2) eliminar la coma después de automáticos
   (3) sustituir voz por vos
   (4) sustituir arte por harte
   (5) no se requiere hacer ninguna corrección

2. Oración 3: **A continuación se presentan excelentes consejos para recibir llamadas y tomar los masajes de los clientes.**

   ¿Qué corrección se debe hacer en la oración 3?

   (1) sustituir excelentes por excedentes
   (2) sustituir consejos por concejos
   (3) sustituir llamadas por camadas
   (4) añadir una coma después de llamadas
   (5) sustituir masajes por mensajes

3. Oración 5: **Es muy importante escuchar con cuidado y pedir ha la persona que repita cualquier nombre o número que usted no comprenda.**

   ¿Qué corrección se debe hacer en la oración 5?

   (1) sustituir ha por a
   (2) sustituir importante por importánte
   (3) sustituir y por una coma
   (4) añadir una coma después de nombre
   (5) sustituir no por que no

4. Oración 7: **Luego escriba el nombre de la persona, compañía, número telefónico y cualquier mensaje que deseé dar.**

   ¿Qué corrección se debe hacer en la oración 7?

   (1) sustituir deseé por desee
   (2) sustituir escriba por escribá
   (3) sustituir persona por personal
   (4) eliminar la coma después de compañía
   (5) añadir una coma después de mensaje

Las preguntas 5 a 8 se refieren a la siguiente carta.

Estimado Sr. Tomás Pérez:

(A)

(1) No pierda esta oportunidad especial de renovar su suscripción. (2) Si lo hace ahora mismo, recibirá 48 números seminales de *El Emblema de Internet,* además de 12 reportajes especiales mensuales por el módico precio de $18.95.

(B)

(3) No pierda la suscripción de la única revista que trata temas acerca de personalidades, noticias locales y acciones comunitarias que conforman la economía de Internet. (4) La cobertura de nuestras revistas le ofrece lo más resiente en torno a correspondencia electrónica, descuentos comerciales, empleo y deportes. (5) Con su remodelación de suscripción, le enviaremos 12 reportajes mensuales adicionales acerca de temas actuales de Internet.

(C)

(6) ¡No espere un minuto más para renovar un servicio considerado por la profesora Jazmín Ferré, de la Escuela de Ciencias de la Computación de la Universidad Intercontinental, como "la mejor y más acertada publicación" que cubre los temas más actuales de Internet!

5. Oración 2: **Si lo hace ahora mismo, recibirá 48 números seminales de *El Emblema de Internet,* además de 12 reportajes especiales mensuales por el módico precio de $18.95.**

¿Qué corrección se debe hacer en la oración 2?

(1) sustituir lo hace por usted hace
(2) eliminar la coma después de mismo
(3) sustituir recibirá por ha recibido
(4) sustituir seminales por semanales
(5) sustituir módico por médico

6. Oración 4: **La cobertura de nuestras revistas le ofrece lo más resiente en torno a correspondencia electrónica, descuentos comerciales, empleo y deportes**.

¿Qué corrección se debe hacer en la oración 4?

(1) sustituir resiente por reciente
(2) sustituir ofrece por ofrecen
(3) sustituir le por uno
(4) sustituir empleo por empleó
(5) no se requiere hacer ninguna corrección

7. Oración 5: **Con su remodelación de suscripción, le enviaremos 12 reportajes mensuales adicionales acerca de temas actuales de Internet.**

¿Qué corrección se debe hacer en la oración 5?

(1) sustituir su por sus
(2) eliminar la coma
(3) sustituir remodelación por renovación
(4) sustituir reportajes mensuales por Reportajes Mensuales
(5) no se requiere hacer ninguna corrección

8. Oración 6: **¡No espere un minuto más para renovar un servicio considerado por la profesora Jazmín Ferré, de la Escuela de Ciencias de la Computación de la Universidad Intercontinental, como "la mejor y más acertada publicación" que cubre los temas más actuales de Internet!**

¿Qué corrección se debe hacer en la oración 6?

(1) sustituir espere por esperé
(2) añadir una coma después de servicio
(3) sustituir profesora por Profesora
(4) sustituir Universidad por universidad
(5) no se requiere hacer ninguna corrección

SUGERENCIA

A medida que trabaje en los ejercicios, anote las palabras parónimas y homófonas con las que encuentre dificultades. Estúdielas y practíquelas redactando oraciones con las mismas. De esa manera, las conocerá mejor cuando tome la Prueba de redacción de GED.

Las respuestas comienzan en la página 303.

Prueba corta de GED • Lección 17

Instrucciones: Ésta es una prueba de práctica que dura diez minutos. Después de que transcurran los diez minutos, ponga una marca en la última pregunta que haya respondido. A continuación, termine la prueba y revise sus respuestas. Si la mayoría de sus respuestas fueron correctas, pero no terminó la prueba, trate de responder las preguntas más rápidamente la próxima vez. Elija la respuesta que mejor responda a cada pregunta.

Las preguntas 1 a 4 se refieren a la siguiente información.

La influenza

(A)

(1) Este invierno ha traído consigo un nuevo brote de influenza. (2) Es peor que cualquier otra epidemia reciente de la enfermedad, y está afeitando a muchas más personas.

(B)

(3) Las personas que contraen el virus sufren de secreciones nasales, irritación en los ojos y tos. (4) Tan bien experimentan dolores musculares, temblores y fiebre alta. (5) Sin embargo, según dicen muchos Médicos, no es necesario ir al hospital. (6) Sólo basta permanecer en cama, tomar acetaminofén y beber líquidos en abundancia.

(C)

(7) Los doctores también recomiendan la vacuna contra la influenza. (8) En realidad, las personas deben vacunarse antes de que contraigan la influenza, pues si lo hacen cuando ya la han contraído, la vacuna no surtirá efecto. (9) Es importante vacunar a niños y ancianos, porque la influenza es especialmente peligrosa para esas edades, así que hágalo antes de que comience la temporada de incidencia del virus. (10) Vacunarse en otoño equivale a permanecer saludable durante toda la temporada de influenza.

1. Oración 2: **Es peor que cualquier otra epidemia reciente de la enfermedad, y está afeitando a muchas más personas.**

   ¿Qué corrección se debe hacer en la oración 2?

   (1) sustituir afeitando por afectando
   (2) sustituir que por quien
   (3) eliminar la coma después de enfermedad
   (4) eliminar y
   (5) no se requiere hacer ninguna corrección

2. Oración 4: **Tan bien experimentan dolores musculares, temblores y fiebre alta.**

   ¿Qué corrección se debe hacer en la oración 4?

   (1) sustituir Tan bien por También
   (2) sustituir Tan bien por Tan Bien
   (3) eliminar la coma después de musculares
   (4) añadir una coma después de fiebre alta
   (5) no se requiere hacer ninguna corrección

3. Oración 5: **Sin embargo, según dicen muchos Médicos, no es necesario ir al hospital.**

   ¿Qué corrección se debe hacer en la oración 5?

   (1) sustituir ir por van
   (2) sustituir hospital por Hospital
   (3) eliminar la coma después de Médicos
   (4) sustituir dicen por dice
   (5) sustituir Médicos por médicos

4. Oración 9: **Es importante vacunar a niños y ancianos, porque la influenza es especialmente peligrosa para esas edades, así que hágalo antes de que comience la temporada de incidencia del virus.**

   Si vuelve a redactar la oración 9 comenzando con

   La influenza es especialmente peligrosa para niños y ancianos, por lo que debe

   las próximas palabras serían:

   (1) llevarlos a vacunar antes de que
   (2) hacerlo es importante
   (3) es importante estar llevándolos
   (4) vacunarse por vacunarse
   (5) la temporada de influenza comience

Las preguntas 5 a 9 se refieren a los siguientes párrafos.

Compras a crédito

(A)

(1) Establecer un historial de crédito con tarjetas de tiendas por departamentos es más fácil que con tarjetas bancarias. (2) De hecho, las tiendas por departamentos usualmente no tienen cargos anuales por el huso de sus tarjetas de crédito.

(B)

(3) En general, las personas se sienten satisfechas con las tarjetas de crédito de tiendas, acepto cuando se les extravían. (4) ¡Eso puede ponerle los nervios de punta a cualquiera! (5) Cuando uno pierde una tarjeta de crédito nos enseña una importante lección. (6) Se aprende a mantener un registro de los números de cuenta. (7) Lo principal que debemos recordar con respecto a una línea de crédito es que la misma no implica el acceso a dinero "gratuito". (8) Aquellos que carguen grandes cantidades a su cuenta, pueden caer en una terrible trampa. (9) Si no pueden saldar la cuenta, se les está cobrando enormes cargos por interés. (10) Para ese tipo de personas, es más conveniente pagar en efectivo todas sus compras.

5. Oración 2: **De hecho, las tiendas por departamentos usualmente no tienen cargos anuales por el huso de sus tarjetas de crédito.**

¿Qué corrección se debe hacer en la oración 2?

(1) sustituir De hecho por De echo
(2) sustituir tiendas por Tiendas
(3) sustituir no por no te
(4) añadir una coma después de departamentos
(5) sustituir huso por uso

6. Oración 3: **En general, las personas se sienten satisfechas con las tarjetas de crédito de tiendas, acepto cuando se les extravían.**

¿Qué corrección se debe hacer en la oración 3?

(1) sustituir En general por General
(2) eliminar la coma después de general
(3) sustituir acepto por excepto
(4) añadir una coma después de crédito
(5) sustituir tiendas por tientas

7. Oraciones 5 y 6: **Cuando uno pierde una tarjeta de crédito nos enseña una importante lección. Se aprende a mantener un registro de los números de cuenta.**

¿Qué palabras incluiría la forma más efectiva de combinar las oraciones 5 y 6?

(1) La pérdida de una tarjeta de crédito nos enseña a mantener
(2) y lo importante es
(3) Aprender lo importante que es
(4) Una vez que alguien que ha perdido una tarjeta de crédito
(5) Perder una tarjeta y aprender a estar al tanto de las cifras

8. ¿Qué revisión haría más efectivo este texto?

Comenzar un nuevo párrafo

(1) con la oración 4
(2) con la oración 5
(3) con la oración 6
(4) con la oración 7
(5) con la oración 8

9. Oración 9: **Si no pueden saldar la cuenta, se les está cobrando enormes cargos por interés.**

¿Cuál es la mejor manera de escribir la parte subrayada del texto? Si la redacción original es la mejor, escoja la opción (1).

(1) les está cobrando
(2) les cobró
(3) cobrando
(4) les cobrará
(5) les ha cobrado

Las respuestas comienzan en la página 304.

No salirse del tema

Redacción personal

Como ocurre en la conversación, algunos textos a menudo se salen del tema. Cuando usted escriba en su diario, por ejemplo, puede cambiar de tema tantas veces como desee. Ciertas cartas personales también pueden pasar de tema en tema, o contener ideas ajenas al tema principal.

Sin embargo, la mayoría de los textos debe concentrarse en un tema principal. Usted ya ha aprendido que todas las oraciones en un párrafo deben apoyar la oración temática. De la misma manera, la oración temática de cada párrafo debe tener relación con la idea principal de la pieza.

Lea esta redacción personal. ¿Dónde se salió del tema el escritor?

Las dos cualidades de las que más me enorgullezco son mi objetividad y mi determinación. Siempre trato de ser abierto de mente en las situaciones difíciles y considerar todas las posibilidades. También tengo más determinación que la mayoría de las personas que he conocido en mi vida.

Cuando mis amigos discuten, me llaman con frecuencia para que sirva de mediador. Yo escucho con cuidado todos los argumentos y, sin mostrar favoritismo, ayudo a los contendientes a analizar el punto de vista de cada cual. No temo en decir lo que pienso porque sé que cuando lo hago he considerado la situación lo suficiente. Por ejemplo, cuando mis hermanos querían ir al cine sin mi hermana, yo escuchaba sus puntos de vista y luego los ayudaba a comprender el punto de vista de mi hermana. Finalmente, lo reconsideraban y la llevaban con ellos.

Aquellos que me conocen admiran mi determinación. Esta vía hacia el éxito me ha facilitado desempeñar el mejor trabajo en muchos empleos. Por ejemplo, siempre quiero quedarme trabajando una hora o dos adicionales en la construcción, lo cual impresiona a mi supervisor y compañeros de trabajo. Cuando llega la hora de las evaluaciones, siempre me otorgan reconocimientos especiales por mi habilidad para trabajar más allá de lo esperado.

En ocasiones, mi determinación me ha causado problemas. Por ejemplo, un día no quise dejar de trabajar a la hora de salida. Seguí trabajando sin supervisión y, lamentablemente, ¡lo eché todo a perder! Esa vez mi jefe se molestó muchísimo.

Mi habilidad para ser objetivo y mi determinación para triunfar me enorgullecen.

El escritor comenzó presentando las dos cualidades que más le enorgullecen: objetividad y determinación. Luego se apartó del tema en el cuarto párrafo, cuando comenzó a relatar cómo esa misma determinación le ha ocasionado problemas en su trabajo. Aunque este párrafo habla de una de las dos cualidades, no sustenta la idea principal de la composición.

El enlace personal

Siga los siguientes pasos para escribir una pieza personal acerca de usted mismo a un amigo o familiar.

1. Es difícil escribir acerca de uno mismo, especialmente de nuestras buenas cualidades. Puede parecer presumido o fanfarrón. Sin embargo, escribir acerca de usted mismo le ayudará a conocerse mejor, al igual que contribuirá a que el destinatario sepa más de usted.

   Escriba una lista de sus buenas cualidades. Si desea, escríbala en su diario. Recuerde que no tiene que mostrarle su diario a nadie.

   _____

   _____

   _____

2a. Elija dos cualidades personales de su lista. Escriba ejemplos de momentos en los que haya demostrado dichas cualidades.

   _____

   _____

   _____

   _____

   b. Revise los ejemplos para comprobar que tengan que ver con las dos cualidades escogidas. Tache lo que no tenga nada que ver.

3. Use su lista para escribir una descripción de sus mejores cualidades a un amigo o familiar. Añada un párrafo de introducción y un párrafo de conclusión breves.

Corregir

Lea la descripción de sus cualidades personales. Asegúrese de que no se haya salido del tema en ningún momento. Luego corrija cualquier error.

Recordatorio de la carpeta

Ponga la redacción personal en su carpeta.

Redacción general

Es esencial no salirse del tema en redacciones generales como cartas comerciales y composiciones.

A continuación, algunas buenas estrategias que debe tener en mente para no salirse del tema:

SUGERENCIA

La mejor manera de no salirse del tema es tener un plan bien organizado (como un bosquejo o mapa de ideas) antes de comenzar la redacción.

- Planifique la redacción con cuidado. Si tiene un plan claro, será menos propenso a introducir ideas irrelevantes.
- Cuando haya terminado la composición, vuelva a leerla, y compruebe que cada oración tenga que ver con la idea principal.

Lea la siguiente composición. Vea si puede determinar dónde se salió del tema el escritor.

Las cualidades personales que conducen a relaciones y carreras exitosas son a menudo las mismas. Las personas con un sentido de lealtad, intereses mutuos y buenos modales son atractivas tanto para un patrono como para un amigo. No sorprende entonces que las personas que logran ser empleados efectivos también tienen muchos y buenos amigos.

Por ejemplo, consideremos la lealtad. Seguramente, un patrono que entrevista a un candidato para un empleo quiere asegurarse que la persona tendrá un sentido de compromiso hacia la compañía. El patrono espera que la persona permanezca en el puesto y que no ande buscando mejores ofertas. De la misma manera, ¿quién quiere tener un amigo desleal? Una amistad no perdura si alguien cancela constantemente sus compromisos porque tiene otras cosas que hacer. Los amigos necesitan saber que ambas partes están interesadas en lograr una buena amistad.

Además, los intereses mutuos son esenciales tanto en el puesto de trabajo como en las relaciones personales. Un empleado puede ser inteligente, diestro y leal, pero si está interesado en la computación, y el trabajo requiere el manejo de animales, no será una buena combinación. Por la misma razón, una persona que dedica largas horas a los juegos de vídeo porque odia ejercitarse, probablemente no sostendrá una amistad con un amante de los deportes al aire libre.

La afabilidad es una cualidad que todos, ya sean patronos o amigos, aprecian. Un ejemplo perfecto es mi amiga Juana. Ella es la persona más dulce y noble que he conocido. Cuando la necesito, siempre está a mi lado, no importan las circunstancias. Otros amigos van y vienen, pero Juana siempre es fiel. No me sorprende que ella sea tan buena empleada como buena amiga.

¿Notó que el escritor se salió del tema en el último párrafo? La composición trata de las cualidades que tienen en común los buenos empleados y los buenos amigos. El escritor ofrece una descripción general de dichas cualidades, pero luego se aparta del tema dando una descripción personal de su amiga.

El enlace GED

Siga los siguientes pasos para escribir una composición acerca de este tema.

> ¿Qué cualidades considera importantes en una persona? Use sus observaciones personales, experiencias y conocimientos para responder la pregunta y fundamentar su punto de vista.

1. Piense en el tema. Escriba cualidades que admire de las personas. Puede usar las ideas de El enlace personal de la página 219, así como las de su diario personal. No tiene que escribir oraciones completas.

   _____

   _____

   _____

   _____

2. Analice sus ideas. Piense en tres puntos principales que pueda sacar del tema. Use el siguiente plan para organizar sus ideas.

   Párrafo 1 Introducción

   Párrafo 2 Tratará acerca de _____

   Párrafo 3 Tratará acerca de _____

   Párrafo 4 Tratará acerca de _____

   Párrafo 5 Conclusión

   Vuelva a la primera pregunta y numere cada idea que haya escrito con 2, 3 ó 4 para indicar si va a usarlas en los párrafos 2, 3 ó 4.

3. En un papel en blanco, redacte una composición en la que use el plan anterior.

Corregir

Lea su composición, y compruebe que no se haya salido del tema. Luego lea con cuidado la redacción para detectar otros errores.

Recordatorio de la carpeta

Ponga los párrafos de El enlace GED en su carpeta.

Las respuestas comienzan en la página 304.

Unidad 4 Repaso acumulativo Mecánica

Instrucciones: Elija la respuesta que mejor responda a cada pregunta.

Las preguntas 1 a 4 se refieren a la siguiente carta.

Estimado Sr. y Sra. Flores:

(A)

(1) La presente es para informarles acerca de la recomendación de la Escuela Intermedia Hostosiana, con respeto al curso de matemáticas de su hijo el próximo año escolar. (2) En la actualidad, Jonathan está matriculado en nuestro curso de matemáticas generales.

(B)

(3) Nuestra recomendación se fundamenta en una combinación de las calificaciones del estudiante y las directivas de matrícula del Departamento. (4) Creemos que la misma ofrece a su hijo la mejor oportunidad de perfeccionar sus destrezas matemáticas. (5) Por tanto, le recomendamos que matricule a jonathan en el curso de Introducción al Álgebra, que comenzará en el semestre correspondiente al otoño.

(C)

(6) Si desea hablar con nosotros en referencia a la recomendación, no vacile en llamar al profesor de matemáticas. (7) Su profesor de matemáticas es el Sr. López, y su extensión es la número 881.

Un cordial saludo,
Departamento de Matemáticas, Escuela Intermedia Hostosiana

1. Oración 1: **La presente es para informarles acerca de la recomendación de la Escuela Intermedia Hostosiana, con respeto al curso de matemáticas de su hijo el próximo año escolar.**

   ¿Qué corrección se debe hacer en la oración 1?

   (1) sustituir respeto por respecto
   (2) añadir una coma después de presente
   (3) sustituir Intermedia por intermedia
   (4) sustituir presente por presenta
   (5) no se requiere hacer ninguna corrección

2. Oración 3: **Nuestra recomendación se fundamenta en una combinación de las calificaciones del estudiante y las directivas de matrícula del Departamento.**

   ¿Qué corrección se debe hacer en la oración 3?

   (1) sustituir Nuestra por Muestra
   (2) sustituir se por está siendo
   (3) sustituir matrícula por matricula
   (4) añadir una coma después de calificaciones
   (5) sustituir Departamento por departamento

3. Oración 5: **Por tanto, le recomendamos que matricule a jonathan en el curso de Introducción al Álgebra, que comenzará en el semestre correspondiente al otoño.**

   ¿Qué corrección se debe hacer en la oración 5?

   (1) eliminar la coma después de Por tanto,
   (2) sustituir recomendamos por recomendaron
   (3) sustituir Introducción al Álgebra por introducción al álgebra
   (4) añadir una coma después de comenzará
   (5) sustituir jonathan por Jonathan

4. Oraciones 6 y 7: **Si desea hablar con nosotros en referencia a la recomendación, no vacile en llamar al profesor de matemáticas. Su profesor de matemáticas es el Sr. López, y su extensión es la número 881.**

   ¿Qué palabras incluiría la forma más efectiva de combinar las oraciones 6 y 7?

   (1) llame al Sr. López, quien es el profesor de matemáticas al
   (2) profesor, el Sr. López, al
   (3) El Sr. López es su profesor de matemáticas al
   (4) Extensión 881 para hablar con el Sr. López
   (5) la extensión 881 del Sr. López

SUGERENCIA

Para decidir si una aposición necesita comas, diga la oración sin la aposición. Si puede identificar claramente el sustantivo, coloque comas en la aposición.

Las preguntas 5 a 8 se refieren al siguiente artículo.

Para salvar las brochas usadas

(A)

(1) Con frecuencia, los pintores aficionados ven que sus brochas se han endurecido con la pintura porque no las limpiaron como se debe después de usarlas. (2) Las brochas se pueden salvar, dependiendo del tiempo que ha transcurrido desde que se usaron. (3) Sólo basta seguir unos pasos muy sencillos.

(B)

(4) Para suavizar la pintura seca, sumerja la brocha en un disolvente comercial, disponible en cualquier ferretería. (5) Luego raspe la brocha con un cuchillo dentado, con cuidado, de no cortar las cerdas. (6) Si la pintura seca lega hasta el mango, raspe este último con el borde plano del cuchillo. (7) Si queda aún pintura, puede pasarle a la brocha un cepillo metálico. (8) Después, vuelva a sumergir la brocha en el disolvente hasta el otro día.

(C)

(9) Cualquier remanente de pintura se disolverá con agua jabón, y un poco de aguarrás. (10) Finalmente, enjuague bien la brocha con agua corriente. (11) En el caso de brochas que hayan sido seriamente afectadas, deberá repetir el procedimiento una vez más.

5. Oración 1: **Con frecuencia, los pintores aficionados ven que sus brochas se han endurecido con la pintura porque no las limpiaron como se debe después de usarlas.**

¿Cuál es la mejor manera de escribir la parte subrayada del texto? Si la redacción original es la mejor, escoja la opción (1).

(1) pintura porque
(2) pintura, todavía porque
(3) pintura, sin embargo porque
(4) pintura, porque
(5) pintura. Porque

6. Oración 5: **Luego raspe la brocha con un cuchillo dentado, con cuidado, de no cortar las cerdas.**

¿Qué corrección se debe hacer en la oración 5?

(1) sustituir raspe por raspar
(2) eliminar la coma después de cuidado
(3) sustituir raspe por rape
(4) eliminar la coma después de dentado
(5) no se requiere hacer ninguna corrección

7. Oración 6: **Si la pintura seca lega hasta el mango, raspe este último con el borde plano del cuchillo.**

¿Qué corrección se debe hacer en la oración 6?

(1) sustituir mango por mago
(2) sustituir este por éste
(3) eliminar la coma
(4) añadir una coma después de último
(5) sustituir lega por llega

8. Oración 9: **Cualquier remanente de pintura se disolverá con agua jabón, y un poco de aguarrás.**

¿Cuál es la mejor manera de escribir la parte subrayada del texto? Si la redacción original es la mejor, escoja la opción (1).

(1) agua jabón, y
(2) agua jabón y
(3) agua, jabón y
(4) agua, jabón, y,
(5) agua, y jabón, y

Las preguntas 9 a 12 se refieren al siguiente artículo.

Empleados temporeros

(A)

(1) El huso de empleados temporeros comenzó poco a poco, pero ahora está ampliamente extendido y representa miles de millones de dólares anuales en salarios. (2) Si usted incluye empleados a tiempo parcial y por cuenta propia en el grupo, la cifra asciende a un tercio de los trabajadores estadounidenses. (3) La gente acepta trabajos temporeros porque en ocasiones conducen a un empleo regular a tiempo completo. (4) Una encuesta realizada por una Asociación Nacional de empleados temporeros ha mostrado que casi un 40 por ciento reportó al menos una oferta de trabajo regular a tiempo completo.

(B)

(5) Los empleados temporeros estadounidenses, a diferencia de sus contrapartes Europeas, no están sindicalizados. (6) Sólo una cuarta parte de ellos recibe beneficios de salud, vacaciones, ausencias por enfermedad o seguridad en el trabajo. (7) en otros países occidentales, los empleados temporeros reciben servicios de salud por parte del gobierno, compensación al trabajador, e incluso en algunos países tienen derecho a vacaciones y días por enfermedad.

(C)

(8) En la actualidad, la fuerza de trabajo temporero en este país es una de las áreas mayores de crecimiento en empleo. (9) Eso podría significar una mayor sindicalización de esos empleados temporeros. (10) Al menos eso equivaldría a la obtención de algunos de los beneficios de que disfrutan los empleados regulares a tiempo completo.

9. Oración 1: **El huso de empleados temporeros comenzó poco a poco, pero ahora está ampliamente extendido y representa miles de millones de dólares anuales en salarios.**

   ¿Qué corrección se debe hacer en la oración 1?

   (1) sustituir comenzó por comienza
   (2) eliminar la coma
   (3) eliminar pero
   (4) sustituir poco a poco, pero por poco a poco. Pero
   (5) sustituir huso por uso

10. Oración 4: **Una encuesta realizada por una Asociación Nacional de empleados temporeros ha mostrado que casi un 40 por ciento reportó al menos una oferta de trabajo regular a tiempo completo.**

    ¿Qué corrección se debe hacer en la oración 4?

    (1) sustituir reportó por reporto
    (2) sustituir Asociación Nacional por asociación nacional
    (3) sustituir ciento por siento
    (4) sustituir mostrado por mostró
    (5) no se requiere hacer ninguna corrección

11. Oración 5: **Los empleados temporeros estadounidenses, a diferencia de sus contrapartes Europeas, no están sindicalizados.**

    ¿Qué corrección se debe hacer en la oración 5?

    (1) eliminar la coma después de estadounidenses
    (2) sustituir diferencia por deferencia
    (3) sustituir sus por su
    (4) sustituir Europeas por europeas
    (5) eliminar la coma después de Europeas

12. Oraciones 9 y 10: **Eso podría significar una mayor sindicalización de esos empleados temporeros. Al menos eso equivaldría a la obtención de algunos de los beneficios de que disfrutan los empleados regulares a tiempo completo.**

    ¿Qué palabras incluiría la forma más efectiva de combinar las oraciones 9 y 10?

    (1) y esto, podría equivaler a obtener
    (2) temporeros, obteniendo algunos
    (3) por tanto conduciendo a la obtención,
    (4) o, al menos, la obtención
    (5) temporeros para que éstos, puedan obtener

Las preguntas 13 a 15 se refieren al siguiente párrafo.

El atún: un pez sorprendente

(1) Hay más de 22,000 especies de peces en el mar. (2) Pero tal vez el atún sea el único de sangre caliente. (3) La temperatura normalmente harta de su cuerpo no es afectada por la temperatura del agua en la que nada. (4) También esa es la razón por la que lo vemos nadar ocasionalmente en la superficie durante el verano. (5) Aunque usted podría pensar que todos los atunes son pequeños el de aleta azul es casi tan grande y rápido como un automóvil. (6) Puede llegar a pesar 1,500 libras, y nada a una velocidad de hasta 55 millas por ora.

13. Oración 3: **La temperatura normalmente harta de su cuerpo no es afectada por la temperatura del agua en la que nada.**

¿Qué corrección se debe hacer en la oración 3?

(1) sustituir harta por alta
(2) sustituir no es por no
(3) sustituir afectada por efectuada
(4) añadir una coma después de temperatura del agua
(5) no se requiere hacer ninguna corrección

14. Oración 5: **Aunque usted podría pensar que todos los atunes son pequeños el de aleta azul es casi tan grande y rápido como un automóvil.**

¿Qué corrección se debe hacer en la oración 5?

(1) sustituir usted por nosotros
(2) sustituir son por es
(3) añadir una coma después de pensar
(4) añadir una coma después de pequeños
(5) añadir una coma después de grande

15. Oración 6: **Puede llegar a pesar 1,500 libras, y nada a una velocidad de hasta 55 millas por ora.**

¿Qué corrección se debe hacer en la oración 6?

(1) sustituir ora por hora
(2) eliminar la coma después de libras
(3) sustituir nada por nadan
(4) sustituir llegar por llegó
(5) no se requiere hacer ninguna corrección

Repaso de los enlaces con la redacción

Escriba al menos tres párrafos acerca del tema del recuadro. Mientras escriba, tenga en mente los siguientes temas de los Enlaces con la redacción.

☑ ¿Contiene mi texto un párrafo de introducción, párrafos intermedios con ejemplos y detalles y un párrafo de conclusión? (Enlace con la redacción, pp. 204–207)

☑ ¿Me he salido del tema en la composición? (Enlace con la redacción, pp. 218–221)

¿Está de acuerdo con el viejo refrán de que "Palo que nace doblado jamás su tronco endereza"? Explique su respuesta. Fundamente su punto de vista con sus observaciones personales, experiencia y conocimiento.

Las respuestas comienzan en la página 304.

Tabla de análisis del desempeño en el repaso acumulativo
Unidad 4 • Mecánica

Consulte la sección Respuestas y explicaciones que empieza en la página 304 para verificar sus respuestas al Repaso acumulativo de la Unidad 4. Luego, use la siguiente tabla para identificar las destrezas en las que necesite más práctica.

En la tabla, encierre en un círculo los números correspondientes a las preguntas que haya contestado correctamente. Anote el número de aciertos para cada destreza y luego súmelos para calcular el número total de preguntas que contestó correctamente en el Repaso acumulativo. Si cree que necesita más práctica, repase las lecciones de las destrezas que se le dificultaron.

Preguntas	Número de aciertos	Destreza	Lecciones para repasar
2, 3, 10, 11	_____/4	Uso de mayúsculas	15
4, 5, 6, 8, 12, 14	_____/6	Comas	16
1, 7, 9, 13, 15	_____/5	Ortografía	17
TOTAL DE ACIERTOS: _____/15			

LENGUAJE, REDACCIÓN, PARTE I

Instrucciones

La Prueba final de Lenguaje y Redacción pretende medir su capacidad para usar un español claro y efectivo. La prueba no se refiere a la forma en que el idioma se puede hablar, sino a la forma en que se debe escribir.

Esta prueba consta de párrafos con oraciones enumeradas. Algunas oraciones contienen errores; ya sea de estructura, uso o aspectos de mecánica (ortografía, puntuación y uso de mayúsculas). Después de leer las oraciones numeradas, conteste las preguntas de selección múltiple que siguen. Algunas preguntas se refieren a oraciones que están escritas de manera correcta. La mejor respuesta para estas preguntas es la que no cambia la oración original. La mejor respuesta para otras preguntas es la que produce una oración que concuerda con el tiempo verbal y el punto de vista empleado en todo el texto.

Se le darán 75 minutos para contestar las 50 preguntas de esta prueba. Trabaje con cuidado, pero no dedique demasiado tiempo a una sola pregunta. Conteste todas las preguntas. Si no está seguro de una respuesta, responda de manera razonable por eliminación. No se descontarán puntos por respuestas incorrectas.

Cuando se agote el tiempo, ponga una marca en la última pregunta que haya contestado. Esto le servirá de guía para calcular si podrá terminar la verdadera Prueba de GED dentro del tiempo permitido. A continuación termine la prueba.

Registre sus respuestas en una copia de la hoja de respuestas de la página 331. Asegúrese de incluir toda la información requerida en la hoja de respuestas.

Para marcar sus respuestas, en la hoja de respuestas rellene el círculo con el número de la respuesta que considere correcta para cada una de las preguntas de la prueba.

Ejemplo:

Oración 1: **Fue un honor para todos nosotros ser recibidos por el Gobernador Phillips.**

¿Qué corrección se debe hacer en la oración 1?

(1) cambiar Fue a Siendo
(2) añadir una coma después de Fue
(3) cambiar ser recibidos a recibirnos
(4) cambiar Gobernador a gobernador
(5) no se requiere hacer ninguna corrección

En este ejemplo, la palabra gobernador debe ir en minúscula; por lo tanto, en la hoja de respuestas debería haber rellenado el círculo con el número 4 adentro.

No apoye la punta del lápiz en la hoja de respuestas mientras piensa en la respuesta. No haga marcas innecesarias en la hoja. Si decide cambiar una respuesta, borre completamente la primera marca. Rellene un solo círculo por cada respuesta: si señala más de un círculo, la respuesta se considerará incorrecta. No doble ni arrugue la hoja de respuestas.

Una vez terminada esta prueba, utilice la Tabla de análisis del desempeño en la página 244 para determinar si está listo para tomar la verdadera Prueba de GED. Si no lo está, use la tabla para identificar las destrezas que debe repasar de nuevo.

Adaptado con el permiso del *American Council on Education.*

Instrucciones: Elija la respuesta que mejor responda a cada pregunta.

Las preguntas 1 a 7 se refieren a los siguientes párrafos.

Diferentes seguros de vida

(A)

(1) El seguro de vida puede proteger a su familia si usted se transforma en una persona discapacitada o muere. (2) Si compra un seguro de vida cuando es joven. (3) El costo es bajo. (4) También puede ser una buena inversión. (5) En cada estado existe tres tipos de seguros de vidas básicos—temporal, de vida y total.

(B)

(6) El primer tipo, seguro temporal, es generalmente el más económico. (7) La razón por la cual su costo es bajo es por que no tiene valor comercial. (8) También, el seguro temporal es el mejor cuando usted tiene una necesidad pasajera. (9) Lo desafortunado del seguro temporal es que su valor nominal anual se incrementa cada año, lo que significa que cada vez que usted se hace más viejo el seguro es menos económico.

(C)

(10) Debido a que la póliza de un seguro de vida total tiene un valor comercial, uno puede dejar de pagar sus cuotas luego de un tiempo. (11) El seguro de vida puede proveerle un ingreso cuando usted se retire. (12) También, estimula el ahorro constante.

(D)

(13) El último tipo, el seguro total, es un plan flexible que se adapta a cualquiera. (14) Modificando el importe del seguro o su valor nominal anual usted puede adaptar este tipo de seguro a sus cambiantes necesidades. (15) No importa qué clase de seguro elija, compre cuidadosamente y siempre hágalo en una compañía de buena reputación.

1. Oración 2 y 3: **Si compra un seguro de vida cuando es joven. El costo es bajo.**

¿Cuál es la mejor manera de escribir la parte subrayada de la oración? Si la redacción original es la mejor, escoja la opción (1).

(1) joven. El
(2) joven el
(3) joven, el
(4) joven sin embargo
(5) joven y el

2. Oración 5: **En cada estado existe tres tipos de seguros de vidas básicos: temporal, de vida y total.**

¿Cuál es la mejor manera de escribir la parte subrayada de la oración? Si la redacción original es la mejor, escoja la opción (1).

(1) existe
(2) existes
(3) existen
(4) existo
(5) existimos

3. Oración 7: **La razón por la cual su costo es bajo es por que no tiene valor comercial.**

   ¿Qué corrección se debe hacer en la oración 7?

   (1) cambiar la cual a el cual
   (2) añadir una coma después de bajo
   (3) cambiar por que a porque
   (4) sustituir no tiene con tiene
   (5) no se requiere hacer ninguna corrección

4. Oración 9: **Lo desafortunado del seguro temporal es que su valor nominal anual se incrementa cada año, lo que significa que cada vez que usted se hace más viejo el seguro es menos económico.**

   Si se vuelve a redactar la oración 9 comenzando con

   Desafortunadamente, los valores nominales de los seguros crecen cada año en la medida que usted envejece

   las próximas palabras serían

   (1) y, esto significa que eventualmente
   (2) eventualmente con el seguro temporal se vuelve
   (3) económicamente se transforma
   (4) de modo que el seguro temporal se hará
   (5) haciendo que eventualmente sean

5. ¿Cuál de las siguientes oraciones sería la más efectiva al comienzo del párrafo C?

   (1) Algunas personas compran seguro de vida total.
   (2) Otra clase de seguro también es bueno.
   (3) El valor comercial del seguro de vida total varía.
   (4) El seguro de vida total es una buena inversión a largo plazo.
   (5) La siguiente clase de seguro de vida es total, el más caro de todos.

6. Oración 10: **Debido a que la póliza de un seguro de vida total tiene un valor comercial, uno puede dejar de pagar sus cuotas luego de un tiempo.**

   ¿Qué corrección se debe hacer en la oración 10?

   (1) sustituir debido a con debido
   (2) eliminar la coma después de comercial
   (3) sustituir uno con usted
   (4) añadir una coma después de cuotas
   (5) no se requiere hacer ninguna corrección

7. Oración 14: **Modificando el importe del seguro o su valor nominal anual usted puede adaptar este tipo de seguro a sus cambiantes necesidades.**

   ¿Cuál es la mejor manera de escribir la parte subrayada de la oración? Si la redacción original es la mejor, escoja la opción (1).

   (1) valor nominal anual usted
   (2) valor nominal. Usted
   (3) valor nominal entonces usted
   (4) valor nominal, usted
   (5) valor nominal por lo tanto usted

Las preguntas 8 a 13 se refieren a los siguientes párrafos.

Consejos para conseguir empleo
Número especial del domingo del diario Reagan

(A)

(1) Conseguir un empleo requiere una preparación cuidadosa. (2) A continuación presentamos algunos pasos útiles que aquellos que entran en el mercado laboral pueden tener en cuenta.

(B)

(3) Primero, haga una lista de la clase de empleos que usted creía que le gustaría hacer. (4) Puede determinar las destrezas, conocimiento y experiencias necesarias si habla con trabajadores. (5) Es decir, hable con gente que tenga empleos que a usted le interesan. (6) Luego, haga una lista de sus actitudes y vea si armonizan con alguno de los empleos que ha seleccionado. (7) De lo contrario, debe pensar nuevamente sobre la clase de empleo que usted desea hacer. (8) Por ejemplo, no puede empezar como gerente de un restaurante, pero podría empezar como mozo o cajero y esforzarse por ascender de posición. (9) Una vez que haya elegido un empleo que armonice con sus aptitudes y encuentre una vacante en una empresa, debe prepararse para una entrevista. (10) Busque información sobre el lugar de trabajo antes de la entrevista. (11) Para dar una buena impresión, debe tener buena presentación, hablar correctamente y actuar de la mejor manera posible. (12) Destaque sus aptitudes, sus hábitos de trabajo positivos y exprese su interés por el trabajo.

8. Oración 3: **Primero, haga una lista de la clase de trabajos que usted creía que le gustaría hacer.**

   ¿Cuál es la mejor manera de escribir la parte subrayada de la oración? Si la redacción original es la mejor, escoja la opción (1).

   (1) creía que
   (2) cree que
   (3) creyó
   (4) creerá
   (5) había creído

9. Oraciones 4 y 5: **Puede determinar las destrezas, conocimiento y experiencias necesarias si habla con trabajadores. Es decir, hable con gente que tenga empleos que a usted le interesan.**

   ¿Cuál de las siguientes combinaciones de las oraciones 4 y 5 es la más efectiva?

   (1) trabajadores, por ejemplo, que tengan empleos interesantes.
   (2) trabajadores que tengan empleos
   (3) trabajadores y hable con la gente
   (4) hablando con gente que tenga las destrezas
   (5) trabajadores que tengan destrezas, conocimiento y experiencia

10. Oración 6: **Luego, haga una lista de sus actitudes y vea si armonizan con alguno de los empleos que ha seleccionado.**

¿Qué corrección se debe hacer en la oración 6?

(1) eliminar la coma despúes de luego
(2) cambiar empleos a empleo
(3) cambiar haga a hago
(4) añadir una coma después de armonizan
(5) cambiar actitutes a aptitudes

11 Oración 9: **Una vez que haya elegido un empleo que armonice con sus aptitudes y encuentre una vacante en una empresa, debe prepararse para una entrevista.**

¿Qué corrección se debe hacer en la oración 9?

(1) añadir una coma después de aptitudes
(2) cambiar empresa a Empresa
(3) eliminar la coma después de empresa
(4) sustituir debe preparase por debe preparar
(5) no se requiere hacer ninguna corrección

12. ¿Qué revisión mejoraría el texto "Cómo encontrar un empleo"?

Comience un nuevo párrafo con la

(1) oración 6
(2) oración 7
(3) oración 8
(4) oración 9
(5) oración 10

13. Oración 12: **Destaque sus aptitudes, sus hábitos de trabajo positivos y exprese su interés por el trabajo.**

¿Qué grupo de palabras incluiría el mejor cambio a la oración 12?

(1) que interesado está en el empleo
(2) el empleo interesante
(3) dígales que está interesado en el trabajo
(4) exprese su interés
(5) que el empleo le interesa

Las preguntas 14 a 20 se refieren al siguiente memorándum.

MEMORÁNDUM

PARA: Todo el personal de belleza corporal
DE: Ricardo Gutiérrez
Asunto: Informe del comité de personal temporal

(A)

(1) Este es un resumen del informe del mes pasado sobre el uso de personal temporal en el centro de belleza corporal Bellmore. (2) Bellmore emplea aproximadamente a 60 oficinistas cada temporada. (3) Estos temporeros ayudan en varios departamentos de nuestros 36 centros. (4) Los temporeros se encargan del escritorio de recepción en los centros completan órdenes de compras de material deportivo y equipos y suplen a los empleados permanentes. (5) Bellmore emplea temporeros para que varios departamentos puedan completar sus proyectos a la vez de seleccionar futuros trabajadores permanentes.

(B)

(6) En el informe, el comité identificó y exploró el siguientes temas. (7) Sin experiencia directa en centros de belleza corporal, se crean problemas a nuestros clientes por más de la mitad de los empleados temporales. (8) Debido a que los temporeros se emplean por un período de tres meses reciben muy poca capacitación. (9) Estos trabajadores no tienen motivación para resolver problemas. (10) Los problemas no resueltos crean una atmósfera humilde tanto para los clientes como para el personal. (11) En respuesta a este informe, el director de Recursos humanos, Jaime Ramírez y yo buscamos voluntarios para trabajar en la elaboración de un manual breve y práctico para los trabajadores temporales.

(C)

(12) Esta guía definirá roles, clarificará procedimientos y orientará a los nuevos trabajadores rápidamente y eficientemente. (13) Si desea participar en este valioso proyecto, por favor contacte a Jaime o a mí mismo. (14) Estoy seguro que este proyecto hará el trabajo de todos más fácil.

---

14. Oración 1: **Este es un resumen del informe del mes pasado sobre el uso de personal temporal en el centro de belleza corporal Bellmore.**

    ¿Qué corrección se debe hacer en la oración 1?

    (1) cambiar personal temporal a personas temporales
    (2) cambiar centro de belleza corporal a bello centro corporal
    (3) cambiar del mes a de un mes
    (4) cambiar resumen del informe a informado resumen
    (5) no se requiere hacer ninguna corrección

15. Oración 4: **Los temporeros se encargan del escritorio de recepción completan órdenes de compras de material deportivo y equipos y suplen a los empleados permanentes.**

    ¿Cuál es la mejor manera de escribir la parte subrayada de la oración? Si la redacción original es la mejor, escoja la opción (1).

    (1) recepción completan órdenes de compras de material deportivo y equipos y suplen
    (2) recepción, completan órdenes de compras de material deportivo y equipos y suplen
    (3) recepción, completan órdenes de compras, de material deportivo y equipos y suplen
    (4) recepción completan órdenes de compras de material deportivo, y equipos, y suplen
    (5) recepción, completan órdenes de compras de material deportivo y equipos y, suplen

16. Oración 6: **En el informe, el comité identificó y exploró el siguientes temas.**

¿Qué corrección se debe hacer en la oración 6?

(1) sustituir el siguientes temas con los siguientes temas
(2) eliminar la coma después de informe
(3) cambiar comité a Comité
(4) añadir una coma después de identificó
(5) no se requiere hacer ninguna corrección

17. Oración 7: **Sin experiencia directa en centros de belleza corporal, se crean problemas a nuestros clientes por más de la mitad de los empleados temporales.**

Si se vuelve a redactar la oración 7 comenzando con

Debido a que no tienen experiencia directa en centros de belleza corporal

las próximas palabras serían

(1) más de la mitad de los temporeros crean
(2) se crean problemas a nuestros clientes por más de la mitad
(3) crean problemas a nuestros clientes por más de la mitad
(4) y porque crean problemas para más de la mitad
(5) nuestros clientes tienen problemas creados por más de la mitad

18. Oraciones 9 y 10: **Estos trabajadores no tienen motivación para resolver problemas. Los problemas no resueltos crean una atmósfera humilde tanto para los clientes como para el personal.**

¿Qué grupo de palabras incluiría el mejor cambio a las oraciones 9 y 10?

(1) Estos trabajadores crean una atmósfera pobre
(2) la irresolución de problemas irresueltos
(3) sin embargo los problemas irresueltos crean
(4) Sin motivación para resolver problemas,
(5) para resolver problemas y los problemas no resueltos

19. ¿Qué revisión se debe hacer en la oración 11?

(1) mover la oración 11 al comienzo del párrafo B
(2) mover la oración 11 a continuación de la oración 6
(3) mover la oración 11 al comienzo del párrafo C
(4) mover la oración 11 al final del párrafo C
(5) quitar la oración 11

20. Oración 13: **Si desea participar en este valioso proyecto, por favor contacte a Jaime o a mí mismo.**

¿Qué corrección se debe hacer en la oración 13?

(1) cambiar desea a deseamos
(2) cambiar este valioso proyecto a estos valiosos proyectos
(3) eliminar la coma después de proyecto
(4) añadir entonces después de la coma
(5) sustituir a mí mismo con a mí

Las preguntas 21 a 26 se refieren a los siguientes párrafos.

Reglas de la carretera: Cambie su neumático de una forma segura

Informe especial de *Noticias de la mañana*

(A)

(1) Es importante seguir estas reglas de seguridad si alguna vez a usted se le rompe un neumático mientras maneja. (2) Lo primero que debe hacer es detenerse en un lugar seguro. (3) Encienda la señal de peligro y si se encuentra en una autopista de múltiples carriles, muévase cuidadosamente hacia el carril derecho. (4) Luego súbase al cordón o al carril para detenerse de la carretera y continuando hasta que llegue a un área sin tráfico.

(B)

(5) Trate de estacionar su automóvil en un lugar firme y plano, apague el motor y ponga freno de mano. (6) Si trae pasajeros, hágalos bajar del automóvil.

(C)

(7) Cuando cambie el neumático, recuerde estas sugerencias. (8) Nunca se ponga debajo de un automóvil que está elevado por un gato. (9) Es fácil que un automóvil se deslice del gato alguien que esté debajo podría resultar gravemente herido. (10) Luego de haber sacado el neumático roto, colóquelo sobre el piso con la superficie externa hacia arriba para que la terminación de la goma no se haya estropeado. (11) Luego, monte el neumático de auxilio y ajuste sus tuercas. (12) Cuando el neumático está ajustado sobre el eje, baje el automóvil y quite el gato. (13) Ajuste los pernos al máximo, guarde las herramientas y guarde el neumático roto.

(D)

(14) Con la rueda de auxilio en su lugar, su próxima parada será un servicio mecánico. (15) los mecánicos controlarán su rueda de auxilio. (16) También podrán reparar y reemplazar su neumático roto y entonces, finalmente, estará seguro para seguir su camino.

21. Oración 4: **Luego súbase al cordón o al carril para detenerse de la carretera y continuando hasta que llegue a un área sin tráfico.**

¿Qué corrección se debe hacer en la oración 4?

(1) cambiar al a a el
(2) añadir una coma después de cordón
(3) cambiar continuado a continúe
(4) añadir una coma después de área
(5) no se requiere hacer ninguna corrección

22. ¿Qué revisión mejoraría el texto?

(1) mover la oración 5 al final del párrafo A
(2) combinar los párrafos A y B
(3) quitar la oración 6
(4) mover la oración 7 al final del párrafo B
(5) quitar la oración 8

23. Oración 9: **Es fácil que un automóvil se deslice del gato alguien que esté debajo podría resultar gravemente herido.**

¿Cuál es la mejor manera de escribir la parte subrayada de la oración? Si la redacción original es la mejor, escoja la opción (1).

(1) gato alguien
(2) gato, alguien
(3) gato lo que significa
(4) gato por lo tanto alguien
(5) gato y alguien

24. Oración 10: **Luego de haber sacado el neumático roto, colóquelo sobre el piso con la superficie externa hacia arriba para que la terminación de la goma no se haya estropeado.**

¿Cuál es la mejor manera de escribir la parte subrayada de la oración? Si la redacción original es la mejor, escoja la opción (1).

(1) haya estropeado
(2) estropee
(3) estropeará
(4) ha estropeado
(5) estropeó

25. Oración 12: **Cuando el neumático está ajustado sobre el eje, baje el automóvil y quite el gato.**

¿Qué corrección se debe hacer en la oración 12?

(1) cambiar está a esté
(2) cambiar está a esta
(3) cambiar está a estará
(4) cambiar está a estuviera
(5) no se requiere hacer ninguna corrección

26. Oración 16: **También podrán reparar y reemplazar su neumático roto y entonces, finalmente, estará seguro para seguir su camino.**

¿Qué corrección se debe hacer en la oración 16?

(1) añadir una coma después de reparar
(2) eliminar la coma después de entonces
(3) eliminar entonces
(4) eliminar finalmente
(5) cambiar su a sus

Las <u>preguntas 27 a 32</u> se refieren a los siguientes párrafos.

La historia y usted

Reparto postal: antes y ahora

(A)

(1) El servicio postal de Estados Unidos ha recorrido un largo camino desde que fue fundado por Ben Franklin al final del siglo XVIII. (2) Un hombre de talentos múltiples, Franklin representó a la nueva nación en Europa y nos dio innumerables inventos. (3) En aquel entonces, tomaba semanas en que la correspondencia cruzara a través de los trece estados. (4) Cien años más tarde, el Pony Express se demoraba diez días para llevar la correspondencia desde el Oeste de Missouri hasta California. (5) En este siglo, sin embargo, aparecieron los trenes veloces, los camiones eficientes y finalmente, aparecieron los aviones, los más rápidos de todos. (6) Hoy, de acuerdo al servicio postal, la mayoría de la correspondencia de primera clase dentro de los 50 estados se reparten dentro de los tres días, mientras que la correspondencia fuera del país toma entre cinco y seis días.

(B)

(7) Además de la velocidad, el costo de la correspondencia también ha cambiado. (8) El costo de la correspondencia de primera clase subió mucho desde los días de la colonia. (9) Para el año 2000, el costo había alcanzado 33 centavos. (11) Mucha gente está molesta por el costo del estampillado. (12) Cuesta relativamente menos que en el siglo XIX. (13) El servicio postal de Estados Unidos, a pesar de sus falencias, hacía el mejor trabajo del mundo repartiendo correspondencias rápida y eficazmente.

27. Oración 4: **Cien años más tarde, el Pony Express se demoraba diez días para llevar la correspondencia desde el Oeste de Missouri hasta California.**

¿Qué corrección se debe hacer en la oración 4?

(1) eliminar la coma después de <u>tarde</u>
(2) cambiar <u>Pony Express</u> a <u>pony express</u>
(3) cambiar <u>demoraba</u> a <u>demoró</u>
(4) añadir una coma después de <u>días</u>
(5) cambiar <u>Oeste</u> a <u>oeste</u>

28. Oración 5: **En este siglo, sin embargo, aparecieron los trenes veloces, los camiones eficientes y finalmente <u>aparecieron los aviones</u>, los más rápidos de todos.**

¿Cuál es la mejor manera de escribir la parte subrayada de la oración? Si la redacción original es la mejor, escoja la opción (1).

(1) aparecieron los aviones
(2) tenemos los aviones rápidos
(3) los aviones
(4) los aviones veloces aparecieron
(5) los aviones aparecieron a gran velocidad

29. ¿Qué revisión se debe hacer en el párrafo A?

    (1) mover la oración 1 a continuación de la oración 2
    (2) quitar la oración 2
    (3) quitar la oración 4
    (4) mover la oración 6 al comienzo del párrafo
    (5) no se requiere hacer ninguna corrección

30. Oración 8: **El costo de la correspondencia de primera clase subió mucho desde los días de la colonia.**

    ¿Qué corrección se debe hacer en la oración 8?

    (1) cambiar subió a había subido
    (2) cambiar subió a ha subido
    (3) añadir una coma después de clase
    (4) cambiar colonia a Colonia
    (5) no se requiere hacer ninguna corrección

31. Las oraciones 11 y 12: **Mucha gente está molesta por el costo del estampillado. Cuesta relativamente menos que en el siglo XIX.**

    ¿Cuál es la mejor manera de escribir la parte subrayada de las oraciones 11 y 12? Si la redacción original es la mejor, escoja la opción (1).

    (1) estampillado. Cuesta
    (2) estampillado, cuesta
    (3) estampillado, costando
    (4) estampillado
    (5) estampillado, aunque cuesta

32. Oración 13: **El servicio postal de Estados Unidos, a pesar de sus falencias, hacía el mejor trabajo del mundo repartiendo correspondencias rápidamente y acuciosamente.**

    ¿Cuál es la mejor manera de escribir la parte subrayada de la oración? Si la redacción original es la mejor, escoja la opción (1).

    (1) hacía
    (2) está haciendo
    (3) ha hecho
    (4) hará
    (5) hace

Las <u>preguntas 33 a 38</u> se refieren a la siguiente carta.

Rafael Yorita
Sistemas Fáciles
One Fleet Street
Los Ángeles, CA 90048

Estimado subscriptor de "Sistemas Fáciles":

(A)

(1) En diciembre le escribí para comunicarle que los problemas de las operaciones de nuestro servicio al cliente se habían solucionado. (2) Sin embargo, el servicio para muchos de ustedes, nuestros valiosos clientes, no ha mejorado. (3) En realidad, nuestro servicio durante el período de Navidad, con una demanda superior, será peor.

(B)

(4) Les escribo una vez más para admitir que Sistemas Fáciles los ha defraudado. (5) Pido disculpas por las molestias y frustraciones. (6) Hemos trabajado diligentemente para resolver los problemas restantes. (7) Como resultado, en este momento, estaremos en condiciones de anunciar que pronto ofreceremos un servicio rápido y de alta calidad.

(C)

(8) Añadiremos dos nuevos servicios que han sido solicitados por nuestros clientes y estos servicios harán que nuestro servicio sea más conveniente y eficiente. (9) El primer servicio es un mensaje telefónico que le dirá cuánto tiempo debe esperar antes de ser atendido por uno de los encargados del servicio al cliente. (10) El segundo servicio es nuestra más amplia capacidad de almacenar mensajes en un buzón de voz o de recibir faxes. (11) Ambos servicios estarán en funcionamiento a partir del 1° de junio. (12) En Sistemas Fáciles su continuo apoyo es de gran importancia. (13) Nuestro propósito prestar un servicio de alto nivel para nuestros clientes. (14) Gracias por su paciencia y su lealtad.

Atentamente,

Rafael Yorita
Vicepresidente de servicio al cliente

33. Oración 2: **Sin embargo, el servicio para muchos de ustedes, nuestros valiosos clientes, no ha mejorado.**

¿Cuál es la mejor manera de escribir la parte subrayada de la oración? Si la redacción original es la mejor, escoja la opción (1).

(1) ustedes, nuestros valiosos clientes,
(2) ustedes nuestros valiosos clientes,
(3) ustedes, nuestros valiosos clientes
(4) ustedes nuestros valiosos clientes
(5) ustedes. Nuestros valiosos clientes

34. Oración 3: **En realidad, nuestro servicio durante el período de Navidad, con una demanda superior, será peor.**

¿Qué corrección se debe hacer en la oración 3?

(1) eliminar la coma después de realidad
(2) sustituir nuestro con vuestro
(3) sustituir Navidad con navidad
(4) añadir una coma después de servicio
(5) cambiar será a fue

35. Oración 7: **Como resultado, en este momento, estaremos en condiciones de anunciar que pronto ofreceremos un servicio rápido y de alta calidad.**

¿Cuál es la mejor manera de escribir la parte subrayada de la oración? Si la redacción original es la mejor, escoja la opción (1).

(1) estaremos
(2) estuvimos
(3) estaríamos
(4) estábamos
(5) estamos

36. Oración 8: **Añadiremos dos nuevos servicios que han sido solicitados por nuestros clientes y estos servicios harán que nuestro servicio sea más conveniente y eficiente.**

¿Qué grupo de palabras incluiría el mejor cambio en la oración 8?

(1) Solicitados por nuestros clientes,
(2) Dos nuevos servicios se han añadido
(3) Solicitados por nuestros clientes, y estos servicios
(4) solicitados por nuestros clientes y éstos harán
(5) este servicio hará

37. ¿Qué revisión haría la carta más efectiva?

Comenzar un párrafo

(1) con la oración 9
(2) con la oración 10
(3) con la oración 11
(4) con la oración 12
(5) con la oración 13

38. Oración 13: **Nuestro propósito prestar un servicio de alto nivel para nuestros clientes.**

¿Qué corrección se debe hacer en la oración 13?

(1) añadir es después de propósito
(2) añadir era después de propósito
(3) cambiar prestar a prestando
(4) añadir una coma después de servicio
(5) no se requiere hacer ninguna corrección

Literas seguras

(A)

(1) Por mucho tiempo, las literas han sido la solución para ahorrar espacio en las habitaciones pequeñas y generalmente a los niños les encanta el drama de trepar a la cama superior. (2) Desafortunadamente, por muchos años, estas camas también han sido un peligro. (3) Recientemente, el gobierno estableció estándares estrictos para proteger a los niños para que no se lastimen. (4) A continuación presentarás algunos consejos útiles que pueden ayudar a que los usuarios de literas duerman seguros.

(B)

(5) Primero que todo, averigue si su litera ha sido construida después que se establecieron los estándares nuevos. (6) Busque la etiqueta permanente con la fecha de manufactura, empresa que la distribuye y modelo. (7) Pierde esta etiqueta, debe suponer que la cama no cumple con los estándares. (8) Quizás quiera comprar una nueva.

(C)

(9) Si la litera sigue los estándares, inspeccione las condiciones generales. (10) Ambas literas deben tener una rígida baranda de seguridad a lo largo del lado de la pared. (11) La cama superior también debe tener una baranda unida a la cabecera que se extiende hasta 15 pulgadas de los pies de la cama. (12) Allí es dónde la escalera para subir a la cama superior debe estar firmemente agarrada. (13) El espacio entre la parte inferior de la baranda y el borde de la cama, no debe ser mayor a 3 pulgadas y media. (14) La parte superior debe pasar hasta cinco pulgadas sobre el colchón. (15) Si es necesario, añada maderas para cerrar cualquier espacio abierto. (16) Ajuste cualquier tornillo o tuerca que esté flojo.

(D)

(17) Finalmente, por seguridad, no permita que duerman niños menores de de seis años en la cama superior. (18) Nunca deje a los bebés o niños pequeños en ninguna de las dos camas.

39. Oración 1: **Por mucho tiempo, las literas han sido la solución para ahorrar espacio en las habitaciones pequeñas y generalmente a los niños les encanta el drama de trepar a la cama superior.**

    ¿Cuál es la mejor manera de escribir la parte subrayada de la oración? Si la redacción original es la mejor, escoja la opción (1).

    (1) pequeñas y
    (2) pequeñas y,
    (3) pequeñas, y
    (4) pequeñas. Y
    (5) pequeñas, y,

40. Oración 4: **A continuación presentarás algunos consejos útiles que pueden ayudar a que los usuarios de literas duerman seguros.**

    ¿Qué corrección se debe hacer en la oración 4?

    (1) cambiar presentarás a presentamos
    (2) añadir coma después de consejos
    (3) cambiar dormir a dormirnos
    (4) cambiar seguros a seguramente
    (5) cambiar seguros a asegurado

41. Oración 7: **Pierde esta etiqueta, debe suponer que la cama no cumple con los estándares.**

    ¿Qué grupo de palabras incluiría el mejor cambio a la oración 7?

    (1) No tiene etiqueta
    (2) Al no tener información sobre la etiqueta
    (3) Si pierde la etiqueta
    (4) La cama no tiene etiqueta
    (5) Una etiqueta perdida

42. Oración 8: **Quizás quiera comprar una nueva.**

    ¿Qué revisión se debe hacer en la oración 8?

    (1) mover la oración 8 a continuación de la 5
    (2) reemplazar Quizás quiera comprar con En ese caso es posible que
    (3) reemplazar Quizás con Finalmente
    (4) mover la oración 8 al comienzo el párrafo C
    (5) quitar la oración 8

43. Oración 13: **El espacio entre la parte inferior de la baranda y el borde de la cama, no debe ser mayor a 3 pulgadas y media.**

    ¿Qué corrección se debe hacer en la oración 13?

    (1) añadir una coma después de baranda
    (2) eliminar la coma después de cama
    (3) añadir lo después de no
    (4) reemplazar debe con puede
    (5) no se requiere hacer ninguna corrección

44. Oración 14: **La parte superior debe pasar hasta cinco pulgadas sobre el colchón.**

    ¿Qué corrección se debe hacer en la oración 14?

    (1) añadir de la baranda después de superior
    (2) añadir una coma después de pasar
    (3) reemplazar hasta con asta
    (4) cambiar pasar a haber pasado
    (5) reemplazar pulgada con metro

Josefina Ríos
Oficina de asistencia al consumidor
23 NW Lincoln Street
Suite 500
Alexandria, VA 22314-2300

Estimados Sr. y Sra. Sendro:

(A)

(1) De acuerdo a su petición, le envío información sobre los programas de hipoteca. (2) Hay varios programas disponibles para familias como la nuestra. (3) Estos programas son para compradores de vivienda única que su ingreso e historia crediticia sea satisfactoria pero que tengan poco dinero para comprar al contado.

(B)

(4) La mayoría de los programas tienen límites de precio e ingresos. (5) Muchos ofrecen el cinco por ciento del valor total como anticipo de pago al contado o permiten que el comprador de vivienda única pida un préstamo para cubrir el anticipo de pago al contado. (6) Esta clase de programas, sin embargo, se limitan habitualmente a las personas de bajos ingresos.

(C)

(6) Por el contrario, compradores de ingresos medios pueden obtener un préstamo de la Administración federal de viviendas (AFV). (8) Los préstamos de AFV no tienen límites de ingresos, los compradores pueden pagar menos del cinco por ciento del valor total. (9) Sin embargo, los precios de compra pueden reducir el valor de AFV en áreas en que las viviendas son caras. (10) La Administración de Veteranos (AV) también ha ofrecido préstamos sin la necesidad de hacer un anticipo de pago al contado los compradores de ingresos medios.

(D)

(11) Una vez que haya encontrado una casa de su agrado, contáctese con varios prestamistas de la zona en la que quiere comprar. (12) Incluya instituciones locales pequeñas. (13) Espero que la tabla que le envío le permita encontrar prestamistas locales que participan en este programa.

Atentamente,

Josefina Ríos

45. Oración 2: **Hay varios programas disponibles para familias como la nuestra.**

¿Qué corrección se debe hacer en la oración 2?

(1) cambiar hay a haya
(2) cambiar para a de
(3) añadir una coma antes de disponibles
(4) cambiar varios a muchos
(5) cambiar nuestra a suya

46. Oración 3: **Estos programas son para compradores de vivienda única que su ingreso e historia crediticia sea satisfactoria pero que tengan poco dinero para comprar al contado.**

¿Qué corrección se debe hacer en la oración 3?

(1) añadir una coma después de única
(2) cambiar que su a cuyo
(3) cambiar sea a fue
(4) cambiar tengan a tendrán
(5) cambiar crediticia a acreditada

47. Oración 5: **Muchos ofrecen el cinco por ciento del valor total como anticipo de pago al contado o permiten que el comprador de vivienda única pida un préstamo para cubrir el anticipo de pago al contado.**

¿Cuál es la mejor manera de escribir la parte subrayada de la oración? Si la redacción original es la mejor, escoja la opción (1).

(1) contado o permiten
(2) contado, o permiten
(3) contado permiten
(4) contado. Permiten
(5) contado y permiten

48. Oración 8: **Los préstamos de AFV no tienen límites de ingresos, los compradores pueden pagar menos del cinco por ciento del valor total.**

¿Cuál es la mejor manera de escribir la parte subrayada de la oración? Si la redacción original es la mejor, escoja la opción (1).

(1) ingresos, los compradores
(2) ingresos. Los compradores
(3) ingresos los compradores
(4) ingresos, debido a los compradores,
(5) ingresos y los compradores

49. Oración 10: **La Administración de Veteranos (AV) también ha ofrecido préstamos sin la necesidad de hacer un anticipo de pago al contado a los compradores de ingresos medios.**

¿Cuál es la mejor manera de escribir la parte subrayada de la oración? Si la redacción original es la mejor, escoja la opción (1).

(1) ha ofrecido
(2) ofrecieron
(3) están ofreciendo
(4) ofrece
(5) ofrecerá

50. Oraciones 11 y 12: **Una vez que haya encontrado una casa de su agrado, contáctese con varios prestamistas de la zona en la que quiere comprar. Incluya instituciones locales pequeñas.**

¿Cuál es la mejor manera de escribir la parte subrayada de la oración? Si la redacción original es la mejor, escoja la opción (1).

(1) comprar. Incluya
(2) comprar, incluyendo
(3) comprar e incluyendo
(4) comprar e incluya
(5) comprar. Debe incluir

Las respuestas comienzan en la página 305.

Tabla de análisis del desempeño en la Prueba final
Lenguaje, Redacción

La siguiente tabla le servirá para determinar cuáles son sus puntos fuertes y débiles en las áreas temáticas y destrezas necesarias para aprobar la Prueba de Lenguaje y Redacción de GED. Consulte la sección Respuestas y explicaciones en las páginas 305 a 309 para verificar las respuestas que haya dado en la prueba. Luego, en la tabla, encierre en un círculo los números correspondientes a las preguntas de la prueba que haya contestado correctamente. Anote el número total de aciertos por área temática y por destreza al final de cada hilera y columna. Vea el número total de aciertos de cada columna e hilera para determinar cuáles son las áreas y destrezas que más se le dificultan. Use como referencia las páginas señaladas en la tabla para estudiar esas áreas. Utilice una copia del Plan de estudio de la página 31 como guía de repaso.

Tipo de pregunta / Área temática	Corrección	Revisión	Construcción	Número de aciertos	Números de página
Estructura de las oraciones *(Páginas 32 a 91)*					
Oraciones/Fragmentos de oraciones	38	1, 31		___/3	34 a 41
Oraciones compuestas/ Combinar ideas		47	4, 18	___/3	42 a 49
Ideas subordinantes		50	9	___/2	54 a 61
Oraciones seguidas/ Omisión de conjunciones coordinantes		23, 48	36	___/3	62 a 69
Modificadores			17, 41	___/2	72 a 77
Estructura paralela		28	13	___/2	78 a 83
Organización *(Páginas 92 a 133)*					
Estructura de los párrafos/ Unidad y coherencia	19, 22, 29			___/3	94 a 101
Oraciones temáticas			5	___/1	104 a 109
División en párrafos			12, 37	___/2	112 a 117
Transiciones	42			___/1	120 a 125
Uso *(Páginas 134 a 185)*					
Concordancia entre el sujeto y el verbo	25, 34, 40	2, 32		___/5	136 a 145
Participio y gerundio	21, 30	8		___/3	148 a 155
Tiempos verbales		24, 35, 49		___/3	158 a 165
Pronombres	6, 16, 20, 44			___/4	168 a 177
Mecánica *(Páginas 186 a 226)*					
Uso de mayúsculas	14, 27			___/2	188 a 195
Comas	11, 26, 43	7, 15, 33, 39		___/7	196 a 203
Ortografía	3, 10, 45, 46			___/4	208 a 217

1 a 40 → Use el Plan de estudio de la página 31 para organizar su trabajo en este libro.
41 a 50 → Puede practicar más usando la Prueba simulada en las páginas 245 a 262.

LENGUAJE, REDACCIÓN, PARTE I

Instrucciones

La Prueba simulada de Lenguaje y Redacción pretende medir su capacidad para usar un español claro y efectivo. La prueba no se refiere a la forma en que el idioma se puede hablar, sino a la forma en que se debe escribir.

Esta prueba consta de párrafos con oraciones enumeradas. Algunas oraciones contienen errores; ya sea de estructura, uso o aspectos de mecánica (ortografía, puntuación y uso de mayúsculas). Después de leer las oraciones numeradas, conteste las preguntas de selección múltiple que siguen. Algunas preguntas se refieren a oraciones que están escritas de manera correcta. La mejor respuesta para estas preguntas es la que no cambia la oración original. La mejor respuesta para otras preguntas es la que produce una oración que concuerda con el tiempo verbal y el punto de vista empleado en todo el texto.

Se le darán 75 minutos para contestar las 50 preguntas de esta prueba. Trabaje con cuidado, pero no dedique demasiado tiempo a una sola pregunta. Conteste todas las preguntas. Si no está seguro de una respuesta, responda de manera razonable por eliminación. No se descontarán puntos por respuestas incorrectas.

Cuando se agote el tiempo, ponga una marca en la última pregunta que haya contestado. Esto le servirá de guía para calcular si podrá terminar la verdadera Prueba de GED dentro del tiempo permitido. A continuación termine la prueba.

Registre sus respuestas en una copia de la hoja de respuestas de la página 331. Asegúrese de incluir toda la información requerida en la hoja de respuestas.

Para marcar sus respuestas, en la hoja de respuestas rellene el círculo con el número de la respuesta que considere correcta para cada una de las preguntas de la prueba.

Ejemplo:

Oración 1: **Fue un honor para todos nosotros ser recibidos por el Gobernador Phillips.**

¿Qué corrección se debe hacer en la oración 1?

(1) cambiar Fue a Siendo
(2) añadir una coma después de Fue
(3) cambiar ser recibidos a recibirnos
(4) cambiar Gobernador a gobernador
(5) no se requiere hacer ninguna corrección

En este ejemplo, la palabra gobernador debe ir en minúscula; por lo tanto, en la hoja de respuestas debería haber rellenado el círculo con el número 4 adentro.

No apoye la punta del lápiz en la hoja de respuestas mientras piensa en la respuesta. No haga marcas innecesarias en la hoja. Si decide cambiar una respuesta, borre completamente la primera marca. Rellene un solo círculo por cada respuesta: si señala más de un círculo, la respuesta se considerará incorrecta. No doble ni arrugue la hoja de respuestas.

Una vez terminada esta prueba, utilice la Tabla de análisis del desempeño en la página 262 para determinar si está listo para tomar la verdadera Prueba de GED. Si no lo está, use la tabla para identificar las destrezas que debe repasar de nuevo.

Adaptado con el permiso del *American Council on Education.*

Instrucciones: Elija la respuesta que mejor responda a cada pregunta.

Las preguntas 1 a 7 se refieren a los siguientes párrafos.

Los Óscares

(A)

(1) ¿Puedo tener el sobre, por favor? (2) Sólo con escuchar esas palabras es suficiente para enviar un escalofrío de anticipación a toda la audiencia. (3) Pronto una película nominada recibirá un Óscar, el premio más antiguo y conocido de la Academia de *Motion Picture Arts and Sciences*. (4) La estatua es uno de los premios más codiciados. (5) Tiene solamente 10 pulgadas de altura y pesa aproximadamente siete libras.

(B)

(6) Algunos de los premios son para trabajos artísticos, como mejor imagen, mejor director, mejor actor o para la mejor canción. (7) Otros premios también se entregan para una variedad de categorías técnicas, como edición de cine o efectos de sonido. (8) Cada cierto tiempo, la academia también presenta un premio especial llamado el Premio de Logros de la vida. (9) Este premio se entrega a un miembro de la industria cinematográfica, basado en su obra completa más que en una película en particular.

(C)

(10) La ceremonia de los premios de la Academia también se ha convertido en un popular programa de televisión cada primavera. (11) Es una vitrina de talento, películas y personalidades y talento en la industria del entretenimiento. (12) Los Óscares son ellos más buscados por actores y actrices porque son admirados en todo el mundo. (13) Además, la película que gane uno o más Óscares, tiene casi garantizado un aumento de sus ganancias.

1. Oración 3: **Pronto una película nominada recibirá un Óscar, el premio más antiguo y conocido de la Academia de *Motion Picture Arts and Sciences*.**

   ¿Qué corrección se debe hacer en la oración 3?

   (1) cambiar nominada a Nominada
   (2) eliminar la coma
   (3) añadir una coma después de antiguo
   (4) sustituir *Arts and Sciences* con *arts and sciences*
   (5) cambiar Academia a academia

2. Oraciones 4 y 5: **La estatua es uno de los premios más codiciados. Tiene solamente 10 pulgadas de altura y pesa aproximadamente siete libras.**

   ¿Cuál es la mejor manera de escribir la parte subrayada de la oración? Si la redacción original es la mejor, escoja la opción (1).

   (1) codiciados. Tiene
   (2) codiciados. Sin embargo
   (3) codiciados, es
   (4) codiciados, tiene
   (5) codiciados tiene

3. ¿Cuál de las siguientes oraciones serviría como una oración temática efectiva del párrafo B?

(1) Se entregan Óscares para muchas categorías de películas.
(2) A la mayoría de las personas les emociona recibir los premios.
(3) Las estrellas se visten con ropa glamorosa para la ceremonia.
(4) Algunos nominados no asisten a la ceremonia.
(5) En ocasiones, un grupo completo gana un Óscar.

4. Oración 6: **Algunos de los premios son para trabajos artísticos, como mejor imagen, mejor director, mejor actor o para la mejor canción.**

¿Qué corrección se debe hacer en la oración 6?

(1) añadir ellos después de premios
(2) cambiar son a es
(3) eliminar la coma después de imagen
(4) eliminar para la
(5) no se requiere hacer ninguna corrección

5. Oración 9: **Este premio se otorga a un miembro de la industria cinematográfica, basado en su obra completa más que en una película en particular.**

¿Cuál es la mejor manera de escribir la parte subrayada de la oración? Si la redacción original es la mejor, escoja la opción (1).

(1) industria cinematográfica, basado
(2) industria cinematográfica. Basado
(3) industria cinematográfica, basándose
(4) industria cinematográfica siendo basado
(5) industria cinematográfica y basado

6. Oración 12: **Los Óscares son ellos más buscados por actores y actrices porque son admirados en todo el mundo.**

¿Qué corrección se debe hacer en la oración 12?

(1) cambiar son a es
(2) añadir una coma después de ellos
(3) cambiar actores y actrices a de actor y actrices
(4) eliminar porque
(5) cambiar ellos a los premios

7. Oración 13: **Además, la película que gane uno o más Óscares, tiene casi garantizado un aumento de sus ganancias.**

¿Qué corrección se debe hacer en la oración 13?

(1) cambiar gane a ganó
(2) eliminar la coma después de Óscares
(3) cambiar tiene a tienen
(4) sustituir sus con su
(5) cambiar sus a suya

Las preguntas 8 a 13 tienen relación con la siguiente carta.

Compañía de seguros West Star
570 West 47th Avenue
Port Grayson, FL 32007

Estimada Sra. Santos:

(A)

(1) Gracias por hacer negocios con West Star. (2) Ciertamente, esperamos que nunca tenga daños o pérdidas estamos su vehículo. (3) Sin embargo, si tiene alguno, nosotros en West Star está comprometida a tramitar su reclamo con las menores inconveniencias para usted.

(B)

(4) Además de proporcionar un servicio de reclamaciones rápido, West Star ofrece mano de obra de alta calidad para reparaciones en cualquiera de nuestros talleres recomendados. (5) Cuando reemplace un parabrisas roto o quebrado, nuestra lista preferida tiene las mejores tiendas de vidrios en su área. (6) West Star también puede negociar tarifas especiales para el arrendamiento de vehículos.

(C)

(7) Adjunto se encuentra un botiquín especial que West Star proporciona a los nuevos clientes éste contiene instrucciones acerca de lo que se debe hacer cuando se encuentra en un accidente. (8) El botiquín también contiene una tarjeta de información del accidente en la que debe registrar los hechos importantes acerca de un accidente. (9) Es una buena idea conservar el botiquín en la guantera de su vehículo, para que esté disponible con facilidad cuando lo necesite. (10) También hay una lista de números de llamadas gratis a los cuales llamar cuando informe un accidente.

(D)

(11) Todos en West Star desean brindarle servicio durante muchos años. (12) Además, le deseamos una conducción segura y sin accidentes.

Atentamente,

Departamento de reclamaciones de West Star

8. Oración 2: **Ciertamente, esperamos que nunca tenga daños o pérdidas estamos su vehículo.**

   ¿Qué corrección se debe hacer en la oración 2?

   (1) añadir nosotros después de ciertamente
   (2) cambiar tenga a tuvo
   (3) añadir una coma después de daños
   (4) cambiar estamos a en
   (5) no se requiere hacer ninguna corrección

9. Oración 3: **Sin embargo, si tiene alguno, nosotros en West Star está comprometida a tramitar su reclamo con las menores inconveniencias para usted.**

   ¿Cuál es la mejor manera de escribir la parte subrayada de la oración? Si la redacción original es la mejor, escoja la opción (1).

   (1) está comprometida
   (2) estaba comprometida
   (3) se está comprometiendo
   (4) se ha comprometido
   (5) estamos comprometidos

10. Oración 5: **Cuando reemplace un parabrisas roto o quebrado, nuestra lista preferida tiene las mejores tiendas de vidrios en su área.**

    ¿Qué grupo de palabras incluiría el mejor cambio en la oración 5?

    (1) Un parabrisas roto o quebrado necesita ser reemplazado
    (2) Cuando necesite reemplazar un parabrisas roto o quebrado,
    (3) Con un parabrisas roto o quebrado
    (4) Si necesita reparar un parabrisas roto o quebrado
    (5) Al romper o quebrar un parabrisas

11. Oración 7: **Adjunto se encuentra un botiquín especial que West Star proporciona a los nuevos clientes éste contiene instrucciones acerca de lo que se debe hacer cuando se encuentra en un accidente.**

    ¿Cuál es la mejor manera de escribir la parte subrayada de la oración? Si la redacción original es la mejor, escoja la opción (1).

    (1) clientes éste
    (2) clientes y éste
    (3) cliente, mientras éste
    (4) clientes. Éste
    (5) clientes, éste

12. Oración 10: **También hay una lista de números de llamadas gratis a los cuales llamar cuando informe un accidente.**

    ¿Qué revisión se debe hacer en la oración 10?

    (1) mover al comienzo del párrafo C
    (2) mover para que venga después de la oración 8
    (3) mover al comienzo del párrafo D
    (4) eliminar la oración 10
    (5) No se necesario hacer ningún cambio.

13. Oración 11: **Todos en West Star desean brindarle servicio durante muchos años.**

    ¿Qué corrección se debe hacer en la oración 11?

    (1) cambiar desea a deseará
    (2) cambiar desea a desean
    (3) cambiar servicio a servicial
    (4) añadir una coma después de brindarle
    (5) no se requiere hacer ninguna corrección

Las preguntas 14 a 20 se refieren a los siguientes párrafos.

Consejos para arrancar su automóvil

(A)

(1) Si deja las luces de su automóvil encendidas toda la noche, probablemente tendrá la batería agotada la mañana siguiente. (2) Una forma de encender su automóvil es realizar un arrancado siguiendo estos pasos desde el automóvil de un amigo.

(B)

(3) Antes de comenzar, haga que su amigo estacione su automóvil frente o a un costado del suyo. (4) Abra el capó de ambos vehículos y asegúrelos con las varillas de soporte. (5) Apague todos los componentes eléctricos. (6) Ponga ambos vehículos en neutro y asegúrese de que estén puesto el freno de mano.

(C)

(7) Conecte un extremo del cable de arranque al terminal positivo del automóvil con batería operativa. (8) Conecte el otro extremo del cable de arranque al terminal positivo de la baterías agotada. (9) A continuación, conecte el segundo cable de arranque al terminal negativo del automóvil en funcionamiento. (10) Conecte el otro extremo del cable de arranque a la banda de tierra. (11) Haga que su amigo encienda el motor de su vehículo. (12) Luego, encienda su automóvil. (13) Una vez que su automóvil está en funcionamiento, puede desconectar los cables. (14) Primero, desconecte el cable negativo de su automóvil. (15) Luego, retire el cable negativo del vehículo de su amigo. (16) Cuando ha retirado el cable positivo de su automóvil, retire la última conexión del automóvil de su amigo.

(D)

(17) Deje que su automóvil funcione unos minutos para recargar su batería, ahora puede invitar a desayunar a su amigo.

14. Oración 1: **Si deja las luces de su automóvil encendidas toda la noche, probablemente tendrá la batería agotada la mañana siguiente.**

¿Cuál es la mejor manera de escribir la parte subrayada de la oración 1? Si la redacción original es la mejor, escoja la opción (1).

(1) tendrá
(2) tiene
(3) ha tenido
(4) tuvo
(5) está teniendo

15. Oración 2: **Una forma de encender su automóvil es realizar un arrancado siguiendo estos pasos desde el automóvil de un amigo.**

¿Qué grupo de palabras incluiría el mejor cambio en la oración 2?

(1) es con estos pasos que se obtiene
(2) efectúe un arranque de su automóvil de un amigo
(3) cómo hacer que un amigo realice un arranque a su automóvil
(4) al seguir estos pasos puede realizar un arranque
(5) seguir a su amigo que puede realizar un arranque

16. Oración 6: **Ponga ambos vehículos en neutro, y asegúrese de que estén puesto el freno mano.**

¿Qué corrección se debe realizar a la oración 6?

(1) cambiar ponga a poner
(2) añadir una coma después de neutro
(3) eliminar la coma
(4) cambiar estén a esté
(5) no se requiere hacer ninguna corrección

17. Oración 8: **Conecte el otro extremo del cable de arranque al terminal positivo de la baterías agotada.**

¿Qué corrección se debe hacer en la oración 8?

(1) reemplazar Conecte con A medida que conecte
(2) reemplazar del cable de arranque con del mismo
(3) añadir una coma después de cable
(4) cambiar baterías a batería
(5) no se requiere hacer ninguna corrección

18. ¿Qué revisión haría más efectivo el texto?

Comenzar un nuevo párrafo

(1) con la oración 9
(2) con la oración 10
(3) con la oración 11
(4) con la oración 12
(5) con la oración 13

19. Oración 16: **Cuando ha retirado el cable positivo de su automóvil, retire la última conexión de automóvil de su amigo.**

¿Cuál es la mejor manera de escribir la parte subrayada de la oración? Si la redacción original es la mejor, escoja la opción (1).

(1) ha retirado
(2) haya retirado
(3) retirado
(4) retiró
(5) está retirando

20. Oración 17: **Deje que su automóvil funcione unos minutos para recargar su batería, ahora puede invitar a desayunar a su amigo.**

¿Cuál es la mejor manera de escribir la parte subrayada de la oración? Si la redacción original es la mejor, escoja la opción (1).

(1) batería, ahora
(2) batería. Y ahora
(3) batería. Ahora
(4) batería ahora
(5) batería, como ahora

Las preguntas 21 a 26 se refieren a los siguientes párrafos.

Reducción del colesterol: por qué y cómo

(A)

(1) La profesión médica continúa acentuando los afectos negativos de la grasa en la dieta. (2) La grasa es la principal causa del colesterol en la sangre. (3) El colesterol es un factor de importancia en las enfermedades cardíacas. (4) Los expertos no se ponen de acuerdo respecto al nivel en el que el colesterol resulta un factor de riesgo. (5) En la década de los 90, a los doctores no estaban preocupados a menos que el nivel de colesterol alcanzaba a 300. (6) En la actualidad, los doctores no se preocupan a menos que el nivel de colesterol supere los 180.

(B)

(7) Estudios demuestran que aproximadamente un 70% de las personas pueden reducir su colesterol en 15 a 25 por ciento. (8) Coma menos alimentos ricos en grasas y colesterol. (9) Se fomentan que el público norteamericano lea las etiquetas y escoja productos con bajas cantidades de grasa y colesterol. (10) Los doctores recomiendan reemplazar productos con leche entera por aquellos producidos con leche descremada o con bajo contenido graso. (11) Las carnes magras, frijoles y salvado de avena en la dieta ayuda a reducir los niveles de colesterol en el flujo sanguíneo. (12) Además, hacer ejercicio lo mantiene en forma y parece contribuir a despejar el colesterol de las arterias.

(C)

(13) De acuerdo a la Asociación norteamericana del corazón, tener un nivel bajo de colesterol mejora sus posibilidades de tener una vida larga y saludable. (14) Las pruebas son contundentes de que sus hábitos pueden afectar su nivel de colesterol y, como consecuencia, su riesgo de enfermedades cardíacas. (15) Como hemos visto, estos hábitos incluyen la alimentación y el ejercicio.

21. Oración 1: **La profesión médica continúa acentuando los afectos negativos de la grasa en la dieta**.

    ¿Qué corrección se debe hacer en la oración 1?

    (1) cambiar profesión médica a Profesión Médica
    (2) cambiar continúa a continúan
    (3) cambiar continúa a ha continuado
    (4) sustituir afectos con efectos
    (5) no se requiere hacer ninguna corrección

22. Oración 3: **El colesterol es un factor de importancia en las enfermedades cardíacas**.

    ¿Qué corrección se debe hacer en la oración 3?

    (1) mover la oración 3 al comienzo del párrafo A
    (2) reemplazar colesterol con A su vez, el colesterol
    (3) mover la oración 3 a continuación la oración 4
    (4) eliminar la oración 3
    (5) mover la oración 3 al final del párrafo A

23. Oraciones 7 y 8: **Estudios demuestran que aproximadamente un 70% de las personas pueden reducir su colesterol en 15 a 25 por ciento. Coma menos alimentos ricos en grasas y colesterol**.

    ¿Cuál es la mejor manera de escribir la parte subrayada de las oraciones? Si la redacción original es la mejor, escoja la opción (1).

    (1) por ciento. Coma
    (2) por ciento al comer
    (3) por ciento y comer
    (4) por ciento. En consecuencia, comer
    (5) por ciento incluso al comer

24. Oración 9: **Se fomentan que el público norteamericano lea las etiquetas y escoja productos con bajas cantidades de grasa y colesterol**.

    ¿Cuál es la mejor manera de escribir la parte subrayada de la oración? Si la redacción original es la mejor, escoja la opción (1).

    (1) se fomentan
    (2) han sido fomentados
    (3) se fomenta
    (4) fueron fomentados
    (5) fomentaron

25. Oración 11: **Las carnes magras, frijoles y salvado de avena en la dieta ayuda a reducir los niveles de colesterol en el flujo sanguíneo**.

    ¿Qué corrección se debe hacer en la oración 11?

    (1) sustituir carnes con carbón
    (2) eliminar la coma después de magra
    (3) añadir una coma después de dieta
    (4) cambiar ayuda a ayudan
    (5) añadir una coma después de niveles

26. Oraciones 14 y 15: **Las pruebas son contundentes de que sus hábitos pueden afectar su nivel de colesterol y, como consecuencia, su riesgo de enfermedades cardíacas. Como hemos visto, estos hábitos incluyen la alimentación y el ejercicio**.

    ¿Qué grupo de palabras incluiría el mejor cambio en las oraciones 14 y 15?

    (1) enfermedad y como hemos visto
    (2) Pruebas acerca de la alimentación y el ejercicio
    (3) Es evidente que sus hábitos afectan
    (4) sus hábitos de alimentación y ejercicio
    (5) sus hábitos de alimentación y ejercicio pueden

Las preguntas 27 a 32 se refieren al siguiente resumen de informe comercial.

Informe anual de
Compañía Integrada de Trigo, S.A.

(A)

(1) Compañía Integrada de Trigo (CIT) tiene mucho que celebrar en este, su año del centenario. (2) Fue hace un siglo que dos magnates del trigo Oriental de Trigos y Granos La Hacienda, unieron sus firmas rivales. (3) Con una sola pincelada, crearon la gran CIT. (4) Los productos de los cereales de CIT pronto se transformaron en nombres domésticos y crearon un imperio. (5) En la actualidad, no sólo CIT sigue dominando la industria de los cereales listos para comer, sino que sus otras divisiones compiten en forma intensa también. (6) Estamos muy contentos con el desempeño de Compañía Nacional de Aceite de Maíz el año pasado, y eso fue a pesar de un ambiente comercial difícil. (7) CIT registró ganancias récord e inicia las negociaciones con varios procesadores de etanol del medio oeste de Estados Unidos. (8) Además, Compañía Nacional de Semillas sigue dominando su mercado. (9) Las ventas han alcanzado niveles récord por tercer año consecutivo. (10) Finalmente, Molinos del Norte fue nombrada uno de los 100 mejores resultados del año por la revista Inversiones.

(B)

(11) El informe anual completo detallará las empresas comerciales en curso, como también las propuestas, para el segundo siglo. (12) El informe estará en sus escritorios la próxima semana.

27. Oración 2: **Fue hace un siglo que dos magnates del trigo Oriental de Trigos y Granos La Hacienda, unieron sus firmas rivales.**

¿Cuál es la mejor manera de escribir la parte subrayada de la oración? Si la redacción original es la mejor, escoja la opción (1).

(1) magnates del trigo Oriental de Trigos y Granos La Hacienda,
(2) magnates, del trigo Oriental de Trigos y Granos La Hacienda
(3) magnates del trigo, Oriental de Trigos y Granos La Hacienda,
(4) magnates del trigo Oriental de Trigos y Granos La Hacienda
(5) magnates del trigo. Oriental de Trigos, y Granos La Hacienda,

28. Oraciones 3 y 4: **Con una sola pincelada, crearon la gran CIT. Los productos de los cereales de CIT pronto se transformaron en nombres domésticos y crearon un imperio.**

¿Qué grupo de palabras incluiría el mejor cambio en las oraciones 3 y 4?

(1) CIT, cuyos productos cerealeros
(2) CIT, y su cereal
(3) la creación de los grandes productos de los cereales de CIT
(4) CIT, su transformación a nombre doméstico
(5) crearon productos de los cereales y se transformaron

29. Oración 6: **Estamos muy contentos con el desempeño de la Compañía Nacional de Aceite de Maíz el <u>año pasado, y eso fue a pesar de</u> un ambiente comercial difícil.**

¿Cuál es la mejor manera de escribir la parte subrayada de la oración? Si la redacción original es la mejor, escoja la opción (1).

(1) año pasado, y eso fue a pesar de
(2) año pasado y eso a pesar de
(3) año pasado. Y esto a pesar de
(4) año, a pesar de
(5) año. Esto a pesar de

30. Oración 7: **CIT registró ganancias récord e <u>inicia</u> las negociaciones con varios procesadores de etanol del medio oeste de Estados Unidos.**

¿Cuál es la mejor manera de escribir la parte subrayada de la oración? Si la redacción original es la mejor, escoja la opción (1).

(1) inicia
(2) iniciado
(3) inició
(4) ha iniciado
(5) está iniciando

31. Oración 8: **Además, Compañía Nacional de Semillas sigue dominando su mercados.**

¿Qué corrección se debe hacer en la oración 8?

(1) eliminar la coma después de <u>Además</u>
(2) cambiar <u>Compañía</u> a <u>compañía</u>
(3) cambiar <u>sigue</u> a <u>siguen</u>
(4) cambiar <u>dominando</u> a <u>dominados</u>
(5) cambiar <u>su</u> a <u>sus</u>

32. ¿Qué revisión haría más efectivo este informe comercial?

Comenzar un nuevo párrafo

(1) con la oración 5
(2) con la oración 6
(3) con la oración 7
(4) con la oración 8
(5) con la oración 10

Las preguntas 33 a 38 se refieren a los siguientes párrafos.

Alimentación y diversión

Pollo asado cuando quiera
de La cocina de Sara

(A)

(1) Mucha gente disfruta comer pollo asado afuera durante los cálidos meses del verano. (2) Aquí hay algunos consejos útiles para tener éxito con sus asados.

(B)

(3) Antes de encender la parilla, siempre es una buena idea cepillar o rociar su parrilla con un poco de aceite. (4) De esta forma, el pollo no se pegará. (5) Después de encender la parrilla, deje que se caliente antes de estar poniendo el pollo. (6) Una parrilla caliente encerrará los jugos y mantendrá la carne húmeda. (7) También facilitará el proceso de dar vuelta las piezas.

(C)

(8) Una vez que la carne está en la parrilla y está cerrada, aleje levemente el pollo de las llamas. (9) Clavar la piel con las puntas de un tenedor hará que se escapen los deliciosos jugos de la carne. (10) Se cocina mejor cuando se cambia de lugar una sola vez, evite mover la carne de nuevo o levantarla con el tenedor para mirarla por abajo. (11) Utilice tenazas largas o una espátula en lugar de un tenedor para mover la carne.

(D)

(12) Para revisar si el pollo está listo, haga un corte pequeño en la parte más gruesa. (13) Está lista si no vio un color rosado. (14) Otra forma de revisar si la carne está lista con un termómetro de carne. (15) Los pollos enteros deben tener aproximadamente 180º y las partes de pollo deben tener aproximadamente 170º.

(E)

(16) Si desea un buen pollo asado la próxima vez no olvide limpiar cuando haya terminado. (17) Una parrilla limpiada cuidadosamente evitará que su próximo pollo se pegue a la parrilla.

33. Oración 5: **Después de encender la parrilla, deje que se caliente antes de estar poniendo el pollo.**

¿Cuál es la mejor manera de escribir la parte subrayada de la oración? Si la redacción original es la mejor, escoja la opción (1).

(1) estar poniendo
(2) poner
(3) haber puesto
(4) hube puesto
(5) pondré

34. ¿Qué cambio se debe hacer en el párrafo C?

(1) mover la oración 8 al final del párrafo B
(2) eliminar la oración 9
(3) eliminar la oración 10
(4) mover la oración 11 a continuación de la oración 8
(5) no es necesario hacer ningún cambio

35. Oración 10: **Se cocina mejor cuando se cambia de lugar una sola vez, evite mover la carne de nuevo o levantarla con el tenedor para mirarla por abajo.**

¿Qué grupo de palabras incluiría el mejor cambio en la oración 10?

(1) Un solo movimiento para cocinarlo mejor, para que
(2) Evite moverla nuevamente o levantarla con el tenedor para una mejor cocción
(3) La carne, al moverla sólo una vez, se cocina mejor
(4) Para mover una vez la carne se cocinará mejor, para que
(5) La carne se cocina mejor cuando la cambia de lugar una sola vez,

36. Oración 13: **Está lista si no vio un color rosado.**

¿Cuál es la mejor manera de escribir la parte subrayada de la oración? Si la redacción original es la mejor, escoja la opción (1).

(1) no vio
(2) no ve
(3) no ha visto
(4) no estuvo viendo
(5) no está viendo

37. Oración 14: **Otra forma de revisar si la carne está lista con un termómetro de carne.**

¿Qué corrección se debe hacer en la oración 14?

(1) sustituir forma con formación
(2) cambiar carne a carnes
(3) añadir una coma después de lista
(4) añadir es después de lista
(5) no se requiere hacer ninguna corrección

38. Oración 16: **Si desea un buen pollo asado la próxima vez no olvide limpiar cuando haya terminado.**

¿Qué corrección se debe hacer en la oración 16?

(1) sustituir buen con bueno
(2) añadir una coma después de vez
(3) cambiar olvide a haber olvidado
(4) cambiar haya a hayas
(5) no se requiere hacer ninguna corrección

Las preguntas 39 a 44 se refieren a la siguiente carta.

Sra. Elena Suárez, Gerente de contrataciones
Hoteles Las Américas
Wilmington, IL 60100

Estimada Sra. Suárez:

(A)

(1) El cargo de aprendiz de servicio al cliente que publicó el domingo en el *Diario de San Andrés* me interesa mucho. (2) Hoteles Las Américas siempre se ha destacado por alojamientos cómodos con un servicio atento y con un precio razonable. (3) Me gustaría ser parte del crecimiento continuado de Hoteles Las Américas. (4) Mi tía siempre se hospeda en Hoteles Las Américas cuando viene de visita y ella cree que son muy buenos.

(B)

(5) Como usted visto en el currículum que adjunto, tengo las calificaciones y la determinación necesarias para el cargo de aprendiz. (6) En junio, recibí mi certificado de equivalencia de secundaria. (7) Mientras asistía al colegio y estudiaba para aprobar la Prueba de GED, he desarrollado fuertes habilidades de organización. (8) Además, mi trabajo a tiempo parcial en el mesón de informaciones del hospital de San Andrés requiere de habilidades interpersonales y de relaciones públicas intensas. (9) Mi supervisora me dio un alto puntaje en todas las evaluaciones de mi trabajo. (10) Recibí felicitaciones por brindar un servicio excepcional a los pacientes. (11) Creo que esas experiencias son una buena preparación para su programa de capacitación en servicio al cliente.

(C)

(12) Agradecería poder analizar mis calificaciones con usted. (13) Para programar una entrevista, llámeme al 555-9091. (14) Gracias por su consideración.

Sinceramente,

Guillermo Velázquez

39. Oración 2: *Hoteles Las Américas* **siempre se ha destacado por un alojamiento cómodo con un servicio atento y tienen un precio razonable.**

¿Qué grupo de palabras incluiría el mejor cambio en la oración 2?

(1) servicio atento a un precio razonable
(2) para alojamientos que son confortables
(3) para servicio con atención amable
(4) confortable y atento, y ellos
(5) precios razonables, *Hoteles Las Américas*

40. Oración 5: **Como usted observado en el currículum que adjunto, tengo las calificaciones y la determinación necesarias para el cargo de aprendiz.**

¿Cuál es la mejor manera de escribir la parte subrayada de la oración? Si la redacción original es la mejor, escoja la opción (1).

(1) visto
(2) habrá visto
(3) ha estado viendo
(4) será visto
(5) verá

41. Oración 7: **Mientras asistía al colegio y estudiaba para aprobar la Prueba de GED, he desarrollado fuertes habilidades de organización.**

¿Qué corrección se debe hacer en la oración 7?

(1) eliminar Mientras
(2) añadir una coma después de colegio
(3) eliminar la coma después de GED
(4) cambiar Prueba a prueba
(5) cambiar he desarrollado a desarrollé

42. ¿Cuál revisión haría la carta más efectiva?

(1) mover la oración 1 al final del párrafo A
(2) eliminar la oración 3
(3) eliminar la oración 4
(4) mover la oración 5 al final del párrafo A
(5) no se requiere hacer ninguna corrección

43. Oración 8: **Además, mi trabajo a tiempo parcial en el mesón de informaciones del hospital de *San Andrés* requiere de habilidades interpersonales y de relaciones públicas intensas.**

¿Qué corrección se debe hacer en la oración 8?

(1) eliminar la coma después de Además
(2) añadir una coma después de trabajo
(3) cambiar hospital a Hospital
(4) cambiar requiere a requieren
(5) cambiar relaciones a relación

44. Oraciones 9 y 10: **Mi supervisora me dio un alto puntaje en todas las evaluaciones de mi trabajo. Recibí felicitaciones por brindar un servicio excepcional a los pacientes.**

¿Cuál es la mejor manera de escribir la parte subrayada de la oración? Si la redacción original es la mejor, escoja la opción (1).

(1) trabajo. Recibí
(2) trabajo recibí
(3) trabajo, recibí
(4) trabajo y recibí
(5) trabajo, y recibí

Las preguntas 45 a 50 se refieren a los siguientes párrafos.

Protéjase de reparaciones fraudulentas en el hogar

(A)

(1) Miles de millones de dólares se gastan cada año en reparaciones del hogar que son falsas, inconclusas o que nunca se realizaron. (2) Aquí hay algunas formas para evitar ser víctima de dicho fraude al consumidor.

(B)

(3) Primero, reconozca las señales de advertencia. (4) Las promesas extravagantes o los productos gratuitos generalmente es fuente de sospechas. (5) Otra táctica cuestionable es la de ofrecer un precio menor por presentar a posibles consumidores, llamada retorno. (6) Los contratos no deben tener frases engañosas o lenguaje ambiguo y debe coincidir con las promesas del anuncio de venta. (7) Tómese su tiempo antes de firmar y evite la presión para firmar de inmediato.

(C)

(8) Una vez que ha escogido un contratista de reparaciones en el hogar, existen formas adicionales de proteger su inversión. (9) Nunca debe pagar en efectivo y no pague el monto total antes del inicio del trabajo. (10) Los contratistas con reputación rara vez esperan ese tipo de pago. (11) En cambio, generalmente aceptan pagos en tercios o cuartos. (12) Por ejemplo, el contratista recibirá un tercio al inicio un tercio en mitad del trabajo y el tercio final al terminar el trabajo. (13) Solicite ver las licencias de los trabajadores que contrató. (14) Asegúrese de que los contratos escritos señalen claramente el costo de los materiales y el trabajo, como también, las fechas de inicio y término.

(D)

(15) En resumen, esté atento a las señales de advertencia cuando alguien ofrece reparar su casa. (16) No duda en rechazar una oferta que parezca demasiado buena para ser verdadera. (17) Finalmente, póngase en contacto con las autoridades si cree que ha sido víctima de fraude.

45. Oración 4: **Las promesas extravagantes o los productos gratuitos generalmente es fuente de sospechas.**

¿Qué corrección se debe hacer en la oración 4?

(1) cambiar promesas a promesa
(2) añadir una coma después de promesas
(3) cambiar es a son
(4) reemplazar de con desde
(5) no se requiere hacer ninguna corrección

46. Oración 5: **Otra táctica cuestionable es la de ofrecer un precio menor por presentar a posibles consumidores, llamada retorno.**

¿Qué grupo de palabras incluiría el mejor cambio en la oración 5?

(1) Otra táctica cuestionable para presentar consumidores potenciales,
(2) Otra táctica cuestionable, llamada retorno,
(3) Para presentar posibles consumidores, una táctica cuestionable
(4) Un retorno para presentar potenciales consumidores, conocida como táctica cuestionable
(5) Ofrecer un menor precio por un retorno es otra

47. Oración 6: **Los contratos no deben tener frases engañosas o lenguaje ambiguo y debe coincidir con las promesas del anuncio de venta.**

¿Qué corrección se debe hacer en la oración 6?

(1) cambiar contratos a contrato
(2) añadir una, coma después de ambiguo
(3) cambiar debe a deben
(4) cambiar promesas a promesa
(5) no se requiere hacer ninguna corrección

48. Oración 9: **Nunca debe pagar en efectivo y no pague el monto total antes del inicio del trabajo.**

¿Cuál es la mejor manera de escribir la parte subrayada de la oración? Si la redacción original es la mejor, escoja la opción (1).

(1) efectivo y no
(2) efectivo
(3) efectivo. Y no
(4) efectivo, y no
(5) efectivo,

49. Oración 12: **Por ejemplo, el contratista recibirá un tercio al inicio un tercio en mitad del trabajo y el tercio final al terminar el trabajo.**

¿Qué corrección se debe hacer en la oración 12?

(1) eliminar la coma después de ejemplo
(2) cambiar recibirá a recibió
(3) añadir una coma después de inicio
(4) añadir una coma después de tercio final
(5) sustituir al terminar con cuando él termine

50. Oración 16: **No duda en rechazar una oferta que parezca demasiado buena para ser verdadera.**

¿Qué corrección se debe hacer en la oración 16?

(1) cambiar duda a dude
(2) cambiar duda a haber dudado
(3) sustituir parezca con parece
(4) sustituir demasiado con mucho
(5) no se requiere hacer ninguna corrección

Las respuestas comienzan en la página 309.

Tabla de análisis del desempeño en la Prueba simulada
Lenguaje, Redacción

La siguiente tabla le servirá para determinar cuáles son sus puntos fuertes y débiles en las áreas temáticas y destrezas necesarias para aprobar la Prueba de Lenguaje y Redacción de GED. Consulte la sección Respuestas y explicaciones en las páginas 309 a 313 para verificar las respuestas que haya dado en la Prueba simulada. Luego, en la tabla, encierre en un círculo los números correspondientes a las preguntas de la prueba que haya contestado correctamente. Anote el número total de aciertos por área temática y por destreza al final de cada hilera y columna. Vea el número total de aciertos de cada columna e hilera para determinar cuáles son las áreas y destrezas que más se le dificultan. Use como referencia las páginas señaladas en la tabla para estudiar esas áreas y destrezas.

Tipo de pregunta / Área temática	Corrección	Revisión	Construcción	Número de aciertos	Números de página
Estructura de las oraciones *(Páginas 32 a 91)*					
Oraciones/Fragmentos de oraciones	37	2, 23		____/3	34 a 41
Oraciones compuestas/ Combinar ideas		44		____/1	42 a 49
Ideas subordinantes		29	26, 28	____/3	54 a 61
Oraciones seguidas/ Omisión de conjunciones coordinantes		11, 20		____/2	62 a 69
Modificadores			10, 15, 35, 46	____/4	72 a 77
Estructura paralela	4		39	____/2	78 a 83
Organización *(Páginas 92 a 133)*					
Estructura de los párrafos/ Unidad y coherencia	12, 34, 42			____/3	94 a 101
Oraciones temáticas			3	____/1	104 a 109
División en párrafos			18, 32	____/2	112 a 117
Transiciones	22			____/1	120 a 125
Uso *(Páginas 134 a 185)*					
Concordancia entre el sujeto y el verbo	13, 25, 45	9, 24		____/5	136 a 145
Participio y gerundio		19, 30, 40		____/3	148 a 155
Tiempos verbales	41	14, 33, 36		____/4	158 a 165
Pronombres	6, 31, 47			____/3	168 a 177
Mecánica *(Páginas 186 a 226)*					
Uso de mayúsculas	1, 43			____/2	188 a 195
Comas	7, 38, 49	5, 27, 48		____/6	196 a 203
Ortografía	8, 16, 17, 21, 50			____/5	208 a 217

1 a 40 → Necesita repasar más.
41 a 50 → ¡Felicitaciones! Está listo para presentar la prueba de GED!

Respuestas y explicaciones

PRUEBA PRELIMINAR (Páginas 13 a 31)

1. **(3) cambiar <u>contiene</u> a <u>contienen</u>**
(Uso/Concordancia entre el sujeto y el verbo) La opción (3) es correcta porque *contienen* concuerda con ambos sujetos unidos por *y*. La opción (1) elimina una coma necesaria en una serie. La opción (2) añade una coma innecesaria entre el sujeto y el verbo. La opción (4) cambia el tiempo verbal al futuro incorrectamente. La opción (5) emplea un verbo incorrecto.

2. **(5) lo controle** (Uso/Tiempos verbales) La opción (5) corrige el cambio verbal demasiado extenso y complicado de la opción (1), para que ambos verbos estén en el presente de subjuntivo. La opción (2) emplea un tiempo verbal incorrecto. La opción (3) emplea incorrectamente el futuro. La opción (4) usa el verbo *estar* incorrectamente.

3. **(2) añadir coma después de <u>relajarse</u>**
(Mecánica/Comas en series). La opción (2) es correcta porque se requiere coma para separar los elementos de la serie *relajarse, desconectarse y levantarle*. La opción (1) es incorrecta porque elimina la coma después de una frase introductoria. La opción (3) cambia incorrectamente una preposición a un verbo. La opción (4) añade una coma innecesaria. La opción (5) cambia incorrectamente la conjunción *si* por la palabra afirmativa *sí*.

4. **(3) repetitivo, como por ejemplo cortar**
(Mecánica/Aposiciones) La opción (3) combina correctamente las oraciones, convirtiendo la segunda en una aposición separada por coma. Las opciones (1), (2), (4) y (5) son demasiado largas, o unen incorrectamente las oraciones, además de tener una puntuación incorrecta.

5. **(1) Sin embargo, como casi todas las cosas, soñar despierto también tiene aspectos negativos.** (Organización/Oraciones temáticas) La opción (1) es la mejor oración temática, porque introduce la idea principal del párrafo. La opción (2) es demasiado general y no se relaciona directamente con los detalles del párrafo. Las opciones (3), (4) y (5) son demasiado específicas y no abordan la cuestión principal del párrafo.

6. **(2) carro, especialmente** (Estructura de las oraciones/Fragmentos) La opción (2) es correcta porque une el fragmento (oración 11) a una idea completa y los separa correctamente mediante la coma. La opción (1) no corrige el fragmento de oración. La opción (3) omite la coma necesaria que indica al lector que haga una pausa entre ambas

ideas. Las opciones (4) y (5) unen el fragmento y la oración de forma incorrecta.

7. **(1) cambiar <u>Primavera</u> a <u>primavera</u>**
(Mecánica/Uso de las mayúsculas) La opción (1) es correcta porque las estaciones del año no se escriben con mayúscula. La opción (2) elimina una coma necesaria después de una frase introductoria. La opción (3) usa incorrectamente la *e* mayúscula para el sustantivo común *estado*. La opción (4) cambia incorrectamente el tiempo verbal al futuro. La opción (5) elimina una coma necesaria en una serie.

8. **(5) cambiar <u>son</u> a <u>es</u>** (Uso/Concordancia entre el sujeto y el verbo). La opción (5) es correcta porque el verbo en singular *es* concuerda con el sujeto en singular *la persona*, que a su vez concuerda con la forma verbal singular *excave*. La opción (1) añade un verbo incorrectamente. Las opciones (2) y (3) añaden comas innecesarias. La opción (4) forma un plural incorrecto.

9. **(4) El departamento de construcción**
(Uso/Pronombres) La opción (4) sustituye correctamente el pronombre poco específico *Éste* con su antecedente. La opción (1) usa incorrectamente un pronombre con un antecedente poco específico. Las opciones (2) y (3) son pronombres incorrectos. La opción (5) emplea un antecedente incorrecto.

10. **(4) Una vez que los sistemas estén señalizados,** (Estructura de las oraciones/Modificadores) La opción (4) corrige un modificador sin sujeto, añadiendo sujeto y verbo para crear una oración subordinada. Las opciones (1) y (2) no corrigen el modificador sin sujeto. Las opciones (3) y (5) emplean modificadores incorrectos que confunden el significado.

11. **(1) poner la oración 8 al final del párrafo B**
(Organización/Unidad y coherencia) La opción (1) desplaza correctamente un detalle al párrafo correspondiente. Con la oración 9 comienza un tema completamente nuevo. Las opciones (2) y (4) eliminan detalles importantes. La opción (3) desplaza incorrectamente un detalle de apoyo y altera el orden lógico.

12. **(2) eliminar la coma después de <u>visibles</u>**
(Mecánica/Comas innecesarias) La opción (2) elimina correctamente una coma innecesaria entre sujeto y verbo. La opción (1) elimina una coma necesaria en una serie. Las opciones (3) y (4) cambian la forma verbal y rompen la concordancia entre sujeto y verbo. La opción (5) deja una coma innecesaria.

13. **(3) apretar tornillos de puertas** (Estructura de las oraciones/Paralelismo) La opción (3) es correcta porque con ella todos los elementos de la serie se convierten en frases de estructura similar. Las opciones (1), (2), (4) y (5) no corrigen el error de paralelismo.

14. **(4) eliminar la oración 4** (Organización/Unidad y coherencia) La opción (4) elimina correctamente una oración que no apoya la idea principal del párrafo. La opción (1) elimina la oración temática. La opción (2) saca un detalle del orden lógico. La opción (3) elimina un detalle de apoyo importante.

15. **(5) cambiar que orden a qué orden** (Mecánica/Homónimos) La opción (5) es correcta porque el significado de la oración requiere el *qué* acentuado con la tilde para que sea el pronombre interrogativo. La opción (1) es incorrecta porque la conjunción *si* es correcta. La opción (2) elimina una coma necesaria tras una frase introductoria. La opción (3) cambia la forma verbal correcta a otra incorrecta. La opción (4) añade una coma innecesaria.

16. **(2) Hay** (Uso/Concordancia entre el sujeto y el verbo) La opción (2) es correcta porque *Hay* concuerda con ambos sujetos unidos por la conjunción *y*, *pintura de aceite y pintura látex*, que son los sujetos aunque figuren después del verbo. Las opciones (1), (3) y (4) emplean formas verbales incorrectas que rompen la concordancia. La opción (5) emplea un tiempo verbal futuro, que no es correcto.

17. **(3) También necesitará una brocha adecuada** (Estructura de las oraciones/Fragmentos) La opción (3) corrige el fragmento al añadir el sujeto y el verbo. Las opciones (1), (2), (4) y (5) no corrigen la idea incompleta.

18. **(3) hábil. La** (Estructura de las oraciones/Omisión de conjunciones coordinantes) La opción (3) crea correctamente dos oraciones completas y corrige el uso incorrecto de la coma. La opción (1) lleva una coma incorrecta. La opción (2) es una oración seguida. Las opciones (4) y (5) unen incorrectamente las oraciones y tienen una puntuación incorrecta.

19. **(3) cambiar johannes gutenberg a Johannes Gutenberg** (Mecánica/Uso de las mayúsculas) La opción (3) es correcta porque todos los nombres propios se escriben con mayúscula. La opción (1) añade una coma innecesaria. La opción (2) es incorrecta porque no hay razón para escribir *siglo* con mayúscula. La opción (4) cambia incorrectamente el tiempo verbal. La opción (5) omite erróneamente las mayúsculas.

20. **(3) sustituir Todo con Antes de la invención de la imprenta, todo** (Organización/ Transiciones) La opción (3) es correcta porque muestra la transición cronológica entre las ideas expuestas en el primero y segundo párrafos. La opción (1) desplaza incorrectamente un detalle del párrafo en donde corresponde. La opción (2) emplea un término incorrecto para introducir la transición entre los párrafos. La opción (4) elimina información importante.

21. **(5) página y meses** (Estructura de las oraciones/Fragmentos) La opción (5) es correcta porque emplea una conjunción coordinante adecuada para unir el fragmento a la oración independiente. Las opciones (1) y (3) crean fragmentos de oraciones. La opción (2) crea una oración seguida. La opción (4) emplea un término incorrecto para unir el fragmento a la oración independiente.

22. **(5) se pudieron hacer rápida y fácilmente muchas copias de una página,** (Estructura de las oraciones/Modificadores) La opción (5) sitúa correctamente los modificadores de una página y rápida y fácilmente junto a las palabras a las que describen. Las opciones (1), (2), (3) y (4) desplazan los modificadores sin eliminar el error.

23. **(3) Gracias a este proceso,** (Uso/Pronombres) La opción (3) elimina el pronombre poco específico. La opción (1) no contiene un pronombre con antecedente bien definido. La opción (2) emplea una forma verbal incorrecta. Las opciones (4) y (5) no expresan claramente la relación entre las ideas de la oración 9 y la precedente.

24. **(4) historia a excepción, tal vez, de la computadora personal** (Estructura de las oraciones/Oraciones seguidas) La opción (4) combina las ideas de la serie de oraciones en una oración simple, clara y concisa. Las opciones (1), (2), (3) y (5) no eliminan las oraciones seguidas ni el exceso de palabras.

25. **(3) se sintió** (Uso/Tiempos verbales) La opción (3) corrige un tiempo verbal incorrecto, porque sólo se requiere el pretérito indefinido en la oración. Las opciones (1), (2) y (4) son formas de tiempos perfectos. La opción (5) emplea un presente de indicativo incorrecto.

26. **(5) fui** (Uso/Tiempos verbales) La opción (5) es el tiempo verbal correcto; la frase "Ayer por la mañana" indica que se requiere el pretérito. Las opciones (1), (2) y (3) emplean tiempos perfectos incorrectos. La opción (4) emplea el pretérito imperfecto, y no el tiempo pretérito.

27. **(3) sustituir <u>dijeron</u> con <u>dijo</u>** (Uso/Pronombres) La opción (3) emplea correctamente el singular *dijo* para referirse a *empleada*. La opción (1) incluye una forma verbal incorrecta. La opción (2) elimina la coma necesaria después de una frase introductoria. La opción (4) añade una coma innecesaria. La opción (5) emplea incorrectamente el plural para referirse a *empleada*.

28. **(1) Rafael Martínez, el supervisor, que dijo** (Estructura de las oraciones/Subordinación) La opción (1) elimina la repetición y el exceso de palabras, subordinando el detalle sobre Joe Forest y convirtiéndolo en aposición. Las opciones (2), (3), (4) y (5) no eliminan la repetición ni el exceso de palabras.

29. **(3) con la oración 11** (Organización/División en párrafos) La opción (3) inicia correctamente un nuevo párrafo con un cambio temporal paralelo al de las ideas. Las oraciones de las opciones (1), (2), (4) y (5) son detalles dentro de los párrafos.

30. **(3) añadir coma después de <u>conmigo</u>** (Mecánica/Coma después de elementos introductorios) La opción (3) es la correcta porque añade la coma necesaria tras una frase introductoria. La opción (1) crearía una oración seguida. La opción (2) cambia el adverbio negativo por otro incorrecto. La opción (4) emplea una forma verbal incorrecta. La opción (5) sustituye innecesariamente el pronombre.

31. **(4) eliminar la coma después de <u>radio</u>** (Mecánica/Comas innecesarias) La opción (4) es correcta porque elimina una coma innecesaria. La opción (2) añade una coma innecesaria. Las opciones (1) y (3) no corrigen el error y emplean formas verbales incorrectas. La opción (5) es incorrecta porque sustituye el artículo por una palabra homófona.

32. **(5) cambiar <u>ha</u> a <u>a</u>** (Estructura de las oraciones/Conjunciones coordinantes) La opción (5) es correcta porque se requiere la preposición *a* delante de *comprar*. La opción (1) añade una coma innecesaria. La opción (2) emplea una forma verbal incompleta. Las opciones (3) y (4) eliminan comas necesarias.

33. **(4) se está haciendo** (Uso/Formas verbales) La opción (4) emplea correctamente el tiempo verbal requerido para expresar una acción que continúa aún. La opción (1) rompe la concordancia y usa un tiempo verbal incorrecto. La opción (2) emplea una forma verbal incompleta. Las opciones (3) y (5) emplean pretéritos incorrectos.

34. **(4) Desde ropa en especial hasta pasajes de tren o de autobús, todo se** (Estructura de las

oraciones/Subordinación) La opción (4) elimina la repetición y el exceso de palabras al combinar detalles asociados en una sola oración. Las opciones (1), (2), (3) y (5) no crean oraciones fluidas y efectivas.

35. **(3) añadir <u>y</u> después de <u>fiable</u>** (Estructura de las oraciones/Oraciones seguidas) La opción (3) corrige una oración seguida añadiendo una conjunción coordinante apropiada entre las oraciones independientes. La opción (1) añade una coma innecesaria. La opción (2) es incorrecta porque el singular *es* concuerda con el sujeto en singular *entrega*. La opción (4) añade una coma innecesaria. La opción (5) es una oración seguida.

36. **(2) combinar los párrafos B y C** (Organización/División en párrafos) La opción (2) combina correctamente dos párrafos cortos que contienen detalles e información sobre una idea principal. Las opciones (1), (3) y (4) sacan detalles de apoyo de su orden lógico. La opción (5) elimina información importante.

37. **(2) cambiar <u>uno</u> a <u>se</u>** (Uso/Pronombres) La opción (2) corrige el cambio de pronombres de la tercera persona (uno) al impersonal *se*, para que sea coherente con el resto del párrafo. La opción (1) elimina incorrectamente una coma después de una frase introductoria. La opción (3) emplea una forma verbal incorrecta. La opción (4) añade una preposición innecesaria. La opción (5) añade una coma innecesaria.

38. **(2) añadir coma después de <u>cuidado</u>** (Mecánica/Coma después de elementos introductorios) La opción (2) es correcta porque añade la coma necesaria tras una frase introductoria. La opción (1) sustituye innecesariamente el impersonal *se* por *uno*. La opción (3) emplea una forma verbal incorrecta. La opción (4) sustituye incorrectamente una preposición por un verbo.

39. **(2) A menos que se trate de un niño** (Estructura de las oraciones/Modificadores) La opción (2) corrige un modificador sin sujeto al añadir un sujeto y verbo completo para crear una oración subordinada. Las opciones (1), (3), (4) y (5) emplean formas verbales incompletas o incorrectas, o un pronombre inapropiado.

40. **(5) no se requiere hacer ninguna corrección** (Uso/Formas verbales) La oración 3 es una oración correcta. Las opciones (1) y (4) cambian incorrectamente las formas verbales. La opción (2) añade una coma innecesaria. La opción (3) sustituye incorrectamente la conjunción *si*.

41. (3) normales y que, aún así, el bebé (Estructura de las oraciones/Oraciones compuestas) La opción (3) es correcta porque combina dos ideas independientes con las conjunciones y puntuación correctas. La opción (1) no expresa la relación entre las ideas de ambas oraciones. La opción (2) emplea palabras de conexión inapropiadas. La opción (4) supone la omisión de conjunciones coordinantes. La opción (5) crea una oración seguida.

42. (4) fiebre, es (Mecánica/Coma después de elementos introductorios) La opción (4) es correcta porque añade la coma necesaria después de la frase introductoria. La opción (1) no presenta la coma requerida. La opción (2) crea un fragmento de oración. Las opciones (3) y (5) añaden palabras de conexión innecesarias.

43. (4) poner la oración 13 al final del párrafo C (Organización/Unidad y coherencia) La opción (4) es correcta porque sitúa un detalle en el lugar más lógico dentro del párrafo. La opción (1) desplaza un detalle del párrafo en donde corresponde. Las opciones (2) y (5) eliminan detalles importantes. La opción (3) desplaza un detalle a un lugar ilógico.

44. (4) sustituir el peso de uno con su peso (Uso/Pronombres). La opción (4) emplea correctamente el adjetivo posesivo *su*, tercera persona del singular, para referirse a *niño*. La opción (1) elimina incorrectamente *un*. La opción (2) usa una forma verbal incompleta. Las opciones (3) y (5) emplean el pronombre incorrecto.

45. (4) está buscando (Uso/Tiempos verbales) La opción (4) es correcta porque la oración requiere el tiempo presente compuesto. La opción (1) es adjetivo. Las opciones (2) y (5) son tiempos pretéritos. La opción (3) es una forma verbal incompleta.

46. (5) No es necesario hacer ningún cambio. (Organización/Unidad y coherencia) La opción (5) mantiene correctamente la oración temática al comienzo del párrafo, donde corresponde. Las opciones (1), (3) y (4) la desplazan a lugares incorrectos. La opción (2) elimina la oración temática.

47. (5) prestar atención a los detalles (Estructura de las oraciones/Paralelismo) La opción (5) es correcta porque hace que todos los elementos de la serie tengan la misma forma: frases verbales. Las opciones (1), (2), (3) y (4) no corrigen el error de paralelismo.

48. (3) sucursales. Por último, el (Estructura de las oraciones/Omisión de conjunciones coordinantes) La opción (3) corrige la omisión, convirtiendo las dos cláusulas independientes en dos oraciones completas. Las opciones (1) y (2) emplean la coma incorrectamente y omiten las conjunciones coordinantes. La opción (4) suprime una pausa necesaria. La opción (5) emplea palabras de conexión incorrectas.

49. (4) cambiar dé computadoras a de computadoras (Mecánica/Ortografía de homófonos) La opción (4) es correcta porque en la oración se requiere la preposición *de* y no la forma verbal *dé*. Las opciones (1) y (3) añaden comas innecesarias. La opción (2) usa innecesariamente las mayúsculas.

50. (3) comienza (Uso/Concordancia entre el sujeto y el verbo) La opción (3) es correcta porque el verbo debe estar en singular para concordar con el sujeto en singular: *sueldo*. La opción (1) está en plural. Las opciones (2) y (5) usan un tiempo verbal incorrecto. La opción (4) está en plural.

UNIDAD 1: ESTRUCTURA DE LAS ORACIONES
Lección 1
Enfoque en las destrezas de GED (Página 35)

A. 1. *I* A esta oración incompleta le falta un verbo.

2. *I* Esta oración incompleta no expresa una idea completa.

3. *C*

4. *I* A esta oración incompleta le falta un sujeto.

5. *C*

B. **P:** Vivo en Los Ángeles. ¿Qué puedo hacer para renovar el pasaporte?
R: Tiene varias opciones. ¿Le importa esperar su pasaporte unos siete a diez días? Si no le importa, buscando un formulario de renovación la oficina del correo Llénelo y envíelo por correo urgente. Con la documentación necesaria También puede solicitarlo en persona en la oficina de pasaportes. Sin embargo, probablemente tenga que esperar en fila.

¿Que necesita el pasaporte inmediatamente? Entonces el servicio de renovación del mismo día Mientras esté en la oficina de pasaportes. Finalmente, permítame desearle un buen viaje. ¡Que se divierta muchísimo!

C. Después de que escriba su párrafo y lo corrija, revisando que las oraciones sean completas y que la puntuación sea correcta, comparta el trabajo con su instructor o con otro estudiante.

Enfoque en las destrezas de GED (Página 37)

Respuestas de muestra.

A. 1. Las madres solían cocinar para la familia.

2. Hoy en día, muchos adolescentes preparan la cena para la familia porque sus padres trabajan y llegan tarde a casa.

3. Las comidas preparadas en microondas, las comidas para llevar y los macarrones con queso de cajita son fáciles y sabrosos.

4. Los adolescentes piensan que hacen una labor importante, y se sienten adultos y responsables.

5. Esto es algo importante para su autoestima.

B. El llevar la ropa a la tintorería ~~costando~~ cuesta mucho dinero. Conozco varios buenos métodos para quitar las manchas de ~~la ropa. Sin~~ la ropa sin tener que llevarla a la tintorería. No me molesté, ~~por ejemplo. Cuando~~ por ejemplo, cuando mi hija llegó a casa con su nuevo suéter manchado de tinta. Primero, rocié la tinta con un poco de spray para el ~~cabello. Que~~ cabello que guardo sólo para las manchas. Cuando la mancha quedó completamente empapada, la ~~limpiar~~ limpié con una esponja. También desaparecen las manchas ~~de fruta. Si~~ de fruta si las empapa antes con agua fría. Luego use agua caliente con unas gotas de amoníaco. La mancha debe desaparecer antes de que la ~~lave. Porque~~ lave porque el jabón fija las manchas de fruta. Si conoce otros métodos prácticos para quitar las manchas, dígamelos.

C. Después de que escriba su párrafo y lo corrija, revisando que las oraciones sean completas y que la puntuación sea correcta, comparta el trabajo con su instructor o con otro estudiante.

Práctica de GED (Páginas 38 y 39)

Todas las preguntas de esta sección tienen que ver con los fragmentos de oración.

1. **(3) lugar, que** La opción (3) es la correcta porque une un fragmento con una idea completa. En la opción (2) sólo se cambia la puntuación; no elimina el fragmento. En la opción (4) la palabra *y* no se corresponde con el sentido de la oración. En la opción (5), la combinación de *Y* y *que* no elimina el fragmento.

2. **(5) no se requiere hacer ninguna corrección** Las opciones (1), (2) y (3) son incorrectas, porque en cada una se forma un fragmento. En la opción (4) se forman dos oraciones completas sin la puntuación correcta.

3. **(1) añadir Han pasado antes de 15** La opción (1) es la correcta porque le proporciona al fragmento un sujeto y un verbo. Las opciones (2), (3) y (4) no corrigen el fragmento.

4. **(2) añadir es después de Éste** En la opción (2) se corrigen los fragmentos añadiendo el verbo que falta. En la opción (1) se elimina el sujeto y no se elimina el fragmento. En la opción (3) se crea un nuevo fragmento. En las opciones (4) y (5) no se elimina el fragmento.

5. **(3) tarjeta de la tienda a menos que reciba una** La opción (3) es correcta porque proporciona la palabra de enlace adecuada y un sujeto y verbo para el fragmento. Las opciones (1), (2), (4) y (5) no tienen sentido.

6. **(5) no se requiere hacer ninguna corrección** La oración es completa tal y como está. En la opción (1) se repite el sujeto. En las opciones (2), (3) y (4) se forman fragmentos.

7. **(2) cocinar, que es una** La opción (2) es correcta porque une el fragmento (la oración 4) con una idea completa. La opción (1) es incorrecta porque la oración 4 es un fragmento. Las opciones (3) y (5) no corrigen el fragmento. La opción (4) no tiene sentido.

8. **(1) sustituir Más con Los microondas son más** La opción (1) es correcta porque le da al fragmento un sujeto y un verbo. Las opciones (2), (3) y (5) no corrigen el fragmento. La opción (4) forma un nuevo fragmento.

9. **(4) no están preocupados porque la mayoría** Esta opción es la correcta porque proporciona el verbo correcto y la palabra de enlace *porque* para unir el fragmento con la oración completa. Las opciones (1), (2) y (5) no tienen verbos completos. En la opción (3) se repite el sujeto.

Prueba corta de GED • Lección 1
(Páginas 40 y 41)

1. **(2) ojos cuando** (Fragmentos de oraciones) En la opción (2) se une el fragmento a una idea completa. En las opciones (1), (3) y (4) se utiliza la puntuación correcta sin corregir el fragmento. La opción (5) no tiene sentido.

2. **(2) sustituir subestimando con subestiman** (Fragmentos de oración) La opción (2) es correcta porque le da a la oración un verbo con una terminación que implica el sujeto. La opción (1) cambia el verbo pero no tiene sentido en la oración. En la opción (3) hay una palabra mal escrita. La opción (4) no corrige el fragmento. La opción (5) crea un nuevo fragmento.

3. **(3) Primero midió** (Fragmentos de oración) La opción (3) es correcta porque proporciona un sujeto

implícito al fragmento. Las opciones (1), (2), (4) y (5) no proporcionan sujetos explícitos ni implícitos.

4. **(1) vacío para demostrar cómo** (Fragmentos de oración) La opción (1) combina correctamente el significado del fragmento y de la oración completa en una sola oración. Las opciones (2), (3), (4) y (5) combinan las ideas incorrectamente o de manera poco natural.

5. **(3) nosotros, como su** (Fragmentos de oración) La opción (3) es correcta porque une un fragmento de oración con una oración completa. La opción (1) es incorrecta porque contiene un fragmento. La opción (2) tiene las ideas seguidas sin la puntuación correcta. Las opciones (4) y (5) emplean palabras inadecuadas para conectar las ideas.

6. **(5) no se requiere hacer ninguna corrección** (Fragmentos de oración) Las opciones (1), (2) y (3) crean fragmentos en una oración que ya consiste en una idea completa. En la opción (4) hay una palabra mal escrita.

7. **(2) cuando quiera bajar** (Fragmentos de oración) La opción (2) une correctamente un fragmento con una idea completa y proporciona un verbo y un sujeto implícito. Las opciones (1), (3), (4) y (5) crearían oraciones poco naturales o cambiarían el sentido del texto.

8. **(1) añadir <u>puede ser</u> antes de <u>actualizada</u>** (Fragmentos de oración) La opción (1) completa el verbo correctamente para eliminar el fragmento. La opción (2) es incorrecta porque no completa el verbo para eliminar el fragmento. La opción (3) crea otro fragmento. La opción (4) no corrige el fragmento. La opción (5) no completa el verbo principal de la oración.

Lección 2
Enfoque en las destrezas de GED (Página 43)
A. 1. La gente no quiere que la grama tenga insectos, <u>así que</u> muchos usan pesticidas químicos.
2. Los pesticidas químicos en la grama presentan un riesgo, <u>ya que</u> los niños a menudo juegan en la grama.
3. Algunos padres que se preocupan por sus hijos todavía usan pesticidas, <u>pero</u> siguen atentamente las instrucciones para usarlos y desecharlos.
4. Otros prefieren usar aerosoles biodegradables <u>o</u> escogen repelentes naturales de insectos, como la flor de caléndula.
5. Los fumigadores profesionales deben estar autorizados <u>y</u> deben aplicar los pesticidas correctamente.

B. Respuestas posibles: (Si escoge palabras diferentes, enséñele su trabajo al instructor o a otro estudiante para asegurarse de que indican la misma relación entre las ideas.)

La fuerza de gravedad de la luna influye en las mareas de <u>la Tierra, pero algunas</u> personas creen que influye más en los seres humanos. Se ha acusado a ciertas personas de comportarse de forma extraña durante la luna llena. La cantidad de delitos violentos parece <u>aumentar y los accidentes</u> son más frecuentes. Algunas personas se sienten más creativas, aunque otras se sienten deprimidas. ¿Deja usted para otro día el <u>recorte de pelo</u> o no se corta las uñas durante la luna llena? Algunas personas creen en esas <u>supersticiones, pero no</u> les gusta admitirlo en público.

C. Después de que escriba su párrafo y lo corrija, revisando que haya escrito las oraciones compuestas correctamente, comparta el trabajo con su instructor o con otro estudiante.

Enfoque en las destrezas de GED (Página 45)
Respuestas de muestra.
A. 1. ; además,
2. ; sin embargo,
3. ; por ejemplo,
4. ; en consecuencia,
5. ; sin embargo,

B. Respuestas posibles: (Hay muchas maneras distintas de combinar estas oraciones, con coma, punto y coma solamente, o con punto y coma, un adverbio conjuntivo y una coma. Si escoge palabras diferentes, asegúrese de que indican una relación lógica entre las ideas.)

Primero, debe elegir los colores más apropiados para la <u>habitación; a continuación,</u> decida el tipo y cantidad de pintura que va a necesitar. La mayoría de la gente usa pintura de <u>látex; es</u> más fácil de aplicar. La pintura de aceite dura <u>más; sin embargo,</u> es más difícil de aplicar y de limpiar. Los muebles poco pesados pueden llevarse a otra <u>habitación; los</u> pesados o voluminosos se arrastran al centro de la habitación. Cubra con sábanas viejas todo lo que haya en la habitación. Quite todo lo que haya en las puertas, ventanas y barras para <u>cortinas; de la misma manera,</u> destornille las placas de los interruptores y de los enchufes. Arregle las grietas que haya en las paredes o en el <u>techo; rellene</u> los pequeños agujeros que haya. Lije las paredes con papel de lija grueso y el trabajo en madera con papel de lija fino. Su habitación está lista para pintarla.

C. Después de que escriba su párrafo y corrija las oraciones compuestas, comparta el trabajo con su instructor o con otro estudiante.

Práctica de GED (Páginas 46 y 47)
Todas las preguntas de esta sección tienen que ver con las oraciones compuestas.
1. **(1) Internet, así que su** La opción (1) es la correcta porque dos ideas completas y relacionadas

están unidas correctamente con una coma y una locución coordinante correcta. La opción (2) es incorrecta porque las dos oraciones sólo están unidas con una coma sin una conjunción coordinante. En la opción (3), la coma debe colocarse antes de *así*. En la opción (4), *así* no tiene una coma delante. La opción (5) crea un fragmento.

2. **(3) eliminar la coma después de <u>económicos</u>**
La opción (3) es correcta, porque la conjunción coordinante *y* no lleva una coma delante. En la opción (1) se elimina la conjunción coordinante de la oración compuesta, creando una oración seguida. En la opción (2) se emplea la coma incorrectamente. En la opción (4) se elimina el sujeto de la segunda oración.

3. **(5) rechazados, pero el** La opción (5) es correcta porque combina correctamente las dos oraciones con una coma, seguida de la conjunción coordinante adecuada. En la opción (1) no hay conjunción coordinante en la oración compuesta. La opción (2) utiliza la puntuación incorrecta. La opción (3) no contiene puntuación y tiene una palabra de enlace inadecuada. La opción (4) contiene la conjunción coordinante correcta pero le falta la coma.

4. **(2) añadir <u>o</u> después de <u>electrónicamente</u>** La opción (2) es correcta porque proporciona una conjunción coordinante adecuada para las dos oraciones de la oración compuesta. Las opciones (1) y (5) son incorrectas porque la oración compuesta necesita una conjunción coordinante. La opción (3) es incorrecta porque no debe haber una coma antes de la conjunción coordinante *o*. La opción (4) es incorrecta porque no hace falta la coma.

5. **(3) añadir <u>así que</u> después de la coma** La opción (3) es correcta porque proporciona la conjunción coordinante correcta. La opción (1) es incorrecta porque *dos meses* no es una oración independiente completa. La opción (2) contiene un adverbio conjuntivo inadecuado con la puntuación incorrecta. La opción (4) es incorrecta porque hace falta una conjunción coordinante y una coma (si no se trata de *y, e, o, u*) para combinar dos oraciones. La opción (5) emplea un uso incorrecto de la coma.

6. **(5) meses, pero esa hora** La opción (5) es correcta porque une dos oraciones completas con una coma y una conjunción coordinante correcta. Las opciones (1) y (3) contienen adverbios conjuntivos incorrectos con la puntuación errónea. En la opción (2) hay una coma de más. En la opción (4) se utiliza una locución coordinante inadecuada y contiene la puntuación incorrecta.

7. **(1) eliminar la coma** La opción (1) elimina la coma, que no se utiliza con la conjunción coordinante *y*. La opción (2) emplea una palabra de enlace inadecuada y contiene la puntuación incorrecta. La opción (3) elimina la conjunción coordinante necesaria. La opción (4) coloca la coma delante de la conjunción *y*, que es incorrecto.

8. **(2) respondidas, pero** La opción (2) es correcta porque une dos oraciones completas con una coma y una conjunción coordinante adecuada. A la opción (1) le falta la coma. A la opción (3) le hace falta punto y coma delante del adverbio conjuntivo *sin embargo*. A la opción (4) le falta una coma. La opción (5) es incorrecta porque separa dos oraciones relacionadas.

9. **(5) no se requiere hacer ninguna corrección**
Las oraciones dentro de esta oración están combinadas correctamente y tienen la puntuación correcta. La opción (1) usa un adverbio conjuntivo de contraste que resulta inadecuado. La opción (2) utiliza una conjunción coordinante inadecuada y lleva la puntuación incorrecta. La opción (3) elimina una coma necesaria. La opción (4) utiliza una coma incorrecta delante de la conjunción *y*.

Prueba corta de GED • Lección 2
(Páginas 48 y 49)

1. **(2) llenos de colorido tales como mapas**
(Fragmentos de oraciones) En la opción (2) se corrige el fragmento combinándolo con la oración anterior. La opción (1) une el fragmento como si fuera una oración independiente. Las opciones (3), (4) y (5) no unen el fragmento y no mantienen el sentido del texto original.

2. **(1) insignias o** (Oraciones compuestas) La oración es correcta porque contiene dos ideas completas y relacionadas unidas por una conjunción coordinante adecuada sin coma (por ser *o*). La opción (2) tiene una coma que no corresponde. La opción (3) crea un fragmento. La opción (4) tiene una coma mal colocada. En la opción (5) hay dos comas innecesarias.

3. **(5) trabajo, pero** (Oraciones compuestas) La opción (5) es correcta porque dos oraciones completas y relacionadas están unidas con una conjunción coordinante de contraste y una coma. A la opción (1) le falta la coma necesaria. En la opción (2) se utiliza un adverbio conjuntivo inadecuado y lleva la puntuación incorrecta. La opción (3) crea un fragmento. La opción (4) coloca la coma en donde no corresponde.

4. (2) añadir Se hizo antes de Más corriente
(Fragmentos de oración) La opción (2) corrige
el fragmento añadiendo un verbo y, por tanto,
un sujeto implícito. La opción (1) cambia
incorrectamente la forma verbal y no añade un
sujeto implícito ni explícito. En la opción (1) se
añade una coma innecesaria. En la opción (4) se
utiliza una letra mayúscula incorrectamente. La
opción (5) es un fragmento de oración.

5. (5) especial que está llena (Fragmentos de
oración) La opción (5) es correcta porque utiliza la
palabra *que* para unir el fragmento correctamente a
la oración independiente. La opción (1) crea una
oración compuesta pero utiliza una conjunción
coordinante inadecuada. Las opciones (2), (3) y (4)
cambian el sentido del texto original.

6. (2) añadir o después de organización
(Oraciones compuestas) La opción (2) incluye
correctamente una conjunción coordinante en la
oración compuesta. La opción (1) añade una coma
que no corresponde delante de *o*. La opción (3)
añade otra coma innecesaria. En la opción (4) se
utiliza una palabra de enlace inadecuada y no se
proporciona el punto y coma y la coma necesarias
con el adverbio conjuntivo. La opción (5) añade
una coma innecesaria.

7. (2) ayudarlo, pero (Oraciones compuestas) La
opción (2) es correcta porque combina dos
oraciones completas con una conjunción
coordinante adecuada y la coma correspondiente.
La opción (1) omite la coma necesaria. La opción (3)
crea un fragmento de oración. La opción (4) coloca
la coma en el lugar incorrecto. La opción (5) omite
la conjunción coordinante y coma necesarias.

8. (5) visitantes que (Fragmentos de oración) La
opción (5) corrige correctamente un fragmento al
unirlo a una oración completa. La opción (2) crea
una oración compuesta, pero utiliza una conjunción
coordinante incorrecta y cambia el sentido. La
opción (3) crea dos oraciones pero confunden el
sentido. La opción (4) utiliza una conjunción
coordinante inadecuada y no proporciona otro
sujeto, así que suena como si las bibliotecas "no
tienen otro acceso a estos aparatos".

9. (4) añadir ya que después de la coma
(Oraciones compuestas) La opción (4) añade una
locución coordinante adecuada y necesaria para
unir dos oraciones. La opción (1) crea un fragmento
al eliminar parte del verbo. La opción (2) añade una
coma innecesaria. La opción (3) elimina una coma
necesaria para separar las oraciones dentro de una
oración compuesta. La opción (5) provoca un uso
incorrecto de la coma.

Enlace con la redacción de GED (Páginas 50 a 53)
El enlace personal (Página 51)
Comparta su trabajo con el instructor o con otro
estudiante.

El enlace personal (Página 52)
Su diario es sólo para usted. No tiene que enseñárselo al
instructor ni a ningún otro estudiante a menos que así lo
desee.

El enlace GED (Página 53)
1. **a.** ensayo general
   b. escrito personal
   c. ensayo general

2. Comparta su trabajo con el instructor o con otro
   estudiante.

Lección 3
Enfoque en las destrezas de GED (Página 55)
A. Oraciones de muestra:
1. Cuando Beno dejó de fumar, aumentó de peso.

2. Aunque las personas pueden engordar, deben
   dejar de fumar.

3. Las personas suelen subir de peso durante varios
   años después de que abandonan el cigarrillo.

4. Como fumar quita el hambre, los grandes
   fumadores son los que más engordan.

5. Hay que hacer ejercicio para que el aumento de
   peso sea limitado.

B.   Aunque muchos lo nieguen, los jueces y los
miembros del jurado se dejan llevar por el aspecto
de los testigos. Aunque se supone que la justicia es
imparcial, los miembros del jurado tienden a creer
con más frecuencia a las personas atractivas. Por
eso, los abogados contratan a asesores para que
aconsejen a los testigos. Si un testigo es más creíble,
es más valioso para el cliente. Se aconseja a los
testigos que se vistan como si fueran a ir a una
entrevista de trabajo o una reunión de negocios. Si
bien no se prohíbe vestir a la moda, la mejor
elección es un traje de chaqueta sencillo con una
blusa o una camisa blanca. Ya sean hombres o
mujeres, seguramente no les harán caso a las
personas que lleven sandalias. Si lleva un traje de
chaqueta, se le considerará una persona digna de
confianza. También satisface al jurado. Porque
parece que comprende y sigue las normas de la
sociedad.

C. Después de que escriba su párrafo y lo corrija,
revisando las oraciones complejas, comparta el
trabajo con el instructor o con otro estudiante.

UNIDAD 1

Enfoque en las destrezas de GED (Página 57)

A. Respuestas de muestra:

1. Necesitará leche, chocolate y azúcar.

2. Ponga 8 onzas de leche, $2\frac{1}{2}$ cucharadas de chocolate y 2 cucharadas de azúcar en una cacerola.

3. Remueva constantemente la mezcla mientras la calienta.

4. La mezcla debe estar muy caliente, pero no debe hervir.

5. Sirva el chocolate solo o póngale malvaviscos encima.

B. Hay más de una manera de combinar los detalles. A continuación hay un anuncio de muestra.

La Junta de Zonificación anuncia una vista pública el martes, 30 de noviembre, a las 8:10 p.m. en la alcaldía de East Lake.

La ferretería Allied desea hacer un cambio en su permiso de construcción para construir un estacionamiento en un vecindario residencial. Normalmente no se permite construir estacionamientos en los vecindarios residenciales. La petición y los planos de la ferretería Allied están archivados en la Junta de Zonificación y están a disposición del público en la Oficina de Zonificación Urbana.

Los residentes que quieran opinar sobre la solicitud del cambio pueden inscribir sus nombres en el Tablón de Comentarios de la Oficina de Zonificación Urbana.

C. Después de que escriba su anuncio y corrija las oraciones cortas y entrecortadas así como otros errores, comparta el trabajo con su instructor o con otro estudiante.

Práctica de GED (Páginas 58 y 59)

Todas las preguntas de esta sección tienen que ver con las ideas subordinantes.

1. **(2) añadir coma después de <u>entramos</u>** La opción (2) es correcta porque las oraciones subordinantes siempre llevan coma si están al principio de la oración. La opción (1) es incorrecta porque utiliza una conjunción subordinante inadecuada. La opción (3) crea un fragmento. Las opciones (4) y (5) añaden comas innecesarias

2. **(3) impulsivas tales como revistas, dulces y** La opción (3) combina todos los detalles en una oración fluida al enumerarlos en una lista. La opción (1) no producirá una oración ni podrá mantener el sentido del texto original. La opción (2) combina los sujetos, pero no los demás detalles. La opción (4) crea una oración compuesta a la que le falta una conjunción coordinante. La opción (5)

repite una forma del verbo ver y no combina los detalles.

3. **(5) leche, saldremos** La opción (5) corrige el fragmento de oración subordinada del texto original (opción 1) al unirlo al principio de una oración independiente y añadir una coma. Las opciones (2) y (3) forman oraciones compuestas con conjunciones coordinantes inadecuadas. La opción (4) omite la coma necesaria.

4. **(4) si comprendemos** La opción (4) combina las ideas para formar una oración compleja, convirtiendo la segunda oración en una oración subordinada y añadiendo una coma. Las opciones (2) y (3) forman oraciones compuestas con conjunciones coordinantes inadecuadas. La opción (4) omite la coma necesaria.

5. **(2) muchos los libros para estar en forma y los programas para hacer ejercicio** La opción (2) es correcta porque combina los sujetos para formar una sola oración. La opción (1) omite la conjunción coordinante necesaria para formar una oración compuesta. La opción (3) no combina las ideas de una forma fluida. La opción (4) utiliza una conjunción coordinante inadecuada. La opción (5) omite un verbo.

6. **(3) añadir coma después de <u>forma</u>** La opción (3) es correcta porque se necesita una coma después de una oración subordinada que está al principio de una oración. La opción (1) crea una oración compuesta sin conjunción coordinante. La opción (2) añade la coma en el medio de la oración subordinada. La opción (4) crea un fragmento a partir de la oración subordinada.

7. **(5) un buen par de zapatos para andar** La opción (5) combina el detalle de la segunda oración en la primera. La nueva oración sería: *Puede simplemente comprar un buen par de zapatos para andar y dar un paseo rápido con ellos varias veces a la semana.* Las opciones (1) y (4) no combinan los detalles de una forma tan fluida. Las opciones (2) y (3) no mantienen el mismo sentido del texto original.

8. **(3) siente desde que cambió** La opción (3) corrige el fragmento de la oración subordinada uniéndola a una idea independiente anterior. La opción (2) añade una coma y una conjunción coordinante innecesarias; la relación entre ambas ideas es subordinante, y no de igual a igual. La opción (4) utiliza una conjunción subordinante inadecuada. La opción (5) elimina la palabra de enlace que indica la relación entre las dos oraciones.

Prueba corta de GED • Lección 3
(Páginas 60 y 61)

1. **(3) añadir coma después de <u>pendiente</u>**
(Subordinación) La opción (3) emplea la puntuación correcta de la oración compleja, con una coma después de la oración subordinada que aparece al principio. La opción (1) utiliza una conjunción subordinante inadecuada y omite la coma necesaria. La opción (2) sustituye una palabra correcta con una mal escrita. La opción (4) omite la coma necesaria. La opción (5) es una oración seguida.

2. **(5) fotocopiadoras, que serán sustituidas**
(Subordinación) La opción (5) es correcta porque combina detalles utilizando dos verbos y reduce el carácter repetitivo del texto original. La opción (2) es incorrecta porque conecta dos oraciones independientes sin conjunción coordinante. La opción (3) es incorrecta porque conecta dos oraciones independientes sin coma ni conjunción coordinante. La opción (4) es incorrecta porque utiliza una conjunción coordinante inadecuada.

3. **(1) Como sacar e instalar las máquinas es un proceso lento, el servicio** (Subordinación) La opción (1) es correcta porque combina los detalles de dos oraciones independientes para formar una sola oración subordinada. La nueva oración revisada sería: *Como sacar e instalar máquinas es un proceso lento, el servicio de fotocopias probablemente se interrumpa la semana próxima.* Las opciones (2) y (3) no combinan los detalles de forma tan fluida. La opción (4) elimina el sujeto de la segunda oración. La opción (5) omite información.

4. **(2) eliminar la coma después de <u>mucho</u>**
(Oraciones compuestas) La opción (2) es correcta porque elimina una coma incorrecta delante de la conjunción coordinante *y*. La opción (1) subordina la primera oración, pero no tiene sentido en la oración. La opción (3) utiliza una conjunción coordinante inadecuada. La opción (4) elimina el verbo y el sujeto implícito de la segunda oración. La opción (5) añade una coma innecesaria.

5. **(3) país, mudarse** (Fragmentos de oración) La opción (3) es la correcta porque corrige un fragmento de oración subordinada uniéndolo a la oración independiente que sigue e incluye una coma después de la oración subordinada. La opción (1) crea un fragmento. La opción (2) omite la coma después de la oración subordinada introductoria. La opción (4) es incorrecta porque utiliza una conjunción coordinante inadecuada. La opción (5) emplea una conjunción subordinante inadecuada antes de la oración independiente, formando un fragmento.

6. **(2) añadir coma después de <u>fácil</u>**
(Subordinación) La opción (2) es correcta porque añade una coma después de la oración subordinada que está al principio de la oración. La opción (1) usa una conjunción subordinante inapropiada y no incluye la coma después de la oración. La opción (3) cambia el verbo incorrectamente al tiempo pasado. La opción (4) añade una coma innecesaria. La opción (5) es una oración seguida.

7. **(5) dirección y** (Subordinación) La opción (5) es correcta porque combina detalles relacionados de forma fluida y reduce la repetición. La opción (1) crea un fragmento. La opción (2) une dos oraciones independientes sin una conjunción coordinante. La opción (3) es incorrecta porque no combina los detalles de forma fluida y natural. La opción (4) crea un fragmento.

8. **(3) equipo de supervivencia, que contiene**
(Subordinación) La opción (3) es correcta porque combina los detalles de forma fluida en una sola oración. La opción (1) no combina los detalles de forma natural y repite las palabras. La opción (2) usa un término de enlace inadecuado entre *equipo de supervivencia* y la enumeración de artículos. La opción (5) crea un fragmento de oración con un verbo incompleto.

9. **(5) no se requiere hacer ninguna corrección**
(Oraciones compuestas) La oración es una oración compuesta unida correctamente con una coma y la conjunción coordinante *así que*. La opción (1) añade una coma innecesaria. La opción (2) sustituye una palabra correcta con otra mal escrita. La opción (3) elimina la coma que separa las oraciones independientes. La opción (4) utiliza una conjunción coordinante inadecuada.

Lección 4
Enfoque en las destrezas de GED (Página 63)
A. Respuestas de muestra:

1. *S* Los consumidores necesitan ayuda para comprar automóviles usados <u>si quieren</u> evitar pagar precios exorbitantes.

2. *C*

3. *S* Los automóviles tienen buen aspecto <u>porque les</u> han hecho reparaciones cosméticas.

4. *C*

5. *S* Las piezas móviles del automóvil deben quedar <u>alineadas; por ejemplo,</u> las junturas deben ser rectas y uniformes.

UNIDAD 1

6. **S** El automóvil debe tener una tablilla del <u>estado</u>. Los carros seriamente dañados suelen ser trasladados a otro estado.

B. Respuestas de muestra:

No es frecuente que un hijo rescate a su <u>madre; sin</u> <u>embargo,</u> ocurrió hace poco. Un grupo de madres e hijos de ballenas meridionales estaba atrapado en aguas poco profundas frente a la costa de Argentina <u>porque</u> una marea menguante los había confundido. Unos voluntarios regaron con agua la piel de las ballenas, para mantenerla húmeda. Con la primera marea creciente, el ballenato nadó hacia aguas más <u>profundas, pero</u> no quería dejar a su madre, que parecía adormecida. El ballenato y los voluntarios desplazaron lentamente a la madre mar adentro. Los voluntarios <u>empujaron y el</u> ballenato golpeaba la cabeza de su madre con la cola. Al cabo del tiempo la madre salió de su estado <u>adormecido. Entonces</u> ella y el ballenato pudieron volver nadando al océano. Aparentemente, su odisea les costó solamente algunos moretones sin importancia.

C. Después de que revise que no tenga oraciones seguidas ni otros errores, comparta el trabajo con su instructor o con otro estudiante.

Enfoque en las destrezas de GED (Página 65)

A. Respuestas de muestra:

1. Los músculos son tejidos elásticos <u>resistentes.</u> <u>Permiten</u> mover otras partes del cuerpo.

2. Los estadounidenses pierden solamente un 15 por ciento de fuerza muscular antes de los 50 <u>años. Después</u> de esa edad, pierden casi el doble de fuerza <u>muscular. Después</u> de los 70, el ritmo de la pérdida se hace incluso más rápido.

3. Esto puede causar muchos problemas de <u>salud.</u> <u>Las</u> personas se caen con frecuencia, se vuelven obesas o tienen huesos frágiles.

4. El levantamiento de pesas parece <u>ayudar.</u> <u>Levantar</u> pesas ligeras o hacer ejercicios de flexión de pecho refuerza los músculos rápidamente.

5. Si tiene más de 45 años, consulte a su médico antes de empezar este tipo de <u>entrenamiento.</u> <u>Las</u> personas de cualquier edad que no se han ejercitado en muchos años deben también hacerse un <u>chequeo y</u> cualquiera que tenga la presión alta o esté tomando medicamentos debe consultar primero al médico.

B. Tal vez le sorprenda, <u>pero</u> el pijama ajustado es la prenda de dormir más segura para los niños pequeños. Los pijamas de algodón ajustados parecen ser los más <u>seguros.</u> Las camisetas o camisones sueltos tienen bolsas de aire que pueden avivar un <u>incendio.</u> Debajo de una prenda ajustada cabe menos oxígeno. Los materiales sintéticos o de poliéster deben ser tratados con productos químicos. Los pijamas de algodón ajustados no tienen que ser <u>tratados; por eso</u> cuestan <u>menos.</u> <u>Mucha</u> gente cree que el algodón es más cómodo que el poliéster de todos modos. Los niños no deben dormir tampoco en batas de baño <u>porque las</u> <u>batas</u> se queman más fácilmente que el pijama. También pueden causar problemas los cinturones de las batas <u>porque pueden</u> enrollarse en torno al cuello de un niño dormido. Por último, asegúrese de lavar los pijamas resistentes al fuego de acuerdo con las instrucciones; de lo contrario, los productos químicos que los vuelven seguros podrían desaparecer con el lavado.

C. Después de que revise su párrafo para detectar las oraciones seguidas, la omisión de conjunciones coordinantes y otros errores, comparta el trabajo con su instructor o con otro estudiante.

Práctica de GED (Páginas 66 y 67)

Todas las preguntas de esta sección tienen que ver con las oraciones seguidas.

1. **(4) Hospital Municipal. Tiene usted razón** La opción (4) es correcta porque se utiliza un punto para separar dos oraciones independientes de la oración seguida para formar dos oraciones. Las opciones (1) y (5) son oraciones seguidas. Además, la opción (5) contiene una mayúscula innecesaria. La opción (2) concluye una oración con coma en vez de punto final. La opción (3) también es un ejemplo del uso de mayúsculas.

2. **(5) no se requiere hacer ninguna corrección** La opción (1) añade una coma innecesaria. La opción (2) elimina una coma necesaria en una oración compuesta. La opción (3) añade una segunda conjunción coordinante que es innecesaria. La opción (4) crea un ejemplo de omisión de conjunción coordinante.

3. **(5) añadir pero después de la coma** La opción (5) añade la conjunción coordinante que había sido omitida. La opción (1) subordina la primera oración, pero con una conjunción subordinante inadecuada. La opción (2) crea una oración seguida. La opción (3) cambia el sentido de la oración. La opción (4) añade un adverbio conjuntivo adecuado, pero sin el punto y coma y la coma que hacen falta.

4. **(1) en uno o más campos. El absoluto** La opción (1) es la correcta porque crea una oración compuesta y una oración simple. Las opciones (2), (3), (4) y (5) no separan las oraciones con claridad ni mantienen el sentido original del texto.

5. **(5) pesados. Algunas** La opción (5) es correcta porque emplea un punto para dividir la oración

seguida en dos oraciones. La opción (2) es incorrecta porque crea una oración seguida. La oración (3) utiliza un adverbio conjuntivo inadecuado con puntuación incorrecta. La opción (4) utiliza una conjunción subordinante inadecuada.

6. **(3) carpiano. Los** La opción (3) es correcta porque utiliza un punto para separar las oraciones independientes de la oración seguida en dos oraciones. La opción (2) es un ejemplo de omisión de conjunción coordinante. Las opciones (4) y (5) crean oraciones compuestas con conjunciones coordinantes que no llevan la coma correspondiente delante.

7. **(5) no se requiere hacer ninguna corrección** La opción (1) crea un fragmento. La opción (2) añade una coma innecesaria. La opción (3) elimina la palabra necesaria *como*. La opción (4) crea un fragmento al eliminar el verbo de la oración.

8. **(4) "seguros"; por ejemplo,** La opción (4) es correcta porque añade las conjunciones coordinantes que faltaban y utiliza la puntuación correcta. La opción (1) crea una oración compuesta, pero con una conjunción coordinante inadecuada. La opción (2) crea una oración subordinada a partir de la primera oración independiente, pero con una conjunción subordinante inadecuada. La opción (3) crea una oración subordinada a partir de la segunda oración independiente, pero con una conjunción subordinante inadecuada. La opción (5) omite información del texto original.

9. **(4) sustituir <u>corrientes los empleados con corrientes. Los empleados</u>** La opción (4) separa las dos oraciones independientes de forma correcta en dos oraciones distintas. La opción (1) crea una oración subordinada a partir de la primera oración independiente, pero con una conjunción subordinante inadecuada y sin la coma necesaria después de la frase introductoria. La opción (2) crea un ejemplo de omisión de conjunción coordinante. La opción (3) crea una oración compuesta con una conjunción coordinante que no es la más adecuada.

Prueba corta de GED • Lección 4
(Páginas 68 y 69)

1. **(5) solicitud y todo** (Oraciones seguidas) La opción (5) corrige la oración seguida separando las oraciones independientes con una conjunción coordinante adecuada. La opción (2) crea un ejemplo de omisión de conjunción coordinante. La opción (3) utiliza un adverbio conjuntivo inadecuado y la puntuación incorrecta. La opción (4) tiene un punto y coma innecesario delante de la conjunción coordinante *y*.

2. **(3) cambiar la coma a un punto** (Oraciones seguidas) La opción (3) es correcta porque corrige la omisión de conjunciones coordinantes formando dos oraciones distintas con las oraciones independientes. La opción (1) es incorrecta porque separa una idea de la oración con la que corresponde. La opción (2) crea una oración seguida. La opción (4) utiliza una conjunción coordinante inadecuada. La opción (5) conecta las ideas de forma inadecuada.

3. **(1) añadir <u>puedo</u> después de la coma** (Fragmentos de oración) La opción (1) añade correctamente un sujeto implícito con el verbo para corregir el fragmento de oración. La opción (2) no corrige el fragmento, sino que sólo cambia la forma del verbo. La opción (3) añade un sujeto inadecuado y elimina el verbo. La opción (4) añade una coma innecesaria, porque la palabra *o* no lleva coma delante.

4. **(4) carta e incluir mi nombre,** (Oraciones compuestas) La opción (4) es correcta porque corrige la falta de coma entre las oraciones independientes y elimina palabras innecesarias combinando dos verbos en una sola oración principal. Las otras opciones no producen una combinación fluida de ideas en una sola oración.

5. **(3) servicio, prepárese** (Fragmentos de oración) La opción (3) corrige el fragmento de oración subordinada uniéndolo a la siguiente oración con la coma necesaria. La opción (2) no corrige el fragmento; es más, elimina el sujeto (el *usted* implícito) de la oración independiente. La opción (4) trata la oración subordinada como si fuera una oración independiente y añade una coma y una conjunción coordinante para crear una oración compuesta de forma incorrecta. La opción (5) crea una oración seguida.

6. **(4) recomienda y apunte** (omisión de conjunción coordinante) La opción (4) añade correctamente la conjunción coordinante que faltaba. La opción (2) crea una oración seguida. La opción (3) cambia el sentido del texto original. La opción (5) utiliza un adverbio conjuntivo inadecuado y omite la puntuación necesaria del punto y coma antes y la coma después.

7. **(5) no se requiere hacer ninguna corrección** (Oraciones seguidas) La oración es una oración compleja correcta. Las opciones (1) y (2) crean fragmentos. La opción (3) añade una coma innecesaria, porque no hace falta la coma antes de la oración subordinada. La opción (4) añade una coma innecesaria antes de la palabra *y*, que no lleva coma delante.

Respuestas y explicaciones

8. (1) Cuando traiga su automóvil, no insista
(Oraciones seguidas) La opción (1) combina todos
los detalles de las tres oraciones independientes de
la oración seguida para formar una sola oración
compleja. La oración revisada sería: *Cuando traiga su
automóvil, no insista en recibir un diagnóstico.* Las
demás opciones no sirven para crear oraciones que
combinen toda la información necesaria de forma
fluida y natural.

9. (4) añadir para que después de teléfono
(Oraciones seguidas) La opción (4) une las ideas
relacionadas de las oraciones seguidas correctamente,
subordinando la segunda oración independiente a la
primera. La opción (1) añade usted de forma
innecesaria, ya que es el sujeto implícito de la
primera oración, y la opción no corrige las oraciones
seguidas. La opción (2) sólo cambia la forma verbal
de la primera oración, pero no hace nada por corregir
las oraciones seguidas. En la opción (3) se crea un
ejemplo del uso incorrecto de la coma. La opción (5)
simplemente cambia el verbo de la segunda oración,
pero esto no corrige las oraciones seguidas.

Enlace con la escritura de GED (Páginas 70–71)
Comparta su trabajo de El enlace personal y los ejercicios
de GED con el instructor o con otro estudiante.

Lección 5
Enfoque en las destrezas de GED (Página 73)

A. 1. *M* Cuando los clientes compran ropa, una sola
talla no les queda bien a todos.

2. *C*

3. *M* Se está creando una nueva base de datos de
8,000 voluntarios de tallas en tres dimensiones
de todas las formas, tamaños, edades y orígenes
étnicos.
Se está creando una nueva base de datos de tallas
en tres dimensiones de 8,000 voluntarios de
todas las formas, tamaños, edades y orígenes
étnicos.

4. *M* Los directores del proyecto prometen que
cuando la base de datos esté terminada un
cliente podrá confiar en la talla que aparezca en
la etiqueta.
Cuando la base de datos esté terminada, los
directores del proyecto prometen que un cliente
podrá confiar en la talla que aparezca en la
etiqueta.

5. *C*

6. Por supuesto, los diseñadores de alta costura aún
quieren que las mujeres crean que su ropa es más
pequeña que compran caros vestidos de diseño.
Por supuesto, los diseñadores de alta costura aún
quieren que las mujeres que compran caros

vestidos de diseño crean que su ropa es más
pequeña.

B. Respuestas de muestra:.
Las vitaminas y el hierro pueden alcanzar a gente
que se muere de hambre en todo el mundo a través
del "arroz dorado" enriquecido científicamente. En
los países pobres, casi 400 millones de personas que
tienen un nivel insuficiente de vitamina A corren el
riesgo de sufrir infecciones y ceguera. Además,
millones de personas padecen de un nivel
insuficiente de hierro. Al causar anemia y un retraso
en el desarrollo de los niños, la sangre con niveles
bajos de hierro en las mujeres embarazadas presenta
un problema especial. Con la esperanza de una
mejora importante de la salud de millones de
personas en todo el mundo, los científicos piensan
que este arroz dorado podría ser la respuesta.

C. Después de que escriba su párrafo y corrija los
modificadores, comparta el trabajo con el instructor
o con otro estudiante.

Práctica de GED (Páginas 74 y 75)
Todas las preguntas de esta sección tienen que ver con los
modificadores mal colocados y sin sujeto.

1. **(1) sustituir Al instalar con Si usted instala**
La opción (1) es correcta porque añade un sujeto y
un verbo a un modificador sin sujeto, convirtiendo
la frase en una oración subordinante. La opción (2)
elimina una coma necesaria y no corrige el
modificador sin sujeto. La opción (3) trata la
oración como si fuera compuesta, pero no lo es. La
opción (4) cambia la forma verbal de la oración
principal y no corrige el modificador sin sujeto.

2. **(1) Por sólo unos $20,** La opción (1) es correcta
porque traslada la frase mal colocada cerca de la
palabra a la que modifica, *manera*. Las demás
opciones no producen oraciones en la que el
modificador esté bien colocado y el sentido del
texto original se mantenga.

3. **(4) hacen difícil para los ladrones desmontar**
La opción (4) es correcta porque traslada la frase mal
colocada para que quede más cerca de la palabra a la
que modifica, *difícil*. Las otras opciones no
producen una oración en que todos los
modificadores estén colocados correctamente.

4. **(5) no se requiere hacer ninguna corrección**
La oración es correcta porque todos los
modificadores están colocados correctamente. La
opción (1) sustituye la oración subordinante
introductoria sin necesidad. La opción (2) elimina la
coma necesaria después de la oración subordinante
introductoria. La opción (3) sustituye el sujeto de la
oración principal con un sujeto *y* un verbo. En la

opción (4) se añade una coma innecesaria delante de *y*.

5. **(1) Como supervisora de equipos de trabajo, Erica Ortiz** La opción (1) es correcta porque la frase modificadora está correctamente colocada. La opción (2) crea un fragmento. La opción (3) crea una oración con dos verbos: *es* y *supervisa*. La opción (4) tiene un exceso de palabras y necesita comas alrededor de la frase modificadora. La opción (5) crea una oración con dos sujetos: *Erica Ortiz* y *ella*.

6. **(4) de que los equipos tengan sus tareas asignadas y sus herramientas al** La opción (4) es correcta porque traslada la oración modificadora cerca del sustantivo que modifica: *equipos*. La opción (1) no produciría una revisión efectiva ni mantendría toda la información en la oración. La opción (2) hace que la oración modifique *Erica,* y no *equipo*. Las opciones (3) y (5) cambian el sentido de la oración.

7. **(3) Contemporáneo en 1998 y rápidamente se ganó el respeto de los miembros de los equipos.** La opción (3) es correcta porque traslada la frase mal colocada *en 1998* más cerca de la idea que modifica y elimina el exceso de palabras dándole a la oración dos verbos: *comenzó* y *se ganó*. La opción (1) es una oración seguida. Las opciones (2) y (4) no trasladan la frase *en 1998* a la mejor ubicación de la oración. Tampoco lo hace la oración (5), que además crea un ejemplo de omisión de conjunciones coordinantes.

8. **(1) Erica tiene también** La opción (1) es correcta porque le da a la frase modificadora introductoria el sujeto correcto para modificar: *Erica*. La oración nueva sería: *Orgullosa representante de Paisajismo Contemporáneo, Erica tiene también una gran reputación entre nuestros clientes*. Las opciones (2), (3) y (4) crean un modificador sin sujeto al no proporcionar el sujeto correcto. La opción (5) no incluye el verbo necesario de la oración principal.

9. **(2) cambiar Erica Ortiz queda recomendada por recomiendo a Erica Ortiz** La opción (2) es correcta porque usa el sujeto implícito que modifica la frase *Con mucho gusto: yo* (recomiendo). La opción (1) crea un fragmento al hacer que el verbo quede incompleto. La opción (4) añade una coma innecesaria. La opción (5) crea un modificador sin sujeto.

Prueba corta de GED • Lección 5
(Páginas 76 y 77)

1. **(3) población de algunos estados** (Modificadores mal colocados) La opción (3) es correcta porque traslada la frase mal colocada y la coloca cerca de la palabra que modifica. Las otras opciones no producirían oraciones que den la información de forma clara y fluida.

2. **(3) añadir estos productos después de dejan** (Modificadores sin sujeto) La opción (3) es correcta porque añade un sujeto y un verbo para el modificador sin sujeto, convirtiendo la frase en una oración subordinante. Las opciones (1) y (2) no corrigen el modificador sin sujeto. La opción (4) elimina la coma necesaria después de la frase introductoria y no corrige el modificador sin sujeto. La opción (5) sólo cambia la forma verbal de la oración principal y no corrige el modificador sin sujeto.

3. **(3) añadir Se están delante de Formando** (Fragmentos de oración) La opción (3) es correcta porque corrige el fragmento completando el verbo. La opción (1) sólo cambia de lugar la frase modificadora y la palabra que modifica. Al añadir un verbo en la primera parte de la oración, la opción (2) crea otro modificador mal colocado. La opción (4) añade una coma innecesaria. En la opción (5) falta un verbo completo.

4. **(5) hace suelas de tenis utilizando gomas de automóvil gastadas** (Oraciones seguidas) La opción (5) es correcta porque combina todos los detalles de las tres oraciones independientes en una sola oración y los coloca correctamente. Las otras opciones producirán oraciones con exceso de palabras, repetitivas o que contienen modificadores mal colocados.

5. **(3) Cuando quiera comprar un carro usado, no** (Modificadores sin sujeto) La opción (3) es correcta porque añade un sujeto implícito y completa el verbo del modificador sin verbo, convirtiendo la frase en una oración subordinante. La opción (2) cambia el significado y no corrige el modificador sin verbo. La opción (4) crea un fragmento. Las opciones (1) y (5) no corrigen el modificador sin verbo.

6. **(2) eliminar la coma después de millaje** (Oraciones compuestas) La opción (2) es correcta porque elimina la coma que está delante de la conjunción coordinante *y*. La opción (1) hace que el verbo de la primera oración sea incompleto. La opción (3) crea una oración seguida. La opción (4) no tiene la puntuación correcta (punto y coma, coma) que lleva el adverbio conjuntivo *sin embargo*.

7. **(5) desgastados. Esto** (oraciones seguidas) La opción (5) es correcta porque convierte un ejemplo de omisión de conjunciones coordinantes, la opción (1), en dos oraciones completas. La opción (2) crea

una oración seguida. Las opciones (3) y (4) añaden conjunciones coordinantes inadecuadas. La opción (3) también omite una coma necesaria.

8. **(4) Las manchas de aceite debajo de un carro y el exceso de aceite** (Fragmentos de oración) La opción (4) es correcta porque corrige el fragmento incorporando el detalle del fragmento en el sujeto. Las opciones (1) y (2) no eliminan el exceso de palabras ni la repetición de forma clara ni efectiva. Las opciones (3) y (5) crean oraciones poco claras y de muchas palabras.

9. **(4) añadir una coma después de <u>hacerlo</u>** (Subordinación: Oraciones complejas) La opción (4) es correcta porque añade una coma después de una oración subordinante introductoria. La oración independiente es breve (tenga cuidado), pero es la oración principal de la oración. Las opciones (1) y (5) crean oraciones seguidas. La opción (2) produce una palabra mal escrita. La opción (3) añade la coma en mitad de la oración subordinada.

Lección 6
Enfoque en las destrezas de GED (Página 79)

A. 1. <u>recién nacidos, bebés y los niños que todavía no van a la escuela</u>
    Muchos recién nacidos, bebés y preescolares llevan una "frisa de seguridad".

2. Los niños duermen <u>debajo de ellas, juegan con ellas o hablan con ellas.</u>

3. <u>se quita, se pierde o sencillamente se colocara</u>
    Si se quita, se pierde o sencillamente se coloca en un sitio equivocado, toda la familia sufre.

4. <u>han crecido y maduran</u>
    Cuando los niños crecen y maduran, siguen amando sus frisitas en secreto.

5. <u>la almohada, entre las sábanas o guardarlas bajo la cama</u>
    Pueden esconderlas bajo la almohada, entre las sábanas o bajo la cama.

6. <u>la seguridad, la calidez y sentirse felices</u>
    Muchos adultos recuerdan con cariño la seguridad, la calidez y la felicidad que les dieron sus frisas de niños.

B. Respuestas de muestra:
    Un desayuno puertorriqueño típico consiste en un plato de cereal, <u>una taza de café o té,</u> y un vaso de jugo de china. Quizás sea porque los que toman el desayuno generalmente comen alimentos más saludables, hacen más ejercicio o <u>se hacen</u> revisiones médicas periódicas, pero al parecer, tomar el desayuno hace a la gente más saludable. Las personas que desayunan consumen más frutas, más vegetales y <u>menos grasa y aceite</u> que las que se saltan la primera comida del día. Las personas que desayunan también parecen hacer un mayor esfuerzo por limitar el consumo de sal, que puede aumentar la presión sanguínea, deshidratar las células y <u>producir</u> ataques cardíacos. Según todos los datos disponibles, está claro que saltarse ocasionalmente un almuerzo o <u>no tomar una cena</u> no hace daño. De todas formas, no olviden comer un desayuno saludable todos los días.

C. Después de que escriba su párrafo y corrija la estructura paralela y otros errores, comparta el trabajo con su instructor o con otro estudiante.

Práctica de GED (Páginas 80 y 81)
Todas las preguntas de esta sección tienen que ver con la estructura paralela.

1. **(5) sustituir y podemos reconocerla con y conocida** La opción (5) es correcta porque convierte una oración con un adjetivo de una sola palabra, como los demás de la serie: *suave, indefinida, conocida.* La opción (1) cambia la forma del verbo, pero no corrige el error en la estructura paralela. Las opciones (2) y (3) cambian los demás adjetivos de la serie para acrecentar el error en la estructura paralela. En la opción (4) se cambia la conjunción subordinante, pero no se mantiene el sentido del texto original.

2. **(4) cambiar <u>que reduce</u> a <u>reducir</u>** La opción (4) es correcta porque le da la misma forma a todos los verbos de la serie: calmarnos, disminuir, reducir. Las opciones (1) y (5) no corrigen la estructura no paralela. La opción (2) amplía la estructura no paralela cambiando el verbo del medio a una forma distinta. La opción (3) cambia el sentido de la oración original.

3. **(4) en las tiendas, en el trabajo y en situaciones de tensión** La opción (4) es correcta porque crea una serie de frases preposicionales paralelas. En las opciones (1) y (3), la tercera frase de cada serie no es paralela. En las opciones (2) y (5), todas las frases tienen formas distintas.

4. **(3) añadir una coma después de <u>ausencias</u>** La opción (3) es correcta porque hace falta una coma entre los elementos de una serie. La opción (1) añade una coma innecesaria. La opción (2) crea un fragmento con un verbo incompleto. La opción (4) crea una estructura que no es paralela. La opción (5) crea una oración seguida.

5. **(5) no se requiere hacer ninguna corrección** La opción (5) es correcta porque las tres palabras que contienen la terminación del infinitivo (*ar* e *ir*) forman una estructura paralela. La opción (1) es incorrecta porque la coma es necesaria después de la oración subordinada introductoria. La opción (2) es

incorrecta porque si se deja *tapones en los oídos* solo se crearía una estructura que no es paralela.

6. **(3) sustituir <u>con mucha</u> con <u>tener</u>** La opción (3) es correcta porque la terminación *-er* concuerda con la terminación del infinitivo *-ar* de los otros elementos de la serie. La opción (1) cambia la forma paralela a una forma que no es paralela *(-ando)*. La opción (2) elimina una coma necesaria entre los elementos de una serie. En la opción (4) se cambia de una forma paralela a una que no es paralela. La opción (5) añade una coma innecesaria.

7. **(4) y deshacerse en disculpas** La opción (4) es correcta porque las frases son paralelas cuando cada una contiene un verbo con *-ar, -er* o *–ir*. La opción (1) no contiene ninguna palabra con *-ar, -er* ni *-ir*. La opción (2) utiliza una oración subordinada, La opción (3) emplea la preposición *para*. La opción (5) usa una frase.

8. **(1) y tenis** La opción (1) es correcta porque los tres sustantivos (mahones, camiseta y tenis), tienen una estructura paralela. Las opciones (2) y (3) son incorrectas porque usan frases. La opción (4) utiliza la terminación *-ando*. La opción (5) utiliza una frase después del sustantivo. Todas estas opciones crean estructuras que no son paralelas.

9. **(5) eliminar <u>que tenga aire</u>** La opción (5) es correcta porque elimina la frase subordinada y permite que *empresarial* concuerde con los demás adjetivos de la serie. Las opciones (1) y (2) crean fragmentos. La opción (3) elimina la coma necesaria entre los elementos de una serie. La opción (4) añade una conjunción coordinante innecesaria. La coma es lo único que hace falta para separar los elementos.

10. **(3) actúa con seguridad, profesionalismo y amabilidad** La opción (3) es correcta porque elimina el verbo *sea* y permite que *amable* concuerde con los demás sustantivos de la serie. La opción (2) menciona un adjetivo con dos sustantivos. Las opciones (4) y (5) cambian el sentido de la oración original. La opción (1) no corrige la falta de paralelismo en la estructura.

Prueba corta de GED • Lección 6
(Páginas 82–83)

1. **(3) cambiar <u>lo fácil que es de utilizar</u> a <u>facilidad de uso</u>** (Estructura paralela) La opción (3) es correcta porque crea una frase que coincide con las otras frases de la serie. La opción (1) elimina la coma necesaria entre los elementos de una serie. La opción (2) convierte una palabra paralela en una frase que no es paralela. La opción (4) simplemente cambia el verbo de la oración que provoca la falta de paralelismo. La opción (5) no corrige la estructura paralela.

2. **(3) eliminar la coma después de <u>congelarse</u>** (Oración compuesta) La opción (3) elimina la coma incorrecta delante de la conjunción coordinante *y*. La opción (1) hace que el verbo de la primera oración sea incompleto. La opción (2) cambia incorrectamente una forma verbal. La opción (4) sustituye erróneamente la conjunción coordinante necesaria, *y*. La opción (5) cambia el *no* a *ni* incorrectamente.

3. **(4) disco duro, reconectar el ratón tres veces y reinstalar** (Subordinación: Combinar detalles) La opción (4) combina la información de las tres oraciones independientes para crear una sola oración: *Tuve que cambiar el disco duro, reconectar el ratón tres veces y reinstalar mi conexión de Internet dos veces*. Las otras opciones no eliminan el exceso de palabras ni la repetición. La opción (2) omite información importante.

4. **(5) complicados y los** (Oraciones seguidas) La opción (5) corrige la oración seguida añadiendo la conjunción coordinante necesaria entre las oraciones independientes. La opción (3) usa un adverbio conjuntivo inadecuado sin la puntuación correcta. La opción (4) crea un ejemplo de la omisión de conjunciones coordinantes. La opción (2) contiene una coma innecesaria. La opción (1) es una oración seguida.

5. **(2) Según los nuevos urbanistas y arquitectos de urbanizaciones,** (Modificadores mal colocados) La opción (2) es correcta porque traslada un modificador confuso a una ubicación en la oración que lo aclara. Las opciones (1), (3), (4) y (5) no aclaran el sentido de la oración trasladando el modificador.

6. **(5) y grandes patios traseros** (Estructura paralela) La opción (5) es correcta porque corrige el error original en la estructura paralela convirtiendo la oración final en una frase con un sustantivo y un adjetivo. Las opciones (1), (2), (3) y (4) no corrigen la falta de paralelismo.

7. **(2) cambiar la coma a <u>y</u>** (Omisión de conjunción coordinante) La opción (2) añade una conjunción coordinante correcta y elimina la coma para corregir el ejemplo de uso de comas. La opción (1) crea una oración seguida. La opción (3) utiliza el verbo incorrecto. La opción (4) contiene una palabra que no concuerda. La opción (5) es un ejemplo de omisión de conjunciones coordinantes.

8. **(1) plaza central que contiene un** (Fragmentos de oración) La opción (1) une correctamente el fragmento con la oración independiente. La opción

(2) crea una oración compuesta repetitiva. La opción (3) crea un ejemplo de omisión de conjunciones coordinantes. La opción (4) no se ajusta correctamente a la oración. La opción (5) contiene una coma innecesaria después de *local*.

9. **(3) urbanizaciones. Los urbanistas** (Oraciones seguidas) La opción (3) divide correctamente una oración seguida. La opción (2) crea un ejemplo del uso correcto de la coma. La opción (4) es una oración seguida y a la opción (5) le falta la coma antes de la conjunción coordinante. La opción (1) es una oración seguida.

Enlace con la escritura de GED (Páginas 84–85)
Comparta su trabajo de El enlace personal y El enlace GED con el instructor o con otro estudiante.

Repaso acumulativo de la Unidad 1
(Páginas 86 a 91)

1. **(4) cambiar dirigirse a se dirigían** (Estructura paralela) La opción (4) pone todos los verbos (preparaban, metían, se dirigían) de la misma forma. La opción (1) hace que el primero y el tercer verbo concuerden, pero no así el segundo. La opción (2) elimina la coma necesaria entre los elementos de una serie. La opción (3) amplía la falta de paralelismo cambiando la forma del segundo verbo.

2. **(3) cambiar siendo a era y pues una a pues tenía una** (Fragmentos de oración) La opción (3) le da al fragmento los verbos necesarios para completar la oración. La opción (1) no corrige el fragmento de oración. La opción (2) añade una coma innecesaria. La opción (4) elimina totalmente el verbo del fragmento. La opción (5) es un fragmento.

3. **(3) picnic. La** (Oraciones seguidas) La opción (3) corrige las oraciones seguidas dividiendo las dos oraciones independientes en dos oraciones distintas. La opción (2) es un ejemplo de omisión de conjunciones coordinantes. La opción (4) no corrige las oraciones seguidas e indica un contraste que no se pretende. La opción (5) crea una oración seguida.

4. **(5) no se requiere hacer ninguna corrección** (Estructura paralela) La oración es completa, paralela y lleva la puntuación correcta. La opción (1) cambia el sentido de la oración y no lleva la puntuación correcta. La opción (2) elimina la coma necesaria entre los elementos de una serie. La opción (3) elimina la estructura paralela. La opción (4) crea un fragmento sin un verbo completo.

5. **(1) cambiar Desapareciendo a A medida que desaparecen los *drive-ins*** (Modificadores mal colocados) La opción (1) convierte el modificador sin sujeto en una oración subordinada al añadir una conjunción subordinante, un sujeto y un verbo

completo. La opción (2) elimina una coma necesaria después de la frase introductoria. La opción (3) añade un segundo sujeto repetitivo. La opción (4) crea un fragmento con un verbo incompleto.

6. **(3) la pregunta que hacían ambos grupos** (Modificadores mal colocados) La opción (3) traslada la frase para que quede junto a la palabra que modifica, *pregunta*. En las opciones (1), (2), (4) y (5), el modificador aún está mal colocado y es confuso.

7. **(2) sustituir Al mirar con Cuando uno mira** (Modificadores sin sujeto) La opción (2) añade un sujeto y un verbo al modificador sin sujeto, formando una oración subordinada. La opción (1) aún contiene un modificador sin sujeto. La opción (3) elimina la coma necesaria después de una oración subordinada introductoria. La opción (4) añade una coma innecesaria delante de la palabra *o*.

8. **(4) agua, los** (Subordinación: Oraciones complejas) La opción (4) añade correctamente la coma después de la oración subordinada introductoria. La opción (2) crea un fragmento. La opción (3) utiliza una conjunción coordinante inadecuada para conectar las oraciones subordinada e independiente. En la oración (5) se coloca mal la coma. La opción (1) es una oración seguida.

9. **(2) sustituir y con describió** (Fragmento de oración) La opción (2) proporciona un verbo a este fragmento. La opción (1) crea una oración independiente al principio, pero el final de la oración no tiene una conexión clara con ella. La opción (3) crea un segundo fragmento. La opción (4) no corrige el fragmento porque necesita un verbo. La opción (5) es un fragmento.

10. **(4) a Marte, por lo tanto se** (Oraciones compuestas) La opción (4) utiliza una conjunción coordinante para establecer una relación entre dos oraciones independientes y formar una oración compuesta. La opción (1) es una oración seguida. La opción (2) usa una conjunción coordinante inadecuada y omite la coma necesaria. Las opciones (3) y (5) no combinan de forma clara y efectiva las ideas de las dos oraciones.

11. **(2) y un excelente servicio quitamanchas** (Subordinación: Combinar detalles) La opción (2) combina claramente la información de las dos oraciones independientes y elimina el exceso de palabras y la repetición. Las opciones (1) y (3) relacionan ideas incorrectamente en las oraciones: el excelente servicio quitamanchas se ofrece además del lavado a mano, y no es un ejemplo de ello. La opción (4) cambia el sentido del original. La opción (5) produce una oración con exceso de palabras.

12. **(2) Tratamos con la mayor delicadeza sus mejores trajes** (Fragmentos de oración) La opción (2) añade un sujeto implícito y un verbo para corregir el fragmento de oración. La opción (1) produce una oración con exceso de palabras. Las opciones (3) y (4) no corrigen el fragmento. La opción (5) no suena natural.

13. **(3) tecnología, por lo que ofrecemos** (Oraciones compuestas) La opción (3) utiliza la coma y una conjunción coordinante correctamente para formar una oración compuesta con las oraciones independientes. La opción (1) tiene exceso de palabras y no es la manera más eficaz de relacionar las ideas de las oraciones. La opción (2) no muestra la relación entre las ideas. La opción (4) emplea una conjunción coordinante inadecuada. La opción (5) usa un adverbio conjuntivo inadecuado sin la puntuación correcta.

14. **(4) cambiar <u>etiqueta los a etiqueta. Los</u>** (Oraciones seguidas) La opción (4) divide correctamente las dos oraciones independientes de la oración seguida en dos oraciones completas. La opción (1) añade una conjunción subordinante inadecuada al principio de la primera oración y omite la coma necesaria. La opción (2) añade una coma innecesaria delante de la conjunción *y*. La opción (3) crea un ejemplo del uso de comas. La opción (5) es una oración seguida.

15. **(5) tienda? Permítanos** (Oraciones seguidas) La opción (5) divide correctamente las dos oraciones independientes en una pregunta y una afirmación. Las opciones (2) y (3) crean oraciones seguidas. La opción (4) utiliza una conjunción coordinante inadecuada y omite la coma necesaria que lleva delante.

16. **(5) un bloque de hielo, aunque puede** (Fragmentos de oración) La opción (5) corrige el fragmento de oración subordinada uniéndolo a una oración independiente. La opción (2) no muestra la relación entre las dos ideas. Las opciones (3) y (4) utilizan conjunciones coordinantes inadecuadas. La opción (1) no une la oración subordinada con la oración independiente.

17. **(3) cambiar <u>paredes que dan a la parte de fuera de la casa a paredes exteriores</u>** (Estructura paralela) La opción (3) es correcta porque hace que todas las palabras de la serie sean sustantivos con modificadores paralelos: *áticos sin calefacción, espacios húmedos, paredes exteriores*. La opción (2) elimina la coma necesaria entre los elementos de una serie. La opción (4) cambia el verbo incorrectamente. El verbo *tener* concuerda con

el sujeto *tuberías*. La opción (5) no es la mejor por no hacer paralelos los elementos de una serie.

18. **(5) una pluma, una máquina lavaplatos o una lavadora no recibe** (Subordinación: Combinar detalles) La opción (5) es correcta porque combina los detalles de las dos oraciones con claridad y eficacia: *Una tubería generalmente se congela total o parcialmente cuando una pluma, una máquina lavaplatos o una lavadora no recibe una corriente de agua suficiente*. La opción (1) sólo forma una oración compuesta. Las opciones (2), (3) y (4) no combinan los detalles de una manera clara que mantenga el sentido del original.

19. **(2) aislarlas o use** (Oraciones compuestas) La opción (2) crea una oración compuesta e indica la relación entre dos oraciones independientes con la conjunción coordinante *o*. La opción (1), el texto original, padece de exceso de palabras. La opción (3) crea un ejemplo del uso de comas. La opción (4) crea una oración seguida. La opción (5) añade una palabra innecesaria.

20. **(4) añadir <u>así que después de la coma</u>** (omisión de conjunción coordinante) La opción (4) añade la locución coordinante que faltaba. La opción (1) hace que el verbo de la primera oración sea incompleto. La opción (2) añade una coma innecesaria. La opción (3) crea una oración seguida. La oración (5) es una oración seguida.

21. **(5) Cincuenta dólares es el promedio de dinero en efectivo que podrá obtener por encima del costo de la compra** (Modificadores mal colocados) La opción (5) traslada correctamente un modificador confuso a un lugar de la oración que aclare el sentido de la oración. Las opciones (1), (2), (3) y (4) producirían oraciones confusas y con exceso de palabras.

22. **(4) Si usted tiene** (Subordinación: Oraciones complejas) La opción (4) aclara el sentido por medio de la conjunción subordinante Si. Las opciones (2) y (3) crean ejemplos de omisión de conjunciones coordinantes. La opción (5) utiliza la forma verbal incorrecta para el sentido de la oración. La opción (1) es un modificador sin sujeto.

Repaso de los enlaces con la escritura

Pídale al instructor o a otro estudiante que revise el párrafo que escribió. Pídale que le haga comentarios sobre los siguientes temas:

- Oraciones completas.
- Oraciones detalladas.
- Uso y colocación de los modificadores.

Haga los cambios necesarios al párrafo.

UNIDAD 2: ORGANIZACIÓN
Lección 7
Enfoque en las destrezas de GED (Página 95)

A. Marque las oraciones 2, 3, 5, 7, 8.

Ahora se pueden comprar sellos por correo. Comprar por correo le ahorrará tiempo. Utilice un formulario de pedido para escoger los sellos que desee solicitar. En los pedidos por correo, se deben comprar los sellos en rollos de 100. Asegúrese de enviar un cheque o giro postal por la cantidad indicada. No se cobran gastos adicionales de envío.

B. Usted acertó si encerró en un círculo la primera oración y subrayó dos de los detalles subrayados a continuación.

A pesar de la imagen aburrida que se tiene de la radio pública, tiene una gran variedad de programas de interés para muchos tipos de oyentes. Se pueden escuchar las noticias internacionales, nacionales y locales. Muchas celebridades se niegan a conceder entrevistas en la televisión o en la prensa escrita, pero sin embargo están dispuestos a hablar por la radio. Hay programas cómicos, programas de consultas sobre automóviles y programas sobre música popular. Si está dispuesto a escuchar durante una semana, seguramente encontrará un programa de su preferencia, cualquiera que sea su gusto.

C. Después de corregir el párrafo, revisando que tenga una oración temática y detalles de apoyo, comparta el trabajo con su instructor o con otro estudiante.

Enfoque en las destrezas de GED (Página 97)

A. Las tres siguientes oraciones deben tacharse:

1. A veces, los gerentes también hacen sugerencias. Es casi divertido, como una votación secreta. Generalmente, las encuestas son creadas por especialistas.

2. Las vacunas orales, por supuesto, nunca han producido dolor.
Muchas personas no pueden soportar ver las agujas.
Cuando se sangra, debe formarse una cáscara en la piel.

3. Una ola de frío puede hacer que se dispare el precio de la calefacción.
Las ventanas pueden rajarse si las cuerdas del marco se sueltan bruscamente.
Éstos también se pueden pintar.

B. Después de revisar su párrafo para asegurarse de que muestra unidad y coherencia, comparta el trabajo con su instructor o con otro estudiante.

Práctica de GED (Páginas 98–99)

Todas las preguntas de esta sección tienen que ver con la unidad y la coherencia de los párrafos.

1. **(1) eliminar la oración 2** La opción (1) elimina correctamente una oración que no apoya la idea principal. Las opciones (2) y (3) trasladan esta información, pero no la eliminan. La opción (4) sugiere que un detalle de apoyo es el tema del párrafo.

2. **(3) trasladar la oración 6 a continuación de la oración 8** La opción (3) es correcta porque vuelve a ordenar la oración de una forma más lógica, colocando la mención de la segunda opción para los medicamentos después de que se comenten todos los detalles de la primera. La opción (1) es correcta porque elimina un dato importante. La opción (2) es incorrecta porque coloca información sobre la segunda opción para los medicamentos antes de que se den las distintas farmacias de la primera opción. La opción (4) es incorrecta porque sugiere que un detalle secundario es la oración temática del último párrafo.

3. **(4) trasladar la oración 9 al principio del párrafo C** La opción (4) es correcta porque traslada un comentario de conclusión de manera que introduzca el último párrafo, que es el de conclusión. La opción (1) coloca incorrectamente el comentario como si fuera la oración temática de la carta entera. La opción (2) traslada el comentario de conclusión al párrafo de introducción. La opción (3) elimina el comentario de conclusión, pese a ser efectivo y cortés.

4. **(3) eliminar la oración 2** En la opción (3) se elimina correctamente una oración que no apoya la idea principal. La opción (1) elimina incorrectamente una oración temática. La opción (2) colocaría incorrectamente la oración temática al final del párrafo. La opción (4) elimina incorrectamente un detalle de apoyo del párrafo.

5. **(4) trasladar la oración 8 al final del párrafo** La opción (4) traslada correctamente un detalle de apoyo a su lugar lógico en el párrafo. Concluye la descripción de cómo se salvó a los pájaros. La opción (1) traslada la oración temática, quitándola del lugar más efectivo. Las opciones (2) y (3) eliminan detalles de apoyo importantes. La opción (5) traslada un detalle que apoya la idea principal del párrafo B al párrafo C.

6. **(2) eliminar la oración 12** La oración (2) es correcta porque elimina un detalle irrelevante. Las opciones (1) y (3) solamente trasladan el detalle irrelevante. La opción (4) sustituye el detalle irrelevante con otro detalle irrelevante.

7. **(5) no se requiere hacer ninguna corrección** Esta oración es una conclusión adecuada para el

UNIDAD 2

párrafo y el pasaje. Las opciones (1), (2) y (3) trasladan la oración a lugares que no tienen sentido. La opción (4) elimina la conclusión del pasaje.

Prueba corta de GED • Lección 7
(Páginas 100 y 101)

1. **(1) hacerlos por lo menos cinco meses antes** (Modificadores mal colocados) En la opción (1) se coloca correctamente el modificador por lo menos junto a la palabra que modifica, cinco. La opción (2) traslada el modificador, pero utiliza el tiempo verbal incorrecto. Las opciones (3), (4) y (5) no resuelven el problema del modificador mal colocado y también emplean el tiempo verbal equivocado.

2. **(3) el día quince** (Subordinación) La opción (3) es correcta porque combina de forma efectiva los detalles de la oración 5 en la oración 4. Las opciones (1), (4) y (5) no crean una oración clara y concisa que refleje correctamente la información de las oraciones originales.

3. **(1) eliminar la oración 6** (Unidad del párrafo) La opción (1) elimina correctamente una oración que no apoya la idea principal. Las opciones (2) y (4) trasladan el detalle irrelevante. La opción (3) vuelve a expresar el detalle irrelevante.

4. **(4) nacionales se pueden reservar** (Fragmentos de oración) La opción (4) corrige el fragmento completando el verbo. La opción (2) utiliza una coma inadecuada y no corrige el fragmento. La opción (3) crea dos fragmentos. La opción (5) utiliza una conjunción coordinante que sería adecuada para una oración compuesta.

5. **(5) otros niños en trineo** (Estructura paralela) La opción (5) es correcta porque elimina el verbo y emplea un sustantivo, creando paralelismo con *árboles* y *rocas*. Las opciones (1), (2), (3) y (4) no corrigen el error de estructura paralela.

6. **(3) sustituir la coma con y** (Omisión de conjunciones coordinantes) La opción (3) añade correctamente la conjunción coordinante que faltaba. La opción (1) añade una coma innecesaria. La opción (2) crea una oración seguida. La opción (4) hace caso omiso de la relación entre las ideas.

7. **(4) Aunque el agua esté en estado de congelación,** (Modificador sin sujeto) La opción (4) añade correctamente una conjunción subordinante y un sujeto al modificador sin sujeto, convirtiendo la frase en una oración subordinada. La opción (1) no proporciona un sustantivo que la frase modifique. Las opciones (2), (3) y (5) crean oraciones confusas.

8. **(2) eliminar la oración 10** (Unidad del párrafo) La opción (2) elimina correctamente una oración

que no apoya la idea principal del párrafo. Las opciones (1) y (4) eliminan detalles de apoyo. La opción (3) traslada incorrectamente un detalle de apoyo y lo saca del orden lógico.

9. **(5) no se requiere hacer ninguna corrección** La oración es correcta según está escrita. La opción (1) añade otro sujeto que es innecesario. La opción (2) crea un fragmento. La opción (3) elimina una coma necesaria. La opción (4) crea un error en la estructura paralela.

Enlace con la redacción de GED (Páginas 102–103)
Comparta el trabajo de El enlace personal y los ejercicios de El enlace de GED con su instructor o con otro estudiante.

Lección 8
Enfoque en las destrezas de GED (Página 105)

A. Respuestas de muestra:
   1. Bien
   2. Quisiera que los fondos para la carretera 41 se aprobaran tan pronto como sea posible.
   3. Queremos agradecer a todo el comité y a la Sra. Estévez por su participación en la reciente actividad de recaudación de fondos para la banda de la escuela superior.

B. Respuesta de muestra: Trabajar en casa tiene ventajas y desventajas.

C. Después de revisar la oración temática y corregir otros errores, comparta el trabajo con su instructor o con otro estudiante.

Práctica de GED (Páginas 106 y 107)
Todas las preguntas de esta sección tienen que ver con las oraciones temáticas.

1. **(1) El séptimo grado visitará el Museo de las Ciencias el lunes, 5 de octubre.** La opción (1) es la mejor oración temática porque presenta la idea principal del párrafo. Las opciones (2), (4) y (5) son demasiado generales como para ser oraciones temáticas efectivas. La opción (3) es demasiado específica para ser una oración temática efectiva.

2. **(3) El costo de la excursión es de 8 dólares en efectivo o con cheque.** La opción (3) expresa la idea principal del párrafo y proporciona datos fundamentales que tienen que ver con todas las demás oraciones. La opción (1) no proporciona información suficientemente específica. La opción (4) proporciona información innecesaria. La opción (5) es demasiado indefinida.

3. **(4) sustituir la oración 6 con Debe firmar cualquier permiso adjunto.** La opción (4) es una corrección efectiva de la oración temática porque expresa el tema de los permisos y comunica claramente ciertos datos esenciales. La opción (1) es

demasiado general. La opción (2) no queda clara. El tono de la opción (5) no coincide con el resto de la carta.

4. **(2) Para seguir recibiendo la correspondencia cuando cambie de domicilio, notifique al correo su nueva dirección.** La opción (2) es correcta porque expresa la idea principal del párrafo y proporciona un tema con el que tienen que ver todas las oraciones que siguen. Las opciones (1), (3), (4) y (5) son demasiado generales como para ser oraciones temáticas efectivas.

5. **(1) añadir al principio del párrafo El correo reenviará su correspondencia personal y la mayoría de los paquetes durante un año.** La opción (1) añade una oración temática clara y efectiva para el párrafo. La opción (2) elimina un detalle de apoyo. La opción (3) traslada la oración a un lugar poco lógico. La opción (4) sustituye un enunciado claro con uno general y confuso.

6. **(5) No olvide notificar a las empresas con las que trata que se mudó.** La opción (5) es correcta porque expresa la idea principal del párrafo y proporciona un tema con el que tienen que ver todas las oraciones que siguen. Las opciones (1) y (2) son demasiado generales. La opción (4) no expresa efectivamente la idea principal del párrafo.

Prueba corta de GED • Lección 8
(Páginas 108 y 109)

1. **(3) Los cambios del color natural de las uñas pueden avisarle que tiene una enfermedad.** (Oraciones temáticas) La opción (3) es correcta porque expresa la idea principal del párrafo y proporciona el tema con el que tienen que ver todas las oraciones que siguen. Las opciones (1) y (2) son demasiado generales. La opción (4) hace un enunciado equivocado y engañoso. La opción (5) no expresa de forma clara y efectiva la idea principal del párrafo.

2. **(4) eliminar la oración 7** (Unidad del párrafo) La opción (4) elimina correctamente una oración irrelevante que no apoya la idea principal. La opción (1) elimina un detalle de apoyo importante. Las opciones (2) y (3) trasladan detalles de apoyo incorrectamente y los sacan del orden lógico. La opción (5) traslada una oración irrelevante que debería eliminarse.

3. **(2) hígado, mientras** (Subordinación/Oraciones complejas) La opción (2) es correcta porque conecta un fragmento de oración subordinada con una oración independiente. La opción (1) contiene un fragmento de oración. La opción (3) une en lugar de contrastar las ideas y emplea una coma incorrecta delante de la palabra *y*. La opción (4) crea un ejemplo

de omisión de conjunciones coordinantes. La opción (5) crea una oración que da una razón equivocada.

4. **(4) cambiar tienen bultos por abultadas** (Estructura paralela) La opción (4) convierte correctamente una frase de sustantivo y verbo en una sola palabra (un adjetivo) que es paralela a *gruesas* y *amarillas*. La opción (1) elimina una palabra necesaria. La opción (2) elimina la coma necesaria en una serie paralela. La opción (3) crea un nuevo error de paralelismo. La opción (5) crea un ejemplo de omisión de conjunciones coordinantes.

5. **(3) manchas blancas porque parecen** (Oraciones seguida) La opción (3) corrige correctamente la oración seguida original subordinando la segunda oración a la primera. La opción (2) crea un ejemplo de omisión de conjunciones coordinantes. La opción (4) emplea una conjunción coordinante inadecuada y emplea una coma incorrecta delante de la conjunción *y*. La opción (5) utiliza un adverbio conjuntivo inadecuado y lleva la puntuación incorrecta.

6. **(2) añadir una coma después de aduana** (Subordinación/Oraciones complejas) La opción (2) añade una coma correctamente después de una oración subordinada de introducción. La opción (1) crea una oración seguida. La opción (3) añade una coma innecesaria porque *y* no lleva coma delante. La opción (4) crea una oración seguida.

7. **(3) eliminar la oración 4** (Unidad del párrafo) La opción (3) es correcta porque elimina una oración que no apoya la idea principal. La opción (1) sustituye una oración de introducción efectiva con un enunciado general e indefinido. La opción (2) elimina la oración introductoria efectiva. La opción (4) sustituye una oración irrelevante con otra.

8. **(5) productos de plantas, alimentos o animales que estén** (Estructura paralela) La opción (5) es correcta porque convierte una oración larga en una frase sustantivada paralela a los otros dos elementos de la serie. Las opciones (1), (2), (3) y (4) no corrigen el error en la estructura paralela.

9. **(3) agricultura de Estados Unidos si contienen** (Oraciones seguidas) La opción (3) es correcta porque corrige la oración seguida original subordinando la segunda oración con la conjunción subordinante *si*. La opción (2) crea un ejemplo del uso de comas. La opción (4) no explica la relación entre las ideas y las oraciones. La opción (5) utiliza un adverbio conjuntivo inadecuado y lleva la puntuación incorrecta.

Enlace con la redacción de GED (Páginas 110 y 111)
Comparta los ejercicios de El enlace personal y El enlace GED con su instructor o con otro estudiante.

Lección 9

A. Las siguientes oraciones dan comienzo a párrafos nuevos:

Bienvenido a la Compañía Barrios. (Introducción)

Cuando se presente para su primer día de trabajo, se le pedirá que lea este Manual de la Compañía Barrios entero. (Pasa a una idea diferente)

En su primer día de trabajo, deberá llegar puntualmente a las 9:00 a. m., independientemente del turno que se le haya asignado. (Pasa a una hora diferente)

Pasará la primera tarde en la zona de fabricación con el líder de su equipo. (Pasa a una hora más tarde; divide un párrafo denso)

A las 4:45 p. m., regrese a la oficina de Recursos Humanos para que le entreguen su tarjeta de identificación permanente y un calendario de turnos para las próximas dos semanas. (Pasa a una hora diferente; Conclusión)

B. Después de que revise su trabajo para comprobar que haya usado una división de párrafos adecuada y que no tenga otros errores, comparta el trabajo con el instructor o con otro estudiante.

Práctica de GED (Páginas 114 y 115)

Todas las preguntas de esta sección tienen que ver con la división en párrafos.

1. **(2) con la oración 3** La opción (2) es correcta porque la oración pasa de la introducción a una idea nueva. La opción (1) divide el párrafo de introducción. Las opciones (3), (4) y (5) dividen el segundo párrafo sobre los sucesos en el hospital.

2. **(4) con la oración 11** La opción (4) es correcta porque la oración hace una transición hacia la conclusión. Las opciones (1), (2) y (3) dividirían el segundo párrafo, que trata los sucesos en el hospital. La opción (5) crearía una conclusión de una sola oración.

3. **(2) con la oración 3** La opción (2) es correcta porque la oración hace un cambio de la introducción a una idea nueva. La opción (1) divide el párrafo de introducción. La opción (3) separa una oración temática sobre escritores principiantes de los detalles que tienen que ver con esa idea principal. Las opciones (4) y (5) dividen lo que debería ser el segundo párrafo, que trata de los escritores principiantes.

4. **(1) con la oración 7** La opción (1) es correcta porque la oración hace la transición a la segunda de tres oraciones sobre la escritura competente de los

estudiantes. Las opciones (2), (3) y (4) dividen lo que debería ser el tercer párrafo.

5. **(4) con la oración 15** La opción (4) es correcta porque la oración hace el cambio hacia la conclusión. La opción (1) separa la oración temática sobre los escritores superiores de los detalles sobre esa idea principal.

Prueba corta de GED • Lección 9
(Páginas 116 y 117)

1. **(2) Hacer el esquema del historial médico de su familia puede ayudar a salvar una vida, ya que la herencia desempeña un papel muy importante en muchas enfermedades.** (Oraciones temáticas) La opción (2) es la mejor alternativa para una oración temática porque expresa el tema general del párrafo y comunica la idea principal sobre el tema. Las opciones (1), (4) y (5) son demasiado generales; no tienen que ver con el punto principal del párrafo. La opción (3) es demasiado específica.

2. **(2) sustituir Algunos con Necesitará algunos** (Fragmentos de oración) La opción (2) es correcta porque añade un sujeto y un verbo que convierte el fragmento original en una oración completa. La opción (1) sólo proporciona un verbo parcial. La opción (3) añade una coma innecesaria. La opción (4) no elimina el fragmento.

3. **(4) sobrinos. Los datos** (Omisión de conjunciones coordinantes) La opción (4) corrige correctamente la omisión de conjunciones coordinantes dividiendo las dos oraciones independientes en dos oraciones completas. La opción (2) crea una oración seguida. Las opciones (3) y (5) combinan las dos oraciones con conjunciones subordinantes inadecuadas.

4. **(2) eliminar la oración 5** (Unidad y coherencia) La opción (2) elimina correctamente una oración que no apoya a la idea principal. La opción (1) traslada un detalle de apoyo a un lugar ilógico. La opción (3) simplemente traslada la información irrelevante. Las opciones (4) y (5) eliminan detalles de apoyo importantes.

5. **(4) sustituir los permisos en la alcaldía de reciclaje con los permisos de reciclaje en la alcaldía** (Modificadores mal colocados) La opción (4) traslada correctamente una frase modificadora para que no interrumpa un sustantivo y la frase preposicional que lo describe. La opción (1) crea un fragmento con un verbo incompleto. Las opciones (2) y (3) añaden comas innecesarias.

6. **(3) permiso, debe** (Subordinación/Oraciones complejas) La opción (3) es correcta porque añade

una coma después de una oración subordinada de introducción. A la opción (1) le falta la coma. La opción (2) crea un fragmento. La opción (4) emplea una conjunción subordinante inadecuada y le falta la coma necesaria. La opción (5) utiliza un adverbio conjuntivo inadecuado y lleva la puntuación incorrecta.

7. **(2) comenzar un nuevo párrafo con la oración 6** (División en párrafos) La opción (2) es correcta porque la oración pasa a una idea nueva sobre lo que pasa después de adquirir un permiso. La opción (1) divide el primer párrafo, que trata de adquirir un permiso. Las opciones (3) y (4) eliminan detalles de apoyo importantes. La opción (5) sugiere incorrectamente que un detalle de un párrafo debe pasar a formar parte de otro.

8. **(5) Reciclaje o puede** (Oraciones seguidas) La opción (5) es correcta porque añade una conjunción coordinante adecuada entre las dos oraciones completas de la oración seguida original. La opción (2) crea un ejemplo del uso de comas. La opción (3) utiliza una conjunción coordinante inadecuada y tiene una coma de más. La opción (4) emplea una conjunción subordinante inadecuada.

Enlace con la redacción de GED (Páginas 118 y 119)
Comparta los ejercicios de El enlace personal y El enlace GED con su instructor o con otro estudiante.

Lección 10
Enfoque en las destrezas de GED (Página 121)
A. Respuestas de muestra:
1. Para enfriarse, nuestros cuerpos sudan y, por supuesto, pierden agua.

2. Como consecuencia, nos da sed.

3. Sin embargo, beber refrescos sólo aumenta nuestra sed, porque a menudo contienen sodio.

4. Por este motivo, los especialistas en salud recomiendan beber agua en lugar de refrescos.

5. Por lo tanto, se recomienda que los adultos beban dos cuartos de galón de agua al día.

B. Respuestas de muestra:
La mayoría de los estadounidenses creen que los cambios sociales están ocurriendo más rápido que nunca. Además, opinan que estos cambios no son necesariamente cambios buenos. Aun así, creen que las cosas resultarán bien al final. La gente joven es la que más cómoda se siente en cuanto a los cambios, mientras que las personas mayores de 60 años admiten que los cambios son difíciles.
En su vida personal, casi el 50 por ciento de las personas mayores están contentas con el estado actual de las cosas. Por ejemplo, no cambiarían su nombre, ni sus amigos, ni su cónyuge, ni su familia,

ni su hogar, ni tampoco su aspecto. Tampoco quieren cambiar de clase social, aunque significara pertenecer a una clase superior. Por lo contrario, muchas personas jóvenes cambiarían todos o algunos de estos factores. Además, más del 80 por ciento de las personas encuestadas creían que la felicidad personal depende del esfuerzo propio.
En lo relativo a los cambios difíciles, la muerte del cónyuge es el cambio más duro de soportar, mientras que el divorcio es el segundo más duro. Las personas mayores suelen recordar su graduación de la escuela superior como una experiencia agradable. En contraste, los graduados más recientes opinan lo contrario.

C. Después de revisar que el párrafo tenga las transiciones correctas y que no tenga otros errores, comparta el trabajo con el instructor o con otro estudiante.

Práctica de GED (Páginas 122 y 123)
Todas las preguntas de esta sección tienen que ver con las transiciones.
1. **(1) añadir sin embargo, después de la coma** La opción (1) es correcta porque añade una transición que muestra un contraste entre las ideas de las oraciones 1 y 2. Las opciones (2), (3), (4) y (5) añaden la transición en lugares en los que la relación que existe entre las ideas no queda clara. Además, llevan la puntuación incorrecta.

2. **(2) sustituir Una fábrica con Por ejemplo, una fábrica** La opción (2) es correcta porque añade una transición que muestra que la idea de la oración 4 es un ejemplo de la idea de la oración 3. La opción (1) utiliza una conjunción subordinante inadecuada y crea un fragmento. En las opciones (3) y (4) la transición queda mal colocada.

3. **(1) sustituir Se han con Como consecuencia, se han** La opción (1) es correcta porque añade una transición que indica que la idea de la oración 6 es resultado de la idea de la oración 5. Las opciones (2), (3) y (4) añaden la transición en lugares en los cuales la relación entre las ideas no se muestra claramente.

4. **(2) como resultado** La opción (2) es correcta porque sugiere la combinación de dos oraciones relacionadas con una transición que indica causa y efecto. La opción (1) sugiere incorrectamente que la idea de la oración 9 es un ejemplo de la idea que aparece en la 8. La opción (3) sugiere incorrectamente que hay un contraste entre la idea de la oración 9 y la idea de la oración 8. Las opciones (4) y (5) sugieren incorrectamente que la idea de la oración 9 es una ampliación de la idea de la oración 8.

5. **(1) sustituir El con Por desgracia, el** La opción (1) es correcta porque añade una transición que

sugiere que hay un contraste entre la idea de la oración 4 y la idea de la oración 3. Las opciones (2), (3) y (4) añaden la transición en lugares en los que la relación entre las ideas no queda clara; además, llevan la puntuación incorrecta.

6. **(3) Afortunadamente, puede conseguir que la madera barnizada siempre se vea bien si sigue estos consejos.** La opción (3) es correcta porque proporciona una oración temática efectiva para el párrafo B e incluye una transición entre las ideas principales de los párrafos A y B. Las opciones (1), (2), (4) y (5) emplean transiciones inadecuadas que no contienen la idea principal del párrafo B.

7. **(2) y, además,** La opción (2) es correcta porque sugiere la combinación de dos oraciones relacionadas con una transición que muestra que se ha añadido un detalle. La opción (1) no muestra esta relación. La opción (3) sugiere que la idea de la oración 6 es resultado de la idea de la oración 5. La opción (4) sugiere que la idea de la oración 6 es un ejemplo de la idea de la oración 5. La opción (5) sugiere que existe un contraste entre la idea de la oración 6 y la de la oración 5.

8. **(4) barnizados. De hecho, la** La opción (4) combina correctamente una oración y un detalle de apoyo con una transición adecuada. Las opciones (1) y (2) son incorrectas porque no muestran la relación entre las ideas de las dos oraciones. La opción (2) crea además un ejemplo de omisión de conjunciones coordinantes. La opción (3) sugiere incorrectamente que la idea de la oración 9 causa la idea de la oración 10. La opción (5) sugiere incorrectamente que la idea de la oración 10 es la misma que la idea de la oración 9.

Prueba corta de GED • Lección 10
(Páginas 124 y 125)

1. **(4) sustituir la oración 1 con El Concejo de Ancianos de Almería es una organización benéfica sin fines de lucro dedicada a servir a los ancianos.** (Oraciones temáticas) La opción (4) es la mejor oración temática porque expresa la idea principal del párrafo y corrige una oración temática que es demasiado informal y general. Las opciones (1), (2) y (3) son demasiado generales e indefinidas.

2. **(2) medicinas, transporte, calefacción y comida** (Estructura paralela) La opción (2) es correcta porque coloca los cuatro sustantivos en una estructura paralela. Las opciones (1), (3), (4) y (5) no corrigen el error en la estructura paralela.

3. **(1) eliminar la oración 4** (Unidad y coherencia) La opción (1) elimina correctamente una oración que no apoya a la idea principal. La opción (2) traslada un detalle de apoyo a un lugar sin lógica. La

opción (3) divide un párrafo cuya idea principal no cambia. La opción (4) elimina un detalle de apoyo. La opción (5) sustituye una oración de apoyo con un fragmento.

4. **(5) personas de la tercera edad, con el objetivo de ayudarlas a aliviar** (Fragmentos de oración) La opción (5) corrige un fragmento combinando con la oración anterior el detalle que contiene. Las opciones (1), (2), (3) y (4) no producen oraciones efectivas que corrijan el fragmento y vuelvan a expresar la misma información del original.

5. **(1) sustituir Le con Le han** (Fragmentos de oración) La opción (5) corrige el fragmento original al completar el verbo. La opción (2) no corrige el fragmento. Las opciones (3) y (4) añaden comas innecesarias y no corrigen el fragmento.

6. **(4) Según la Ley sobre Informes de Crédito Justos,** (Transiciones) La opción (4) es correcta porque añade al principio de la oración una transición que explica la relación que existe entre las ideas de las oraciones 2 y 3. También tiene el tono correcto. Las opciones (1) y (5) crean oraciones poco naturales. Las opciones (2) y (3) no producen oraciones efectivas que vuelvan a expresar de forma precisa el sentido del texto original.

7. **(1) hacerlo, pida** (Transiciones) La forma original es la mejor forma de expresar la idea porque utiliza una frase de transición adecuada con la puntuación correcta. Las opciones (2) y (3) crean fragmentos. Las opciones (4) y (5) añaden transiciones innecesarias e inadecuadas. La opción (5) también lleva la puntuación incorrecta.

8. **(1) cambiar Después de examinar por Después de que usted examine** (Modificadores sin sujeto) La opción (1) corrige un modificador sin sujeto añadiendo un sujeto y una forma verbal correcta para crear una oración subordinada. La opción (2) elimina una coma necesaria. La opción (3) crea un fragmento. La opción (4) añade una coma innecesaria.

9. **(5) años, mientras que se puede** (Omisión de conjunciones coordinantes) La opción (5) es correcta porque corrige la omisión de conjunciones coordinantes añadiendo una conjunción subordinada, subordinando así la segunda oración a la primera y mostrando la relación correcta en cuanto al orden cronológico. La opción (2) crea una oración seguida. La opción (3) utiliza una conjunción coordinante inadecuada y con una coma incorrecta. La opción (4) utiliza una transición inadecuada.

Enlace con la redacción de GED (Páginas 126 y 127)
Comparta el trabajo de El enlace personal y El enlace de GED con su instructor o con otro estudiante.

Repaso acumulativo de la Unidad 2
(Páginas 128 a 133)

1. **(4) eliminar la oración 2** (Unidad y coherencia) La opción (4) elimina correctamente una oración que no apoya a la idea principal. La opción (1) cambia de sitio la oración temática, creando así una falta de coherencia. La opción (2) elimina la oración temática. La opción (3) coloca un detalle de apoyo en un párrafo equivocado.

2. **(3) Como resultado de mi trabajo,** (Transiciones) La opción (3) muestra la relación de causa y efecto entre las ideas de las oraciones 5 y 6. Las otras opciones no producen expresiones efectivas que indiquen una relación entre las oraciones.

3. **(3) comenzar un nuevo párrafo con la oración 10** (División en párrafos) La opción (3) es correcta porque crea un nuevo párrafo cuando la idea principal pasa de ser de la escuela a ser de la reunión. La opción (1) traslada incorrectamente la oración temática del párrafo C al párrafo B. La opción (2) elimina un detalle de apoyo. La opción (4) coloca un detalle de apoyo en un lugar en el que no tiene sentido. La opción (5) elimina una oración de conclusión efectiva.

4. **(2) madera. En lugar de eso, utilice** (Transiciones) La opción (2) muestra la relación de contraste que existe entre las ideas de las oraciones 1 y 2. La opción (1) no conecta las ideas entre sí. Las opciones (3), (4) y (5) no producen oraciones que muestren la relación correcta.

5. **(2) A menudo, sólo necesita productos comunes que se encuentran en el hogar.** (Oraciones temáticas) La opción (2) es correcta porque expresa la idea principal del párrafo y proporciona un tema con el cual tienen que ver todas las oraciones. La opción (1) no expresa la idea principal del párrafo. Las opciones (3) y (4) son ideas irrelevantes sobre un detalle de apoyo. La opción (5) es demasiado específica y no expresa directamente la idea principal.

6. **(4) sustituir En el caso de con Sin embargo, en el caso de** (Transiciones) La opción (4) es correcta porque muestra la relación de contraste que existe entre las ideas de las oraciones 8 y 9. La opción (1) elimina un detalle de apoyo. Las opciones (2) y (3) trasladan el detalle a lugares poco lógicos del párrafo.

7. **(3) combinar los párrafos C y D** (División en párrafos) La opción (3) es correcta porque combina los dos párrafos cortos que se relacionan con la misma idea principal referente a las manchas de tinta. Las opciones (1) y (2) eliminan detalles de

apoyo. La opción (4) traslada un enunciado de conclusión efectivo y general a un párrafo que tiene que ver específicamente con las manchas de tinta.

8. **(5) eliminar la oración 2** (Unidad y coherencia) La opción (5) es correcta porque elimina una oración que no apoya a la idea principal. La opción (1) simplemente vuelve a expresar el detalle no esencial. La opción (2) lo sustituye con otro detalle irrelevante. Las opciones (3) y (4) cambian de sitio la oración, creando una falta de coherencia.

9. **(1) comenzar un nuevo párrafo con la oración 4** (División en párrafos) La opción (1) crea correctamente un segundo párrafo cuando la idea principal cambia a tratar de envolver los regalos. Las opciones (2) y (3) dan comienzo al nuevo párrafo en lugares inadecuados, separando detalles que deberían ir juntos. La opción (4) forma incorrectamente un párrafo largo a partir de tres ideas principales distintas y los detalles de apoyo correspondientes.

10. **(4) sustituir la oración 7 con El martes, necesitaremos ayuda para repartir los regalos.** (Oraciones temáticas) En la opción (4) se sustituye correctamente una oración con otra oración temática efectiva que expresa la idea principal del párrafo e incluye una transición del párrafo anterior. La opción (1) es demasiado general. Las opciones (2) y (5) son demasiado indefinidas, y la elección de palabras crea un tono informal. La opción (3) es demasiado específica.

11. **(3) trasladar la oración 11 al final del párrafo C** (Unidad y coherencia) La opción (3) es correcta porque traslada un enunciado de conclusión efectivo al final del memorando. La opción (1) elimina incorrectamente el enunciado. La opción (2) coloca la oración en un párrafo que tiene una idea principal diferente. La opción (4) utiliza un enunciado de conclusión poco efectivo e inadecuado.

12. **(1) sustituir la oración 3 con Las cerraduras de seguridad y los pasadores protegen a los niños de distintas maneras.** (Oraciones temáticas) La opción (1) es correcta porque sustituye una oración temática poco efectiva con otra que expresa la idea principal del párrafo y pasa de forma natural a los detalles de apoyo. La opción (2) sustituye la oración temática con un detalle de apoyo. La opción (3) traslada la oración temática al párrafo anterior, dejando el párrafo B sin oración temática. De la misma forma, la opción (4) elimina la oración temática del párrafo B.

13. **(4) comenzar un nuevo párrafo con la oración 11** (División en párrafos) La opción (4) elimina un párrafo nuevo en el que la idea principal

pasa de ser las verjas de seguridad a los mecanismos antiquemaduras. La opción (1) elimina la oración temática efectiva del párrafo C. La opción (2) traslada la oración temática a una posición inefectiva. La opción (5) elimina un detalle de apoyo. La opción (5) comienza un párrafo erróneamente al separar la oración temática (oración 11) de los detalles de apoyo.

14. (4) eliminar la oración 15 (Unidad y coherencia) La opción (4) es la correcta pues la oración incluye un aspecto que no es relevante a la idea principal del pasaje. La opción (1) vuelve a mencionar la idea irrelevante. La opción (2) la reemplaza con otra idea irrelevante. La opción (3) sólo cambia la idea irrelevante de lugar.

15. (2) comenzar un nuevo párrafo con la oración 4 (División en párrafos) La opción (2) es correcta pues divide un párrafo extenso en dos párrafos en los que la idea principal cambia de una mención general de mejoras a los tres tipos de mejoras. La opción (1) elimina información importante del primer párrafo de introducción. La opción (3) mueve la oración temática desde lo que debería ser el comienzo del párrafo B a una posición ineficaz al final del párrafo A. La opción (4) comienza el nuevo párrafo en un lugar inapropiado y separa la oración temática de sus detalles de apoyo.

16. (5) sustituir la oración 8 con En cuanto instale el dispositivo de mejora, observará un aumento del rendimiento de su computadora. (Oraciones temáticas) La opción (5) reemplaza una oración temática ineficaz con una que contiene una transición con el párrafo anterior. La opción (1) es muy general y no está sustentada. La opción (2) presenta ideas nuevas y desligadas. La opción (3) vuelve a mencionar de forma general un detalle de apoyo del primer párrafo. La opción (4) es muy específica.

Repaso de los enlaces con la redacción
Pida al instructor o a otro estudiante que revise el párrafo que usted escribió. Pídale que le haga comentarios sobre los siguientes temas:
- Suficientes detalles de apoyo
- Oraciones temáticas claras
- Divisiones en párrafos
- Transiciones

Haga los cambios necesarios al párrafo.

UNIDAD 3: USO
Lección 11
Enfoque en las destrezas de GED (Página 137)
A. 1. permite.

2. visitan

3. favorecen

4. es

5. está

B. Numerosas personas, al decir "vacaciones en el sur de California" piensan en Hollywood, el océano, o en Disneylandia. En realidad, muchos evitan los sitios turísticos usuales para visitar el desierto de Mohave, la zona desértica más famosa del estado.

El desierto de Mohave se extiende cientos de millas hacia el este, y llega hasta Nevada. Las mejores estaciones para visitar el desierto son la primavera y el otoño, aunque también van muchos visitantes en otras estaciones. El invierno no es demasiado crudo, pero el verano es realmente intolerable. Incluso en verano hay cambios climáticos muy diversos, desde un calor intenso al mediodía, hasta temperaturas frías en la noche.

El desierto posee excelentes paisajes. Petroglyph Canyons, Fossil Falls y Red Rock Canyon Park son espectáculos naturales fascinantes. Por su parte, Death Valley tiene su propia ruta geológica. Pero lo más sorprendente es que las plantas exóticas son variadas, impresionantes y prósperas. Las bellas flores y los cactos se han adaptado al calor y la falta de agua. La única parte del desierto que no verá es la Falla de San Andrés, que cruza el Mohave por las afueras de Los Ángeles.

C. Después de que corrija los errores de concordancia entre el sujeto y el verbo, y otras incorrecciones, muestre su trabajo al instructor o a otro estudiante.

Enfoque en las destrezas de GED (Página 139)
A. 1. Los anillos de compromiso no son tan populares como fueron en otro tiempo.

2. El precio de los anillos ha aumentado considerablemente. Correcto

3. ¿Tanto ha aumentado el precio de los anillos?

4. En la actualidad un pequeño anillo de diamantes cuesta unos $550.

5. Una de las joyerías más famosas ha dicho que los precios no bajarán. Correcto

6. Casi la mitad de los anillos son comprados por graduados universitarios con empleos e ingresos estables.

B. P: ¿Cuál es la situación del anteproyecto de ley de Tierras en la legislatura estatal?
R: La Cámara y el Senado ha aprobado versiones similares de ese anteproyecto. El mismo, conocido oficialmente como Ley de Preservación de Tierras

Abiertas, permite que las ciudades decidan cómo preservar mejor los terrenos abiertos. Se espera que esta semana la Cámara y el Senado finalicen sus versiones respectivas. Pero aún quedan dos importantes cuestiones sin resolver: ¿Pueden las ciudades llevar a votación la adición de un impuesto del 1 por ciento a las compras de bienes raíces para financiar sus adquisiciones de terrenos? ¿Complementará el estado el resto de esas sumas? Los representantes y senadores estatales que se han pronunciado a favor y en contra esperan que las negociaciones continúen todo el mes.

Enfoque en las destrezas de GED (Página 141)

A. 1. invitará

2. inaugurará

3. vendrán

4. premiará

5. patrocinarán

6. asistirán

7. perderá

B. Estimado editor:

Ni el Comité de Viviendas ni yo creemos que los desarrolladores se hayan "olvidado" de construir viviendas a un precio módico. Todos saben que es un requisito de todo proyecto de construcción a gran escala. El concejo de la ciudad no puede hacer excepciones con los desarrolladores, y nada perjudica más a la ciudad que el incumplimiento de las leyes.

Nuestra gran fuerza laboral hace de esta ciudad un sitio ideal para los negocios. Pero los valiosos trabajadores no deben quedarse sin lugares donde vivir. Muchos de ellos necesita viviendas que puedan costear. Toda la comunidad está de acuerdo en que la ignorancia de las regulaciones disminuye la calidad de vida de todos. Nuestra comunidad es un buen lugar para vivir porque aquí residen estudiantes, comerciantes y trabajadores de servicio.

La próxima semana, en la sesión del concejo, alguien debe insistir en que dicho concejo elija entre la comunidad o los desarrolladores.

C. Después de que usted corrija los errores de concordancia entre el sujeto y el verbo, y otras incorrecciones, muestre su trabajo al instructor o a otro estudiante.

Práctica de GED (Páginas 142 y 143)

1. **(2)** La opción (2) es correcta porque *unos* concuerda con *consejos*. La opción (1) refleja un cambio innecesario. Las opciones (3) y (5) añaden usos incorrectos de la coma. La opción (4) hace que el sujeto y el verbo no concuerden.

2. **(4) sustituir puede por pueden** La opción (4) es correcta porque *pueden* concuerda con *las plantas caseras*. Las opciones (1) y (2) tienen comas innecesarias. La opción (3) crea discordancia entre el sustantivo y el adjetivo.

3. **(3) sustituir pueden por puede** La opción (3) es correcta porque *puede* concuerda con el singular *planta*. La opción (1) es incorrecta porque elimina una importante transición. Las opciones (2) y (4) no corrigen la falta de concordancia.

4. **(2) dañe** La opción (2) es correcta porque se necesita el verbo en singular *dañe* para que concuerde con *bañera*. Las opciones (1) y (4) son incorrectas porque son verbos en plural. La opción (3) crea una conjugación verbal incorrecta. La opción (5) es incorrecta porque se encuentra en el pretérito.

5. **(2) estén cubiertos** La opción (2) es correcta porque el verbo en plural *estén cubiertos* concuerda con *ladrillos*. La opción (1) es incorrecta porque es un verbo en singular. Las opciones (3) y (4) crean un fragmento de oración. La opción (5) crea otro problema de concordancia.

6. **(2) sustituir garantizan por garantiza** La opción (2) es correcta porque *garantiza* concuerda con *Compañía Falcón*. La opción (1) es incorrecta porque el sujeto y el verbo no concuerdan. Las opciones (3) y (4) añaden comas innecesarias

7. **(3) tiene** Esta opción es correcta porque el verbo concuerda con el sujeto *compañía*, no con la frase interpuesta entre el sujeto y el verbo. La opción (1) es incorrecta porque *compañía* y el verbo no concuerdan. La opción (2) crea un fragmento de oración. La opción (4) cambia el significado de la oración. La opción (5) usa un verbo incorrecto.

8. **(4) cambiar puedo a puede** Esta opción es correcta porque el verbo concuerda con el sujeto *cliente*. La opción (1) elimina una coma necesaria. La opción (2) tiene una conjugación incorrecta. La opción (3) hace un cambio innecesario.

9. **(2) sustituir cubrimos por cubre** La opción (2) es correcta porque el verbo *cubre* concuerda con el sujeto *garantía*. La opción (1) contiene una transición innecesaria. La opción (3) no tiene la conjugación correcta, y la opción (4) coloca una coma innecesaria.

Prueba corta de GED • Lección 11
(Páginas 144–145)

1. **(5) Entre todos deben preparar una lista de lo que deben hacer antes de la fecha de partida.** (Organización/oración temática) La opción (5) es la mejor posibilidad de oración temática porque introduce el tema general del párrafo. Las opciones (1), (2) y (4) son demasiado generales y no expresan la cuestión principal del párrafo. La opción (3) no se relaciona con los detalles del párrafo.

2. **(4) sustituir expresa por expresan** (Concordancia sujeto/verbo) La opción (4) es correcta porque *expresan* concuerda con *demás*. La opción (1) no arregla la falta de concordancia e introduce una transición inapropiada. La opción (2) cambia un verbo en singular que concuerda con el sujeto *miembro* a un verbo en plural. La opción (3) incluye incorrectamente una coma entre una cláusula independiente y una dependiente.

3. **(2) eliminar la oración 5** (Unidad y coherencia) La opción (2) elimina correctamente una oración que no apoya la idea principal. La opción (1) elimina un detalle importante de apoyo. Las opciones (3) y (4) trasladan las oraciones fuera de su orden lógico.

4. **(4) a medida que se cumplen, las tareas** (Subordinación/oraciones complejas) La opción (4) subordina correctamente la idea en la primera oración para crear una oración compleja fluida. Las opciones (1), (2), (3) y (5) no conducen a oraciones fluidas y efectivas.

5. **(3) cambiar son a es** (Fragmentos de oraciones) La opción (3) es correcta porque el verbo corresponde al sujeto que es singular. La opción (1) elimina una coma necesaria. Las opciones (2) y (5) insertan comas innecesarias. La opción (4) es una forma verbal incorrecta.

6. **(4) Después de haber extraído los líquidos y partes combustibles** (Subordinación/oraciones complejas) La opción (4) subordina correctamente la idea en la segunda oración para mostrar el orden temporal correcto y crea una oración compleja fluida. Las opciones (1), (2), (3) y (5) no conducen a oraciones fluidas y efectivas

7. **(5) no se requiere hacer ninguna corrección** (Concordancia sujeto/verbo) La opción (5) es correcta porque el sujeto en singular *trabajo* concuerda con el verbo en singular *es*. Las opciones (1) y (3) usan una forma verbal incorrecta para la oración. La opción (2) elimina el verbo, creando un fragmento de oración. La opción (4) coloca una coma incorrecta

8. **(2) trozos. Finalmente,** (Oraciones seguidas) La opción (2) divide correctamente una oración seguida en dos oraciones completas con la puntuación correcta. Las opciones (1), (3), (4) y (5) no corrigen la oración seguida.

Lección 12
Enfoque en las destrezas de GED (Página 149)

A.
1. votó
2. ha comenzado
3. ha abierto
4. terminará
5. firmó
6. asignará
7. esperan
8. habrá recuperado

B. Muchos de los fracasos principales en el siglo pasado ocurrieron por error, arrogancia o descuido. Los deslices fueron cometidos por personas, empresas y naciones por igual. A mitad de siglo, un piloto llamado Douglas Corrigan cometió un error increíble. Supuestamente debió aterrizar en California en un viaje desde Brooklyn, pero en vez de hacerlo, voló a Irlanda. No ha de sorprender que esa distracción le valiera el sobrenombre de "Corrigan Ruta Equivocada". Por su parte, Chile también atravesó momentos difíciles debido a un error por descuido. Un corredor de bolsa escribió accidentalmente "comprar" en vez de "vender", y destruyó una buena parte de la economía nacional. Durante "El Gran Salto Adelante" el gobierno chino implantó una nueva agricultura "tecnológica". En vez de incrementar los suministros de alimentos, la producción disminuyó drásticamente, con lo cual provocó una hambruna general. Incluso se produjeron desastres en el espacio. Por ejemplo, una nave sin tripulación con un costo de varios miles de millones de dólares desapareció misteriosamente en Marte.

C. Después de que usted corrija los errores en tiempos verbales y otras incorrecciones en el párrafo, comparta el trabajo con su instructor o con otro estudiante.

Enfoque en las destrezas de GED (Página 151)

1. cumplen, tienen
2. establece, deben
3. A los 90 días de la inscripción, los hombres recibirán

4. no implica que la persona, está

5. A principio de los años 70, ordenaron

6. Desde 1973, ha impuesto

7. En el presente, llama

B. ¿Cree usted que dice "No" con demasiada frecuencia a sus hijos? Los psicólogos tienen algunas sugerencias útiles para el establecimiento de límites. Por tanto, si su hijo le pide un juguete nuevo o un viaje a la heladería, diga que necesita tiempo para decidirse. Decir "Dame un minuto" le da tiempo para pensar acerca de la situación antes de responder. Sus hijos deben comprender que si insisten para obtener una respuesta inmediata, la respuesta será negativa. No obstante, si le dan tiempo para pensarlo, la respuesta podría ser positiva.

Otra táctica para establecer límites es decir a sus hijos que deben convencerlo de que su petición es válida. Sus hijos aprenderán a negociar, y usted tomará una decisión más justa. Si está cansado o irritado, hágales saber que no es un buen momento para tomar una decisión. Dígales que usted decidirá después que se calme. Como pronto aprenderán sus hijos, a menudo las respuestas a la ligera son las menos eficaces.

C. Después de que corrija los errores en tiempos verbales y otras incorrecciones en el párrafo, muestre su trabajo al instructor o a otro estudiante.

Práctica de GED (Páginas 152 y 153)

1. **(2) sustituir ha complacido por complace** La opción (2) es correcta porque soluciona el cambio innecesario del tiempo verbal. El tiempo es inconsistente con el resto del párrafo. La opción (1) cambia incorrectamente el verbo al pasado, lo cual es inconsistente con el resto del párrafo. La opción (3) es incorrecta porque cambia otro verbo en la oración. La opción (4) coloca una coma innecesaria

2. **(1) enviaremos** La opción (3) es correcta porque *dentro de los próximos treinta días* indica que el verbo debe estar en futuro. Las opciones (2) y (4) no corresponden con el tiempo verbal. La opción (3) está en presente. La opción (5) crea un fragmento de oración.

3. **(3) llegue** La opción (3) es correcta porque *en cuanto* concuerda es la clave para saber que se necesita un presente condicional. La opción (1) es futuro perfecto. La opción (2) está en pretérito, no corresponde al tiempo de la oración. La opción (4) es incorrecta porque sugiere una acción continua. La opción (5) crea una oración incompleta.

4. **(4) sustituir esté llamando por llame** La opción (4) es correcta porque usa el condicional en la segunda cláusula, porque el verbo en la primera

cláusula está en presente. La opción (1) utiliza un tiempo verbal incorrecto porque la acción no es continua. La opción (2) elimina una coma necesaria. La opción (3) crea un fragmento dentro de la cláusula.

5. **(5) apreciamos** La opción (5) es correcta porque el presente es consistente con el otro verbo en la oración, *esperamos*. Las opciones (1), (2), (3) y (4) son cambios incorrectos al verbo.

6. **(5) saben** La opción (5) es correcta porque la expresión *desde hace muchos años* indica una acción pasada que continúa en el presente, lo cual requiere el tiempo presente. La opción (1) es incorrecta porque está en presente perfecto. La opción (2) está en pasado. La opción (3) es una forma incorrecta del pretérito. La opción (4) está en futuro.

7. **(2) sustituir expresan por expresaron** Esta opción es correcta. La expresión *hace varios años* indica la necesidad de un pasado simple. La opción (1) elimina una coma necesaria. La opción (3) coloca una coma innecesaria. La opción (4) es un futuro perfecto.

8. **(4) eligen** Esta opción es correcta porque indica el tiempo verbal que corresponde a la expresión *entonces y ahora*. Las opciones (1), (2), (3) y (5) son aplicaciones incorrectas del tiempo verbal.

9. **(3) se enfocarán** La opción (3) es correcta porque se necesita el futuro simple en la segunda cláusula principal. La cláusula introductoria *En la medida que crezca la demanda de productos libres de pesticidas* establece una condición que continúa en el futuro. Las opciones (1), (2), (4) y (5) son tiempos verbales incorrectos

Prueba corta de GED • Lección 12
(Páginas 154 y 155)

1. **(1) sustituir ofrecen por ofrece** (Concordancia entre el sujeto y el verbo). La opción (1) es correcta porque el verbo debe estar en singular para que concuerde con el sujeto *tintorería*, y no con la frase que interrumpe *Acme Movie Studios*. La opción (2) cambia incorrectamente el tiempo verbal al pasado. La opción (3) coloca una coma innecesaria. La opción (4) crea un fragmento de oración.

2. **(4) seguramente olvidará** (Tiempos verbales) La opción (4) es correcta porque la expresión *Dentro de unos meses* implica un tiempo futuro. La opción (1) está en presente. La opción (2) está en pasado y crea un cambio en el tiempo verbal. Las opciones (3) y (5) tampoco corresponden con la oración.

3. **(5) sedas, lanas y ropas sintéticas** (Estructura paralela) La opción (5) es correcta porque cambia la

frase en dos palabras simples, *ropas sintéticas* en paralelismo con *sedas, lanas*. Las opciones (1), (2), (3) y (4) no corrigen el error en la estructura paralela.

4. **(3) añadir una coma después de sucia**
(Estructura de la oración/oraciones complejas) La opción (3) es correcta porque se necesita una coma después de la cláusula introductoria. Las opciones (1) y (4) cambian verbos correctos por incorrectos. La opción (2) usa un tiempo verbal incorrecto. La opción (5) coloca una coma incorrecta.

5. **(1) sustituir había aprobado por aprobó**
(Tiempos verbales) La opción (1) cambia correctamente el verbo al pasado simple porque la frase *el primero de noviembre pasado* implica pretérito. La opción (2) sería un cambio al futuro. Las opciones (3) y (4) insertan comas innecesarias

6. **(2) la oración 3** (División de párrafos) La opción (2) es correcta porque la oración 3 cambia de la introducción a una nueva idea. La opción (1) divide el párrafo de introducción. Las opciones (3) y (4) colocan comas innecesarias. La opción (5) dividiría el párrafo conclusivo.

7. **(2) sustituir resulta por resultó** (Tiempos verbales) La opción (2) es correcta porque otorga la forma de pasado simple para ser consistente con la oración anterior. La opción (1) usa incorrectamente el futuro. La opción (3) coloca una coma incorrecta. La opción (4) crea un fragmento de oración.

8. **(3) pasado. Estos** (Oraciones seguidas) La opción (3) es correcta porque divide la oración seguida original, opción (1), en dos oraciones completas. La opción (2) no corrige la oración seguida. La opción (4) usa incorrectamente una palabra de enlace. La opción (5) tiene demasiadas comas innecesarias.

9. **(4) usted consume, así como en si** (Fragmentos de oraciones) La opción (4) corrige con efectividad el fragmento, combinando los pensamientos en forma paralela. Las opciones (1), (2), (3) y (5) no conducen a oraciones efectivas y fluidas que expresen nuevamente el significado del texto original.

Lección 13
Enfoque en las destrezas de GED (Página 159)

A. 1. observado

2. confirmado

3. demostrando

4. rastreando

5. distribuidos

6. estudiados

7. cuidado

B. Estimado cliente:

En un esfuerzo por brindarle acceso a servicios de Internet más avanzados, hemos actualizado para ir aumentando el rendimiento. Nuestros archivos indican que usted ha estado utilizando un modem tipo B-45. Nuestro sistema actualizado requiere un nuevo modem que le permita evitar interrupciones en su servicio de Internet de alta velocidad. Hemos reservado un nuevo modem para su computadora, el cual le proporcionará los mismos servicios que el modem que está usando ahora.

La instalación automática fue especialmente diseñada para que se realice de forma rápida y fácil. Le sugerimos que siga las instrucciones adjuntas para llevar a cabo el proceso de instalación. Si prefiere que nosotros lo instalemos, déjenoslo saber. En estos momentos, nos está tomando entre tres y seis semanas concertar una cita con un técnico. Los clientes que acepten instalar el modem sin ayuda técnica, recibirán un reembolso de $50.

C. Después de corregir la carta para asegurarse de que no haya formas verbales incorrectas ni otros errores, comparta el trabajo con su instructor o con otro estudiante.

Enfoque en las destrezas de GED (Página 161)

A. 1. atendido

2. atenta

3. roto

4. hecho

5. elegido

6. electa

B. —Hola, Roberto. Tanto tiempo. Te ves tan bien. ¿Qué has hecho?
—Desde la última vez que nos vimos, he seguido una dieta y un programa de ejercicios.
—Te has vuelto esbelto. ¿Cómo lo lograste?
—Desde chico, siempre había tenido sobrepeso. Finalmente, decidí hacerle caso a mi médico y ponerme a dieta. También he dejado algunos malos hábitos. Por ejemplo, no he comido bombones ni bizcochos en meses. En total, he rebajado 32 libras.
—Pues te felicito, Roberto. La salud es muy importante. Has tomado una buena decisión

C. Después de corregir el diálogo para asegurarse de que no haya formas verbales incorrectas ni otros errores, comparta el trabajo con su instructor o con otro estudiante.

Práctica de GED (Páginas 162–163)
Todos los ejercicios de esta sección se refieren a los participios y gerundios.

1. **(4) agregar <u>He antes de conducido</u>** La opción (4) es la correcta porque añade el verbo auxiliar antes del participio. La opción (1) es incorrecta porque el gerundio *conduciendo* no puede ser el verbo principal de la oración. La opción (2) propone una forma verbal incorrecta. La opción (3) propone agregar una coma innecesaria. La opción (5) propone cambiar la forma correcta del pasado, *obtuve* por la forma incorrecta *obtení*.

2. **(4) cambiar <u>creciendo por crecí</u>** La opción (4) es la correcta porque corrige un gerundio incorrecto. La opción (1) propone cambiar el verbo correcto *estar* por el verbo incorrecto *ser*. La opción (2) propone cambiar la forma correcta *estar* + participio/adjetivo por el presente progresivo *estar* + gerundio. La opción (3) propone cambiar una forma incorrecta por otra; el participio *crecido* debería ir precedido del auxiliar *he* para formar el tiempo compuesto que sería aceptable en este contexto. La opción (5) propone agregar un auxiliar incorrecto antes del gerundio.

3. **(2) He conducido** La opción (2) es la correcta porque provee a la oración el verbo tiempo compuesto adecuado: *he* + participio. La opción (1) dejaría a la oración sin verbo principal conjugado. La opción (2) propone una forma incorrecta del pasado. La opción (3) propone usar el gerundio *conduciendo* donde corresponde usar el participio *conducido*. La opción (5) propone usar el participio sin el verbo auxiliar, lo que dejaría a la oración sin verbo principal conjugado.

4. **(1) estoy desempeñando** La opción (1) es la correcta porque la oración necesita un tiempo progresivo estar + gerundio. Las opciones (2), (3) y (4) forman frases en vez de oraciones. La opción (5) no concuerda con el sujeto

5. **(1) han cambiado** La opción (1) es la correcta porque propone un tiempo compuesto con las formas correctas del auxiliar y el participio. La opción (2) precisaría el auxiliar *han*. La opción (3) no concuerda con el sujeto. Las opciones (4) y (5) proponen formas que dejarían a la oración sin verbo principal conjugado.

6. **(3) cambiar <u>hacido por hecho</u>** La opción (3) es correcta porque propone la forma adecuada del participio pasado irregular. Las opciones (1) y (2) proponen quitar dos comas necesarias. La opción (4) propone un posesivo que no concuerda con el objeto poseído. La opción (5) dejaría la oración inconclusa.

7. **(4) cambiar <u>pensando por piensan</u>** La opción (4) es la correcta porque cambia el gerundio incorrecto por la forma correcta. La opción (1) propone agregar una coma innecesaria. La opción (2) es incorrecta porque propone formar un tiempo compuesto con gerundio, en vez de con participio. La opción (3) propone formar un tiempo compuesto incorrecto. La opción (5) propone un gerundio incorrecto.

8. **(5) temen** La opción (5) corrige el gerundio incorrecto. Las opciones (1), (2), (3) y (4) son incorrectas porque proponen formas verbales inapropiadas para esta oración.

9. **(4) no han hablado** La opción (4) es la correcta porque es el tiempo compuesto que la oración requiere con el auxiliar y el participio en las formas correctas. Las opciones (1), (2), (3) y (5) son incorrectas porque proponen formas verbales inapropiadas para esta oración.

Prueba corta de GED • Lección 13
(Páginas 164 y 165)

1. **(4) cambiar <u>empezado por hayan empezado</u>** (Participios) La opción (4) es la correcta porque provee el verbo auxiliar adecuado. Las opciones (1), (2), (3) y (5) proveen formas verbales incorrectas.

2. **(2) cambiar <u>pusiendo por poniendo</u>** (Formación del gerundio) La opción (2) es la correcta porque corrige el gerundio mal utilizado. Las demás opciones no corrigen el gerundio mal formado.

3. **(1) aunque al principio necesiten** (Subordinación y oraciones compuestas) La opción (1) es la correcta porque subordina la idea de la segunda oración y la une a la primera por medio de la conjunción adecuada. Las opciones (2), (3), (4) y (5) no coordinan las dos oraciones de manera lógica ni apropiada.

4. **(3) cambiar <u>siendo por es</u>** (Tiempo presente) El sujeto de la oración es *Aprender a vestirse solos* y requiere un verbo principal conjugado; por eso la opción (3) es la mejor respuesta. La opción (1) es incorrecta porque propone un uso incorrecto del gerundio. Las opciones (2) y (4) proponen cambios incorrectos en la puntuación. La opción (5) propone un uso incorrecto del participio.

5. **(3) cambiar <u>conociendo</u> por <u>conocen</u>** (Tiempo presente) La opción (3) es la correcta porque la oración necesita una forma personal o conjugada del verbo *conocen* en lugar del gerundio *conociendo*. La opción (2) propone usar un participio incorrectamente. La opción (4) propone usar un gerundio incorrectamente

6. **(5) cambiar <u>empezado</u> a <u>empezando</u>** (Organización/Separación en párrafos). La opción (5) es la correcta porque el gerundio es el verbo apropiado. La opción (1) añade una mayúscula innecesaria. La opción (2) es el tiempo verbal incorrecto. La opción (3) añade una coma innecesaria. La opción (4) elimina las comillas que son necesarias para destacar el juego de palabras entre "despertar" y siesta.

7. **(1) cambiar <u>provenida</u> por <u>proviene</u>** (Tiempo presente) La opción (1) sustituye el uso incorrecto del participio con la forma correcta del tiempo presente. Las opciones (3) y (4) proponen agregar comas innecesarias. La opción (4) no concuerda con el sujeto.

8. **(2) satisfacer** La opción (2) corrige el uso indebido del participio. La opción (1) corrige el uso indebido del participio. La opción (3) propone una forma incorrecta del gerundio. La opción (4) provee un participio incorrecto. Si se adoptara la opción (5) la oración no tendría sentido.

9. **(5) y en mejores condiciones para resolver problemas que . . .** La opción (5) sigue el paralelismo de las dos primeras frases de la oración. Las opciones (1), (2), (3) y (4) cambian la estructura o alteran en mayor o menor grado el sentido de la frase.

Enlace con la redacción de GED (Páginas 166–167)
Muestre al instructor o a otro estudiante sus respuestas a los ejercicios de la sección El enlace personal y El enlace de GED.

Lección 14
Enfoque en las destrezas de GED (Página 169)
A. 1. conmigo, Le

2. yo, me

3. Ellos, conmigo

4. Ella, le

5. me, yo

6. nosotras, nos

B. Queridos amigos:

Deseamos <u>extenderles</u> una cordial invitación para que asistan al Baile Anual de Bomberos del Sur, que tendrá lugar el viernes 4 de mayo, de 7:00 p.m. hasta la medianoche en el Club de Policías.

El grupo Salsa Latina animará la fiesta libre de costo, por lo que <u>les agradecemos</u> su donación de tiempo y talento.

Incluiremos un excelente buffet en el precio de entrada. Es necesario que <u>hagan</u> su reservación con tiempo. Por favor, <u>solicítenla</u> antes del 12 de abril. Las recaudaciones del evento beneficiarán a los bomberos lesionados en el cumplimiento del deber.

C. Después de que corrija los errores en los pronombres personales y otras incorrecciones, muestre su trabajo al instructor o a otro estudiante.

Enfoque en las destrezas de GED (Página 171)
1. míos

2. tuyos

3. suyo

4. nuestro

5. suyos

6. tuyo

7. tuyas

8. tuyos

9. mía

10. suyo

B. Mi esposa y yo acabamos de comprar una casa antigua y <u>la</u> estamos arreglando inspirados por el artículo en que usted explica cómo remodeló la <u>suya</u>. Compramos la <u>nuestra</u> a bajo costo porque necesitaba un sinnúmero de reparaciones. Recordamos que su problema fue reparar el techo. El <u>nuestro</u> ha sido el piso, que todavía se encuentra en mal estado. Pienso que <u>lo</u> enceraron demasiado durante tantos años. (Implícito) Quisiéramos eliminar el encerado, y luego barnizar la madera. ¿Tiene (Implícito) una idea mejor?

C. Después de que corrija los errores con los pronombres posesivos y otras incorrecciones, muestre su trabajo al instructor o a otro estudiante.

Enfoque en las destrezas de GED (Página 173)
A. 1. Beatriz está muy contenta de haber tenido varias ofertas de empleo porque <u>le</u> dieron más posibilidades.

2. La compañía en Bayamón le ofreció un buen salario, y además le pagarán los gastos de mudanza.

3. Cuando fui a trabajar a otra ciudad, me fue fácil hacer nuevas amistades.

4. Cada vez que pienso en la decisión que tomé, me siento muy feliz.

5. La amiga de Beatriz le aconsejó que buscara un empleo local, pero Beatriz no estaba segura.

6. Finalmente los jefes de Beatriz le ofrecieron una promoción y un aumento de salario, y ella cambió de idea.

B. Cualquiera podría pensar que "una uña no se diferencia de otra", pero en realidad hay grandes diferencias entre las uñas de las manos y las de los pies. Incluso si usted es derecho, sus uñas de la mano derecha crecen con mayor rapidez que las de tu izquierda. Los podiatras también creen que las uñas crecen con mayor celeridad en verano que en invierno y que los cambios en su crecimiento se deben a transformaciones en la circulación.

Para mantener la salud de las uñas, los podiatras tienen varios consejos. Corte las uñas en línea recta, y durante el verano use polvo y no almidón para los pies. Use siempre sandalias cuando ~~usted~~ se bañe en sitios de uso público. Finalmente, cámbiese de escarpines todos los días.

C. Después de que usted corrija las mutaciones de pronombres y otras incorrecciones, comparta el trabajo con su instructor o con otro estudiante.

Práctica de GED (Páginas 174 y 175)

1. **(4) sustituir evitarla por evitar la enfermedad** La opción (4) es correcta porque se completa la idea que era vaga anteriormente. La opción (1) es incorrecta porque la inclusión de *Tenemos* no tiene sentido. La opción (2) no tiene sentido al sustituir el singular por el plural. La opción (3) es incorrecta porque es un cambio innecesario. La opción (5) no resuelve el problema.

2. **(2) Usted debe introducir** La opción (2) es correcta porque sustituye el antecedente ambiguo del original en la opción (1). La opción (3) utiliza

otro pronombre ambiguo. Las opciones (4) y (5) introducen cambios innecesarios

3. **(4) sustituir eliminarlas por eliminar las garrapatas** La opción (4) es correcta porque aclara el antecedente. La opción (1) indica una sustitución incorrecta. La opción (2) elimina una coma necesaria después de la cláusula introductoria. La opción (3) coloca una coma innecesaria. La opción (5) crea un cambio innecesario.

4. **(1) sustituir Son por Los collares son** La opción (1) es correcta porque aclara el antecedente. La opción (2) coloca un pronombre ambiguo. La opción (3) crea un fragmento incompleto. La opción (4) no indica un cambio necesario. La opción (5) no resuelve el problema.

5. **(2) sustituir yo por mí** La opción (2) es correcta porque sustituye el pronombre incorrecto. La opción (1) coloca un pronombre innecesario. La opción (4) introduce un futuro innecesario. La opción (5) no resuelve el problema.

6. **(5) Ricardo y yo** La opción (5) es correcta porque introduce el pronombre adecuado. Las opciones (1), (2), (3) y (4) son incorrectas pues indican combinaciones inadecuadas de sustantivo y pronombre

7. **(4) sustituir organizarlos por organizar transporte conjunto** Esta opción es correcta porque aclara el antecedente. Las opciones (1) y (2) indican sustituciones incorrectas. La opción (3) indica un tiempo verbal incorrecto. La opción (5) sustituye el pronombre correcto por uno que no concuerda.

8. **(5) no se requiere hacer ninguna corrección** La opción (1) es incorrecta porque no hay concordancia. La opción (2) introduce una mutación incorrecta. La opción (3) coloca una coma innecesaria, y la opción (4) elimina una coma necesaria.

9. **(3) me dará la información y yo la compilaré** La opción (3) es correcta porque hace que el antecedente sea claro, cambiando el orden del pronombre y su antecedente. Ninguna de las demás opciones aclara el antecedente.

Prueba corta de GED • Lección 14
(Páginas 176 y 177)

1. **(1) Eliminar la oración 2** (Unidad y coherencia) La opción (1) elimina una oración irrelevante con respecto a la idea principal. Las opciones (2), (3) y (4) proponen cambios innecesarios. La opción (5) no resuelve el problema de irrelevancia.

2. **(3) sustituir ellos por el Comité** (Pronombres) La opción (3) corrige un antecedente vago y una mutación de pronombre. La opción (1) crea un antecedente ambiguo. La opción (2) elimina una coma necesaria. La opción (4) indica un cambio incorrecto en el tiempo verbal.

3. **(3) sustituir el Comité de Maratón por ellos** (Pronombres) La opción (3) es correcta porque aclara el antecedente. La opción (1) no tiene concordancia en número. La opción (2) propone un cambio incorrecto. La opción (4) indica un pronombre vago. La opción (5) propone un fragmento incompleto.

4. **(3) casi hemos dejado** (Tiempos verbales) La opción (3) expresa mejor el tiempo verbal. Las opciones (1), (2), (4) y (5) no producen tiempos verbales correctos.

5. **(3) tienen una aguda inteligencia** (Estructura paralela) La opción (3) es correcta porque cambia una cláusula en frase y completa la idea con más perfección. Ninguna de las demás opciones corrige el error en la estructura paralela

6. **(4) sustituir llevarlas por llevarlos** (Pronombres) La opción (4) es correcta porque indica la colocación del pronombre adecuado. La opción (1) es incorrecta porque elimina una coma necesaria. La opción (2) elimina una coma necesaria entre los componentes de una serie. La opción (3) crea un error en la estructura paralela de los verbos en infinitivo *cocinar, llevar, alimentar*. La opción (5) no soluciona el problema.

7. **(5) sustituir puede por pueden** (Concordancia sujeto/verbo) La opción (5) es correcta porque establece la concordancia correcta. La opción (1) es incorrecta porque crearía otro error de concordancia. La opción (2) elimina una coma necesaria después de una cláusula introductoria. La opción (3) indica un cambio innecesario de pronombres. La opción (4) indica un cambio incorrecto de número en el verbo.

8. **(4) sustituir el por él** (Pronombres) La opción (4) es correcta porque introduce el pronombre adecuado. La opción (1) crea una mutación incorrecta. La opción (2) es incorrecta porque indica un cambio de número en el pronombre que no concuerda. La opción (3) elimina una coma después de una cláusula introductoria. La opción (5) no resuelve el problema de concordancia.

9. **(2) Por su parte** (Transiciones) La opción (2) indica una transición que demuestra una secuencia correcta de ideas. Las opciones (1), (3), (4) y (5) no muestran relación lógica entre las ideas.

Enlace con la redacción de GED (Páginas 178–179)
Comparta su trabajo en los ejercicios de El enlace personal y El enlace de GED con el instructor u otro estudiante.

Unidad 3 Repaso acumulativo
(Páginas 180 a 185)

1. **(1) cambiar he tenido por tuve** (Tiempos verbales) *Recientemente* implica el pretérito, por lo que la opción (1) es correcta. Las opciones (2) y (5) son incorrectas porque *siempre* indica que la acción ocurre periódicamente, de modo que se requiere el presente *es* y *recibo*. La opción (3) añade una coma innecesaria. La opción (4) cambia incorrectamente el pronombre.

2. **(5) sustituir uno lo hace con lo hice** (Pronombres) La opción (5) corrige el uso incorrecto del pronombre al emplear la primera persona, como en el resto del texto, en lugar de la tercera persona *uno*. La opción (1) es incorrecta porque se requiere el tiempo presente para expresar una condición permanente. La opción (2) elimina la coma necesaria entre las oraciones independientes de una oración compuesta. La opción (3) crea un fragmento de oración. La opción (4) no corrige el uso incorrecto del pronombre.

3. **(3) recordé** (Tiempos verbales) La opción (3) es correcta porque en la oración reconstruida sería preciso el tiempo pretérito: *Mientras esperaba en el transportador de equipajes, yo recordé el libro y se lo dije a una empleada de la recepción.* Las otras opciones emplean tiempos verbales incorrectos.

4. **(4) cambiar había llegando por había llegado** (Participio y gerundio) La opción (4) es correcta porque *había llegado* es la forma correcta de *llegar*; *llegando* es gerundio. La opción (1) es un uso incorrecto del pronombre *ellos*. La opción (3) crea una referencia poco clara. La opción (2) emplea incorrectamente el presente, ya que se requiere el pretérito. La opción (5) emplea una forma verbal incorrecta.

5. **(2) es** (Concordancia entre el sujeto y el verbo) La opción (2) es correcta porque *es* concuerda con el sujeto en singular *abundancia*. Las opciones (1) y (4) son verbos en plural. La opción (3) es singular pero emplea un tiempo verbal incorrecto. La opción (5) es un verbo incompleto.

6. **(4) cambiar han cazado por cazan** (Tiempos verbales) La opción (4) corrige un uso incorrecto de tiempo verbal, ya que caza es coherente con los demás tiempos presentes del texto. La opción (1) cambia incorrectamente el adverbio *alrededor* por *debajo*. La opción (2) haría de la última oración un fragmento de oración. La opción (3) es una forma verbal incompleta. La opción (5) emplea un tiempo verbal incorrecto.

7. **(2) son** (Tiempos verbales) La opción (2) corrige un uso incorrecto de tiempo verbal, ya que *son* es coherente con el otro tiempo presente de la oración: *llegan*. Las opciones (1), (3) y (4) romperían esta coherencia con *llegan*. La opción (5) es una forma verbal incompleta.

8. **(1) cambiar crece por crecen** (Concordancia entre el sujeto y el verbo). La opción (1) es correcta porque *crecen* concuerda con el sujeto compuesto *plantas y animales*, y no con la frase apositiva interpuesta *conocidos colectivamente como plancton*. La opción (2) cambia el pronombre en plural correcto, que se refiere al sujeto, por un pronombre en singular, incorrecto. La opción (3) crea una forma verbal incorrecta. La opción (4) emplea incorrectamente una forma verbal compuesta. La opción (5) crea una referencia confusa mediante el pronombre *ellos*.

9. **(1) pequeño y éste, a su vez, atrae** (Pronombres) La opción (1) es correcta porque combina con fluidez las oraciones en una oración compuesta y reemplaza la repetición de *el pez pequeño* con el pronombre correcto en singular *éste*. Las opciones (2) y (4) emplean pronombres incorrectos en plural. La opción (3) utiliza el pronombre *uno* incorrectamente, confundiendo el sentido de la oración. En la opción (5) falta concordancia entre el adjetivo y el sustantivo original, así como entre sujeto, pronombre y verbo.

10. **(3) cambiar fue por fueron** (Concordancia entre el sujeto y el verbo) La opción (3) es correcta porque el verbo en plural *fueron* concuerda con el sujeto en plural *puestos* y no con la frase interpuesta *durante la presidencia de Jimmy Carter*. La opción (1) crea un cambio innecesario porque no hace falta aclarar el antecedente de *Sus*. La opción (2) elimina una coma necesaria. La opción (4) elimina la coma necesaria

entre los elementos de una serie. La opción (5) emplea un verbo en singular para un sujeto en plural.

11. **(5) no se requiere hacer ninguna corrección** (Pronombres) La oración es correcta y clara tal como está redactada. La opción (1) cambia el pronombre y le resta especificidad a la oración. La opción (2) emplea un tiempo verbal incorrecto. La opción (3) añade una coma innecesaria. La opción (4) añade un posesivo innecesario a la oración.

12. **(4) logró** (Formas verbales) La opción (4) brinda la forma del pretérito del verbo regular *lograr*, ya que el primer verbo de la oración reconstruida, *provenía*, está en pretérito. Las demás opciones emplean verbos con tiempos verbales incorrectos para la oración.

13. **(2) aparece** (Concordancia entre el sujeto y el verbo) La opción (2) es correcta porque el sujeto en singular *imagen* tiene que concordar con un verbo en singular. Las demás opciones contienen tiempos verbales incorrectos o que rompen esta concordancia necesaria.

14. **(5) comenzó** (Formas verbales) La opción (5) es la forma correcta del tiempo pretérito del verbo. Las opciones (1), (2), (3) y (4) emplean tiempos verbales incorrectos, porque *en 1978* indica que se requiere la forma verbal utilizada.

15. **(5) sustituir su propio automóvil con sus propios automóviles** (Pronombres) La opción (5) corrige el uso incorrecto del complemento en singular por el complemento adecuado en plural. La opción (1) emplea un tiempo verbal incorrecto. La opción (2) emplea una forma verbal incorrecta. La opción (3) añade una coma innecesaria.

16. **(2) se presentan** (Concordancia entre el sujeto y el verbo) La opción (2) es correcta porque el sujeto en plural, *los pasos*, concuerda con el verbo en plural, *se presentan*. La opción (1) emplea un verbo en singular para el sujeto en plural. La opción (3) repite el mismo error de concordancia. Las opciones (4) y (5) emplean incorrectamente el infinitivo y el participio.

17. **(1) toca** (Formas verbales) La opción (1) es correcta porque es el tiempo presente de *tocar*, que corresponde a los demás tiempos presentes empleados en el texto. La opción (2) emplea incorrectamente el futuro. La opción (3) emplea el presente, pero del modo subjuntivo y no indicativo, como los demás tiempos verbales del texto. La opción (4) emplea incorrectamente un gerundio. La opción (5) emplea un tiempo verbal inapropiado.

18. (5) no es necesario hacer ninguna corrección
(Estructura de las oraciones) La oración es correcta tal y como está redactada. La opción (1) cambia incorrectamente la forma verbal reflexiva *se encuentra* por otra que no lo es. La opción (2) crea un fragmento de oración separado de la oración introductoria. La opción (3) crea una oración seguida. La opción (4) reemplaza una preposición de forma innecesaria.

19. (1) se ha agregado aceite (Formas verbales) La opción (1) es la forma verbal correcta que requiere la oración reconstruida: *Una vez que se ha agregado aceite, compruebe su nivel, para asegurarse que está dentro del rango necesario.* La opción (2) emplea un tiempo verbal incorrecto. Las opciones (3), (4) y (5) son usos incorrectos del participio y del gerundio.

20. (2) cambiar que haya devuelto por de devolver (Tiempos verbales) La opción (2) corrige un tiempo verbal incorrecto, ya que el infinitivo *devolver* corresponde a los demás verbos en presente de indicativo y en imperativo del texto de la garantía. La opción (1) emplea un tiempo verbal inapropiado. La opción (3) elimina una coma necesaria. La opción (4) emplea incorrectamente otro tiempo verbal, y rompe la coherencia entre los demás tiempos del texto.

21. (4) pedimos (Concordancia entre el sujeto y el verbo) La opción (4) es correcta porque el sujeto implícito *nosotros* requiere un verbo que concuerde en género y número. La opción (1) es incorrecta porque el verbo en singular *pide* no concuerda con el sujeto. La opción (2) emplea incorrectamente una forma verbal compuesta. La opción (3) no respeta la concordancia entre el sujeto y el verbo. La opción (5) cambia incorrectamente el tiempo verbal al futuro, sin mantener la coherencia con los demás verbos en presente.

22. (3) envíe (Tiempos verbales) La opción (3) es correcta porque el imperativo mantiene la coherencia con los demás tiempos verbales de la garantía. Las opciones (1), (2) y (5) emplean tiempos verbales inapropiados, por el mismo motivo. La opción (4) emplea incorrectamente el infinitivo.

UNIDAD 4: MECÁNICA
Lección 15
Enfoque en las destrezas de GED (página 189)
A. Pida a su instructor o a otro estudiante que compruebe que usted haya utilizado correctamente las mayúsculas.

B. 12 de marzo de 2001.

Dr. Martín Allard
Hospital Metropolitano
San Juan, Puerto Rico 00901

Estimado Dr. Martín:

Como acordamos en nuestra conversación del jueves pasado, le envío mi solicitud oficial de una semana de vacaciones a partir del Día de Acción de Gracias. Necesito especialmente esa semana porque voy a visitar a mis padres en Virginia.

Aunque no tengo antigüedad en la compañía, aprecio su consideración de mi solicitud. No he tenido vacaciones desde la Navidad. Además, voy a trabajar turnos completos el Día de Recordación y el Día de la Independencia respectivamente.

Sinceramente,
Julián Garzón

C. Después de que corrija los errores en el uso de las mayúsculas y otras incorrecciones, comparta el trabajo con su instructor o con otro estudiante.

Enfoque en las destrezas de GED (Página 191)
1. He aprendido mucha geografía de Estados Unidos en mi clase de estudios sociales.

2. Al este del continente está el Atlántico, y al oeste el Pacífico.

3. Los estados del Golfo de México tienen un clima cálido, pero la región de los Grandes Lagos posee temperaturas bajo cero.

4. Al oeste del río Mississippi se pueden apreciar valles y campos de maíz.

5. Al oeste de las Grandes Llanuras hay desiertos y cadenas montañosas.

6. Para llegar a Alaska, el estado más norteño, hay que pasar por Canadá.

7. Para llegar a Hawai, el más sureño, hay que cruzar el Pacífico.

8. Mi profesor, el Dr. Reyes, ha visitado los cincuenta estados y Puerto Rico, pero yo sólo he estado en dos.

B. Estimado Congresista:

El debate entre los dos candidatos al Senado comienza este viernes por la noche, a las 6:30 p.m. Los principales temas de la agenda serán los impuestos sobre la propiedad estatal y el control de las armas de fuego. Otros dos debates se realizarán en el invierno. Las elecciones primarias se celebrarán el 16 de marzo.

El encuentro tendrá lugar en el auditorio de la Biblioteca Harold Brown Memorial. Estará presente el alcalde Ramos y el representante Adolfo Campos presidirá el debate.

Estas son las instrucciones para llegar desde el aeropuerto. Primero, vaya hacia el norte por la autopista Landover hasta el centro de la ciudad. Luego doble a la derecha hacia la calle Central. Después siga derecho hasta llegar a la vía Morrow. Allí verá la Corte a la izquierda. Doble hacia el norte y siga dos cuadras. La Biblioteca Harold Brown estará a la derecha, en el lado este. El estacionamiento está detrás del edificio.

C. Después que usted corrija los errores en tiempos verbales y otras incorrecciones en el párrafo, comparta el trabajo con su instructor o con otro estudiante.

Práctica de GED (Páginas 192 y 193)

Todos los artículos de esta práctica tienen que ver con las mayúsculas.

1. **(1) sustituir Otoño por otoño** La opción (1) es correcta porque las estaciones no llevan mayúscula inicial. La opción (2) es incorrecta porque no hay concordancia entre sujeto y verbo. La opción (3) cambia incorrectamente el tiempo verbal. La opción (4) es incorrecta porque en este caso *presidente* se utiliza en un sentido genérico.

2. **(2) sustituir Estado por estado** La opción (2) es correcta porque *estado* es un nombre común y no lleva mayúscula. La opción (3) cambia incorrectamente el tiempo verbal. La opción (4) crea una concordancia incorrecta. La opción (5) es incorrecta porque introduce un uso incorrecto de la mayúscula.

3. **(5) sustituir Vicepresidente por vicepresidente** La opción (5) es correcta porque un título no lleva mayúscula cuando precede a un nombre propio. La opción (1) elimina una coma después de una frase introductoria. Las opciones (2) y (4) son incorrectas porque indican un error en el uso de las mayúsculas.

4. **(4) sustituir congreso por Congreso** La opción (4) es correcta porque indica el uso correcto de la mayúscula en *Congreso*. Las opciones (1) y (2) cambian incorrectamente el tiempo verbal. Las opciones (3) y (5) son incorrectas porque indican un error en el uso de las mayúsculas.

5. **(4) sustituir día de la madre por Día de la Madre** La opción (4) es correcta porque los días festivos llevan mayúscula. La opción (1) es incorrecta porque cambia inadecuadamente el tiempo verbal. La opción (2) es incorrecta porque

Semana Santa lleva mayúscula. Las opciones (3) y (5) colocan comas innecesarias.

6. **(2) sustituir fundación por Fundación** La opción (2) es correcta porque *Fundación* es parte del nombre de una organización específica. La opción (1) es incorrecta porque elimina las mayúsculas apropiadas. La opción (3) es incorrecta porque indica una falta de concordancia entre sujeto y verbo. La opción (4) introduce un pronombre ambiguo. La opción (5) cambia incorrectamente el tiempo verbal.

7. **(5) sustituir Mayo a Junio por mayo a junio** Esta opción es correcta porque los meses no se escriben con mayúscula. La opción (1) es incorrecta porque *meses* es un nombre común. La opción (2) cambia incorrectamente el tiempo verbal. La opción (3) coloca una coma innecesaria. La opción (4) indica una utilización incorrecta de las mayúsculas.

8. **(1) sustituir Verano por verano** La opción (1) es correcta porque las estaciones del año no se escriben con mayúscula. La opción (2) cambia incorrectamente el tiempo verbal. La opción (3) coloca una coma innecesaria. La opción (4) utiliza incorrectamente la mayúscula.

Prueba corta de GED • Lección 15
(Páginas 194 y 195)

1. **(2) sustituir hace por hacen** (Concordancia entre el sujeto y el verbo) La opción (2) es correcta porque el verbo debe estar en plural para que concuerde con los sustantivos. La opción (1) utiliza incorrectamente las mayúsculas. La opción (3) coloca una coma innecesaria. La opción (4) es incorrecta porque cambia el tiempo verbal adecuado.

2. **(5) Si usted tiene una queja contra un agente, le invitamos a hacérnoslo saber.** (Oraciones temáticas) La opción (5) es la mejor oración temática porque introduce la idea principal del párrafo. Las opciones (1) y (3) son demasiado generales. La opción (2) tiene demasiados detalles específicos para ser una oración temática efectiva. La opción (4) no se relaciona con la idea principal del párrafo.

3. **(4) sustituir libertador por Libertador** (Uso de las mayúsculas) La opción (4) es correcta porque *Libertador* es el nombre de una calle y debe llevar mayúscula. La opción (1) utiliza incorrectamente un verbo incompleto. Las opciones (2) y (3) son incorrectas porque no hacen uso adecuado de las mayúsculas. La opción (5) introduce una coma innecesaria.

4. **(5) no se requiere hacer ninguna corrección** (Uso de las mayúsculas) La oración es correcta. La opción (1) utiliza una forma verbal incorrecta. La opción (2) usa la mayúscula en un sustantivo que no la lleva. La opción (3) introduce una coma innecesaria. La opción (4) es incorrecta porque el nombre de un grupo específico se escribe con mayúscula.

5. **(2) sustituir unidos por Unidos** (Uso de las mayúsculas) La opción (2) usa correctamente la mayúscula en una abreviatura que es parte del nombre de una compañía. La opción (3) elimina una coma después de una frase introductoria. La opción (4) cambia incorrectamente el tiempo verbal.

6. **(4) siempre y cuando haya sido expedida en** (Subordinación) La opción (4) es correcta porque la oración combina de forma fluida las ideas para concretar una oración compleja. Las opciones (1), (2), (3) y (5) no conducen a oraciones fluidas y efectivas que conserven el significado de la oración original.

7. **(3) sustituir Americanos por americanos** (Tiempos verbales) La opción (3) corrige el uso incorrecto de la mayúscula. La opción (1) sugiere una abreviatura incorrecta. Las opciones (2) y (4) sugieren mayúsculas incorrectas.

8. **(3) con la oración 5** (Divisiones de párrafos) La opción (3) es correcta porque divide correctamente el texto cuando la idea principal transita de identificaciones a otros tipos de documentos necesarios para demostrar la elegibilidad laboral. Las opciones (1) y (2) dividen el primer párrafo innecesariamente, separando los detalles de apoyo. Las opciones (4) y (5) hacen lo mismo con el segundo párrafo.

9. **(4) eliminar podíamos aceptar** (Estructura paralela) La opción (4) crea una estructura paralela con frases nominales. La opción (1) cambia incorrectamente el tiempo verbal. La opción (2) elimina incorrectamente una coma necesaria en una serie paralela. La opción (3) es incorrecta porque *Seguro Social* se escribe con mayúscula. Por esa misma razón, la opción (5) también es incorrecta.

Lección 16
Enfoque en las destrezas de GED (Página 197)
A. 1. A continuación le damos una receta para panqueques, tortas fritas o tortas batidas.

2. Una y tamice $1\frac{1}{2}$ tazas de harina, una cucharadita de sal, 3 cucharadas de azúcar y $1\frac{3}{4}$ cucharaditas de polvo de hornear.

3. NC

4. Añada 1 taza de leche, unas gotas de vainilla y tres cucharadas de mantequilla a los huevos batidos.

5. Combine bien los ingredientes húmedos y secos, pero puede dejar algunos grumos.

6. NC

7. Sus panqueques o tortas fritas tendrán consistencia y grosor, y un sabor delicioso.

B. ¿Cómo era la vida en 1900? No había electricidad en una casa normal en el Medio Oeste rural, el Sur Profundo, y ni siquiera en Los Ángeles. La luz artificial provenía de lámparas de gas o keroseno. La primera gran generadora de energía eléctrica en Estados Unidos acababa de ser construida. La gente decía que la electricidad nunca sería lo suficientemente económica o segura como para usarla en una casa promedio.

El agua caliente era un lujo, las bañeras estaban en las cocinas y pocas casas tenían instalaciones de plomería. Se generaba calor con estufas de leña o carbón. La calefacción central sólo estaba comenzando a cobrar popularidad entre residentes pudientes y magnates empresariales.

Algunos consideran esos años como los buenos tiempos, pero yo me siento feliz de vivir en esta época. Sólo basta considerar cómo muchos gritan y patalean cuando una tormenta interrumpe el servicio eléctrico por unas horas. ¡Lo sé porque soy uno de ellos!

C. Después de que corrija los errores con las comas y otras incorrecciones, comparta el trabajo con su instructor o con otro estudiante.

Enfoque en las destrezas de GED (Página 199)
A. 1. Alberto Lorenzo, experto en salud del condado, se propuso investigar si los bomberos, paramédicos y chóferes de ambulancia saben lo que es una buena nutrición.

2. Debido a que afecta tanto el tiempo de reacción como la energía, la buena nutrición es vital en ese tipo de trabajo.

3. Después de recolectar datos de 500 empleados del condado, el Sr. Lorenzo realizó algunas observaciones importantes.

4. La mayoría de los trabajadores consumían suficientes proteínas, un nutriente esencial para sus organismos.

5. Sin embargo, una tercera parte necesitaba reducir la cantidad de grasa y comer más frutas y vegetales.

6. Según varios paramédicos, ellos comían con frecuencia ensaladas o frutas en casa.

7. Cuando comían junto a los compañeros en el trabajo, solían comer demasiada carne o alimentos con grasa.

B. La imagen del lobo como un animal solitario y cruel es una concepción errónea. Contrario a los mitos populares, los lobos son sociables y atentos con sus crías. En realidad, los lobos adultos dedican muchas horas a cuidar y jugar con sus cachorros.

Cuando viven en manadas de dos a doce animales, los lobos adultos dependen unos de otros para capturar y compartir la caza. La disponibilidad de presas, tanto animales grandes como pequeños, afecta la integración de la manada. Cuando la caza escasea, la manada disminuye. Cuando hay abundante caza, la manada crece.

Sin embargo, el mito de que los lobos cazan por deporte o crueldad ha sido totalmente refutado. Como parte de la cadena natural de alimentación, los lobos cazan los animales viejos, débiles o enfermos de los rebaños. Eso permite la supervivencia de los animales más fuertes de los rebaños. Eso, a su vez, ayuda al fortalecimiento de la especie.

Aunque los lobos son depredadores, también son presa de una especie en particular: los seres humanos.

C. Después de que usted corrija los errores con las comas y otras incorrecciones, comparta el trabajo con su instructor o con otro estudiante.

Práctica de GED (Páginas 200 y 201)
Todos los artículos de esta práctica tienen que ver con las comas.

1. **(5) El viernes, sábado y domingo próximos** La opción (5) es correcta porque *viernes* es el primer elemento en una serie de tres días. Las opciones (1), (2), (3) y (4) no colocan la puntuación correcta en la serie.

2. **(1) añadir una coma después de Además** La opción (1) es correcta porque coloca correctamente una coma después de una frase de introducción. La opción (2) elimina una coma necesaria. La opción (3) coloca una coma innecesaria al final de la serie. La opción (4) cambia incorrectamente el tiempo verbal.

3. **(2) añadir una coma después de Márquez** La opción (2) es correcta porque *Silvia Márquez* es una

aposición explicativa que identifica el sustantivo *gerente* y debe llevar coma. La opción (1) es incorrecta porque coloca una mayúscula incorrecta. La opción (3) coloca una coma innecesaria. La opción (4) cambia incorrectamente el tiempo verbal. La opción (5) utiliza un pronombre incorrecto.

4. **(3) eliminar la coma después de amigos** La opción (3) es correcta porque elimina una coma innecesaria entre dos elementos. La opción (1) crea incorrectamente una mutación de pronombres. La opción (2) utiliza una forma verbal incorrecta. La opción (4) coloca una coma innecesaria.

5. **(3) eliminar la coma después de duración** La opción (2) es correcta porque elimina una coma innecesaria al final de una serie. La opción (1) cambia incorrectamente el tiempo verbal. Las opciones (2) y (4) introducen comas innecesarias.

6. **(3) añadir una coma después de píldoras** La opción (3) es correcta porque introduce una coma después de la cláusula de introducción. La opción (1) cambia incorrectamente el tiempo verbal. La opción (2) coloca una coma innecesaria. La opción (4) introduce una mayúscula innecesaria.

7. **(4) calcio, y** Esta opción es correcta porque coloca una coma antes de la conjunción copulativa que conecta dos cláusulas independientes en una oración compuesta. Las opciones (1), (2), (3) y (5) no utilizan la combinación correcta de comas y conjunciones.

8. **(2) añadir una coma después de leche** La opción (2) es correcta porque coloca una coma después de la frase introductoria. La opción (1) es incorrecta porque coloca una coma con demasiada anticipación. La opción (3) es incorrecta porque cambia inadecuadamente el verbo, y la opción (4) indica un tiempo verbal incorrecto.

9. **(3) eliminar la coma después de calcio** La opción (3) es correcta porque elimina una coma innecesaria que separa el sujeto del verbo. La opción (1) indica una sustitución incorrecta. La opción (2) cambia incorrectamente el tiempo verbal. La opción (4) elimina una coma necesaria en la serie. La opción (5) introduce también una coma innecesaria.

Prueba corta de GED • Lección 16
(Páginas 202 y 203)

1. **(3) agua al día, un precioso recurso natural** (Comas) La opción (3) es correcta porque coloca una coma antes de la aposición explicativa. Las opciones (1), (2), (4) y (5) no lo hacen.

2. **(4) eliminar la coma después de llenos** (Comas) La opción (4) es correcta porque elimina

una coma innecesaria. La opción (1) es incorrecta porque las frases de introducción deben estar precedidas por comas. La opción (2) cambia incorrectamente el tiempo verbal. La opción (3) coloca una coma innecesaria entre dos elementos.

3. **(3) tape y llene** (Modificadores fuera de lugar) La opción (3) es correcta porque utiliza el *usted* como sujeto omitido de la oración, junto al predicado compuesto *tape y llene*. Las opciones (1), (4) y (5) proponen sujetos que no concuerdan con el modificador. La opción (2) crea una mutación de pronombres.

4. **(5) sustituir regarlos por regar** (Pronombres y verbos) La opción (5) utiliza el verbo correcto, eliminando la combinación del pronombre *los* después del verbo *regar*. La opción (2) utiliza el tiempo verbal incorrecto. La opción (3) coloca incorrectamente una coma innecesaria. La opción (4) también coloca una coma innecesaria.

5. **(5) añadir una coma después de impermeable** (Comas) La opción (5) es correcta porque coloca la coma necesaria en una serie de tres o más elementos. La opción (2) cambia incorrectamente el tiempo verbal. La opción (3) elimina una coma necesaria. Las opciones (1) y (4) introducen una coma innecesaria.

6. **(5) vinil, alisando** (Oraciones seguidas) La opción (5) es correcta porque corrige la oración seguida subordinando la idea en la segunda cláusula. La opción (1) es una oración seguida. La opción (2) crea una división incorrecta con coma. Las opciones (3) y (4) no conducen a una oración fluida y efectiva.

7. **(3) cambiar entonces necesita colocar por coloque** (Estructura paralela) La opción (3) crea correctamente la estructura paralela haciendo una serie de frases verbales cortas. La opción (2) coloca una conjunción copulativa innecesaria entre el primero y el segundo elemento de la serie. La opción (4) coloca una coma innecesaria.

8. **(1) sustituir éste por el pegamento** (Pronombres) La opción (1) es correcta porque corrige un antecedente que no está claro. La opción (2) es incorrecta porque elimina una coma después de la cláusula introductoria. La opción (3) cambia

incorrectamente el tiempo verbal. La opción (4) introduce una coma innecesaria.

9. **(2) Para hacer un cojín extra firme, grape** (Subordinación) La opción (2) subordina la información de la primera oración y reduce la palabrería para producir una oración fluida y más efectiva. Las opciones (1), (3), (4) y (5) no conducen a oraciones fluidas y efectivas que sustenten con exactitud el significado de las oraciones originales.

Enlace con la redacción de GED (Páginas 204–207)
Comparta su trabajo en los ejercicios de El enlace personal y El enlace GED con su instructor u otro estudiante.

Lección 17
Enfoque en las destrezas de GED (Página 209)

A. 1. afecto
   2. aptitud
   3. efecto
   4. actitud
   5. adoptar
   6. adaptar

B. 7. actitud
   8. prejuicio
   9. procedentes
   10. condenarlos
   11. afecto
   12. acceso

Enfoque en las destrezas de GED (Página 211)

A. 1. vienes
   2. vastos
   3. barón
   4. atajo
   5. vaya
   6. as
   7. a
   8. hasta

Respuestas y explicaciones

B. Estimado cliente:

Es un gran placer darle la bienvenida al Banco Godoy. Le escribo para agradecerle que <u>haya</u> abierto una cuenta en nuestra institución.

Por favor, lea el folleto adjunto, "Guía Bancaria Godoy" donde le detallamos todos nuestros servicios. A partir del próximo 15 de septiembre, usted tendrá acceso <u>a</u> nuestro sistema de depósito directo. También podrá emitir sus cheques personales en cuanto tenga necesidad de efectuar cualquier pago. Recuerde que <u>hay</u> una diferencia entre las cuentas de ahorro y las cuentas de cheques.

También le adjuntamos su tarjeta de Cajero Automático. En cuanto <u>haya</u> activado la contraseña personal, podrá proceder a extraer dinero en efectivo en cualquiera de nuestras 57 sucursales regionales, y en más de 475 cajeros en todo el país. Sólo <u>basta</u> marcar su contraseña y la cantidad que <u>vaya</u> a extraer.

Gracias por darnos la oportunidad de servirle y demostrarle que el Banco Godoy <u>ha</u> sido su mejor elección.

Nuestra más cordial bienvenida,
Alfredo Quiñónez
Vicepresidente de Relaciones con el Cliente

C. Después de que haya leído la carta para corregir los errores en las palabras homófonas y parónimas, o cualquier otra incorrección, comparta el trabajo con su instructor o con otro estudiante.

Enfoque en las destrezas de GED (Página 213)

A. 1. Nicolás

2. Correcta

3. teléfono

4. amigo

5. médico

6. difícil

7. espero

B. No puedes imaginarte lo malo que <u>está</u> el tiempo por <u>acá</u>. Estamos <u>tan</u> aburridos que <u>no</u> vemos el momento de ir a visitarte. ¿<u>Podemos</u> ir a tu casa la semana <u>próxima</u>? Ricardo y su nueva novia <u>también</u> quieren ir con nosotros. ¿Está bien? Por supuesto, si siete personas es <u>demasiado</u>, nos quedaremos en casa.

Otra cosa, ¿puedes darnos <u>instrucciones</u> para llegar? Tío Rosendo no recuerda el camino. Agradecemos tu amable <u>invitación</u>. Esperamos que todo salga bien y nuestra visita sea <u>inolvidable</u>.

C. Después de que haya leído la carta para corregir los errores de acentuación, o cualquier otra

incorrección, muestre su trabajo a su instructor o a otro estudiante.

Práctica de GED (Páginas 214 y 215)
Todos los artículos de esta práctica tienen que ver con la ortografía.

1. **(5) no se requiere hacer ninguna corrección** La oración está escrita correctamente. La opción (1) coloca una coma innecesaria. La opción (2) elimina incorrectamente una coma después de una frase introductoria. Las opciones (3) y (4) introducen palabras con significados incorrectos.

2. **(5) sustituir masajes por mensajes** La opción (5) corrige una diferencia de escritura de la palabra *mensajes*. Las opciones (1), (2) y (3) introducen palabras con significados incorrectos. La opción (4) introduce una coma innecesaria.

3. **(1) sustituir ha por a** La opción (1) es correcta porque sustituye la palabra con la ortografía correcta, independientemente de que suenan igual. La opción (2) indica una acentuación incorrecta. Las opciones (3) y (4) introducen respectivamente comas innecesarias. La opción (5) introduce un componente innecesario.

4. **(1) sustituir deseé por desee** La opción (1) es correcta porque sustituye una palabra parecida y con acentuación diferente por la palabra correcta *desee*. Las opciones (2) y (3) cambian incorrectamente las palabras. La opción (4) elimina una coma necesaria, y la opción (5) introduce una coma innecesaria al final de la serie.

5. **(4) sustituir seminales por semanales** La opción (4) es correcta porque sustituye una palabra parónima por la correcta. La opción (2) elimina incorrectamente una coma necesaria. La opción (3) es incorrecta porque introduce un tiempo verbal incorrecto. Las opciones (4) y (5) sustituyen incorrectamente las palabras.

6. **(1) sustituir resiente por reciente** La opción (1) es correcta porque sustituye la palabra homónima incorrecta por la correcta. Las opciones (2) y (4) introducen un tiempo verbal incorrecto. La opción (3) implica una mutación pronominal incorrecta.

7. **(3) sustituir remodelación por renovación** Esta opción es correcta porque sustituye una palabra parónima por la correcta. La opción (1) es incorrecta porque indica la inserción de un adjetivo posesivo incorrecto. La opción (2) elimina una coma necesaria. La opción (4) indica una utilización incorrecta de las mayúsculas.

8. **(5) no se requiere hacer ninguna corrección** La oración está escrita correctamente. La opción (1)

indica un tiempo verbal incorrecto. La opción (2) coloca una coma innecesaria. La opción (3) indica un uso incorrecto de la mayúscula. La opción (4) elimina una mayúscula necesaria.

Prueba corta de GED • Lección 17
(Páginas 216 y 217)

1. **(1) sustituir afeitando por afectando** (Ortografía) La opción (1) es correcta porque elimina la palabra incorrecta. La opción (2) indica un cambio innecesario de una conjunción necesaria. La opción (3) elimina una coma necesaria. La opción (4) elimina incorrectamente una conjunción necesaria.

2. **(1) sustituir Tan bien por También** (Ortografía) La opción (1) es correcta porque elimina la confusión de sonidos y coloca la palabra correcta *también*. La opción (2) indica un cambio incorrecto. La opción (3) elimina una coma necesaria en una serie. La opción (4) introduce una coma innecesaria.

3. **(5) sustituir Médicos por médicos** (Uso de las mayúsculas). La opción (5) es correcta porque *médicos* no va con mayúscula. La opción (1) utiliza incorrectamente un tiempo verbal. La opción (2) indica otro uso incorrecto de las mayúsculas. La opción (3) elimina incorrectamente una coma necesaria. La opción (4) introduce una forma verbal incorrecta en número.

4. **(1) llevarlos a vacunar antes de que** (Subordinación) La opción (1) es correcta porque conduce a una oración fluida y efectiva. Las opciones (2), (3), (4) y (5) no lo logran.

5. **(5) sustituir huso por uso** (Ortografía) La opción (5) sustituye correctamente la palabra homófona. La opción (1) añade un homófono incorrecto. La opción (2) utiliza incorrectamente la mayúscula. La opción (3) indica un cambio innecesario en la negación. La opción (4) coloca una coma innecesaria.

6. **(3) sustituir acepto por excepto** (Ortografía) La opción (3) es correcta porque introduce la palabra correcta. La opción (1) provee una cláusula introductoria correcta. La opción (2) elimina una coma necesaria. La opción (4) coloca una coma innecesaria. La opción (5) indica una sustitución incorrecta de palabras.

7. **(1) La pérdida de una tarjeta de crédito nos enseña a mantener** (Subordinación) La opción (1) es correcta porque sugiere una vía lógica de combinar las ideas de las dos oraciones en una sola, fluida y efectiva. Las opciones (2), (3), (4) y (5) no lo logran.

8. **(4) con la oración 7** (Divisiones de párrafos) La opción (4) es correcta porque comienza correctamente un nuevo párrafo cuando la idea principal deriva al uso inapropiado de una tarjeta de crédito. Las opciones (1), (2), (3) y (5) no lo logran.

9. **(4) les cobrará** (Formas verbales) La opción (4) introduce el tiempo verbal correcto. Las opciones (1), (2), (3) y (5) indican tiempos verbales incorrectos.

Enlace con la redacción de GED (Páginas 218–221)
Comparta su trabajo en los ejercicios de El enlace personal y El enlace GED con su instructor o con otro estudiante.

Unidad 4 Repaso acumulativo
(Páginas 222 a 226)

1. **(1) sustituir respeto por respecto** (Parónimas) La opción (1) es correcta porque elimina la palabra parónima incorrecta. La opción (2) coloca una coma innecesaria. La opción (3) elimina una mayúscula necesaria. La opción (4) añade un parónimo incorrecto.

2. **(5) sustituir Departamento por departamento** (Uso de las mayúsculas) La opción (5) es correcta porque *departamento* no va con mayúscula en este caso. La opción (1) indica un cambio incorrecto de palabras. La opción (2) introduce una forma verbal incorrecta. La opción (3) sustituye una palabra correcta. La opción (4) introduce una coma innecesaria.

3. **(5) sustituir jonathan por Jonathan** (Uso de las mayúsculas) La opción (5) es correcta porque *Jonathan* lleva mayúscula. La opción (1) elimina una coma innecesaria. La opción (2) indica una forma verbal incorrecta. La opción (3) elimina unas mayúsculas necesarias. La opción (4) añade una coma innecesaria.

4. **(2) profesor, el Sr. López, al** (Comas) La opción (2) es correcta porque combina con mayor efectividad las comas incluyendo la información en aposiciones explicativas. Las opciones (1), (3), (4) y (5) no lo logran.

5. **(4) pintura, porque** (Comas) La opción (4) es correcta porque introduce una coma después del elemento de introducción. Las opciones (2) y (3) utilizan palabras de enlace incorrectas. La opción (5) indica un fragmento de oración.

6. **(2) eliminar la coma despúes de cuidado** (Ortografía) La opción (2) elimina una coma innecesaria. La opción (1) indica un cambio de tiempo verbal incorrecto. La opción (3) introduce un cambio de palabra incorrecto. La opción (4) elimina una coma necesaria.

7. **(5) sustituir lega por llega** (Ortografía) La opción (5) es correcta porque sustituye la palabra incorrecta por la correcta. La opción (2) introduce un pronombre incorrecto. La opción (3) elimina una coma necesaria. La opción (4) coloca una coma innecesaria.

8. **(3) agua, jabón y** (Comas) La opción (3) es correcta porque separa correctamente los elementos de la serie con comas. Las opciones (1), (2), (3) y (5) no lo logran.

9. **(5) sustituir huso por uso** (Homófonas) La opción (4) introduce la palabra correcta en ortografía y como homófona. La opción (1) introduce un tiempo verbal incorrecto. La opción (2) elimina una coma necesaria. La opción (3) elimina un elemento necesario. La opción (4) introduce un fragmento de oración incorrecto.

10. **(2) sustituir Asociación Nacional por asociación nacional** (Uso de las mayúsculas). La opción (2) elimina el uso incorrecto de las mayúsculas en ese componente de la oración. La opción (1) indica un cambio de tiempo verbal incorrecto. La opción (3) introduce un cambio de palabra incorrecto. La opción (4) indica un tiempo verbal incorrecto.

11. **(4) sustituir Europeas por europeas** (Uso de las mayúsculas) La opción (4) es correcta porque *Europeas* no lleva mayúscula. La opción (1) elimina una coma necesaria. La opción (2) introduce una parónima incorrecta. La opción (3) indica un cambio innecesario de adjetivo posesivo. La opción (5) elimina una coma necesaria.

12. **(4) o, al menos, la obtención** (Comas) La opción (4) es correcta porque separa correctamente los elementos de la serie con comas. Las opciones (1), (2), (3) y (5) no lo logran.

13. **(1) sustituir harta por alta** (Parónimas) La opción (1) sustituye la palabra parónima incorrecta. La opción (2) introduce un componente oracional incorrecto. La opción (3) indica un cambio incorrecto de palabras. La opción (4) introduce una coma innecesaria.

14. **(4) añadir una coma después de pequeños** (Comas) La opción (4) es correcta porque introduce una coma después de una larga cláusula introductoria. La opción (1) introduce una falta de concordancia del sujeto. La opción (2) indica una forma verbal incorrecta. Las opciones (3) y (5) colocan comas innecesarias.

15. **(1) sustituir ora por hora** (Homófonas) La opción (1) introduce la palabra correcta en ortografía y como homófona. La opción (2) elimina una coma necesaria. La opción (3) sustituye un posesivo correcto por otro incorrecto. La opción (4) indica un tiempo verbal incorrecto.

Repaso de los Enlaces con la redacción

Pida al instructor o a otro estudiante que revise su composición. Pídale que le haga comentarios sobre los siguientes temas:
- Organización del párrafo de introducción, los párrafos intermedios con detalles y ejemplos y el párrafo de conclusión.
- No salirse del tema.

Haga los cambios necesarios a la composición.

PRUEBA FINAL (Páginas 227–242)

1. **(3) joven, el** (Estructura de las oraciones/fragmentos) La opción (3) es la correcta porque une un fragmento de oración dependiente (oración 2) a una oración independiente con la puntuación correcta: una coma. La opción (1) contiene un fragmento de oración. La opción (2) omite la coma necesaria después de la oración introductoria. Las opciones (4) y (5) utilizan palabras de conexión inapropiadas y omiten la puntuación necesaria.

2. **(3) de vida** (uso/concordancia sujeto-verbo). La opción (3) es correcta porque el verbo *hay* concuerda en persona y número con el *sujeto* tres tipos de seguros de *vida* (ellos). La opción (1) es incorrecta porque está en singular. La opción (2) es incorrecta porque está en singular y en pasado. La opción (4) se encuentra en el tiempo equivocado. La opción (5) es una forma verbal incompleta.

3. **(3) cambiar por que por porque.**
(Mecánica/Ortografía). La opción (1) es incorrecta porque concuerda en género y número con el sujeto. La opción (2) inserta una coma innecesaria. La opción (4) quita la negación necesaria para la lógica de la oración. La opción (5) presenta una ortografía incorrecta.

4. **(1) y, esto significa que eventualmente cuando** (Estructura de las oraciones/Oraciones compuestas) corrige una oración impropia formando una compuesta (2), (3), (4) y (5) son todas impropias.

5. **(5) La siguiente clase de seguro de vida es total, el más caro de todos** (Organización/ Oración temática). La opción (5) es la mejor oración temática porque introduce la idea principal del párrafo. Las opciones (1) y (2) son muy generales para abrir un párrafo. Las opciones (3) y (4) son demasiado específicas porque proveen detalles.

6. **(3) sustituir uno con usted** (Uso/Pronombres). La opción (3) es correcta porque cambia el pronombre *uno* por *usted*, el cual se usa en el resto del pasaje. La opción (1) cambia el significado de la oración. La opción (2) quita una coma que es necesaria después de la introducción de la cláusula dependiente. La opción (4) inserta una coma innecesaria. La opción (5) usa el pronombre incorrectamente.

7. **(4) valor nominal, usted** (Mecánica/Comas después de un elemento introductorio) La opción (4) es correcta porque inserta una coma que es necesaria después de un elemento introductorio. La coma falta en la opción (1). La opción (2) transforma a la cláusula dependiente en un fragmento. La opciones (3) y (5) usan palabras conectivas inapropiadas y omiten la puntuación necesaria.

8. **(2) cree que** (Uso/Formas verbales) La opción (2) es la correcta porque este tiempo verbal concuerda con el tiempo usado en el pasaje. Las opciones (1), (3), (4) y (5) provocan una disconcordancia de tiempos verbales.

9. **(2). trabajadores que tengan empleos** (Estructura de las oraciones/Subordinada). La opción (2) combina las oraciones efectivamente, colocando los detalles de la segunda oración en una cláusula y elimina palabras innecesarias. Las opciones (1), (3), (4) y (5) no son efectivas.

10. **(5) cambiar actitutes a aptitudes** (Ortografía/Semántica) La opción (5) es la correcta ya que ofrece la palabra apropiada para el significado de la oración. La opción (1) quita una coma necesaria. La opción (2) cambia concordancia de género y número. La opción (4) inserta una coma innecesaria.

11. **(5) no se requiere hacer ninguna corrección** (Mecánica/Comas) La oración está correctamente escrita. La opción (1) inserta una coma innecesaria. La opción (2) es incorrecta ya que *empresa* no necesita ir en mayúscula. La opción (3) quita una coma erróneamente. La opción (4) quita la partícula *se* que es reflexiva y necesaria en esta oración.

12. **(4) oración 9** (Organización/División de párrafos) La opción (4) es correcta porque la oración 9 cambia a una idea nueva y por lo tanto debe empezar un párrafo. Las opciones (1), (2) y (3) tienen oraciones que proveen detalles sobre la idea principal del párrafo B. La opción (5) es un detalle en relación con la idea de la oración 9, por lo tanto debe seguirla en el nuevo párrafo.

13. **(4) exprese su interés** (Estructura de las oraciones/Paralelismo) La opción (4) es correcta porque pone los artículos en la serie con la misma estructura, *su + sustantivo*. Las opciones (1), (2), (3) y (5) no corrigen el error en la estructura paralela.

14. **(3) cambiar del mes a de un mes** (Mecánica/Artículos) La opción (3) cambia el artículo indefinido por el definido que es necesario en esta oración. Las opciones (2) y (4) son incorrectas porque el cambio de adjetivos o su posición modifican el significado. La opción (5) no corrige el error.

15. **(3) recepción, completan órdenes de compras de material deportivo y equipos y suplen.** (Mecánica/Comas en series) La opción (3) es correcta porque se necesita una coma para separar los artículos de una lista. Las opciones (1), (2), (4) y (5) no separan los artículos de manera correcta.

16. **(1) sustituir el siguientes temas con los siguientes temas** (Mecánica/Concordancia) La opción (1) es correcta porque el artículo definido plural concuerda con el adjetivo y sustantivo que lo acompañan. La opción (2) quita una coma que es necesaria. La opción (3) escribe en mayúscula una palabra que no es parte de un nombre propio. La opción (4) agrega una coma innecesaria. La opción (5) no corrige el error.

17. **(1) más de la mitad de los temporeros crean** (Estructura de las oraciones/Modificadores) La opción (1) tiene el sujeto correcto y los modificadores están en la posición correcta. Las opciones (2), (3), (4) y (5) no presentan una idea clara de lo que los modificadores están modificando.

18. **(5) para resolver problemas y los problemas no resueltos** (Estructura de las oraciones/Oraciones compuestas) La opción (5) elimina la repetición y las palabras de más, combinando la información de dos oraciones en una compuesta. Las opciones (1), (2) y (4) no forman oraciones claras y efectivas que reordenen el significado de las dos oraciones.

19. **(3) mover la oración 11 al comienzo del párrafo C** (Organización/Unidad y coherencia) La opción (3) mueve correctamente la oración temática al comienzo del párrafo que introduce. La opción (1) mueve la oración temática al comienzo del párrafo equivocado. La opción (2) lo mueve a un lugar ilógico en el mismo párrafo. La opción (4) mueve la oración temática al final del párrafo que debería introducir. La opción (5) quita la oración temática.

20. **(5) sustituir mí mismo con mí** (Estructura/Mecánica) La opción (5) es correcta porque mí es objeto indirecto y no necesita el énfasis de mismo. La opción (1) rompe la concordancia entre sujeto y verbo. La opción (2) rompe concordancia de número. La opción (3) quita una coma necesaria. La opción (4) agrega una coma innecesaria.

21. **(3) cambiar continuando a continúe** (Estructura de las oraciones/paralelismo) La opción (3) es correcta porque con ella todos los elementos de la serie se convierten en frases de estructura similar. Las opciones (1), (2), (4) y (5) no corrigen el error del paralelismo.

22. **(2) combinar los párrafos A y B** (Organización/Estructura de los párrafos) La opción (2) combina correctamente dos párrafos que contienen detalles sobre una idea principal. La opción (1) mueve sólo uno de los detalles al primer párrafo y deja un párrafo de una sola oración. Las opciones (3) y (5) quitan importantes detalles que sustentan la idea principal. La opción (4) mueve incorrectamente la oración temática del párrafo que introduce.

23. **(5) gato y alguien** (Estructura de las oraciones/Oraciones seguidas) La opción es la correcta, corrige la oración seguida al separar cláusulas independientes con la apropiada conjunción. La opción (1) es una oración seguida. La opción (2) es la unión de dos palabras por una coma. La opción (3) lleva a una oración con muchas palabras y puntuación incorrecta. La opción (4) utiliza una palabra para conectar inapropiada y con signos de puntuación incorrectamente usados.

24. **(2) estropee** (Tiempos verbales) La opción (2) es la correcta porque el tiempo verbal que propone concuerda con el resto del pasaje. Las opciones (1), (3), (4) y (5) proponen tiempos verbales inadecuados para esta estructura.

25. **(1) cambiar está a este** (Tiempos verbales) La opción (1) es correcta porque esta oración necesita el verbo en presente del subjuntivo. La opción (2) propone una ortografía equivocada y su función es adjetivo demostrativo. Las opciones (3) y (4) son tiempos verbales inadecuados. La opción (5) no corrige el error.

26. **(4) eliminar finalmente** (Mecánica) La opción (4) es correcta porque quita una palabra innecesaria. La opción (1) agrega una coma innecesaria. La opción (2) quita una coma necesaria. La opción (3) quita una palabra que actúa como nexo incorrectamente. La opción (5) propone un error en la concordancia de adjetivo posesivo con su sujeto.

27. **(5) cambiár Oeste a oeste** (Mecánica/Mayúscula). La opción (5) es correcta porque las posiciones no deben usarse con mayúsculas. La opción (1) quita una coma necesaria después de un elemento introductorio. La opción (2) es incorrecta porque el nombre propio debe estar en mayúscula. La opción (3) usa una forma verbal incompleta. La opción (4) inserta una coma innecesaria.

28. **(3) los aviones** (Estructura de oraciones/paralelismo) La opción (3) es correcta porque suprime la repetición del verbo creando una estructura paralela entre sus componentes. Las opciones (1), (2), (4) y (5) no corrigen el error en la estructura paralela.

29. **(2) quitar la oración 2** (Organización/Unidad y coherencia) La opción (2) elimina correctamente una oración que no sustenta a la idea principal. La opción (1) mueve incorrectamente la oración temática del comienzo del párrafo. La opción (3) quita un importante detalle de sustento. La opción (4) lleva un detalle a un lugar ilógico. La opción (5) retiene una oración que no sustenta la idea principal.

30. **(2) cambiar subió a ha subido.** (Uso/Tiempos verbales) La opción (2) propone el tiempo verbal adecuado para esta oración. La opción (1) usa el plural incorrectamente. La opción (3) inserta una coma innecesaria. La opción (4) es incorrecta porque colonial no es parte de un nombre propio. La opción (5) usa una forma incorrecta del verbo.

31. **(5) estampillado, aunque cuesta** (Estructura de las oraciones/Fragmentos) La opción (5) es correcta porque une dos cláusulas independientes creando una oración compuesta. Las opciones (1), (2), (3) y (4) no muestran relación entre los fragmentos y la oración y tampoco proporcionan una puntuación adecuada.

32. **(5) hace** (Uso/Concordancia entre sujeto y predicado) La opción es correcta porque se habla en términos generales y necesita un verbo en presente. Las opciones (1), (2), (3) y (4) proporcionan tiempos verbales que no corresponden.

33. **(1) ustedes, nuestros valiosos clientes,** (Mecánica/Comas con aposiciones) La opción (1) es correcta porque aposiciones innecesarias van entre comas. Las opciones (2), (3) y (4) omiten una o ambas comas. La opción (5) crea dos fragmentos.

34. **(5) cambiar será a fue** (Uso/Tiempo verbal) La opción (5) es la correcta porque de acuerdo al pasaje esta oración se refiere a un acontecimiento que ya pasó. La opción (1) quita una coma necesaria. La opción (2) provee un indicador de tiempo inapropiado para ese contexto. La opción (3) es incorrecta porque las festividades deben ir con mayúscula. La opción (4) inserta una coma innecesaria.

35. **(5) estamos** (Uso/Tiempo verbal) La opción (5) es la correcta porque en esta oración se necesita presente simple. Las opciones (1), (2), (3) y (4) proveen tiempos verbales inadecuados para esta oración.

36. **(4) solicitados por nuestros clientes y éstos harán** (Estructura de las oraciones/Oraciones seguidas) La opción (4) es la correcta porque no es necesario repetir la palabra servicios y en su lugar se usa el pronombre estos. Las opciones (1), (2), (3) y (4) no producen oraciones efectivas.

37. **(4) con la oración 12** (Organización/División de párrafo) La opción (4) comienza un párrafo correctamente con la idea principal. Las opciones (1), (2) y (3) son oraciones que entregan detalles relacionados con el párrafo C. La opción (5) crea un párrafo nuevo con un detalle del cuarto párrafo.

38. **(1) añadir es después de propósito** (Estructura de las oraciones) La opción (1) corrige un fragmento al insertar un verbo que falta. La opción (2) entrega una forma verbal incompleta. La opción (3) no provee un verbo principal para la oración. La opción (4) inserta una coma innecesaria.

39. **(2) pequeñas y,** (Mecánica/Comas en oraciones compuestas) La opción (2) es correcta porque incluye una coma después de una conjunción que forma una oración compuesta. La opción (3) ofrece la coma en un lugar erróneo. La opción (3) no tiene ninguna coma. La opción (4) introduce un punto, rompiendo su unión. La opción (5) introduce una coma innecesaria.

40. **(1) cambiar presentarás a presentamos,** (Uso/Tiempo verbal) La opción (1) es la correcta porque es necesario usar presente simple en esta oración. La opción (2) introduce una coma innecesaria. La opción (4) introduce un tiempo de verbo erróneo y falta concordancia con el sujeto. La opción (5) introduce un error en la concordancia sujeto/verbo.

41. **(3) Si pierde la etiqueta** (Estructura de las oraciones) La opción (3) es correcta porque introduce una situación condicional con Si. La opción (1), (2), (4) y (5) no conducen a oraciones efectivas.

42. (2) reemplazar Quizás quiera comprar con En ese caso es posible que (Organización/ Transición) La opción (2) es la correcta porque introduce una frase que obliga al usuario a sentir la obligación de actuar. La opción (1) mueve detalles de sustentación a un lugar ilógico. La opción (3) introduce un tiempo verbal erróneo. La opción (4) mueve detalles a un sitio fuera del párrafo al que pertenece. La opción (5) quita un detalle importante.

43. (2) eliminar la coma después de cama (Mecánica/Comas). La opción (2) quita una coma innecesaria. La opción (1) inserta una coma innecesaria entre dos ítems. La opción (3) quita una negación y cambia el significado de la oración. La opción (4) cambia el significado de la oración. La opción (5) no corrige el error.

44. (1) añadir de la baranda después de superior (Uso/Pronombres) La opción (1) es la correcta porque en este contexto no es necesario repetir de la baranda ya que se sabe que se está hablando de ella. La opción (2) quita la partícula *se* cambiando el significado de la oración. La opción (3) cambia el significado de la oración. La opción (4) introduce un tiempo verbal erróneo. La opción (5) cambia el significado de la oración.

45. (5) cambiar nuestra a suya. (Mecánica/Ortografía) La opción (5) es la correcta porque la carta está dirigida a usted. La opción (1) introduce un tiempo verbal erróneo. La opción (2) es incorrecta porque la preposición de indicaría que los programas pertenecen a las familias. La opción (3) introduce una coma innecesaria. La opción (4) cambia la cantidad de programas disponibles.

46. (2) cambiar que su a cuyo (Mecánica/Ortografía) La opción (2) es la correcta porque en esta oración se necesita el adjetivo posesivo cuyos. La opción (1) introduce una coma innecesaria. La opción (3) no introduce concordancia entre sujeto y predicado. La opción (4) es un tiempo verbal inadecuado. La opción (5) es incorrecta porque propone una conjunción coordinativa donde se necesita una adversativa.

47. (1) contado o permiten (Estructura de las oraciones/Oraciones compuestas) La opción (1) es correcta porque usa una conjunción para unir dos oraciones independientes sin uso de comas. La opción (2) introduce una coma innecesaria. La opción (3) es una estructura torpe. La opción (4) introduce un punto y corta la fluidez. La opción (5) introduce una conjunción errónea.

48. (5) ingresos y los compradores. (Estructura de las oraciones/Coma) La opción (5) es la correcta ya que la conjunción crea una oración compuesta. La opción (2) corta la fluidez. La opción (4) introduce dos comas innecesarias. La opción (3) tiene una puntuación errónea.

49. (4) ofrece (Uso/Tiempo verbal) La opción (4) es la correcta porque es el tiempo verbal necesario para explicar algo. Las opciones (1), (2), (3) y (5) introducen tiempos verbales inadecuados para esta situación.

50. (2) comprar, incluyendo (Estructura de las oraciones/Subordinación) La opción (2) es correcta porque el gerundio une el fragmento a la oración principal. La opción (1) es incorrecta porque el punto corta la fluidez. La opción (3) es torpe. La opción (4) muestra un paralelismo erróneo. La opción (5) incluye un punto que corta la fluidez y además agrega una orden.

PRUEBA SIMULADA (Páginas 245–262)

1. (5) cambiar Academia a academia (Mecánica/mayúsculas) La opción (5) es correcta porque este primer elemento no necesita llevar mayúscula, su nombre específico. Por la misma razón, la opción (4) es incorrecta. La opción (1) es incorrecta porque un sustantivo común como *nominado* no se escribe con mayúscula. La opción (2) elimina en forma incorrecta la coma necesaria antes de una aposición no esencial. La opción (3) inserta en forma incorrecta una coma innecesaria entre dos elementos.

2. (2) codiciados. Sin embargo (Estructura de oración/fragmentos) La opción (2) corrige el fragmento ya que la frase introductoria *Sin embargo* da sentido al significado de la oración (1) es el fragmento original. La opción (3) crea una omisión de conjunciones coordinantes. Las opciones (4) y (5) no llevan a una oración estructurada efectiva y uniforme.

3. (1) Se entregan Óscares para muchas categorías de películas (Organización/oración temática). La opción (1) es la mejor opción de oración temática ya que es una declaración general de la idea principal del párrafo. Las opciones (2), (3) y (4) no tienen relación con la idea principal. La opción (5) es muy específica para ser una oración temática.

4. **(4) eliminar para la** (Estructura de la oración/paralelismo) La opción (4) es correcta porque elimina las dos palabras que hacen que el último elemento de la serie no sea paralelo con las otras frases. La opción (1) es incorrecta porque inserta en forma incorrecta un pronombre sujeto cuando la oración ya tiene un sujeto (*algunos*). La opción (2) es incorrecta porque el verbo plural *son* concuerda con el sujeto plural *algunos*. La opción (3) elimina la coma necesaria para separar elementos en la serie. La opción (5), la original, no es paralela en la serie.

5. **(3) industria cinematográfica, basándose** (Mecánica/comas) La opción (3) es correcta porque proporciona la forma correcta del verbo. En la opción (1) la coma original es innecesaria. La opción (2) crea un fragmento de oración. Las opciones (4) y (5) utilizan formas verbales incorrectas.

6. **(5) cambiar ellos a los premios** (uso/pronombres) La opción (5) corrige el antecedente ambiguo del pronombre *ellos* al reemplazarlo con un sustantivo. La opción (1) es incorrecta porque el verbo plural *son* concuerda con el sujeto plural *Oscar*. La opción (2) inserta una coma innecesaria. La opción (3) cambia en forma incorrecta los sustantivos plurales a sustantivos singulares posesivos. La opción (4) crea una oración seguida.

7. **(2) eliminar la coma después de Óscares** (Mecánica/comas) La opción (2) es correcta porque elimina una coma innecesaria. La opción (1) es incorrecta porque se necesita una coma después del elemento introductorio. La opción (3) es incorrecta porque el verbo singular *es* concuerda con el sujeto singular *película*. La opción (4) es incorrecta porque reemplaza el pronombre singular su, que se refiere a película, con un pronombre plural. La opción (5) es incorrecta porque el pronombre posesivo masculino se necesita en la oración.

8. **(4) cambiar estamos a en** (mecánica/verbos y preposiciones) La opción (4) es correcta porque el verbo *estamos* no corresponde al uso preposicional requerido de *en*. Las opciones (1) y (2) incorrectamente cambian el tiempo verbal en dos cláusulas de la oración. La opción (3) inserta una coma innecesaria.

9. **(5) estamos comprometidos** (uso/modo del sujeto) La opción (5) es correcta porque el verbo plural *comprometidos* concuerda con el sujeto plural *estamos*. Las opciones (1), (2), (3) y (4) están todas con verbo en singular. Las opciones (2), (3) y (4) cambian incorrectamente el tiempo del verbo.

10. **(2) Cuando necesite reemplazar un parabrisas roto o quebrado,** (Estructura de la oración/modificadores) La opción (2) inserta correctamente una conjunción subordinada y un sujeto y verbo en el modificador sin sujeto, cambiando la frase a una cláusula subordinada. Las opciones (1), (3), (4) y (5) no corrigen el error.

11. **(2) clientes y éste** (estructura de la oración/oraciones seguidas) La opción (4) divide correctamente las dos cláusulas independientes en dos oraciones completas. La opción (1) es una oración seguida. La opción (2) usa una palabra conectora inadecuada y le falta la coma necesaria. La opción (3) utiliza una palabra conectora inadecuada. La opción (5) crea una omisión de conjunciones coordinantes.

12. **(2) moverla para que venga después de la oración 8** (organización/unidad y coherencia) La opción 2 mueve en forma correcta un detalle de apoyo a su lugar lógico en el párrafo. Las opciones (1), (3) y (5), no. La opción (4) elimina en forma incorrecta la importante pieza de confirmación.

13. **(5) no se requiere hacer ninguna corrección** (uso/sujeto-verbo) La opción (1) cambia incorrectamente el tiempo verbal al futuro. La opción (2) es incorrecta porque el sujeto singular aparece con el sujeto singular. La opción (3) proporciona una forma verbal incorrecta. La opción (4) inserta una coma innecesaria.

14. **(1) tendrá** (uso/tiempos verbales) La opción (1) es correcta porque la frase de tiempo *la mañana siguiente* es una clave de que se requiere el tiempo futuro. Las opciones (2), (3), (4) y (5) son tiempos verbales incorrectos para la oración.

15. **(1) es con estos pasos que se obtiene** (estructura de oración/modificadores) La opción (1) ubica correctamente el modificador desde el automóvil de un amigo hasta el sustantivo que describe, arrancar en segunda. Las opciones (2), (3), (4) y (5) mueven el modificador a posiciones poco claras y cambian el significado de la oración.

16. **(4) cambiar estén a esté** (mecánica/homófonos). La opción (4) corrige el error homofónico, ya que haya y, no halla corresponde al verbo correcto. La opción (1) utiliza una forma verbal incorrecta. La opción (2) inserta una coma innecesaria.

17. **(4) cambiar baterías a batería** (Mecánica/ortografía de posesivos) La opción (4) cambia en forma correcta un sustantivo plural a sustantivo singular. La opción (1) crea un fragmento de oración. La opción (2) utiliza un pronombre sin un antecedente claro. La opción (3) inserta una coma innecesaria.

18. **(5) con la oración 13** (organización/divisiones de párrafo) La opción (5) comienza correctamente un nuevo párrafo cuando la idea principal cambia a desconectar los cables. Las opciones (1), (2), (3) y (4) son detalles que se relacionan con la idea principal del párrafo C.

19. **(2) haya retirado** (uso/formas verbales) La opción (2) utiliza la forma verbal de participio correcta para usar con haber. La opción (1) es una forma verbal incorrecta. La opción (3) es una forma verbal incompleta porque se necesita el verbo auxiliar haber. Las opciones (4) y (5) cambian en forma incorrecta el tiempo verbal.

20. **(3) batería. Ahora** (estructura de oración/omisión de conjunciones coordinantes) La opción (3) corrige la omisión de conjunciones coordinantes al transformar las dos cláusulas independientes en dos oraciones completas. La opción (1) es la omisión de conjunción coordinante original. La opción (2) crea un fragmento de oración. La opción (4) crea una oración seguida. La opción (5) utiliza una palabra conectora inadecuada.

21. **(4) reemplazar afectos con efectos** (mecánica/ortografía) La opción (4) es correcta porque el sustantivo efectos, que significa resultados, no afecta al significado para influir como en el original, opción (5), se requiere en la oración. La opción (1) pone mayúsculas equivocadamente a profesión médica. La opción (2) es incorrecta porque el verbo singular *continúa* concuerda con el sujeto singular *profesión*. La opción (3) es incorrecta porque es plural y cambia el tiempo verbal.

22. **(2) reemplazar colesterol con A su vez, el colesterol** (organización/transiciones) La opción (2) inserta una transición para hacer más clara la relación entre las ideas de las oraciones 2 y 3. La opción (3) transforma un detalle en la oración temática en el párrafo. Las opciones (3) y (5) llevan el detalle a posiciones ilógicas dentro del párrafo. La opción (4) elimina en forma incorrecta el importante detalle de apoyo.

23. **(2) por ciento al comer** (estructura de oración/fragmentos) La opción (2) es correcta porque une. La opción (3) usa una conjunción coordinante inadecuada. La opción (4) tiene una puntuación equivocada y junto con la opción (5) utiliza una palabra conectora inadecuada.

24. **(3) se fomenta** (uso/concordancia sujeto-verbo) La opción (3) es correcta porque el verbo en singular concuerda con el sujeto singular (el público). La opción (1) es incorrecta porque es plural. La opción (2) es una forma verbal incompleta. La opción (4) es incorrecta porque es plural y cambia el verbo al pasado. La opción (5) es un verbo incompleto para esta oración.

25. **(4) cambiar ayuda a ayudan** (uso/concordancia sujeto) La opción (4) es correcta porque el verbo plural ayudan concuerda con el sujeto plural carne, frijoles y salvado de avena. La opción (1) reemplaza una palabra bien escrita por su homónimo. La opción (2) elimina la coma necesaria entre elementos en una serie. La opción (3) inserta una coma innecesaria entre el sujeto y el verbo. La opción (5) inserta una coma innecesaria.

26. **(5) sus hábitos de alimentación y ejercicio pueden** (estructura de la oración/subordinación) La opción (5) mueve dos importantes detalles de la oración, comer y ejercitarse, en la oración. Las opciones (1), (2), (3) y (4) no llevan a oraciones efectivas.

27. **(3) magnates del trigo, Oriental de Trigos y Granos La Hacienda** (mecánica/comas entre aposiciones) La opción (3) ubica correctamente una coma antes y después de la oposición no esencial *Oriental de Trigos y Granos La Hacienda*. A las opciones (1), (2) y (4) les faltan una o ambas comas. La opción (5) inserta una coma innecesaria entre los dos nombres.

28. **(1) CIT, cuyos productos cerealeros** (estructura de oración/subordinación) La opción (1) combina los detalles de dos oraciones por subordinación de la información en la segunda oración para evitar la repetición. Las opciones (2), (3), (4) y (5) no llevan a una oración efectiva y uniforme y cambian el significado de la oración inicial.

29. **(4) año, a pesar de** (estructura de oración/subordinación) La opción (4) subordina efectivamente la información en la segunda cláusula independiente a la primera y elimina la repetición. La opción (1) es una oración confusa y con muchas palabras. La opción (2) elimina una coma necesaria. Las opciones (3) y (5) crean fragmentos.

30. (3) inició (uso/formas verbales) La opción (3) corrige la forma verbal al usar el pasado simple que es consistente con el primer verbo en la oración, registró. Las opciones (1), (2), (4) y (5) son una forma verbal incorrecta.

31. (5) cambiar su a sus (uso/pronombre) La opción (5) es correcta porque el pronombre posesivo su coincide con el antecedente *United Seed Company*. La opción (1) elimina la coma necesaria después de un elemento introductorio. La opción (2) es incorrecta porque Company es parte del nombre de la organización y se debe mantener en mayúsculas. La opción (3) es incorrecta porque el verbo singular *continúa* concuerda con el sujeto singular *United Seed Company*. La opción (4) reemplaza a una gerundio por un participio pasado.

32. (1) con la oración 5 (organización/divisiones de párrafo) La opción (1) comienza correctamente un nuevo párrafo cuando la idea principal cambia a otras divisiones en la corporación. Las opciones (2), (3), (4) y (5) son detalles relacionados a esa idea principal.

33. (2) poner (uso/tiempos verbales) La opción (2) es correcta porque la secuencia lógica de la oración requiere el uso del tiempo infinitivo. Las opciones (1), (3), (4) y (5) cambian en forma incorrecta el tiempo verbal.

34. (4) mover la oración 11 a continuación de la oración 8 (organización/unidad y coherencia) La opción 4 es correcta porque reordena las oraciones en forma más lógica, poniendo la oración con consejos acerca de qué utensilio utilizar después de la oración acerca de mover el pollo. La opción (1) mueve la oración temática fuera del párrafo. Las opciones (2) y (3) eliminan importantes detalles de apoyo. La opción (5) no corrige la incoherencia en el párrafo.

35. (5) La carne se cocina mejor cuando la cambia de lugar una sola vez (estructura de oración/modificadores) La opción (5) corrige en forma correcta el modificador sin sujeto al insertar un sujeto y usar la forma verbal correcta. Las opciones (1), (2), (3) y (4) no llevan a oraciones efectivas y uniformes.

36. (2) no ve (uso/tiempos verbales) La opción (1) es correcta porque el tiempo verbal es adecuado. La opción (1) está en pasado. Las opciones (3), (4) y (5) cambian en forma incorrecta el tiempo al presente perfecto o al pasado o al presente continuo.

37. (5) no se requiere hacer ninguna corrección. La opciones (1), (2), (3) y (4) no producen oraciones efectivas.

38. (2) añadir una coma después de vez (mecánica/comas después de elementos introductorios) La opción (2) es correcta porque una cláusula introductoria necesita una coma después. La opción (1) reemplaza una palabra bien escrita con su homónimo. La opción (3) cambia incorrectamente el tiempo verbal del presente al presente perfecto. La opción (4) es incorrecta porque el tiempo verbal no es adecuado en ese caso.

39. (1) servicio atento a un precio razonable (estructura de oración/paralelismo) La opción (1) es correcta porque cambia una cláusula en una frase preposicional que es paralela con la frase preposicional que la antecede. Las opciones (2), (3), (4) y (5) no corrigen el error en la estructura paralela.

40. (5) verá (uso/formas verbales) La opción (5) corrige la forma verbal y utiliza el futuro, que es adecuado en la oración porque está describiendo una acción que vendrá. La opción (1) es el tiempo verbal original incorrecto. Las opciones (2), (3) y (4) son formas correctas de verbo, pero incorrectas para la oración.

41. (5) cambiar he desarrollado a desarrollé (uso/tiempos verbales) La opción (5) es correcta porque la secuencia lógica de la oración requiere el tiempo pasado simple en la segunda oración. La opción (1) elimina una conjunción de subordinación y, por ello, crea una omisión de conjunciones coordinantes. La opción (2) inserta una coma innecesaria. La opción (3) elimina una coma necesaria después de la cláusula introductoria. La opción (4) es incorrecta porque prueba no es parte de un nombre propio y no se debe escribir con mayúsculas.

42. (3) eliminar la oración 4 (organización/unidad y coherencia) La opción (3) elimina correctamente una oración que no apoya la idea principal. La opción (1) mueve la oración temática desde el principio del párrafo hacia una posición poco efectiva al final del mismo expresada en el segundo párrafo. La opción (4) mueve en forma incorrecta la oración temática desde el segundo párrafo hacia el primer párrafo.

43. (3) cambiar hospital a Hospital (mecánica/
mayúsculas) La opción (3) es correcta porque
hospital no es parte de un nombre propio, sino que
indica el tipo de lugar al que se refiere el nombre
propio que lo acompaña. La opción (1) elimina la
coma necesaria después del elemento transicional
introductorio. La opción (2) inserta una coma
innecesaria. La opción (4) es incorrecta porque el
verbo singular *requiere* concuerda con el sujeto
singular *trabajo*. La opción (5) reemplaza de forma
incorrecta un plural con un posesivo singular.

44. (4) trabajo y recibí (estructura de
oración/oraciones compuestas) La opción (4) es
correcta porque une las cláusulas independientes
íntimamente relacionadas con una conjunción
coordinante para hacer una oración compuesta. La
opción (1) es el original que no fluye con facilidad.
La opción (2) crea una oración seguida. La opción
(3) crea una omisión de conjunciones coordinantes.
La opción (5) incluye una coma innecesaria y
cambia el significado.

45. (3) cambiar es a son (uso/concordacia sujeto-
verbo) La opción (3) es correcta porque el verbo
plural debe concordar con el sujeto plural. Cuando
un sujeto compuesto es unido por *o*, el verbo debe
coincidir con el sujeto compuesto. La opción (1)
cambia en forma incorrecta un plural en posesivo.
La opción (2) inserta una coma innecesaria. La
opción (4) reemplaza una palabra bien escrita con
su homónimo.

**46. (2) Otra táctica cuestionable, llamada
retorno,** (estructura de oración/modificadores) La
opción (2) ubica el modificador junto al sustantivo
al que modifica. Las opciones (1), (3), (4) y (5) no
reconstruyen la oración de modo que el
modificador quede claro y la oración señale el
significado del texto original.

47. (3) cambiar debe a deben (uso/concordancia
sujeto) La opción (3) es correcta porque el verbo
plural *deben* concuerda con el sujeto plural *los
contratos*. La opción (1) cambia en forma incorrecta
un sustantivo plural por un posesivo plural. La
opción (2) inserta una coma innecesaria. La opción
(4) cambia un sustantivo plural en un posesivo
singular. La opción (5) no corrige el error.

48. (1) efectivo y no (mecánica) La opción (1) es
correcta porque la oración cuenta con dos cláusulas
independientes unidas por una conjunción
coordinante. La opción (2) crea una oración
seguida. La opción (3) crea dos oraciones inconexas.
La opción (4) incluye una coma innecesaria en una
oración compuesta. La opción (5) crea una omisión
de conjunciones coordinantes.

49. (3) añadir una coma después de inicio
(mecánica/comas en series) La opción (3) es correcta
porque el primer elemento de una serie (*un tercio al
inicio*) requiere una coma después de él. La opción
(1) elimina la coma necesaria después del elemento
introductorio. La opción (2) cambia en forma
incorrecta el tiempo a pasado. La opción (4) inserta
una coma innecesaria en el tercer elemento de la
serie. La opción (5) cambia en forma incorrecta los
elementos de la estructura paralela en la serie al
transformar al último elemento en una cláusula.

50. (1) cambiar duda a dude (mecánica/ortografía)
La opción (1) reemplaza el sustantivo por la forma
del verbo correcta. La opción (2) cambia en forma
incorrecta el tiempo de presente a presente perfecto.
Las opciones (3) y (4) reemplazan palabras escritas
correctamente con sus homónimos.

Estructura de las oraciones (Unidad 1)

Cuando corrija sus propias composiciones o un pasaje de la Prueba de Lenguaje y Redacción de GED, pregúntese y revise lo siguiente:

❏ **¿Todas las oraciones están completas?**

Cada oración tiene un sujeto y un verbo y expresa un pensamiento completo.

Ejemplo: *Sara fue a la feria.*

❏ **¿Se usan los signos de puntuación correctamente en todas las oraciones?**

No hay oraciones seguidas ni omisión de conjunciones coordinantes. Se usan los signos de puntuación correctamente en cada oración.

Ejemplo: *Sara fue a la feria con sus hijos.*

❏ **¿Las ideas en las oraciones compuestas se combinan fluida y efectivamente?**

Las ideas de igual valor en las oraciones independientes están conectadas con una conjunción coordinante adecuada y una coma.

Ejemplo: *Sara no quería montarse en la montaña rusa, pero su hijo menor la convenció.*

❏ **¿Las ideas en las oraciones complejas se combinan fluida y efectivamente?**

Se usa una conjunción subordinante para conectar una idea principal con información adicional.

Ejemplo: *Mientras Sara hacía la fila, su hija mayor fue a comprar refrescos.*

❏ **¿Los detalles se combinan fluida y efectivamente?**

Las oraciones varían en la cantidad de detalles y estructura, sin usar oraciones demasiado breves y entrecortadas.

Ejemplo: *Sara trabaja cinco días a la semana en una oficina de bienes raíces de la ciudad de San Francisco.*

❏ **¿Los elementos de una serie tienen una estructura paralela?**

Los elementos en una serie se escriben de la misma forma y se separan con comas.

Ejemplo: *Su trabajo consiste en atender llamadas, tomar apuntes, pautar anuncios y redactar correspondencia.*

❏ **¿Los modificadores son claros y comprensibles?**

Las palabras y frases que sirven de modificadores se usan cerca de las palabras que describen.

Ejemplo: *Tras varios años de arduo trabajo, Sara recibió un merecido ascenso.*

Organización (Unidad 2)

Cuando corrija sus propias composiciones o un pasaje de la Prueba de Lenguaje y Redacción de GED, pregúntese y revise lo siguiente:

❏ **¿El texto se divide en párrafos en lugares adecuados?**
> Cada párrafo tiene una idea principal y detalles de apoyo que explican esa idea.

❏ **¿Cada párrafo es coherente y las oraciones están bien ligadas?**
> Las ideas en cada oración o párrafo apoyan y se relacionan claramente con la idea principal y se presentan en un orden lógico.

❏ **¿Cada párrafo tiene una oración temática?**
> La oración temática expresa la idea principal del párrafo.

❏ **¿Las palabras de transición muestran cómo se relacionan las ideas?**
> Palabras y frases clave conectan una oración a la próxima oración relacionada y un párrafo al próximo párrafo relacionado.

Ejemplo:

Muchas personas quieren comprar una casa, pero ser dueño puede ser caro y estresante. **Por una parte,** es necesario dar un pronto pago. **Por otra,** puede que el mantenimiento sea costoso y que las compañías que hacen reparaciones no sean confiables. ~~Además, nuestra niñera no es muy responsable.~~ **Por último,** otro gasto imprevisto es el de los impuestos a la propiedad que se debe pagar para ciertas residencias. **Dicho todo esto,** ser dueño de una casa puede causar preocupación y costar mucho dinero.

La oración temática está encerrada en un círculo. Las palabras de transición se identifican en negritas. Se ha tachado una oración que no está relacionada con la idea principal.

Uso (Unidad 3)

Cuando corrija sus propias composiciones o un pasaje de la Prueba de Lenguaje y Redacción de GED, pregúntese y revise lo siguiente:

☐ **¿Hay concordancia entre el sujeto y el verbo?**

Los sujetos en singular concuerdan con verbos en singular.
Ejemplo: *El béisbol es un deporte muy popular.*

Los sujetos compuestos y plurales concuerdan con verbos en plural.
Ejemplo: *El fútbol y el baloncesto también son muy populares.*

Hay concordancia entre sujetos y verbos, aunque haya frases que los interrumpan.
Ejemplo: *Un deporte muy popular en las Olimpiadas es el patinaje artístico.*

☐ **¿Los tiempos verbales son consistentes y adecuados?**

Los tiempos presente, pretérito y futuro de los verbos muestran correctamente el tiempo en que ocurren las acciones.
Ejemplo: *Jaime estudia en la Escuela Superior Pedagógica.*
Ejemplo: *El mes pasado, me matriculé en el curso de GED.*
Ejemplo: *La próxima primavera aprobaré la Prueba de GED.*

☐ **¿El participio y el gerundio se usan correctamente?**

El gerundio, que termina en *-ando*, *-iendo*, modifica al verbo como adverbio.
Ejemplo: *Jorge salió corriendo de su casa para no llegar tarde a su trabajo.*

El participio, que termina en *-ado(a)(s)*, *-ido(a)(s)*, por lo general funciona como un adjetivo.
Ejemplo: *Ana se quedó sorprendida al averiguar el costo del vestido.*

☐ **¿Los pronombres se usan correctamente?**

Los pronombres concuerdan en género, número y persona con sus antecedentes.
Ejemplo: *Carla y yo vamos al cine. Nuestros maridos cuidarán a los niños.*

Los pronombres personales *yo, nosotros, nosotras, tú, usted, ustedes, vosotros, vosotras, él, ella, ellos* y *ellas* se usan como sujetos de una oración.
Ejemplo: *Ella no sabía que la escuela había cerrado más temprano aquel día.*

Cuando no exista riesgo de confusión, el pronombre personal se omite y se refleja en el verbo.
Ejemplo: *Vamos a la farmacia.*

El antecedente queda claro.
Ejemplo: *Mateo y Andrés están hablando sobre la idea de Mateo.*

Mecánica (Unidad 4)

Cuando corrija sus propias composiciones o un pasaje de la Prueba de Lenguaje y Redacción de GED, pregúntese y revise lo siguiente:

❑ **¿Las mayúsculas se usan correctamente?**

Los nombres propios se escriben con mayúsculas. Los nombres comunes no.

Ejemplo: *La familia Rodríguez se va de vacaciones a México el mes próximo.*

❑ **¿Las comas se usan correctamente?**

Las comas se usan para separar elementos de una serie. No se usa coma delante de las conjunciones *y, e, o, u* para separar elementos que expresen un mismo contenido. Las oraciones compuestas se separan con una coma y una conjunción coordinante. Se escribe coma delante de *y, e, o, u* para separar una enumeración cuyo último elemento exprese un contenido distinto al de los elementos anteriores. Una conjunción va precedida de una coma cuando se enlaza con todos los elementos de una serie y no sólo con el último elemento.

Ejemplo: *Mónica se probó una blusa, tres pantalones y cinco pares de zapatos, y se marchó sin comprar nada.*

❑ **¿Las palabras están escritas sin faltas de ortografía?**

No se confunden los parónimos ni las palabras homófonas. Las palabras llevan tilde donde corresponde.

Ejemplo: *El ama de casa descansó después de cocer la carne y coser los calcetines rotos de sus hijos.*

Palabras que generan confusión

A continuación se muestran algunas palabras que generan confusión, como los parónimos y las palabras homófonas. Sería bueno que redactara una oración con cada palabra y que luego comparara la ortografía que usted utilizó con el significado provisto en la lista. Marque las palabras con las que tuvo dificultad. Luego, concéntrense en aprender su ortografía.

❑ a (preposición)
❑ ha (del verbo "haber")
❑ ¡ah! (interjección de sorpresa)

❑ ¡ay! (interjección)
❑ hay (del verbo "haber")

❑ absceso (tumor)
❑ acceso (entrada)
❑ exceso (excedente, sobrante, acción exagerada)

❑ abría (acción de abrir)
❑ habría (del verbo "haber")

- absorber (sorber)
- absolver (liberar de cargos o culpas)

- afecto (cariño)
- efecto (consecuencia)

- aptitud (cualidad, disposición)
- actitud (forma de comportamiento)

- aremos (del verbo "arar")
- haremos (del verbo "hacer")

- arte (actividad creativa)
- harte (del verbo "hartarse")

- as (campeón)
- has (del verbo "haber")
- haz (del verbo "hacer")

- asta (soporte de la bandera)
- hasta (preposición)

- atajo (camino más corto)
- hatajo (partida, grupo de bandoleros)

- aya (institutriz)
- halla (del verbo "hallar")
- haya (árbol maderable)

- bacilo (microbio)
- vacilo (forma verbal de "vacilar")

- barón (titulo nobiliario)
- varón (hombre)

- basto (áspero)
- vasto (extenso)

- baya (fruto)
- vaya (del verbo "ir")
- valla (cerca)

- bienes (fortuna)
- vienes (del verbo "venir")

- bidente (que tiene dos dientes)
- vidente (que puede ver)

- botar (desechar)
- votar (ejercer el voto)

Lista del escritor

- ❏ cabe (del verbo "caber")
- ❏ cave (del verbo "cavar")

- ❏ cabo (mando militar, extremo de una cuerda)
- ❏ cavo (del verbo "cavar")

- ❏ callado (del verbo "callar")
- ❏ cayado (bastón)

- ❏ condonar (perdonar)
- ❏ condenar (sentenciar)

- ❏ deferencia (condescendencia)
- ❏ diferencia (desigualdad)

- ❏ desecho (despojo)
- ❏ deshecho (desaliñado)

- ❏ echo (del verbo "echar")
- ❏ hecho (del verbo "hacer")

- ❏ e (conjunción)
- ❏ ¡eh! (interjección)
- ❏ he (del verbo "haber")

- ❏ errado (fallado)
- ❏ herrado (herrar una cabalgadura)

- ❏ enebro (planta)
- ❏ enhebro (del verbo "enhebrar")

- ❏ encima (sobre)
- ❏ enzima (sustancia)

- ❏ grave (de gravedad)
- ❏ grabe (de "grabar")

- ❏ hala (del verbo "halar")
- ❏ ala (para volar)

- ❏ hallamos (del verbo "hallar")
- ❏ hayamos (del verbo "haber")

- ❏ herrar (poner herraduras)
- ❏ errar (equivocarse)

- ❏ hierba (vegetación)
- ❏ hierva (del verbo "hervir")

- ❏ hizo (del verbo "hacer")
- ❏ izo (del verbo "izar")

- hojear (dar vuelta las hojas)
- ojear (escudriñar)

- hola (saludo)
- ola (del mar)

- honda (de arrojar piedras)
- onda (de ondulado)

- hoya (depresión en una masa de agua)
- olla (recipiente)

- hora (unidad de tiempo)
- ora (reza)

- huso (artefacto para hilar)
- uso (usar)

- horca (forma de ejecución)
- orca (tipo de ballena)

- losa (piedra)
- loza (vajilla)

- perjuicio (daño)
- prejuicio (aprensión)

- rallar (desmenuzar)
- rayar (hacer rayas)

- rebelar (sublevar)
- revelar (difundir)

- reciente (que ocurrió hace poco)
- resiente (del verbo "resentir")

- sabia (conocedora)
- savia (de las plantas)

- sumo (supremo)
- zumo (jugo)

- tubo (cilindro)
- tuvo (del verbo "tener")

Lista del escritor

Lista de ortografía

Con algo de práctica y concentración, usted puede mejorar sus habilidades ortográficas. A continuación se muestra una lista de palabras que a menudo se escriben con faltas de ortografía. Escriba las palabras mientras alguien se las dicta. Prepare una lista de las que escribió incorrectamente. Puede que le resulte más fácil aprender las palabras que erró si estudia la ortografía correcta de diez a doce palabras a la vez.

ábaco ☐	aún ☐	cabe ☐	chubasco ☐
abalanzarse ☐	aureola ☐	cabecear ☐	cidra ☐
abastecer ☐	austero ☐	cabizbajo ☐	ciervo ☐
abollar ☐	avaro ☐	cabo ☐	cigüeña ☐
a bordo ☐	a veces ☐	cacerola ☐	circunstancia ☐
abordo ☐	avisar ☐	calavera ☐	cisterna ☐
aboyar ☐	¡ay! ☐	callado ☐	cizaña ☐
abría ☐	aya ☐	callo ☐	cocción ☐
absceso ☐		calló ☐	cocer ☐
absolver ☐	bacilo ☐	calvicie ☐	comoquiera ☐
absorber ☐	bahía ☐	camuflar ☐	comparecencia ☐
acceso ☐	balbucear ☐	canjear ☐	complacer ☐
acera ☐	barajar ☐	canon ☐	concejo ☐
acerbo ☐	barón ☐	capacidad ☐	conceptuación ☐
acervo ☐	basto ☐	capaz ☐	conciencia ☐
actitud ☐	baya ☐	carabela ☐	concienzudo ☐
adherir ☐	bazar ☐	carácter ☐	condenar ☐
adición ☐	bazo ☐	caracteres ☐	condición ☐
adoctrinamiento ☐	béisbol ☐	caravana ☐	condonar ☐
adolescente ☐	bello ☐	cardenal ☐	consciente ☐
adondequiera ☐	bencina ☐	cardíaco ☐	contrarrestar ☐
adquisición ☐	beneficencia ☐	cardinal ☐	controvertible ☐
aéreo ☐	benévolo ☐	cauce ☐	convulsionar ☐
aeropuerto ☐	bibliografía ☐	cave ☐	cónyuge ☐
afecto ☐	bidente ☐	cavidad ☐	corpazo ☐
¡ah! ☐	bienes ☐	cavo ☐	corpulento ☐
ala ☐	bienhechor ☐	cayado ☐	cortocircuito ☐
albedrío ☐	bilingüe ☐	cayo ☐	coser ☐
albino ☐	biografía ☐	cayó ☐	coyuntura ☐
alcohol ☐	biosfera ☐	cebada ☐	cuatrienio ☐
alérgeno ☐	bizarro ☐	cebo ☐	cubo ☐
ambidextro ☐	bizco ☐	cebra ☐	curvo ☐
amoníaco ☐	biznieto ☐	cede ☐	
antigüedad ☐	bobina ☐	ceja ☐	decencia ☐
apóstrofo ☐	bohemio ☐	ceniza ☐	decenio ☐
aprisa ☐	bohío ☐	censurar ☐	deceso ☐
aptitud ☐	boina ☐	central ☐	décima ☐
aremos ☐	bostezar ☐	centrar ☐	decisión ☐
areola ☐	botar ☐	cerciorar ☐	deferencia ☐
argüir ☐	bozal ☐	cerebelo ☐	déficit ☐
arte ☐	Brasil ☐	cerebro ☐	defunción ☐
as ☐	brazalete ☐	cernir ☐	depreciación ☐
ascenso ☐	brebaje ☐	cerrajero ☐	derivar ☐
asta ☐	bucear ☐	cerumen ☐	derredor ☐
atajo ☐	bujía ☐	cesto ☐	derribar ☐
a través ☐	bulla ☐	chapuzón ☐	desacierto ☐
auge ☐	bullicio ☐	chispazo ☐	desahucio ☐
aun ☐	buzo ☐	chivo ☐	desavenencia ☐

descendente

descendiente

desecho

deserción

deshacer

deshecho

deshidratación

deshilar

deshojar

deshonra

deslices

desvalido

desvanecer

devengar

diabetes

dieciséis

diferencia

diligencia

directrices

discernir

disciplina

discípulo

dondequiera

dúo

duodécimo

ebullición

echar

echo

efecto

efervescencia

égida

¡eh!

elegía

embestir

embudo

emisión

emitir

emoción

enajenación

encauzar

encima

encinta

enebro

enervar

enhebro

enhorabuena

enmohecerse

enrollar

enseñanza

envasar

enzima

equivalencia

equívoco

erigir

errado

errar

esbozo

escasez

escenografía

escéptico

escrúpulo

esparadrapo

espécimen

estornudo

evalúe

ex abrupto

exaltar

examen

excelencia

excéntrico

excepción

exceso

excitar

excursión

exención

exhalación

exhaustivo

exhibición

exhortar

exigir

expansión

expectación

expedición

expropiar

expulsar

extranjero

extraoficial

extravagancia

facción

faceta

fácilmente

falaces

falacia

falaz

fascinación

fascinar

fascismo

fase

faz

fehaciente

fidedigno

fiscalizar

flagrante

florescencia

fluvial

forcejeo

forzudo

fosforescencia

fregar

friego

frívolo

furibundo

fútil

gabán

gabinete

garabato

garaje

garbanzo

gavilán

gaviota

gazpacho

gemelo

genio

gerencia

germen

gérmenes

giba

gimnasio

ginebra

gira

giro

gitano

glaciares

globo

gobierno

golpear

gozne

grabado

grabar

grabe

granizo

gravado

gravamen

gravar

grave

grosor

grúa

ha

habría

hacha

hachazo

hacienda

hacinamiento

hala

halla

hallamos

hallazgo

haremos

harte

has

hasta

hatajo

hay

haya

hayamos

hazmerreír

he

hebilla

hecho

hégira

helecho

hélice

herrar

hexágono

híbrido

hice

hierba

hierva

higiene

higiénico

hilo

himno

hincapié

hinchar

hipocresía

hipoglucemia

hispanohablante

hizo

hocico

hogaza

hojear

hola

holgorio

holocausto

honda

hora

horca

hornada

hostil

hoya

huérfano

hule

humareda

humillar

huso

huya

iba

íbamos

ibérico

ice

ignición

imagen

imbuir

imperdible

imprescindible

inaccesible

inalámbrico

inalienable

inamovible

inauguración

inciso

incoherencia

inconcebible

incumbencia

indemnización

indescifrable

indolente

indulgencia

infección

inflexión

inflingir

informar ☐	malhumor ☐	ojear ☐	prescribir ☐
infringir ☐	malla ☐	ola ☐	prescrito ☐
ingerir ☐	malversar ☐	olla ☐	presunción ☐
inhibir ☐	maníaco ☐	omitir ☐	pretencioso ☐
injerir ☐	maníes ☐	ómnibus ☐	prever ☐
injertar ☐	manutención ☐	onda ☐	privación ☐
intemperie ☐	marbete ☐	oneroso ☐	probablemente ☐
intervalo ☐	margen ☐	óptimo ☐	procedente ☐
inválido ☐	marginal ☐	ora ☐	prócer ☐
invocar ☐	masilla ☐	órbita ☐	procesión ☐
inyección ☐	maya ☐	orca ☐	proeza ☐
izar ☐	mediterráneo ☐	orden ☐	progenitor ☐
izo ☐	menopausia ☐	origen ☐	prohibir ☐
	miligramo ☐	ornada ☐	prórroga ☐
jazmín ☐	milímetro ☐	Ortiz ☐	protuberancia ☐
jilguero ☐	misceláneo ☐	orzuelo ☐	púa ☐
jinete ☐	misiva ☐	oscilar ☐	pugilato ☐
joven ☐	mitin ☐	otorgamiento ☐	pulsación ☐
jovial ☐	mobiliario ☐	ovación ☐	pulverizar ☐
júbilo ☐	moción ☐	óvalo ☐	pureza ☐
juzgar ☐	mohoso ☐	oyente ☐	puya ☐
	monstruo ☐	ozono ☐	
kilogramo ☐	moribundo ☐		quehacer ☐
kilómetro ☐	móvil ☐	pabellón ☐	quejido ☐
kilovatio ☐	mugido ☐	paciencia ☐	quemarropa ☐
		palidez ☐	queramos ☐
labio ☐	narración ☐	panza ☐	querubín ☐
laceración ☐	nauseabundo ☐	pastizal ☐	quincallero ☐
lanza ☐	navaja ☐	pavimento ☐	quincuagésimo ☐
larva ☐	naval ☐	pedagogía ☐	quiso ☐
lascivia ☐	navegar ☐	pellizco ☐	quórum ☐
lavabo ☐	nebuloso ☐	peñasco ☐	
laxante ☐	negligencia ☐	perceptible ☐	radiactivo ☐
legalización ☐	negruzco ☐	percibir ☐	raíces ☐
legible ☐	neutralización ☐	perejil ☐	raíz ☐
legitimar ☐	nevar ☐	perenne ☐	rallar ☐
legítimo ☐	nivel ☐	perezoso ☐	rancio ☐
leí ☐	Nobel ☐	perito ☐	rasa ☐
leído ☐	nobiliario ☐	perjuicio ☐	rayar ☐
lenguaje ☐	nocivo ☐	persecución ☐	raza ☐
lesión ☐	nómina ☐	perseverancia ☐	reacio ☐
leucemia ☐	novel ☐	persuasivo ☐	rebasar ☐
libido ☐	noviazgo ☐	pilotar ☐	rebelar ☐
lícito ☐	nubosidad ☐	piscina ☐	rebelarse ☐
ligero ☐	núcleo ☐	plebiscito ☐	recabar ☐
lívido ☐	nupcial ☐	pocillo ☐	recavar ☐
locución ☐	nutritivo ☐	pollo ☐	receso ☐
longevo ☐		popurrí ☐	reciente ☐
longitud ☐	obedecer ☐	poso ☐	reelección ☐
losa ☐	obelisco ☐	poyo ☐	referéndum ☐
loza ☐	objeción ☐	pozo ☐	refrigerio ☐
lucidez ☐	objetivo ☐	precavido ☐	régimen ☐
luz ☐	obsceno ☐	precedente ☐	regímenes ☐
	obvio ☐	preciosismo ☐	rehén ☐
macizo ☐	ocasión ☐	precondición ☐	rehúso ☐
magia ☐	océano ☐	predecesor ☐	reivindicación ☐
magisterio ☐	ofuscado ☐	prejuicio ☐	residencia ☐
magistral ☐	oído ☐	prerrequisito ☐	resiente ☐
malentendidos ☐	oír ☐	prerrogativa ☐	resumen ☐

retahíla ☐
reúno ☐
revelación ☐
revelar ☐
revertir ☐
revés ☐
revisar ☐
revisión ☐
revocar ☐
revolver ☐
revólver ☐
ribera ☐
ríe ☐
río ☐
riqueza ☐
rizo ☐
roce ☐
rojizo ☐
rozar ☐
ruptura ☐

sabana ☐
sábana ☐
sabia ☐
sabueso ☐
saciar ☐
sagaz ☐
sanción ☐
savia ☐
sazón ☐
secesión ☐
secuaz ☐
sede ☐
semblanza ☐
sencillez ☐
sesión ☐
sidra ☐
siervo ☐
símbolo ☐
sin embargo ☐
sinnúmero ☐
sinusitis ☐
soberbia ☐
solo ☐
sólo ☐
somnolencia ☐
suavizador ☐
subconciencia ☐
subrayar ☐
subversivo ☐
sucesivo ☐
sugerir ☐
sugestión ☐
sujeción ☐

sumergir ☐
sumo ☐
superávit ☐
superfluo ☐
supervivencia ☐
susceptible ☐

tabular ☐
taciturno ☐
táctil ☐
talla ☐
también ☐
tangente ☐
tapicería ☐
tardanza ☐
tasación ☐
tecnicismo ☐
tensión ☐
terciar ☐
tergiversar ☐
textil ☐
titubear ☐
tobillo ☐
tocayo ☐
torcer ☐
tracción ☐
trace ☐
traduje ☐
tráetelo ☐
tragedia ☐
traía ☐
transacción ☐
transeúnte ☐
transfusión ☐
transición ☐
transversal ☐
trascendencia ☐
trascendental ☐
traslúcido ☐
travesía ☐
trayecto ☐
trazar ☐
treinta y dos ☐
triunvirato ☐
triza ☐
tubo ☐
turba ☐
turbio ☐
turbulento ☐
tuvo ☐

ubicación ☐
ufano ☐
úlcera ☐

ultimátum ☐
unánimemente ☐
unción ☐
unísono ☐
urgencia ☐
urinario ☐
uso ☐
usurpación ☐
utensilio ☐
utilización ☐

vaciar ☐
vacilo ☐
vacilación ☐
vaina ☐
vaivén ☐
validez ☐
valla ☐
valle ☐
varicela ☐
varón ☐
vasija ☐
vasto ☐
vaticinio ☐
vaya ☐
veces ☐
vehículo ☐
veintidós ☐
vello ☐
velorio ☐
vendaje ☐
venerable ☐
ventisca ☐
ventolera ☐
ventrílocuo ☐
verbena ☐
vergonzoso ☐
vergüenza ☐
verosímil ☐
verruga ☐
versión ☐
vesícula ☐
vía ☐
vicepresidente ☐
viceversa ☐
vicioso ☐
vicisitud ☐
vidente ☐
vienes ☐
vigésimo ☐
vigía ☐
viperino ☐
viraje ☐
víscera ☐

viscoso ☐
visera ☐
víspera ☐
vistazo ☐
vitalicio ☐
vociferar ☐
votar ☐

xilófono ☐
xilografía ☐

yanqui ☐
yarda ☐
yegua ☐
yema ☐
yermo ☐
yerno ☐
yeso ☐
yogur ☐
yuca ☐

zafar ☐
zalamero ☐
zambullir ☐
zanahoria ☐
zarpar ☐
zigzaguear ☐
zócalo ☐
zonificación ☐
zueco ☐
zumbar ☐
zumo ☐
zurcir ☐
zurdo ☐

Lista del escritor

Lista de redacción

Las actividades Enlaces con la redacción de este libro le sirvieron para desarrollar algunas destrezas básicas de redacción. Estas destrezas serán muy útiles para escribir una composición efectiva en la Parte II de la Prueba de Redacción. Cuando usted escriba (ya sea una composición personal o más general) pregúntese y revise lo siguiente:

❑ ¿La composición tiene introducción, cuerpo y conclusión?

❑ ¿Cada idea principal tiene su propio párrafo?

❑ ¿Todas las oraciones están completas y claras?

❑ ¿Los detalles y ejemplos son interesantes y específicos?

❑ ¿Hay modificadores vívidos y específicos que le permitirán al lector "ver" lo que describo?

❑ ¿Hay verbos específicos de acción?

❑ ¿El punto de vista es el mismo en toda la composición?

❑ ¿La composición no se sale del tema? ¿Las ideas se relacionan con el tema?

❑ ¿El uso de las estructuras de las oraciones es correcto y adecuado? (Consulte la lista en la página 314).

❑ ¿La organización es efectiva y clara? (Consulte la lista en la página 315).

❑ ¿El uso del español es correcto? (Consulte la lista en página 316).

❑ ¿Las mecánicas de redacción: uso de las mayúsculas, puntuación y ortografía son correctas? (Consulte la lista en la página 317).

Glosario

adverbio conjuntivo adverbio que muestra la relación entre dos ideas.

antecedente nombre o frase particular a la cual sustituye o se refiere un pronombre. Ejemplo: El hombre impidió que el perro lo mordiera.

antecedente confuso error que ocurre en la escritura, cuando el lector no puede determinar con exactitud el antecedente o pronombre. Ejemplo: Miguel y Fernando se marcharon en su auto.

apositivo palabra o frase que explica o da información adicional acerca de un sustantivo o un pronombre. Ejemplo: Sara, la residente del apartamento 101, es una excelente pianista.

cláusula grupo de palabras con sujeto y verbo. Una cláusula independiente expresa un pensamiento en su totalidad. Una cláusula dependiente o subordinada, por el contrario, no logra expresar dicho pensamiento.

cláusula independiente grupo de palabras que tiene sujeto y verbo y expresa un pensamiento completo. Ejemplo: Gracias a sus esfuerzos y noches sin dormir, todos aprobaron el examen.

cláusula subordinada (o cláusula dependiente) grupo de palabras que tiene sujeto y verbo, pero *no es una oración* porque no expresa un pensamiento completo. Ejemplo: Cuando terminamos de limpiar

conclusión final de una pieza escrita que puntualiza la idea principal.

concordancia entre el sujeto y el verbo el sujeto y el verbo de una oración deben estar en singular (cuando se refieren a una sola persona, cosa o lugar), o en plural (cuando es más de una). Ejemplo: Nosotros conocemos muy bien ese concierto de Bach para oboe y orquesta.

conjunción coordinante palabra que conecta elementos iguales, tales como las cláusulas independientes en una oración compuesta (*y, e, ni*). Ejemplo: Alejandro trabaja muy duro y cada día se va a casa con la satisfacción del deber cumplido.

conjunción subordinante palabra de conexión que establece una relación de rango desigual entre las ideas en dos cláusulas. Ejemplo: Iré a la fiesta aunque tenga que salir del trabajo al mediodía.

contracción palabra formada por otras dos que se combinan y acortan el término, eliminando letras. Ejemplo: a el (al); de el (del).

detalle de apoyo oración que explica la idea principal de un párrafo dando un detalle, ejemplo, o razón específica.

diario cuaderno en el cual usted puede escribir lo que desee. Forma muy personal de redacción.

ensayo pieza de escritura consistente en varios párrafos o más larga, que explica el punto de vista del escritor o escritora en torno a un tema determinado.

estructura paralela secuencia de palabras, frases o cláusulas de una oración escritas en la misma forma gramatical. Ejemplo: Gastamos el dinero porque lo ganamos, lo queríamos, y lo necesitábamos.

expresión parentética palabra o frase que no añade nada esencial al significado de una oración.

fragmento de oración oración incompleta. Un fragmento no expresa un pensamiento completo. Le puede faltar el sujeto o el verbo completo, o tal vez comienza con una conjunción de subordinación. Ejemplo: Tenemos que detenernos en la próxima gasolinera. Cero combustible.

futuro tiempo verbal que expresa una acción o condición futura. Ejemplo: La próxima semana verás a tu hermano mayor.

futuro perfecto tiempo verbal que expresa una acción futura que comenzará y concluirá antes del comienzo de otra. Use *habrá* con el participio. Ejemplo: Ellos habrán terminado de pintar la casa el fin de semana.

género determina si el pronombre es masculino, femenino o neutro.

gerundio forma derivada del verbo que funciona como adverbio. Se forma agregando las terminaciones -ando o -iendo. Ejemplo: Marcos llegó cantando una canción.

homófonas palabras que tienen el mismo sonido pero diferente ortografía y significado

idea principal idea organizativa central de un párrafo, la cual se expresa a menudo en la oración temática.

introducción inicio de una pieza de escritura que indica al lector el tema acerca del cual se escribe.

modificador sin sujeto frase colocada al comienzo de una oración a la cual le falta el sujeto que el modificador describe. Ejemplo: Mientras buscaba la pelota debajo de la cama, el gato le arañó la mano izquierda.

modificador mal colocado palabra o frase descriptiva colocada a demasiada distancia de la palabra o frase que describe. Ejemplo: Javier le compró el auto a su vecino con los faroles inservibles.

narrativa personal pieza de escritura en la cual el escritor o escritora narra una historia que le ha acontecido personalmente.

nombre propio nombre que define una persona o lugar específico. Ejemplo: Abraham Lincoln; San Juan.

número singular o plural.

omisión de conjunciones coordinantes dos cláusulas independientes separadas incorrectamente por una coma. Ejemplo: Recoge tus cosas, márchate de la ciudad ahora mismo.

oración compleja una cláusula independiente y una cláusula subordinada, conectadas por una conjunción copulativa. Ejemplo: Hacía tanto frío afuera que decidimos quedarnos en casa.

oración compuesta dos o más oraciones independientes combinadas con una conjunción coordinante.

oración independiente (o completa) es una oración que puede formar una oración simple por sí misma.

oración seguida dos o más cláusulas independientes unidas por una oración sin puntuación y/o palabras de conexión adecuadas. Ejemplo: Cuando apruebe mi prueba de GED espero encontrar un empleo mucho mejor.

oración simple grupo de palabras que tiene sujeto, verbo, y una idea. Ejemplo: Hoy es jueves.

oración temática palabra o frase que señala la relación entre una idea y la siguiente. Ejemplo: Primero pisa el pedal de embrague. Luego aplica la marcha atrás.

palabras homófonas son aquellas palabras que se pronuncian igual, pero su ortografía es diferente. Ejemplos: verás, veraz; peces, peses.

palabras parónimas son aquellas palabras que se pronuncian de forma parecida, pero tienen un significado y ortografía diferentes. Ejemplos: afecto, efecto; condonar, condenar.

párrafo grupo de oraciones relacionadas que desarrollan una misma idea principal

participio pasado parte principal de un verbo que utiliza un auxiliar para conformar tiempos perfectos. Ejemplo: A las doce ya habían descargado el camión de materiales.

pasado perfecto tiempo verbal que expresa una acción que comenzó antes del inicio de otra acción en pasado. Se forma mediante el uso del auxiliar *había*, *habían*, etc., con el participio pasado. Ejemplo: A menos de una semana de su partida ya habíamos recibido noticias de nuestro tío en África.

persona forma del pronombre que depende de la persona a quien se refiere la acción. Primera persona: *yo, mi, me, conmigo, nosotros, nosotras, nos*. Segunda persona: *tú, ti, te, contigo, vosotros, vosotras, os*. Tercera persona: *él, ella, ello, lo, la, le, se, consigo, ellos, ellas, los, las, les, ses*.

posesivo palabra que muestra posesión. Ejemplo: (singular) Enriqueta le mostró su proyecto a la profesora. (plural) Cierren sus cuadernos que ahora voy a contarles lo que me pasó ayer.

preposición palabra que enlaza a otras dos, expresando la relación existente entre los conceptos que ambas representan. Pueden ser: de dirección (*hacia, desde*); de ubicación (*bajo, sobre, tras*); entre otras. Ejemplo: Creo que este camino nos lleva hasta la playa.

presente tiempo verbal que expresa una acción que está ocurriendo en ese mismo momento, o que sucede regularmente. También una que describe condiciones presentes. Ejemplo: Corro cuatro kilómetros todas las mañanas.

pretérito tiempo verbal que expresa una acción o condición que fue realidad en el pasado. Ejemplo: Ayer hablé con Maritza dos horas seguidas.

pretérito perfecto tiempo verbal que expresa una acción que comenzó en el pasado y ya ha concluído. Ejemplo: Mariana ya ha comido.

pretérito pluscuamperfecto tiempo verbal que expresa una acción que se concluyó en el pasado antes de que comenzara otra acción en el pasado. Ejemplo: Juan había terminado la prueba cuando sonó el timbre.

pronombre palabra que sustituye al nombre o sustantivo, y define a una persona, lugar o cosa. Ejemplo: Aunque lo desea con todo su corazón, ella no tiene aún edad para votar.

uso del pronombre incorrecto error que ocurre cuando la persona o número de un pronombre cambia dentro de una oración o párrafo. Ejemplo: Cada vez que ella toma el ascensor, uno no sabe con quién se va a encontrar.

pronombre indefinido sustituto del nombre que hace referencia general a una persona, lugar o cosa. Ejemplo: Cualquiera con dos dedos de frente puede contestar un teléfono.

pronombre personal palabra que puede ser usada en sustitución de una persona, lugar, o cosa. Ejemplo: Ella te quiere tanto que es capaz de hacer cualquier cosa.

pronombre posesivo palabra que expresa pertenencia e indica la persona gramatical, el género y el número. Ejemplos: mío, tuyo, suyo, nuestros, suyos.

punto de vista perspectiva a partir de la cual se escribe algo. Puede crearse a partir del punto de vista del escritor en primera persona, desde el punto de vista de segunda persona del lector, o desde el punto de vista de tercera persona de alguien más.

sujeto palabra o frase que define acerca de quién o qué trata la oración. Ejemplo: Adalberto encontró el empleo perfecto.

sustantivo colectivo palabra que representa un grupo de personas o cosas. Cuando un grupo actúa al unísono, el nombre colectivo se considera un sujeto singular y lleva un verbo también en singular. Ejemplo: La bandada se alejó velozmente al oír el disparo.

tiempo perfecto tiempo verbal que expresa una relación de tiempo compleja. Consiste en un verbo auxiliar que es una variante *haber*, y el participio. Ejemplo: He andado por esos caminos durante años y años.

tiempo verbal forma de un verbo que comunica cuándo tiene lugar una acción o cuándo una condición es verdadera.

transición palabra o frase que relaciona una idea con otra. Ejemplo: Encienda el auto. Luego, encienda las luces.

unidad y coherencia cualidad de un párrafo mediante la cual todas las oraciones se relacionan con la idea principal y están dispuestas en orden lógico.

verbo palabra que describe la acción del sujeto. Ejemplo: Orlando es muy buen dentista. Cada día tiene más clientes.

verbo auxiliar verbo usado junto al verbo principal para construir formas en participio. Los verbos auxiliares por definición son *haber* y *estar*, aunque también se emplean con carácter especial *estar, ir, venir, tener*. Ejemplo: Desde hace mucho he querido comprarte una computadora nueva.

verbo irregular verbo cuya conjugación altera su composición original. Ejemplo: *apretar (aprieto); morder (muerdas); acertar (acierto)*.

verbo regular verbo que no cambia su estructura al ser conjugado. Ejemplo: *Escribir, escribo; leer, leemos; cantar, canto*.

Índice

Hoja de respuestas

Prueba de Lenguaje, Redacción
Parte I

Nombre: _____ Clase: _____ Fecha: _____

○ Prueba preliminar   ○ Prueba final   ○ Prueba simulada

1 ①②③④⑤	11 ①②③④⑤	21 ①②③④⑤	31 ①②③④⑤	41 ①②③④⑤
2 ①②③④⑤	12 ①②③④⑤	22 ①②③④⑤	32 ①②③④⑤	42 ①②③④⑤
3 ①②③④⑤	13 ①②③④⑤	23 ①②③④⑤	33 ①②③④⑤	43 ①②③④⑤
4 ①②③④⑤	14 ①②③④⑤	24 ①②③④⑤	34 ①②③④⑤	44 ①②③④⑤
5 ①②③④⑤	15 ①②③④⑤	25 ①②③④⑤	35 ①②③④⑤	45 ①②③④⑤
6 ①②③④⑤	16 ①②③④⑤	26 ①②③④⑤	36 ①②③④⑤	46 ①②③④⑤
7 ①②③④⑤	17 ①②③④⑤	27 ①②③④⑤	37 ①②③④⑤	47 ①②③④⑤
8 ①②③④⑤	18 ①②③④⑤	28 ①②③④⑤	38 ①②③④⑤	48 ①②③④⑤
9 ①②③④⑤	19 ①②③④⑤	29 ①②③④⑤	39 ①②③④⑤	49 ①②③④⑤
10 ①②③④⑤	20 ①②③④⑤	30 ①②③④⑤	40 ①②③④⑤	50 ①②③④⑤